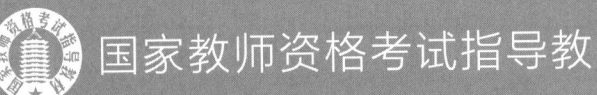

国家教师资格考试指导教材

教育知识与能力（中学）

（第二版）

主　编　◎洪　明　张锦坤
副主编　◎张荣伟　孟迎芳

图书在版编目(CIP)数据

教育知识与能力.中学/洪明,张锦坤主编.—2版.—北京:北京大学出版社,2022.7
国家教师资格考试指导教材
ISBN 978-7-301-31073-1

Ⅰ.①教… Ⅱ.①洪…②张… Ⅲ.①中学教师—教学能力—资格考试—教材 Ⅳ.①G451.1

中国版本图书馆 CIP 数据核字(2020)第 006834 号

书　　名	教育知识与能力（中学）（第二版）
	JIAOYU ZHISHI YU NENGLI（ZHONGXUE）（DE-ER BAN）
著作责任者	洪　明　张锦坤　主编
责任编辑	姚成龙　温丹丹
标准书号	ISBN 978-7-301-31073-1
出版发行	北京大学出版社
地　　址	北京市海淀区成府路 205 号　100871
网　　址	http://www.pup.cn　　新浪微博:@北京大学出版社
电子信箱	zyjy@pup.cn
电　　话	邮购部 010-62752015　发行部 010-62750672　编辑部 010-62756923
印　刷　者	河北滦县鑫华书刊印刷厂
经　销　者	新华书店
	787 毫米×1092 毫米　16 开本　17.25 印张　478 千字
	2014 年 9 月第 1 版
	2022 年 7 月第 2 版　2022 年 7 月第 1 次印刷（总第 7 次印刷）
定　　价	58.00 元

未经许可,不得以任何方式复制或抄袭本书之部分或全部内容。
版权所有,侵权必究
举报电话:010-62752024　电子信箱:fd@pup.pku.edu.cn
图书如有印装质量问题,请与出版部联系,电话:010-62756370

第二版前言

中小学和幼儿园教师资格考试（以下简称教师资格考试）是评价申请教师资格的人员是否具备从事教师职业所必需的教育教学基本素质和能力的考试。参加教师资格考试合格是教师职业准入的前提条件。申请幼儿园、小学、初级中学、普通高级中学、中等职业学校教师和中等职业学校实习指导教师资格的人员须分别参加相应类别的教师资格考试。教师资格考试实行全国统一考试。考试坚持育人导向、能力导向、实践导向和专业化导向，坚持科学、公平、安全、规范的原则。

教师资格考试包括笔试和面试两部分。

笔试主要考查：申请人从事教师职业所应具备的教育理念、职业道德、法律法规知识、科学文化素养、阅读理解、语言表达、逻辑推理和信息处理等基本能力；教育教学、学生指导和班级管理的基本知识；拟任教学科领域的基本知识，教学设计实施评价的知识和方法，运用所学知识分析和解决教育教学实际问题的能力。

幼儿园教师资格考试笔试科目为"综合素质""保教知识与能力"两科；小学教师资格考试笔试科目为"综合素质""教育教学知识与能力"两科；初级中学、普通高级中学教师和中等职业学校文化课教师资格考试笔试科目为"综合素质""教育知识与能力""学科知识与教学能力"三科；中等职业学校专业课教师和实习指导教师资格考试笔试科目为"综合素质""教育知识与能力""专业知识与教学能力"三科。

面试主要考查：申请教师资格人员应具备的新教师基本素养、职业发展潜质和教育教学（或保教）实践能力。

幼儿园教师资格考试面试采取结构化面试和展示相结合的方法，通过展示、回答问题、陈述等方式进行；小学和中学教师资格考试面试采取结构化面试和情景模拟相结合的方法，通过抽题备课、试讲、答辩等方式进行。

为了配合教师资格考试在全国推广后师范院校的课程设置和教学计划的调整，方便师范院校对报名参加教师资格考试的在校学生进行有效指导和系统培训，提高教师资格考试的通过率，方便考生系统复习，提高考试成绩，北京大学出版社组织全国数十所师范院校的教师及部分中小学、幼儿园一线教师联合编写了"国家教师资格考试指导教材"，并陆续出版。

这套教材出版后，受到了全国各地参加教师资格考试考生及辅导老师的广泛好评，并被二十多所师范院校指定为师范生的备考教材。这套教材也多次加印，成为一套享有良好声誉的教师资格考试辅导教材。

这次改版修订，在保持第一版教材优势的基础上，第二版教材突出了以下特色：

一、突出体系完整性

与第一版相比,第二版教材在编写时更加注意并把握教材的系统性、知识性、科学性的统一,并以现行考试大纲为编写依据,科学、系统、严谨地阐释大纲对各学段教师资格考试所要求的知识体系。教材总体结构、章节布局合理,内容详略得当,繁简适宜,概念、定义、名词等准确、规范,以帮助考生提高其自身教育理念、职业道德、科学文化素养以及相关教育教学能力。

二、突出教材的指导性

本系列教材的重要功能之一是指导考生有效而科学地掌握、运用教师资格考试所要求的教育知识与教学能力。在教材修订过程中,编者力图贯彻考试大纲对于知识、能力"了解、理解、熟练、掌握、运用"等各个层级的要求,在体例设置与内容表达上突出重点,提纲挈领,避免罗列与堆砌,并对核心考点进行提炼,科学地指导考生掌握各学段教育教学的基本素养、基本原理,以及学科专业领域的基本框架、基本知识。

三、突出能力拓展性

第二版教材更加注重对考生拓展性思维的启发与创造性能力的培养。新的考试标准、考试大纲对于教师实践素养与能力有较高要求,强调教师要具备"自主发展意识和自我教育的能力",拓展性思维与创造性能力是自主发展与自我教育的重要构成与体现,第二版教材据此在相关章节增加了能力拓展性的内容,并结合考试真题,重点进行讲解与强化。

四、突出备考实效性

本系列教材经过修订后,注重把握好素质培养与应试备考之间的平衡,在内容与形式上兼顾教材的考试指导属性,以利于考生理顺考试理念、要求,了解考试趋向、动态,熟悉考试内容、方法,掌握考试重点、难点,帮助考生深入学习、有效应考。

本系列教材在编写过程中得到了各参编院校和参编老师的大力支持,在此一并表示感谢。

本教材配有教学课件供教师使用,需要者请通过"教师资格考试培训群"(QQ群号:246685420)申请。

读者如想了解教师资格考试相关资讯、动态、政策解读,各地考试公告,备考指南等,可加入"教师资格考试交流群"(QQ群号:316689173);也可关注以下"未名创新大学堂"微信公众号。

目 录

第一章 教育基础知识和基本原理 …………………………………………………… (1)
　第一节 著名教育家的代表著作及主要教育思想 ………………………………… (1)
　第二节 教育的含义及构成要素 …………………………………………………… (5)
　第三节 义务教育及学制 …………………………………………………………… (21)
　第四节 教育目的 …………………………………………………………………… (26)
　第五节 教育研究的基本方法 ……………………………………………………… (34)

第二章 中学课程 ……………………………………………………………………… (41)
　第一节 课程概述 …………………………………………………………………… (41)
　第二节 课程内容 …………………………………………………………………… (43)
　第三节 课程评价 …………………………………………………………………… (46)
　第四节 课程类型 …………………………………………………………………… (49)
　第五节 课程流派 …………………………………………………………………… (51)
　第六节 我国基础教育课程改革 …………………………………………………… (52)

第三章 中学教学 ……………………………………………………………………… (58)
　第一节 教学概述 …………………………………………………………………… (58)
　第二节 教学过程 …………………………………………………………………… (62)
　第三节 教学工作的基本环节及要求 ……………………………………………… (67)
　第四节 教学原则 …………………………………………………………………… (75)
　第五节 中学常用的教学方法 ……………………………………………………… (82)
　第六节 教学组织形式 ……………………………………………………………… (88)
　第七节 我国当前的教学改革 ……………………………………………………… (93)

第四章 中学生学习心理 ……………………………………………………………… (103)
　第一节 感觉与知觉 ………………………………………………………………… (103)
　第二节 注意 ………………………………………………………………………… (107)
　第三节 记忆 ………………………………………………………………………… (110)
　第四节 思维 ………………………………………………………………………… (116)
　第五节 学习动机 …………………………………………………………………… (124)
　第六节 学习迁移 …………………………………………………………………… (132)
　第七节 学习策略 …………………………………………………………………… (138)
　第八节 学习理论 …………………………………………………………………… (145)

第五章 中学生发展心理 ……………………………………………………………… (164)
　第一节 中学生的认知发展 ………………………………………………………… (164)
　第二节 中学生的情绪发展 ………………………………………………………… (168)
　第三节 中学生的人格发展 ………………………………………………………… (175)
　第四节 中学生的身心发展 ………………………………………………………… (182)

1

第六章　中学生心理辅导 ·· (190)
第一节　中学生心理健康 ·· (190)
第二节　中学生常见的心理健康问题 ·································· (192)
第三节　中学生心理辅导的主要方法 ·································· (197)

第七章　中学德育 ·· (206)
第一节　德育概述 ··· (206)
第二节　中学生的品德 ·· (208)
第三节　中学德育的主要内容 ·· (219)
第四节　德育过程的基本规律 ·· (220)
第五节　德育原则、德育方法和德育途径 ······························· (223)
第六节　德育形式 ··· (232)

第八章　中学班级管理与教师心理 ·· (238)
第一节　班集体的建设与管理 ·· (238)
第二节　中学课堂管理 ·· (242)
第三节　课外活动的组织与管理 ·· (252)
第四节　中学班主任 ··· (255)
第五节　教师心理 ··· (260)

第一章 教育基础知识和基本原理

考纲内容

1. 了解国内外著名教育家的代表著作及主要教育思想。
2. 掌握教育的含义及构成要素；了解教育的起源、基本形态及其历史发展脉络；理解教育的基本功能，理解教育与社会发展的基本关系，包括教育与人口、教育与社会生产力、教育与社会政治经济制度、教育与精神文化等的相互关系；理解教育与人的发展的基本关系，包括教育与人的发展，教育与人的个性形成，影响人发展的主要因素——遗传、环境、教育、人的主观能动性等，以及它们在人的发展中的各自作用；了解中学生青春期生理的变化，包括中学生的身体外形、体内机能、脑的发育、性的发育和成熟等。
3. 理解义务教育的特点；了解发达国家学制改革发展的主要趋势，了解我国现代学制的沿革，熟悉我国当前的学制。
4. 掌握有关教育目的的理论；了解中华人民共和国成立后颁布的教育方针，熟悉国家当前的教育方针、教育目的以及实现教育目的的要求；了解全面发展教育的组成部分（德育、智育、体育、美育、劳动技术教育）及其相互关系。
5. 了解教育研究的基本方法，包括观察法、调查法、历史法、实验法和行动研究法等。

考纲解读

本章是教育学的基础性、绪论性章节，系统阐述了教育与教育学的内涵、产生及发展历程。考生在学习本章的过程中，需要识记教育学的基本概念，尤其是学校教育的概念；理解教育和教育学发展的阶段性特点；掌握教育的三个构成要素及其关系；理解义务教育的特点；掌握有关教育目的的理论；熟悉我国当前的学制；了解教育学在教师教育中的地位和作用，明确教育基本理论素养是教师的基本素质，并学会应用教育学理论分析教育现象。

第一节 著名教育家的代表著作及主要教育思想

一、中国著名教育家的教育思想

（一）中国古代教育家的教育思想

1. 孔子的教育思想

孔子是春秋末期的思想家、教育家、政治家，儒家学派创始人。他被尊称为"至圣先师,万世师表",整理了《诗》《书》《礼》《乐》《春秋》等典籍。孔子死后,其弟子及其再传弟子把孔子及其弟子的言行语录和思想记录下来,整理编成著名的儒家学派经典——《论语》。

孔子提出的教育思想包括:在教育作用方面——性相近,习相远,有教无类;在教育目的方面——学而优则仕;在教育原则和方法方面——启发诱导,因材施教,学思并重;在道德原则和方法方面——立志有恒,自省自克,勇于改过;在教师方面——学而不厌,诲人不倦,身教重于言教。

2. 墨子的教育思想

墨子是墨家学派的创始人,也是春秋战国时期著名的思想家、教育家、军事家。墨子的弟子根据史料,收集其语录完成了《墨子》一书。

墨子主张通过推行教育实现"兴天下之利,除天下之害"的社会政治思想,进而建设一个民众平等、互助的"兼爱"社会。他认为,教育的目的是培养实现这一理想的人,即"兼士"或"贤士"。在教育内容方面,墨子除了主张进行政治和道德教育、文史知识教育之外,还特别重视科学技术知识教育和思维能力的教育,提出了主动、创造、实践、量力的教育方法。

3. 孟子的教育思想

孟子是战国时期儒家思孟学派的代表人物,被尊称为仅次于"至圣先师"孔子的"亚圣"。孟子在性善论的基础上,提出了"明人伦"的教育目的。孟子的教学思想包括深造自得、盈科而后进、教亦多术、专心致志等。

4. 荀子的教育思想

荀子是战国末期思想家、教育家,批判和总结了先秦诸子的学术思想。荀子认为,人人都能成习得善,成为圣人是有条件的,即要考虑环境、教育和个体努力。荀子的尊师思想对中国封建社会师道尊严的形成有很大的影响。

5. 董仲舒的教育思想

董仲舒是西汉哲学家、思想家,也是儒学发展演变中的关键人物之一,他认为人性就是天生的素质,即生之质。董仲舒为了适应汉武帝的政治需要,提出三大文教政策,他主张以政治的手段,凭借国家的力量来推行其教育主张,具体为:第一,兴学校,以养士,改革选士制度;第二,兴教化,以正民;第三,罢黜百家,独尊儒术。

6. 朱熹的教育思想

朱熹是南宋著名的理学家、思想家、教育家、文学家,世称朱子。他是自孔子、孟子以来杰出的弘扬儒学的大师。

朱熹在总结前人教育经验与实践的基础上,基于对人的心理特征的初步认识,把人的教育分为"小学"和"大学"两个既有区别又有联系的阶段,并分别提出了两者的任务、内容与方法。道德教育是理学教育的核心,也是朱熹教育思想的重要内容。他推崇以"三纲五常"为核心的封建伦理道德教育。

7. 王守仁的教育思想

王守仁亦称王阳明,是明代著名的哲学家、教育家。王守仁的教育思想是以他的"心学"哲学观点为基础的,其哲学思想核心是"心即理、致良知"。王守仁重视儿童教育,从致良知的要求出发,认为儿童时期的良知受蒙蔽最少,所以教育应从儿童时期抓起。王守仁认为儿童教育必须要遵循儿童的身心特点,以诗歌、习礼、读书为儿童教育的内容,培养儿童的意志,调理他们的性情,而不能一味灌输。

8. 王夫之的教育思想

王夫之是明末清初的思想家、文学家。他提出了许多具有唯物主义和辩证法思想的教育观点，对众多的教育家都有巨大的影响。

王夫之将人性分为先天之性和后天之性。他认为，人性是先天与后天的结合，而人的发展在于后天的努力与学习，故而应重视教育对人的发展作用。同时，王夫之也认为教育是治国之本，教育的发展有赖于安定的政治、人民安居乐业等。

（二）中国近代教育家的教育思想

1. 张之洞的教育思想

张之洞是清末洋务派代表人物。他出生于世代为官的封建官僚家庭，自幼受到良好的封建教育，这对其思想的形成起到重要作用。张之洞的教育活动主要是整顿封建传统教育、兴办洋务教育、制定和推行新的教育制度等。"中学为体，西学为用"是张之洞的基本教育思想，成为清朝末期实行教育"新政"的指导思想。

2. 蔡元培的教育思想

蔡元培是中国近代著名的教育家。蔡元培提出了"五育并举"的教育方针，提倡"思想自由、兼容并包"的办学方针。蔡元培也是我国最早提出"以美育代宗教"主张的教育家。同时，他还要求教育超然于政党，超然于宗教，提出了"教育独立"的思想。

3. 陶行知的教育思想

陶行知是中国著名的教育家、杰出的爱国者、中国进步知识分子的典范。陶行知的主要教育思想包括：生活即教育、社会即学校、教学做合一等。

4. 杨贤江的教育思想

杨贤江是中国教育理论家，早期青年运动领导人之一。他为传播马克思主义教育理论，以及确立无产阶级教育理论体系做出了巨大贡献。杨贤江的《新教育大纲》是我国最早以马克思主义观点编写的教育著作之一。

二、外国著名教育家的教育思想

（一）外国古代教育家的教育思想

1. 苏格拉底的教育思想

苏格拉底是古希腊著名的思想家、哲学家、教育家，他把哲学家的沉思与教育家的责任结合在一起，提出了许多重要的哲学和教育问题。

苏格拉底提出了"知识即道德"的命题，认为教育的首要目的是培养道德，德育的主要内容是培养人具有正义、勇敢、节制和智慧四种美德，并且由此提出了"德行可教"的主张。苏格拉底的教学方法——产婆术，又称助产术或苏格拉底法，是现代启发教学法的萌芽。

2. 柏拉图的教育思想

柏拉图出身于雅典的一个贵族家庭，是古希腊伟大的哲学家。他和苏格拉底、亚里士多德被称为古希腊三大哲学家，其教育思想主要集中在《理想国》与《法律篇》等著作中。

柏拉图认为在理想国中应有三类人，即哲学家、军人、劳动者，教育的最高目标是培养哲学家，他所倡导的教育为哲学家和军人的教育；同时，他认为教育的最终目的是促使灵魂转向，以实现最高的理念——善。他认为学习即回忆。

3. 亚里士多德的教育思想

亚里士多德是古希腊哲学家和科学家，知识广博，被称为百科全书式的思想家。亚里士多德的教育思想主要散见于他的《伦理学》和《政治学》等著作中。

亚里士多德将人的灵魂分为营养、感觉和理性三类,并在此基础上,首次提出教育必须包括体育、德育和智育三大范畴。他认为影响人发展的三个因素分别是天性、习惯和理性,应通过教育发展人的理性。在教育作用方面,亚里士多德提出了白板说,同时强调儿童发展的阶段性,主张将儿童的发展分为0~7岁、7~14岁、14~21岁三个阶段,分别进行体格、情感和理智教育。亚里士多德是历史上最早提出教育要适应儿童的年龄阶段和德、智、体和谐发展的哲学家。

(二) 外国近代教育家的教育思想

1. 卢梭的教育思想

卢梭是法国伟大的启蒙思想家、哲学家、教育家、文学家,是18世纪法国大革命的思想先驱。卢梭的主要教育著作有《爱弥儿》。

卢梭要求教育要遵循自然,提出了自然主义教育理论和培养自然人的教育目标。他将教育分为自然教育、事物教育、人为教育,后两者要与自然教育趋于一致,才能实现三种教育的良好结合,即以自然教育为基准,才是良好有效的教育。卢梭主张教育的中心位置要让位于儿童的自主发展,他倡导自然教育的方法与原则。卢梭将儿童的教育分为四个阶段,认为2~12岁的儿童处于"理性睡眠期",他们在这一阶段不适合智育。

2. 裴斯泰洛齐的教育思想

裴斯泰洛齐是瑞士著名的教育家。他提出了教育心理学化理论,创立了爱的教育理论和要素教育理论,并在此基础上具体研究了初等学校各科教学法,包括语言教学、算术教学、测量教学等。裴斯泰洛齐的主要著作有《林哈德与葛笃德》。

3. 赫尔巴特的教育思想

赫尔巴特是德国哲学家、心理学家、教育家。他在长期的教育实践和理论探讨的基础上,明确提出将教育学建成一门独立学科的设想。赫尔巴特的主要著作有《普通教育学》《教育学讲授纲要》等。

赫尔巴特认为,教育要达到的基本目的可区分为两种,即可能的目的和必要的目的。可能的目的是指与一个学生将来所要选择的与职业活动有关的目的。而必要的目的是指一个学生不管将来从事什么职业活动都必须达到的目的,也就是必须具备的完善的道德品格(即内心自由、完善、善意、权利和公平五种道德观念)。赫尔巴特提出的教育思想包括:统觉;教育性教学;儿童多方面兴趣(经验、思辨、审美、同情、社会、宗教等);与儿童兴趣相应的六类课程(自然科学、数学、逻辑学、文法学、文学、绘画、音乐、本国语、外国语、历史、政治、法律、神学等);四段教学法,或者称为教学形式阶段论(明了、联想、系统、方法等)。

(三) 外国现代教育家的教育思想

1. 杜威的教育思想

杜威是美国著名的哲学家、教育家,实用主义芝加哥学派创始人,功能心理学的先驱,主要著作有《民主主义与教育》等。

杜威的教育思想包括:教育即成长;教育即生活;教育即经验的改造;从做中学;思维或教学五步法(设置问题情境→确定问题或课题→拟订解决课题方案→执行计划→总结与评价)。

2. 赞可夫的教育思想

赞可夫是苏联著名教育家、心理学家。赞可夫一生从事教育教学工作,把毕生精力献给了"教学与发展问题"的实验研究,形成了发展性教学理论。此外,他还提出了与传统教学不同的五条教学原则：以高难度进行教学的原则；以高速度进行教学的原则；理论知识起指导作用的原则；使学生理解学习过程的原则；使班上所有学生（包括最差的学生）都得到一般发展的原则。

3. 布鲁纳的教育思想

布鲁纳是美国教育心理学家，认知心理学的先驱，结构主义教育流派的代表人物之一。布鲁纳认为，每门学科都存在一系列基本结构，现代学校课程和教材设计都应以"学科基本结构"为中心。

4. 苏霍姆林斯基的教育思想

苏霍姆林斯基是苏联著名教育实践家和教育理论家。他提出了个性全面和谐发展的教育理论，其教育思想的核心内容是全面发展的教育理论。

知识拓展

国外其他著名教育家和思想家常涉考点一览

第二节　教育的含义及构成要素

一、教育的起源、基本形态及其历史发展脉络

（一）教育的起源

下面，我们从辨析不同的教育起源说开始，逐步揭示教育的本质意义。

教育的起源问题，是教育基本原理最重要的课题之一。目前，有生物起源论、心理起源论、劳动起源论以及需要起源论等多种学说。

（1）生物起源论。生物起源论的代表人物是19世纪末期的法国社会学家、哲学家利托尔诺和20世纪初期的英国教育家沛西·能。生物起源论认为，教育起源于动物生存的本能，教育不仅存在于人类社会，也存在于动物世界。

（2）心理起源论。心理起源论的代表人物是美国教育史学家孟禄，他在批判生物起源论的基础上，从心理学观点出发阐释了自己的教育起源观。在他看来，教育起源于日常生活中儿童对成人的无意识的模仿。

（3）劳动起源论。劳动起源论是在直接批判生物起源论和心理起源论的基础上形成的马克思主义教育起源观。这种观点认为，教育起源于人类在劳动过程中形成的超生物经验的传递和交流。

（4）需要起源论。20世纪80年代，在劳动起源论的基础上又衍生了教育的需要起源论。这种观点认为，教育起源于人类社会生产和社会生活的需要，并将教育起源的直接动因归结为生产过程中人们传递生产和生活经验的需要，揭示了教育的生活意义和生命意义。

尽管有关教育的起源有着不同的说法，但人们对人类教育活动与动物教育活动的本质区别的看法是一致的，即人类的教育具有社会性。

1. 教育的定义

教育的定义是对教育的质的规定性，对它的理解是人们对教育现象进行理性认识的开始，是建构教育理论大厦的基石。

教育的定义有广义和狭义之分。从广义上来讲，凡是增进人们的知识和技能、影响人们的思想品德的活动，都是教育。从狭义上来讲，教育主要是指学校教育，其含义是教育者根据一定社会（或阶级）的要求，有目的、有计划、有组织地对受教育者的身心施加影响，把他们培养成为一定社会（或阶级）所需要的人的活动。教育的类型有正规教育、成人教育、技术教育、特殊教育、终身教育等。

2. 教育的基本要素

作为一种特殊的人类活动，教育是一种极其复杂的社会现象，但构成教育活动的基本要素却是相对稳定的。一般来讲，教育的基本要素包括教育者、受教育者和教育影响（或教育措施）三个方面。

(1) 教育者。从事教育活动的人就是教育者。凡是在知识、技能、思想、品德等方面对受教育者发挥作用的人，凡是在教育实践中承担教的责任和施加教育影响的人都是教育者。教育者包括学校教师、教育管理人员以及校外教育机构的工作人员和家长等。一个真正的教育者应该具备以下两个条件：① 有明确的教育目的；② 了解受教育者身心发展的规律以及社会对受教育者发展所提出的客观要求。从学校教育来看，教育者主要是指具有一定资格的专职教师和相对固定的教学辅助人员。教师是教育者的主体和代表，是直接的教育者，在整个教育过程中起主导作用，是学生身心发展的主要影响源。

(2) 受教育者。凡是在教育活动中承担学习责任和作为教育对象的人都是受教育者。受教育者是学习的主体，他们必须发挥主观能动性，只有主动地接受教育和发展自己，才能使教育达到预期效果。作为在各种教育活动中从事学习的人，受教育者既包括在各级、各类学校中学习的儿童、少年和青年，也包括各种形式的成人教育中的学生。教育活动是将一定的外在的教育内容和活动方式内化为受教育者的智慧、才能、思想、观点和品质的过程，教育者是教育活动的基本要素，如果缺少了它，则将无法构成教育活动。

(3) 教育影响（或教育措施）。教育影响（或教育措施）是指将教育者和受教育者联系起来的中介，如教育内容、教育材料和教科书等。教育者的任务就是要把教育影响（或教育措施）以合适的方式呈现给受教育者，并促使受教育者进行有效的学习。因此，从形式上来看，教育影响（或教育措施）往往表征为一定的教育手段、教育方法和教育组织形式。就教育方法而言，教育影响（或教育措施）是教育过程中教育者的教和受教育者的学所采用的手段，是实现教和学一体化的桥梁，它通过讲解、阅读、演示、联系、参观、实习等方法来实现。教育影响（或教育措施）往往与一定的教育环境相关联。

总体来看，教育的三个基本要素既相互独立，又相互联系，构成一个完整的系统。教育者是主导性的因素，是教育活动的组织者和领导者，没有教育者，就没有受教育者，也就没有具有特殊发展价值的教育影响（或教育措施）；没有受教育者，整个教育工作就失去了对象；没有教育影响（或教育措施），教育工作也就成了无米之炊、无源之水。

(二) 教育的基本形态及其历史发展脉络

在对教育的起源、定义以及基本要素进行探讨之后，下面将对教育的基本形态及其历史发展脉络分别进行介绍，以便我们更好地把握教育的过去、现在和未来，形成一个开阔的教育视野。

1. 教育的基本形态

教育的基本形态是指由教育者、受教育者和教育影响（或教育措施）这三个要素所构成的教育系统在不同时空背景下所表现出来的不同实体形式。一般认为，家庭教育、学校教育和社会教育是当代教育最为典型的三种基本形态。

（1）家庭教育。家庭教育是指家庭成员之间的相互教育。通常是指父母（或其他年长者）对其下一代所进行的教育。家庭教育的主要任务是：在儿童入学前，使他们的身心健康发展，在德、智、体、美、劳诸方面奠定初步基础，为接受学校教育做好准备；在儿童入学后，紧密配合学校，督促他们完成学校规定的学习任务，继续关心他们的身体健康，发展正当的兴趣爱好，培养良好的思想品质；针对生活中出现的矛盾，家庭成员间进行相互开导和帮助。

家庭教育一直是学校教育的重要补充，承担着大量的教育任务。家庭教育具有以下特点：① 家庭教育是个体人生开始的第一篇章，是个体社会化的最初摇篮；② 家庭教育是一种寓于日常生活中的养育，在内容上具有零散性，在方式和方法上往往具有一种随意性；③ 家庭教育具有先导性、感染性、权威性、灵活性、针对性和终身性等特点。

（2）学校教育。一般来说，学校教育是一个与家庭教育、社会教育相对应的概念，它是个体一生中所受教育的最重要的组成部分。学校教育出现于奴隶社会，自产生以来就在整个教育体系中居于核心地位。学校是教育制度化的必然结果，或者说，学校教育是制度保障下的一种教育，是有特定组织规则的教育。

学校教育具有三个特点：① 目的明确，无论是教学还是其他教育活动都有明确的教育目的；② 组织严密，学校教育由专门受过训练的教师承担教育任务，学生相对稳定，具有较为严密的教育工作计划和较为完善的学校教育制度；③ 环境优越，学校是专门的教育场所，具有比较齐全的教学设备、图书资料和活动场所。

（3）社会教育。社会教育有广义和狭义之分。广义的社会教育是指通过有益于人的身心发展的各种社会活动有意识地培养人。狭义的社会教育是指学校和家庭之外的社会文化机构以及有关的社会团体或组织对社会成员所进行的教育，它是现代社会教育体系中不可或缺的部分。

社会教育的特点主要表现在以下四个方面：① 补偿性。社会教育直接面向全社会，以社会政治、经济和文化为背景，比学校教育、家庭教育具有更广阔的活动空间，影响面更为广泛，是对学校教育和家庭教育的补充。② 开放性与群众性。社会教育可以面对不同年龄、不同身份、不同地位的受教育者，可以满足成年人继续学习的需求。③ 灵活性与多样性。社会教育没有制度化学校教育的严格约束性，在教育的内容、方法和形式上具有一定的灵活性与多样性。④ 融合性与社会性。社会教育与学校教育、家庭教育共同构成了现代教育的天然联合体，并且在人的社会化方面发挥着不可替代的作用。

知识拓展

联合国教科文组织论社会教育

2. 教育的历史发展脉络

以生产力为标准，教育的发展可分为原始社会的教育、古代社会的教育和现代社会的教育三个时期。

（1）原始社会的教育。原始社会的教育是一种处于自在状态下的教育，属于自然进行的教育，可以称为自然形态的教育。原始社会的生产力低下，没有剩余产品，没有阶级存在，物质生活条件极其简陋。与这种生产状况相适应，原始社会的教育特点是：① 教育在生产劳动和社会生活之中进行；② 没有文字、教材，没有专门的教育机构和专职教师；③ 教育面对全体儿童。

(2) 古代社会的教育。古代社会的教育包括奴隶社会的教育和封建社会的教育。古代社会的教育形成了比较系统的教育体系,积累了比较丰富的教育经验,以及提出了多样化的教育教学思想。古代社会的教育特点是:① 有专门的教育机构和执教人员;② 教育具有鲜明的阶级性和严格的等级性;③ 教育与生产实践相分离甚至对立;④ 教育内容更加丰富,教育方法崇尚书本;⑤ 采用官私并行的教育体制;⑥ 以个别教学为主;⑦ 没有形成系统的学校教育制度。

(3) 现代社会的教育。现代社会的教育是一种与传统教育相对应的概念,现代社会的教育是伴随着资本主义大工业和商品经济发展起来的,是一种致力于与生产劳动相结合、培养全面发展的个人的教育,它是迄今为止教育发展的最高阶段,也是人类教育发展的一个非常重要的阶段。现代社会的教育特点是:① 以培养全面发展的人作为教育的理想和实践主题;② 教育与生产劳动相结合的范围、程度和意义日益扩大;③ 科学精神与人文精神从分离不断走向统一;④ 教育的普及性和公共性不断增强;⑤ 教育技术手段日益更新,教育制度的弹性和开放性不断提高;⑥ 教育的地位不断提升,功能不断增强,更加显示出整体性和开放性;⑦ 教育变革迅速,教育科学理论和教育实践之间的联系更为紧密;⑧ 教育的对外交流与合作日益深化,走向国际化;⑨ 教育走向终身化。

二、教育与社会发展的基本关系

教育本身是社会大系统中的一个重要组成部分,它的发生和发展受到社会各方面因素的制约,特别是受到人口、生产力水平、科学技术、社会政治经济制度、文化传统的影响等,并对这些因素产生反作用。

(一) 教育与人口

人口是指生活在一定社会区域中,具有一定数量和质量,形成一定结构的人的总体。人口的基本特征包括人口数量、人口质量和人口结构三个方面。一般来说,人口数量影响教育的规模,人口质量影响教育的质量,人口结构影响教育的结构,而教育能够影响人口数量、提高人口质量并优化人口结构。

1. 教育与人口数量

人口数量是决定教育事业发展规模、发展速度的重要因素。一般来说,如果教育经费随着人口的增长而增长,则教育规模必然扩大。如果教育经费并不随着人口的增长而增长,则必然导致两种结果:一是限制教育事业的发展,降低入学率;二是保持入学率,而降低生均经费(即"生均公用经费"和"生均教育经费"的简称)。这两种情况都有损于教育的健康发展。

2. 教育与人口质量

人口质量是指人口的身体素质、文化修养和道德水平。其中,身体素质是人口质量的物质要素,文化修养和道德水平构成人口质量的精神要素。人口质量对教育质量的影响,可以分为直接影响和间接影响两个方面。其中,直接影响是指入学者已有水平对教育质量的影响,间接影响是指年长一代的人口质量对新生一代的人口质量的影响。年长一代不但会通过遗传和对新生一代的养育过程来影响他们,还会通过对学校教育的期望和协调程度来影响学校教育的目标、内容和方法等。另外,全社会人口的各方面素质,尤其是人口的文化水平,对学校教育起着间接影响。

3. 教育与人口结构

人口结构涉及年龄、性别、文化、技术、就业、地域、民族等多个方面。一方面,人口结构对教育的影响主要表现为：年龄、性别结构的变化影响各级、各类教育的发展规模；文化、技术结构的状况影响不同时期的教育任务；就业结构的变化趋势标志着专业结构的调整方向；人口分布情况影响教育的整体布局。另一方面，教育可以优化人口结构，主要表现为：全社会教育水平的提高，可以节制生育，控制人口增长，调整人口比例结构；教育可以使人口的年龄结构保持相对科学、稳定；教育可以增加社会人口中熟练劳动力的比重；教育可以促进社会阶层的合理流动。

（二）教育与生产力水平

教育作为一种社会现象，一开始就和人类物质资料的生产过程联系在一起。随着社会的发展，人类物质水平的提高，教育与人类物质资料的关系越来越密切。一方面，经济发展为教育发展提供的物质条件越来越好，对教育的要求也越来越高；另一方面，教育对经济发展的促进作用也越来越明显。

1. 生产力水平对教育的决定作用

生产力水平是教育发展的物质基础，同时也对教育提出与一定生产力相适应的要求。一方面，办教育需要有必要的物质投入，包括人力、物力和财力。经济发展到一定程度，它能为教育提供的投入也应达到一定的水平。另一方面，经济发展到一定程度，对教育也提出相应的要求，以满足经济发展对人才的需要。

（1）生产力水平决定教育的规模和速度。兴办教育需要一定的人力、物力和财力。因此，任何社会教育发展的规模和速度必须取决于两个方面的条件：一方面，物质资料生产能为教育的发展提供物质基础；另一方面，生产力发展、社会再生产对劳动力的需求程度，包括需要的劳动力总量和各种劳动力的比例，它们分别决定着整个教育发展的规模、速度和教育的体系、结构。具体而言，生产力水平对教育发展规模和速度的决定作用主要表现在以下几个方面：

第一，生产力水平决定了一个社会所能提供的剩余劳动的数量。这种剩余劳动数量与社会中可能受教育和办教育的人口之间有着直接的联系。

第二，生产力水平又直接制约着一个国家在教育经费方面的支付能力，这种支付能力不仅表现在教育经费的绝对数值上，也表现在国民总收入中教育经费所占的比例上。教育经费投入的数量直接影响教育发展的规模和速度。

第三，生产力水平的发展对教育事业的发展提出了需要。这种需要集中体现于两个方面：一方面，社会需要教育能够保证提供足够的数量和质量的人力资源；另一方面，社会个体在文化教育方面的需要也是随着生产力的提高而不断增长的，不断满足社会和个人在文化教育方面日益增长的需要，这是教育事业发展的重要动力。

（2）生产力水平制约着教育结构的变化。生产力水平的发展不断引起产业结构、技术结构、消费结构和分配结构的变革，与此相适应，教育结构也将随之出现新变化。例如，大学、中学和小学的比例关系，普通中学与职业中学的比例关系，全日制学校与社会教育的比例关系，高等学校中不同层次、不同专业、不同学科之间的比例关系，都要与一定的生产力水平相适应。否则，就会出现教育结构比例失调的问题，或者培养出来的人才不能满足社会经济的要求，或者出现人才过剩现象。

（3）生产力水平制约着教育的内容和手段。生产力的发展、科学技术的进步，促进知识以几何级数的速度增长，促进人们的认识能力、思维水平的不断进步，由此，促进学校的课程结构与内容不断改进与更新。实践证明，生产力水平制约着教学方法、教学手段和教学组织形式的改革。例如，在古代社会里，落后的生产力决定了学校教育只能采取个别施教，师生口耳相传、单向授受的知识传承方式。而在今天,新的科技成果大量引进教育领域,深刻地影响了现代教育的内容和手段。

尽管生产力水平对教育有制约作用,但从历史上看,教育与生产力水平并非完全同步。这主要有以下两种情况:一种情况是,在一定时期内,由于人们的思想意识落后于较为先进的生产力,教育的思想、内容、手段和方法等往往也落后于生产力的发展水平;另一种情况是,在生产力水平较低的情况下,由于文化交流、社会转型以及传统文化的影响,其教育的思想、内容和方法也可能超越生产力水平。但教育相对独立于生产力水平,并不是说教育的发展可以脱离生产力水平,因为教育归根结底是要受生产力水平以及政治经济制度的制约。

2. 教育对生产力水平的促进作用

一方面,生产力水平对教育具有制约作用,另一方面,教育对生产力水平也具有促进作用。教育对生产力的促进作用主要通过两个方面来实现:教育再生产劳动力,以及教育再生产科学知识。

(1) 教育再生产劳动力。人类要维持和发展生产,就必须不断地再生产劳动力。劳动力的质量和数量是教育发展的重要条件,教育担当着再生产劳动力的重任。教育可以使劳动力得到全面发展,使年轻人很快能够熟悉整个生产系统,使他们根据社会的需要或自己的爱好,轮流从一个生产部门转到另一个生产部门,从而摆脱社会分工给人带来的制约。

(2) 教育再生产科学知识。科学知识属于知识形态的生产力,这种生产力在应用于生产过程之前,既不是特定的劳动资料,也不是劳动者的生产经验和生产技能,而只是潜在的生产力。科学知识必须依靠教育才能转化为生产力。教育是实现科学知识再生产的重要手段,教育可以高效能地扩大科学知识的再生产,使原来为少数人所掌握的科学知识,在较短的时间内为更多的人所掌握,使科学知识得到普及,先进的生产经验得到推广,从而提高劳动生产效率,促进生产力水平的发展。

(三) 教育与社会政治经济制度

教育与社会政治经济制度是两种不同的社会现象,但是它们之间却有着密切的联系。教育与社会政治经济制度的关系主要表现为:社会政治经济制度决定和制约教育,教育又对社会政治经济制度有着重要的影响,两者之间是相互制约、相互影响的。随着现代社会的发展,教育与社会政治经济制度的关系越来越密切。

1. 社会政治经济制度对教育的制约

(1) 社会政治经济制度决定教育的领导权。政治是阶级利益的集中表现,决定教育的社会性质,它通过对教育方针、教育政策的颁布,教育目标的制定,教育经费的分配,教育内容特别是意识形态教育内容的规定,教师和教育行政人员的任命聘用等,实现对教育领导权的控制。这种控制主要表现在以下几个方面:

第一,国家权力机关对教育实现控制或管理。政府、执政党从组织上对教育机构实行直接领导,统治阶级会通过国家机器,以各种不同的手段颁布政策法令,制定教育的发展规划和发展战略,规定教育的方针和路线,同时直接制定教育的法律、法规,决定教育者的培养和任用。

第二,国家权力机关通过控制经济力量来达到对教育的领导。国家权力机关通过划拨和投放教育经费间接实现对教育的领导和管理,控制教育发展的规模和速度,决定教育机构的兴衰存亡。

第三,统治阶级以思想宣传上的优势力量来影响或控制教育。由于统治阶级在社会生活中处于统治地位,因此统治阶级的思想必定是统治思想。统治阶级能够利用国家的宣传机器,将自己的思想价值观念传播于社会,并实际控制教育的发展方向。

(2)社会政治经济制度决定着受教育的权利。在不同的社会里,不同的人享有不同的受教育的权利。在奴隶社会、封建社会里,只有统治阶级的子女才享有受教育的权利。虽然资本主义社会在法律上废除了受教育者在阶级、社会等级地位的限制,受教育权利在形式上似乎是平等的,但实际上,由于经济上和其他条件上的不平等,每个人的受教育权利仍是不平等的。在国民教育制度普遍实行了义务教育以后,是否允许个人办学,是否确立重点学校等,对谁实施什么样的教育,也反映了一定的社会政治经济制度对教育政策的制约。

(3)社会政治经济制度决定着教育目的。社会政治经济制度,特别是政治制度是直接决定教育目的的因素,而且在不同社会制度下具有不同表现。一个国家的政治理念、意识形态、社会的伦理道德观,直接受这个国家社会政治经济制度的制约;学校教育培养人才的政治、道德同样也反映了国家社会政治经济制度的要求,国家的这种要求通过制定教育目的、规定政治思想教育的内容以及相应的考试评价手段来实现。

尽管社会政治经济制度对学校的教育有着巨大的影响和制约,但这并不意味着学校可以忽视自身的办学规律,更不是说学校要放弃学校教育任务直接为社会政治经济制度服务,参加具体的政治运动,执行具体的政治任务等。那种在教育工作中照搬或照套政治、经济领域的做法,或以政治、经济取代教育,对教育的特点和规律视而不见,横加干涉,这些都是不利于教育工作的。

2. 教育对社会政治经济制度的影响

社会是一个整体性的大系统,教育是社会大系统中的子系统。教育作为人类的一种特有的社会现象与社会活动,它既是社会政治经济制度发展的一个重要方面和重要标志,又促进了社会政治经济制度的变革和进步,对社会政治经济制度也会产生积极的作用。

(1)教育为社会政治经济制度培养所需要的人才。培养人才实现对社会政治和经济的影响,是教育作用于社会政治和经济的主要途径。自古以来,任何一种社会政治经济制度,要想得到维持、巩固和发展,都需要不断有新的接班人,而这些人才的培养主要是通过学校教育来实现的。进入现代社会,社会生活日益复杂,科学技术高度发展,势必要求国家的社会政治和经济人才具有较高的文化素养和科学文化水平,这就必然要依靠专门化的学校教育,国家各级政治集团的核心人物的学历层次和多方面的素养都将随之提高,它意味着教育的影响力也相对增强。

(2)教育是一种影响社会政治经济的舆论力量。通过学校教育制造政治舆论,宣传一定的政治观点、政治理论或政治路线与方针,为某种政治活动的需要作思想准备,是统治阶级经常利用的手段。学校自古以来就是宣传、灌输、传播一定阶级的思想体系、道德规范、政策路线的有效阵地。学校又是知识分子集中的地方,学校的教师和学生的言论、教材、文章以及他们的行为,是宣传某种思想,借以影响群众,服务于一定社会政治经济制度的现实力量。

(3)教育可以促进民主。一个国家的民主程度直接取决于一个国家的政体,但又间接取决于这个国家中人民的文化程度、教育事业发展的程度。一个国家普及教育的程度越高,人们的知识越丰富,就越能增强人们的权利意识,认识民主的价值,推崇民主的政策,推动政治的改革和进步。

当然,我们不能把教育的作用强调到不适当的程度,以为可以通过教育的作用解决社会政治和经济的根本问题是不现实的,教育对社会政治和经济的变革不起决定作用。

（四）教育与文化

文化是教育的内容,教育是传递文化的工具。教育与文化之间有着十分密切的关系。如果没有教育,任何文化特性或形态就难以延续。

1. 教育与文化是相互依存、相互制约的关系

文化（包括物质文化、制度文化和精神文化）可借助于一定的物质实体得以保存和传递。几乎所有的文化定义都会把文化与人类的活动及其结果联系起来,承认文化是独立于各种遗传素质和机体的生物特征之外的,即文化不可能通过遗传或其他生物和机械的方法获得。从这种共同性中,我们可以从整体上比较准确地把握文化最本质的特征。

（1）教育是一种特殊的文化现象。根据文化的定义,教育也是一种文化现象,是整个人类文化的有机组成部分。但教育的双重文化属性（传递和深化文化与构成文化本体）决定了它在文化中具有十分特殊的地位。教育几乎与文化体内所有部分都发生直接联系,任何一种文化特质和文化模式如果不借助于教育的传递和深化,都将影响它存在的质量或缩短它存在的历史长度。具体来说,教育与文化关系的特殊性可以从以下两个方面来理解。① 文化本身具有教育力量。这表现在两个方面：一是特定时空中的文化构成了文化环境、文化氛围,对生存于其中的人产生着潜移默化的作用,发挥着强大的教育作用；二是一定社会的文化以不同的方式影响着学校文化、班级文化和课堂文化,对教育活动起着无形又强大的影响作用。② 教育具有双重文化属性。一方面,教育是传递和深化文化的手段；另一方面,教育的实践者及实践本身又体现着文化的特质,如思想观念、价值倾向和行为方式等。文化通过教育活动得以传递、深化和丰富,教育是一个"文化化"的过程。文化是人类的创造物,文化创造的过程就是一个教育过程。

（2）教育与文化的关系。特定社会中的教育之所以能与特定社会文化中的其他方面共存一体,主要是它们经过长期的历史共生和磨合,已经筛选掉不相适应的部分,并使剩下的部分呈现为一种特定的相互适应和相互依存的关系。

（3）教育具有文化功能。所谓教育的文化功能,是指教育系统对文化的保存和发展所起的作用。人类文化的延续有一个特征,就是文化只能由学习者通过后天学习和实践的方式获得,而不能通过生物遗传的方式获得。因此,无论哪一类文化的保存,都离不开教育对人的培养。教育的文化功能主要包括以下四个部分。① 文化传递和保存功能。随着社会的不断发展,文化的传递和保存方式不断地发生变化。人类传递和保存文化大致经历了两个历史阶段：文字出现前,文化通过上下代人之间及同代人之间的口耳相传得到传递和保存；文字出现后,文化的传递和保存通过文字的记载和授受得以实现。② 文化选择功能。教育是文化传递的手段,但并不是所有的文化都可以是教育内容。教育对文化的选择有两个标准：一是社会价值标准。只有符合社会政治、经济和文化传统的文化才能成为教育内容,并且主要按统治阶级的需要选择主流文化。二是个体发展需要的价值标准。教育在选择文化时,还要考虑受教育者的身心发展规律、特点以及学科内在的逻辑顺序和需要。③ 文化交流和融合功能。文化是一定时期、特定地域内人们的思想、行为的共同方式,文化具有地域性。然而,现代社会生产力的发展和市场经济的形成,使政治、经济和文化各方面已经打破了封闭的地域性而走向开放,文化的交流成为必然,文化的融合是文化交流的产物,它表现为不同文化的相互吸收、结合而趋于一体的过程。④ 文化更新和创造功能。没有文化的更新和创造,就没有文化的真正发展。文化的更新和创造功能主要表现在两个方面：一是教育通过培养具有创新精神和创造能力的人来发挥其文化创造的功能,人既是文化的产物,也

是文化的创造者;二是教育直接创造新的文化。新的文化包括新的作品、新的思想和新的科学技术等。

2. 文化是学校品质的核心

文化是学校品质的核心所在,更是推动学校建设与发展的动力所在。学校文化建设是一项系统工程,既要有正确的指导思想和明确的目标,也要有战略规划和具体措施对其加以保障。

(1)学校文化的定义。学校文化是指学校全体成员或部分成员习得并且共同具有的思想观念和行为方式。

(2)学校文化的特性。① 学校文化是一种组织文化。学校是一个社会组织,每一个社会组织的内外环境、构成因素和历史传统等都各不相同,因而经由自身的运作,会形成其自身独特的文化模式,即形成独特的组织文化。② 学校文化是一种整合性较强的文化。文化从整体上来讲,都是整合为一的,有着整体性的特点。学校有着明确的价值取向和目的要求,学校文化是以学校内部形成的内化了的观念为核心,以预定的目标为动力,通过一系列活动形成的多层面、多类型的文化,因此整合性较强。③ 学校文化以传递文化传统为己任。学校教育是文化传递最基本和最有效的手段。学校本身就是文化传统的产物,它以传递文化传统为己任,是经过历史的积淀、选择、凝聚、发展而成的,它负载着深厚的文化,在某些方面是文化精神、要求的集中体现。学校文化的这一特征,突出地表现在它所使用的教材或者传递的教学内容上。教材作为教师与学生活动的中介,是千百年来文化的积聚,它所呈现的知识和经验,是人类文化已有成果的提炼和概括。学校是人类文化的储存地,它除了把文化储存在教材、音像出版物等物质形态上以外,还集中了一大批创造和传递文化的教师,他们是文化的活生生的拥有者。学校是通过下列方式将文化积聚在一起的:将文化以各种方式加以集中、积累和系统化,使其发挥着一种类似"文化容器"的功能;通过专业化教师将这些文化整合传授给学生;将已认同并接纳文化的学生输送给社会,通过他们返还出可供再生的文化。④ 校园文化是学校文化的缩影。校园文化是人们为了保证学校中教育活动顺利进行而创立和形成的一种特有的文化形态。按照不同的层次和标准,校园文化可以再细分成学校物质文化、学校组织和制度文化、学校精神文化以及学校领导者亚文化、教师亚文化、学生亚文化、学校职工亚文化以及课程亚文化和活动亚文化等。下面,主要介绍学校物质文化以及学校组织和制度文化。

学校物质文化是校园文化的空间物态形式,是学校精神文化的物质载体。它有两种表达方式:一是学校环境文化,包括校园的总体结构和布局、校园绿化和美化、具有教育意义的场所以及校园环境卫生等;二是设施文化,包括教学仪器、图书、实验设备、办公设备和后勤保障设施等。学校组织和制度文化有三种主要的表达方式:一是保证学校正常运行的组织形态,不同层次、不同性质的学校有不同的组织形态和体系;二是规章制度;三是角色规范。校园文化特别是良好的校风,具有鲜明的教育作用,尤其对学生个性和品德的陶冶和导向功能,是其他教育形式所难以替代的。校风是学校中物质文化、制度文化、精神文化的统一体,是经过长期实践形成的,一旦形成,往往会代代相传,具有不易消散的特点,因为它已经成为学校所有成员特别是教师的自觉行为,良好的校风对全体师生能起到潜移默化的影响。

三、教育与人的发展的基本关系

促进人的身心发展是教育的直接目的,人的身心发展和个性发展,在相当大的程度上依赖于教育。另外,能否遵循人的身心发展的规律,则是教育工作能否达到预期目的的关键。

(一) 人的身心发展的概念

1. 人的身心发展的一般意义

人的身心发展是指作为复杂整体的个体在从生命开始到生命结束的全部人生中不断发生的身体和心理两个方面的变化过程,它是个体的潜在素质变成现实特征的过程。这里的"身"指的是人的自然、有机体的构成,包括身体各部分的结构、功能以及整体的结构与功能。"心"指的是人的全部心理构成,包括人的认识能力、情感因素、意志品质、构成人的行为动力因素的需要和动机、心理活动的综合外显方式——人的行为和构成个体整体特征与倾向的个体结构。人的身体发展和心理发展是不可分割的统一体。可见,人的身心发展主要是指人的身心特点向积极的方面变化,它是人的各方面的潜在力量不断转化为现实个性的过程。

2. 人的身心发展的特殊性

第一,人的发展是在社会实践过程中实现的。人是社会的人,人是在社会环境中发展的。在社会环境中,不仅存在着与每个个体有不同性质、不同联系程度的各类群体,还存在着人的创造物和各种创造性工具。个体只有参与社会实践,才能生存与发展。认识人的身心发展的社会实践性,不仅可以使我们重视学校教育的重要任务是促进学生的社会化,重视学校教育活动的社会意义,加强学校与社会实践的联系,而且可以重视每个学生社会实践活动的质量。

第二,人的发展具有能动性。人具有认识和改造外部世界的能力,这已经使人超越动物界。此外,人还有认识和改造自己的能力,人具有自我意识,发展到一定阶段的人具有规划自己的未来和为未来的发展创造条件的能力。人的能动性能否较好地发挥,是其发展能否达到较高水平的重要因素。对人的潜在能力的充分信任,对社会实践在人的发展中重要作用的高度重视,以及对发展主体自我意识在人的发展中的价值的清醒认识,是学校教育功能正常发挥的重要前提,也是教师在教育活动中促进学生发展的基本要求。

(二) 人的发展的动因

人的发展的动因是什么?学界对这个问题有不同的回答。

1. 内发论

内发论者一般强调人的身心发展的力量主要源于人自身的内在需要,身心发展的顺序也是由身心成熟机制决定的。外部条件只能影响人的内在的固有发展规律,而不能改变这种规律。因此,内发论的观点又称自然成熟论、预成论、生物遗传决定论等。

从总体上看,内发论者往往认为心理发展与生理发展没有实质性的区别,心理发展是先天因素成熟的结果,完全否定后天学习以及经验在其中的作用。即以生理发展曲解心理发展,这是内发论的根本错误所在。

2. 外铄论

外铄论的基本观点是,人的发展主要依靠外在的力量,诸如环境的刺激和要求、他人的影响和学校的教育等,外在力量的影响决定人的身心发展的水平和形式。因此,外铄论又称为环境决定论或经验论等。由于外铄论者强调外部力量的作用,故一般都注重教育的价值,对教育改造人的本性,形成社会所要求的知识、能力、态度等方面,都持积极乐观的态度。他们关注的重点是人的学习、学习什么和怎样才能有效地学习。

外铄论者往往把身心发展看成外界环境影响的结果,否认心理发展的内因作用,其根本错误在于否认心理反应的能动性,因而是一种机械主义的发展观。

3. 多因素相互作用论

无论是内发论还是外铄论,都具有明显的片面性。辩证唯物主义认为,人的发展是个体的内在因素(如先天遗传的素质、机体成熟的机制)与外部环境(如外在刺激的强度、社会发展的水平、个体的文化背景等)在个体活动中相互作用的结果。

人是能动的实践主体,在主观和客观条件大致相似的情况下,人的主观能动性发挥的程度,对人的发展有着决定性的意义。因此,我们把实践和人积极投入实践的活动,看成内因和外因对人身心发展综合作用的汇合点,也是推动人身心发展直接、现实的力量。

实践表明,人的发展是多种因素综合作用的结果,是先天遗传与后天社会影响以及人在活动中的主观能动性的交互作用的统一。人在身心发展过程中所表现出来的基本特点,不是其中某一个因素单独发挥的作用,而是综合作用的结果。

(三) 人的发展规律

教育的对象是人,而且主要是正在成长的年轻一代。为了有效地促进年轻一代身心健康成长和发展,教育还必须从年轻一代的身心实际出发,适应他们的身心发展规律。人的身心发展遵循着某些共同的规律,这些规律制约着我们的教育工作。我们遵循这些规律,利用这些规律,可以使教育工作取得较好的效果;反之,则可能事倍功半,甚至伤害学生。

1. 人的身心发展的顺序性

人的身心发展在整体上具有一定的顺序,身心发展的个别过程和特点的出现也具有一定的顺序。这种顺序主要是一个由低级到高级、由量变到质变的连续不断的发展过程。例如,儿童身体的发展遵循着从上到下(从头部向下肢)、从中间到四肢(从中心部位向全身的边缘方向)、从骨骼到肌肉的顺序发展,儿童心理的发展总是由机械记忆到意义记忆,由具体思维到抽象思维,由喜怒哀乐等一般情感到理智感、道德感、美感等复杂情感的顺序发展。我们研究人的身心发展的顺序性对于教育工作的指导意义在于,人们在对年轻一代进行教育时,必须遵循着由具体到抽象、由浅入深、由简到繁、由低级到高级等顺序,逐渐地前进,而不能拔苗助长;否则,就不能收到好的效果,甚至会损害学生的身心健康。

2. 人的身心发展的阶段性

人在不同的年龄阶段表现出身心发展不同的总体特征及主要矛盾,面临着不同的发展任务,这就是身心发展的阶段性。身心发展的前后相邻的阶段是有规律更替的,在一段时期内,人的身心发展主要表现为数量的变化,经过一段时间以后,人的身心发展由量变到质变,从而发展水平达到一个新的阶段。青少年身心发展的年龄特点是,在发展的不同年龄阶段中形成一般、典型和本质的特征。当然,人的身心发展的不同阶段之间是相互关联的,上一个身心发展阶段影响着下一个身心发展阶段的选择。因此,人生的每一个阶段对于人的身心发展来说,不仅具有本阶段的意义,而且具有人生全程性的意义。

人在不同年龄阶段的不同身心发展特征是教育工作的基本依据。人的身心发展的阶段性决定了教育工作的针对性。因为青少年在不同的年龄阶段具有不同的身心发展特点,教师在教育工作中就必须从实际出发,针对不同年龄段的学生,提出不同的具体任务,采用不同的教育内容和方法。例如,对童年期的学生,教师在教学内容上应该多讲些比较具体的知识和浅显的道理,在教学方法上应多采用直观教具;对少年期的学生,教师在教学上要特别注意理论与实际的结合;对青年期的学生,教师要注意培养学生辩证逻辑的思维能力。教师不顾学生的年龄特征和接受能力,在教育工作中搞"一刀切""一锅煮",把儿童和青少年的教育成人化,是违反教育规律的反科学做法。

3. 人的身心发展的不平衡性

人的身心发展速度在每一个阶段都是不均衡的。这种发展的不平衡性表现在以下两个方面：

（1）在不同的年龄阶段，人在同一方面的发展速度是不平衡的。有的阶段发展快，有的阶段发展慢。例如，人的身高和体重有两个生长的高峰，第一个高峰出现在出生后的第一年，第二个高峰则出现在青春发展期。在这两个高峰期内，人的身高和体重的发展速度比平时要迅速得多。

（2）在同一年龄阶段，人在不同方面的发展速度也是不平衡的。有的方面在较早的年龄阶段就已达到较高的发展水平，有的方面则要到较晚的年龄阶段才能达到成熟的水平。如在生理方面，神经系统、淋巴系统成熟在先，生殖系统成熟在后；在心理方面，首先是感知成熟，其次是思维成熟，最后是情感成熟。人的身心发展的不平衡性要求教师抓住学生发展的成熟期和关键期，为他们做好接受某一方面教育和学习的准备，以取得最佳的教育效果。

4. 人的身心发展的互补性

互补性反映人的身心发展各组成部分的相互关系，它首先是指机体某一方面的机能受损甚至缺失后，可通过其他方面的超常发展得到部分补偿。例如，失明者通过听觉、触觉、嗅觉等方面的超常发展得到补偿。机体各部分存在互补的可能性，使人在自身某方面缺失的情况下依然能与环境协调，从而为人能继续生存与发展提供了条件。

互补性也存在于心理机能与生理机能之间。人的精神力量、意志和情绪状态对整个机体起到调节作用，积极的状态能帮助人战胜疾病和残缺，使身心得到发展。

人的身心发展的互补性说明，发展的可能性有些是直接可见的，有些却是隐现的，培养自信和努力的品质是教育工作的重要内容。这要求教师首先要对全体学生，特别是帮助生理机能或心理机能发生障碍、学业成绩落后的学生树立起坚定的信心，让他们可以通过其他方面的补偿性发展达到与一般正常人一样或相似的发展水平。其次，教师要掌握科学的教育方法，特别是善于发现学生的优势，激发他们自我发展的信心和积极性，通过他们自己的精神力量来达到身心的协调和统一发展。

5. 人的身心发展的个体差异性

人的身心发展的差异性在不同层次上存在。从群体的角度看，个体差异首先表现为男女性别的差异，它不仅是自然性上的差异，而且还包括由性别带来的生理机能、社会地位、角色、交往群体的差别。其次，个体差异表现在身心的所有构成方面。其中，有些是发展水平的差异，有些是心理特征表现方式上的差异，如人们常说的"聪明早慧""大器晚成"等所反映的是人的发展速度和水平之间的差异。需要说明的是，人的发展水平的差异不仅是人的先天遗传素质、内在机能的差异造成的，而且受到环境及发展主体在发展过程中的努力程度和自我意识水平、自我选择方向的影响。

在教育工作中，教师应该充分尊重每个学生的个体差异，有的放矢，因材施教地挖掘学生的潜力，选择最有效的教育途径对学生进行有针对性的教育，使每个学生都能得到最大限度的发展。人的身心发展的个体差异性是个性形成的基础，如果教育要促成人的个性的形成，就要充分尊重这一规律，并在此基础上创造适合学生个性发展的教育环境。

（四）影响人的发展的主要因素

人的发展包括生理和心理两个方面的发展。其中，生理发展是人的身体方面的发展，主要是指骨骼、肌肉、心脏、神经系统、呼吸系统等机体组织系统的发育。心理发展是人的精神方面的发展,主要是指感觉、知觉、注意、记忆、思维、想象、情感、意志、性格等方面的完善。人的生理发展与心理发展是紧密相连的,生理发展是心理发展的物质基础,心理发展也影响着生理发展。

人的发展受到多种因素的影响,但主要是受遗传、成熟、环境、学校教育和人的主观能动性的影响。这五个方面的因素相互联系、相互交织,共同作用于个体的发展。

1. 遗传对人的发展的影响

(1) 遗传的概念。遗传又称遗传素质,是指人从上代继承下来的生理解剖方面的生物特点。它包括神经系统(特别是脑)、运动器官、感觉器官、语言器官等方面的结构和机能特征。显然,如果没有这些自然条件,人的发展就无法实现。

(2) 遗传的意义。遗传是一种生物现象,通过遗传,人传递着祖先的生物特征。遗传在人的发展过程中具有很重要的作用,主要表现在以下三个方面:

第一,遗传是人的发展的前提,为人的发展提供了可能性。

每个人的先天遗传素质中还有与父母不同的独特因素。如果没有这些自然条件,人的发展就无法实现。同时,人在智力、情感、意志等方面具有先天的心理特征,也会对其后天的学习和在社会上的成功产生很大的影响。但是,遗传素质是人的先天遗传素质的构成部分,不是全部。遗传素质并不会直接转变为人的知识、才能、态度、道德品质等,如果人离开了后天的社会生活和良好的教育,遗传素质所给予人的发展的可能性便不能成为现实。正是在这样的意义上,我们可以将教育隐喻为人的发展潜力与完整人格之间的一座桥梁。

第二,遗传的差异对人的发展有一定的影响作用。

遗传对人的发展的影响,不仅仅表现在为人的发展提供生物基础和物质基础,它在人的一生中都会持续发挥作用。人的遗传是有差异的,人的遗传的差异不仅表现在体态、感觉器官方面,而且也表现在神经活动的类型上。我们必须承认遗传对人的发展的影响是客观存在的,我们需要关心的是,怎样创造条件使具有不同先天遗传素质的人得到尽可能充分的发展。

第三,遗传在人的发展中的作用是不能夸大的。

遗传的差异对人的身心发展有一定影响,但不能预定或决定人的发展,故不能夸大遗传的作用。遗传为人的身心发展提供了物质前提,为人的身心发展提供了可能性,而不能决定人的发展的现实性。人在发展中所出现的个别差异性,并不完全是由先天条件决定的,主要是由教育和环境的影响,以及人的主观能动作用发挥的程度决定的。遗传决定论者把遗传看成决定人的发展的唯一因素,他们认为社会生活条件和教育的作用只在于推迟或加速遗传能力的实现,这种观点是失之偏颇的。至于那种认为人的知识才能和道德品质的好坏是由遗传决定的观点,更是非常荒谬的。

2. 成熟对人的发展的影响

(1) 成熟的概念。美国心理学家格塞尔认为,胎儿的发育大部分是由基因制约的,这种由基因制约的发展过程的机制就是成熟。在教育学中,成熟是指儿童个体生长发育的一种状况,是个体的生理和心理机能与能力都达到比较完备的阶段,即已由儿童成长发育为成人。成熟的主要标志是:个体生理方面具有生殖能力,心理方面具有独立自主的自我意识。

(2) 成熟的意义。人具有的某种先天遗传素质,是在发展过程中逐步成熟的。人的各种身体器官的构造和机能在出生时是很不完备和脆弱无力的。身体器官和整个系统的结构、功能都随着人的年龄的增长而发展。人的机体的成熟程度制约着身心发展的程度和特点,它为一定年龄阶段身心特点的出现提供了可能和限制。有些早期运动机能的获得是直接建立在成熟的生理基础上的。成熟与教学的效果是契合的,当一种技能的发展由成熟支配时,个体没有必要超前加以训练。

教师在教育中充分重视成熟的思想是非常必要的。在这方面,我国的俗语"三翻、六坐、七滚、八爬、十个月会喊大大"揭示的就是这个道理。如果让6个月的婴儿学走路,将是徒劳无益的。同样,让4岁的儿童学习高等数学,也是难以成功的。只有当人的身心发展具有了一定的条件,才能为学习一定的知识技能提供可能。不仅如此,成熟在一个人的思维、情感、个性等高级心理活动中也同样起着重要作用。

3. 环境对人的发展的影响

(1) 环境的概念。环境泛指人生活其中、影响其身心发展的一切外部因素。若按性质来分,环境可分为自然环境(包括自然条件与地理位置)和社会环境(包括政治、经济、文化以及与个体相关的其他社会关系);若按范围来分,环境可分为大环境(即人所处的总体自然环境与社会环境,如某一国家、某一地区等)和小环境(即与个体直接发生联系的自然环境和社会环境,如一个家庭、一所学校等)。在同一国家或地域内,人们的大环境通常相差不大,但小环境却千差万别。我们很难改变大环境,但小环境可以随着人自身的活动和选择而改变。小环境对人的影响更为直接。例如,家庭就是人最先接触也是对人的成长影响最为深远的一个小环境,它包括父母的教养方式、父母的生活态度以及家庭条件等。因此,教育者应更多地把注意力集中在小环境上。随着社会的变化不断加快,社会通信、交往手段更加丰富和便利,大环境对人尤其是对青少年的影响也不容忽视。

(2) 环境影响人的发展的主要表现。

第一,环境为人的发展提供了多种可能,包括机遇、条件和对象等。

人的生活在不同的小环境中,这些环境所提供的条件并不相同,对人的发展意义也不相同,因而不同环境中人的发展有很大区别。在这方面,《孟母三迁》的故事以及"近朱者赤,近墨者黑"等名言都表达了同样的道理。但人对环境的作用也不是消极的,处在同一小环境中的人,其发展水平也不会完全相同。如果人对环境持积极态度,就会挖掘环境中有利于自己发展的因素,克服消极的阻力,从而扩大其发展的天地。因此,教师不仅要注意为学生的发展提供较有利的条件,更要培养学生认识、利用和超越环境的意识和能力。

第二,环境对人的发展影响有积极和消极之分。

在同一环境中,各种因素作用的方向、力量的大小是不相同的。对于教师来说,分析、综合利用环境因素的积极作用,抵制消极影响是极其重要和困难的工作。教师需要研究如何既保持校园小环境的有利条件,又积极加强与社会的联系,充分利用社会的有利教育力量。

第三,人在接受环境影响和作用时,也不是消极的、被动的。

人在接受环境的影响和作用时,并不是消极的、被动的,而是一个积极、能动的过程。片面夸大环境对人的发展的作用,特别是环境决定论的观点,是错误的。

大量实践证明,环境对人的发展虽然起着重大的影响和制约作用,但并不能决定人的发展。因为人具有主观能动性,人能改造环境,人在改造环境的实践中发展着自身。这种能动性一方面表现在人是通过实践活动接受环境的影响并获得发展的,人在实践过程中,既接受环境的影响,又改造着环境,并在改造环境的过程中改造着自己;另一方面表现在人是按照已有的知识、经验以及在这种知识、经验基础上产生的需要和兴趣等来接受环境影响的。正因为如此,同样的环境在不同人身上可以产生不同的作用。

总之,环境对人的影响是广泛的、潜移默化的。人的知识、兴趣、爱好、生活习惯以及性格特点无不与周围环境有关,但环境对人的影响往往是自发的、零星的、无计划的、无目的的、不系统的,有时甚至是相互矛盾的。环境影响的这种特点,往往使人的发展具有两极性:既可以使人向好的方向发展,又可以使人向不好的方向发展。

4. 学校教育对人的发展的特殊功能

从严格意义上来讲,教育也属于社会环境范围,但它是一种特殊的社会环境。教育,特别是学校教育,与遗传因素和环境影响相比,在人的发展中起着主导作用。从人的活动的角度来看,学校中学生的活动与其他社会活动的区别在于,有教师的指导,活动的结果还要接受教师的检查,这种特殊性使学校在影响学生的发展上具有独特的功能。

(1) 按社会对人的基本要求,学校教育对学生发展的方向做出社会性规范。教育是一种有目的地培养人的社会活动,具有明确的目的性和方向性。社会对人的要求或期望包括体质、思想道德、知识能力等多个方面。学校根据这些要求,针对不同年龄、不同专门人才培养的标准做出相应的调整,并有意识地以教育目的和目标的形式去规范学校的其他工作,通过各种教育活动促使学生达到规范的目标。学校教育代表社会对人的要求,根据一定社会政治经济和生产力发展的需要,按照一定的目的与方向,选择适当的内容,采取有效的方法,利用集中的时间,对学生进行系统的教育和训练,使学生获得比较系统的文化科学知识和技能,形成一定的世界观和价值观。

(2) 学校教育具有加速学生发展的特殊功能。学校教育有比较完整的组织机构,是在各种严格的规章制度的制约下进行的,其目标明确,时间相对集中,有经过教育和训练的专职教师对学生进行指导,具有较强的计划性和系统性。学校教育保证了教学的良好秩序,把学生的发展所需要的一切时间和空间全部纳入到可控的程序之内,保证了教学得以顺利、有节奏地进行。同时,学校教育又具有系统的学习内容,这些内容既考虑了社会政治经济对人才规格的需要,又考虑了知识的逻辑顺序和学生的年龄特点与接受能力,从而保证了人才培养的高质量与高效率。

此外,学校教育使学生处在一定的学习群体中,学生之间的发展水平有差异,这也有助于学生的发展。如果学校教育能正确判断学生的最近发展区,这种加速作用将更明显、更富有成效。苏联心理学家维果茨基的研究揭示:教育对儿童的发展起着主导和促进作用,但需要确定儿童发展的两种水平。一种是已经达到的发展水平,表现为儿童能够独立解决的智力任务;另一种是儿童可能达到的发展水平,表现为儿童还不能独立解决任务,但在成人的帮助下,在集体活动中,通过模仿后能够解决这些任务。这两种水平之间的距离就是最近发展区。如果教师把握好最近发展区,就能加速学生的发展。

(3) 学校教育,尤其是基础教育对人的发展的影响不仅具有即时的价值,而且具有延时的价值。学校教育的内容大部分具有普遍性和基础性,即使专门学校的教育内容,也属于该领域普遍和基础的部分,因而对学生今后的进一步学习具有长远的价值。此外,学校教育提高了个体的需求水平、自我意识和自我教育的能力,这对人的发展来说,具有长远的意义。

(4) 学校教育具有开发学生特殊才能和发展个性的功能。人的先天遗传素质是不一样的。教育可以根据学生的遗传素质,有意识地发挥学生的遗传优势,弥补其不足,使先天的遗传素质向有利于学生成长的方向发展。在开发特殊才能方面,普通学校教育内容的多面性和同一学生集体中学生间表现出的差异性,有助于发现学生特殊才能。在个性发展方面,学校教师和领导有教育学和心理学方面的知识素养,这有助于他们发现学生的个性,并尊重和注意学生个性的健康发展。同时,学生在群体中的生活也有助于他们当中的每一个人从其他人的身上吸取闪光点,丰富自己的个性。

我们在坚信教育的作用和力量的同时,也要坚决反对另一种极端夸大教育作用的倾向——教育万能论。教育万能论对教育作用的高度评价以及对认识教育在人的发展中的作用具有重要价值,但把教育视为个体发展的决定因素时,却夸大了教育的实际功能。因为人的发展并不是单纯由教育决定的,而是各种条件综合作用和个体多方面努力的结果。如果没有遗传为人提供相应的生物前提,没有环境的积极配合,没有社会发展作为物质基础,没有人的主观能动性的调动,教育要发挥它的主导作用是不可能的。教育既不能超越它所依存的社会条件或者高出社会之上发挥它的能动作用,又不能违背学生身心发展的客观规律及年龄阶段去任意地决定学生的发展。这就要求学校按照教育规律办事,并且积极协调各方面带来的影响。

5. 人的主观能动性的巨大作用

个体在与环境之间相互作用中所表现出来的个体主观能动性是促进个体发展从潜在的可能状态转向现实状态的决定性因素。从过程结构的角度来看,个体主观能动性包括活动主体的需要与动机、指向的客体对象,活动的目的、内容、手段与工具,行为程序、结果及调控机制等基本要素。从活动水平的角度来看,个体主观能动性由生理、心理和社会三种不同层次和内容的活动构成,每一个层次的活动对个体的身心发展都具有特殊的和整体性的影响。

个体主观能动性的第一层次的活动是人作为生命体进行的生理活动。它是人这一有机体与环境中的物质发生交换的过程,为维持人的生命服务,与人的身体发展直接相关,也是个体的其他方面发展的基础。第二层次的活动是个体的心理活动。心理活动的内容丰富多彩,它是人对外部世界能动的、带有个体性的反映,也包括人对自己的意识、态度与倾向,其中最基本的是认识活动。第三层次的活动是社会实践活动。对个体来说,社会实践活动具有满足人的生存、发展和创造需要的意义,是人与环境之间最富有能动性的交换活动,是一种能量的交换。它具有鲜明的目的性、指向性和程序性,体现了人的主动选择。

以上三种不同层次的个体活动及其作用,实际上是共时、交融的。人的生理活动和心理活动渗透在一切社会活动中,人的一切社会活动又受到它们的支持和影响。人的主观能动性从综合的意义上把主体与客体、个体与社会、人的内部世界与外部世界联系起来,成为推动人本身发展的决定性因素,教师需要非常重视学生主观能动性的发挥。

(五)中学生青春期生理的变化

青春期是指一个人由童年向成年人过渡的生理、心理急剧变化的时期,年龄在10~20岁。女生一般较男生早两年进入青春期,学生的整个中学时代都处于青春期。青春期的生理特点,主要表现在以下四个方面:

1. 身体形态的发育

(1)学生的身高增长加速。在进入青春期初期,学生的身高增长速度加快,一般持续2~3年。学生在这期间的身高每年可增长6~8厘米(多则可增长10~12厘米)。

(2)学生的体重增长加速。在身高增长的同时,学生的体重也迅速增加,每年可增加5~6千克(多则可增加8~10千克)。

（3）第二性征的出现。男女两性生殖器官的差异为第一性征。进入青春期后，男女学生除性别以外的其他外部差异叫作第二性征，如男生表现为喉结突出、声音变粗、长胡须，阴毛、腋毛先后出现；而女生则为声音高亢、乳房发育、骨盆变宽、臀部变大，阴毛、腋毛先后出现。

2. 身体机能的增强

（1）心脏：表现为心肌增厚，心缩力增强，心功能显著提高。

（2）肺脏：初中生的肺活量一般是1700～4200 mL，高中生的肺活量一般是2600～4900 mL。

3. 脑的发育

脑的发育主要表现在脑对人体的调节功能大大增强，分析与判断、推理与论证等能力都逐步提高，易接受新鲜事物。与此同时，大脑皮层的兴奋性较强、遇事好冲动、思维和意志力较差，但可塑性强。

4. 性器官和性功能的发育和成熟

性器官发育是青春期最重要的变化之一。男生的睾丸发育最早，其次是阴茎、阴囊。男生的性功能发育主要表现是遗精，首次遗精的年龄大多数是14～16岁。首次遗精发生后，男生的体格发育已趋减慢，而睾丸、阴茎等却在迅速发育。

女生的性器官（如卵巢、子宫和阴道等），在青春期前基本处于静止状态。女生在青春期卵巢发育加快，10～18岁子宫的发育呈直线上升趋势。第一次月经（即初潮）是青春期的重要标志之一，月经初潮后，绝大多数女生还能继续增高7～8厘米，少数女生增高可超过10厘米。

第三节 义务教育及学制

一、义务教育及其特点

义务教育是指国家依照法律规定对适龄儿童和青少年实施的一定年限的国民教育。就世界范围而言，义务教育作为一种法律制度，已有四百多年的历史。一般认为，义务教育发端于德国。

义务教育是一种普遍、全民的教育。义务教育中的"义务"究竟为何义？其"义务"究竟为何人之义务？这些是正确认识和准确把握义务教育的关键性问题。《第一次中国教育年鉴》对"义务"是这样阐释的："义务"二字作广义之解释者，人民对国家有使其及龄之子女受国民教育之义务；同时，国家对人民有使人民在学龄期间受国民教育之义务。因人民之义务为就学，国家之义务为设学，故此种教育，国家与人民须交负责任，同享义务。由此不难看出，我国学者对义务教育之"义务"采用双向关系解释方式，即从国家对人民的义务与人民对国家的义务两个方向，讨论义务教育的含义，将国家的义务与人民的义务并举共提。现在普遍的观点是，义务教育具有以下两大特点：

（一）义务教育具有强迫性

义务教育是国家统一实施的所有适龄儿童、少年必须接受的教育，是国家必须予以保障的公益性事业。适龄儿童、少年的父母或者其他法定监护人应当依法保证其按时入学并完成义务教育。

（二）义务教育具有免费性

义务教育是国家、社会、学校和家庭必须予以保证的教育。国家对接受义务教育的学生免收学费,并动员社会力量捐资助学;学校应积极改善办学条件,为接受义务教育的学生提供良好的学习条件;父母和监护人负有保证子女接受义务教育的责任。

但从普及和发展义务教育的历史看,强制教育与免费教育的发展并不是同步的,其发展历程一般先是强制教育,然后才是免费教育,而且免费教育也经历了一个从自费到部分免费,再到全部免费的过程。准确地讲,免费教育不一定都是义务教育,如德国、美国有些州的大学也实行一定程度的免费教育。因此,免费是实行和普及义务教育的一项重要措施和手段。没有免费教育就没有义务教育,没有义务教育就没有普及教育,这是世界各国的共同经验。强制教育和免费教育是义务教育得以腾飞的双翼。

二、我国义务教育概况

我国的义务教育制度始于清末,作为国家富强、民族复兴的基石,义务教育一直为历代政府所推崇。其中,清末将适龄儿童、少年接受义务教育视为其父母对国家的义务;民国时期的义务教育突出公民的受教育义务;中华人民共和国成立后的义务教育,则更强调公民的受教育的权利。

义务教育是国民教育体系的重要组成部分。1985年5月,《中共中央关于教育体制改革的决定》提出要有步骤地实行九年制义务教育,并提出要制定义务教育法。1986年4月,第六届全国人民代表大会第四次会议通过了《中华人民共和国义务教育法》(以下简称《义务教育法》),规定国家实行九年义务教育制度。毋庸置疑,该法对于全面推进我国义务教育进程起到了重要作用。但是,随着义务教育的深入发展,也遇到了一些新的挑战,出现了如义务教育经费投入不足、义务教育资源分配失衡、学校乱收费等问题。为了有效解决这些问题,进一步促进义务教育发展,2006年6月,第十届全国人民代表大会常务委员会第二十二次会议通过了新修订的《义务教育法》,并于当年9月1日起正式实施。之后,2015年4月,第十二届全国人民代表大会常务委员会第十四次会议第一次修正《义务教育法》;2018年12月,第十三届全国人民代表大会常务委员会第七次会议第二次修正《义务教育法》。

知识拓展 ▼

我国《义务教育法》的若干规定(部分)

按照《义务教育法》的规定,我国义务教育实行国务院领导,省、自治区、直辖市人民政府统筹规划实施,县级人民政府为主的管理体制。

在普及教育制度的年限方面,目前我国实行多种方式,如"六三制""五四制""九年一贯制"以及"幼儿园、小学、初中一贯制"等形式。各地可根据实际情况,灵活采取各种不同的学制形式。

三、学制概述

学校的出现使人类开始进入系统的学校教育时代,这是教育发展史上的划时代事件,对于人类文明的进步与发展有着重要意义。学校的出现使教育活动专门化,告别了教育的非独立形态。自学校产生以来,学校教育就在整个教育体系中居于核心地位。一般认为,作为一种特殊的人类活动,学校教育源于生活而又高于生活,是在特定的制度框架保障下的有特定组织规则的生活。因此,学校是教育制度化的必然结果,学制(全称为学校教育制度)是学校教育发展到一定历史阶段的产物。

（一）学制的概念

学制是指一个国家各级各类学校的系统,它规定着各级各类学校的性质、任务、培养目标、入学条件、修业年限、管理体制以及各级各类学校的关系等。"各级"包括:学前教育机构、小学、中学、大学等不同阶段;"各类"是指除普通学校以外,还有各种专业学校和职业技术学校、业余学校等不同类型,它们构成了纵横交错的学校教育系统。

学制是一个国家教育制度体系中最严密、最有效的基本制度,是国家通过立法做出规定而建立起来的,从而保证一个国家学制的统一性、稳定性和完整性。学制是国家实现教育目的的基本制度保证,对社会的政治、经济、文化等各个领域的发展具有重要影响。

学制是由国家政权机关制定并颁布实施的。但是,国家不能凭主观意志制定学制,因为任何一种学制,都要受一定社会的政治、经济、文化和人的身心发展规律的制约。

学制建立的依据:① 学制取决于社会生产力发展的水平和科学技术发展的状况,它是随着生产力和科学技术由低到高的发展不断完善的;② 学制受社会的政治经济制度的制约,它反映了一个国家的教育方针政策的要求;③ 学制要依据青少年和儿童的年龄特征、身心发展规律和知识水平、各级各类学校的任务、培养目标、入学年龄、修业年限等条件来考虑学生的情况;④ 学制要考虑本国的历史文化传统,吸取原有学制中有用的部分,同时参照和借鉴外国学制的经验。

（二）学制在形式上的发展

根据教育发展的正规化程度,我们可以将学制的发展形式划分为前制度化教育、制度化教育和非制度化教育。

1. 前制度化教育

前制度化教育始于与社会同一的人类早期教育,终于定型的形式化教育,即实体化教育。

教育实体的出现,意味着教育形态已趋于定型。教育实体的产生是人类文明的一大进步,它属于形式化的教育形态。教育实体的形成或多或少具有以下特点:① 教育主体确定;② 教育客体相对稳定;③ 形成系列的文化传播活动;④ 有相对稳定的活动场所和设施;⑤ 具有由以上因素结合而成的独立的社会活动形态。

前制度化教育是人类教育史上的一个重要阶段,它为制度化的教育提供了必不可少的发展基础,并对教育的发展产生了难以估量的影响。

2. 制度化教育

近代学校系统的出现,开启了制度化教育的新阶段。从17世纪到19世纪末,各资本主义国家纷纷建立近代学校教育系统。严格来说,学校教育系统是在19世纪下半叶形成的。教育实体从简单到复杂、从游离状态到形成系统的过程,正是教育制度化的过程。学校教育系统的形成,即意味着教育制度化的形成。

制度化教育主要指的是正规教育,即具有层次结构的、按年龄分级的教育制度,它从初等学校延伸到大学,并且除了普通的学术性学习以外,还包括适合于全日制职业技术训练的许多专业课程和机构。从这一定义中我们可以发现,制度化教育指向形成系统的各级各类学校。

由于历史和传统不同,各国的学制在发展过程中形成了不同的类型。现代学制主要分为双轨制学制、单轨制学制和分支制学制。

3. 非制度化教育

非制度化教育是在制度化教育基础上的超越,和制度化教育相比,它不仅是形式的改变,更是理念的转变。非制度化教育提倡的理想是:教育不应再限于学校的围墙之内。即个体应该能够在一个比较灵活的范围内,自由地选择他的道路。如果离开了这个教育体系,他也不至于被迫终身放弃利用各种教育设施的权利。

四、发达国家学制改革发展的主要趋势

现代教育,特别是第二次世界大战以后的教育制度,呈现出一些共同的发展趋势。

(一)义务教育的范围逐渐扩展,年限不断延长

各国的义务教育年限长短不一,大多在九年左右,包括小学和初中教育阶段。随着知识社会的到来,为了提高人才素质,大多数国家义务教育的范围有进一步扩大的趋势。这主要表现在义务教育的一端在逐渐向学前教育方向扩展,而另一端则向初中后教育阶段延伸。义务教育的范围扩大体现了两个方面的趋势:一是加强学前教育并重视与小学教育的衔接;二是延长义务教育年限。

(二)普通教育与职业教育朝着相互渗透的方向发展

普通教育主要是以升学为目标,以基础科学知识为主要教学内容的学校教育;职业教育是以就业为目标,以从事某种职业或生产劳动的知识和技能为主要教学内容的学校教育。在第二次世界大战之前,世界各国普遍推行双轨制学制,即为升入高一级学校做准备和为就业做准备的教育制度,双轨之间几乎是不通的。在第二次世界大战之后,综合中学的比例逐渐增加,出现了普通教育职业化、职业中学普通化的趋势。

(三)高等教育大众化和普及化

在当前各国的学制改革中,高等教育大众化和普及化的趋势也非常明显。目前,西方发达国家的高等教育已达到大众化,正在向着普及化发展,有的国家(如美国)甚至已经进入了高等教育普及化阶段。而大多数发展中国家正在为高等教育的大众化而努力。我国高校于1999年开始大幅度扩招,高等教育在读人数急剧增加,我国逐渐跨入高等教育大众化阶段。2019年,我国高等教育毛入学率超过50%,实现了从高等教育大众化向高等教育普及化的历史性跨越。

(四)终身教育体系的构建

随着知识经济社会的到来,以及人们就业所需的受教育程度不断提高,教育和劳动格局开始被打破。于是,人们对接受教育的年限有了新要求,尤其是专业技术人员,更需要通过不断学习来改造、补充、发展自己的知识与技能结构,以不断适应日益变化的社会与日益复杂的工作。作为提供和更新人们知识、提高人们生存和工作能力主要手段的终身教育便应运而生,并且得到迅速发展。同时,成人教育、继续教育、回归教育等也迅速发展,如各种形式的函授教育、广播电视教育、业余教育、在职教育等得到广泛的发展。

五、我国现代学制的沿革及当前的学制

(一)清末、民国时期的学制

1902年,清政府颁布了我国第一个规定现代学制系统的文件——《钦定学堂章程》,由

于1902年为农历壬寅年,故这个学制也称为"壬寅学制"。

1904年,清政府颁布了由张之洞等人制定的《奏定学堂章程》。规定了各级各类学校的目标、修习年限、入学条件、课程设置及相互衔接关系。教育年限分为三段六级:小学九年,分初等小学堂五年、高等小学堂四年;中学五年,设中学堂;大学六至七年,分高等学堂和大学预科三年,分科大学三至四年;大学之上设通儒院五年。从高等小学堂起,还设置并行的各级师范学堂和实业学堂,各成体系。

1912—1913年,南京临时政府制定公布了"壬子·癸丑学制",因这两年为农历壬子、癸丑年而得名。学制设为普通教育、师范教育、实业教育三个系列,主系列普通教育分三段四级:初等教育分初小、高小两级共七年,男女同校,初小四年为义务教育;高小三年,男女分校;中等教育不分级,四年,可专设女子中学;高等教育不分级,6~7年,大学预科三年、本科3~4年,专门学校预科一年、本科三年(医科四年);小学前设蒙养院,大学后设大学院,均不计入学制年限;儿童7岁入学。师范教育分师范学校、高等师范学校两级,分别相当于中等教育和高等教育阶段;师范学校分第一、第二两部,分别招收高小毕业及同等学力者施以一年预科四年本科教育、中学毕业及同等学力者施以一年本科教育;高等师范学校招收中学、师范学校毕业及同等学力者施以一年预科、三年本科教育。实业教育分设甲种和乙种实业学校,分别与高小和中学平行,均三年毕业。另设有补习科、专修科、讲习所等。

1922年,北洋政府制定并颁发"壬戌学制",又称"新学制""六三三学制"。学制规定:初等教育六年(初级小学四年,高级小学二年);中等教育六年(初级和高级中学各三年;师范学校六年,其中后期师范学校三年);高等教育三至六年(大学四至六年,专门学校三年以上)。入学年龄为6岁。特点为:中学得到加强;实行三三分段,兼顾升学与就业;比较灵活,并给各地方办学留下余地。后几经修改,基本框架未变。该学制于1951年被废止,但其基本架构沿用至今。

(二)我国现行学制

中华人民共和国成立以后,对旧有的学校进行了整顿改造,并于1951年颁布《关于改革学制的决定》,这标志着我国学制发展到了一个新的阶段。这个学制包括幼儿园到大学的完整体系,即我国现行学制系统。

《教育法》第十七条规定:国家实行学前教育、初等教育、中等教育、高等教育的学校教育制度。在我国现行学制中,从纵向来看,划分了四个阶段:学前教育、初等教育、中等教育、高等教育。其中,初等教育阶段与中等教育阶段合称为义务教育阶段,义务教育具有普遍性、基础性、义务性(强制性和免费性)、公共性等特点。从横向来看,到了中等教育阶段以后,开始出现了类的区分。根据性质与目标的不同,可以把我国的教育分为普通教育系统与职业教育系统。其中,职业教育系统需要以普通教育系统为基础。初等教育阶段实施的是普通教育,中等教育阶段以上实施的既有普通教育也有职业教育。根据教育对象的不同,我国的教育可以划分为学龄期教育系统与成人教育系统。根据教育的普及程度以及强制性,我国的教育可以分为义务教育系统与非义务教育系统。

(三)我国当前学制改革的主要内容

2010年,国务院印发了《国家中长期教育改革和发展规划纲要(2010—2020年)》(以下简称《纲要》),这是进入21世纪以来我国第一个教育规划纲要,是指导教育改革和发展的纲领性文件。根据《纲要》,今后一个时期我国教育事业改革发展的工作方针是:优先发展、育人为本、改革创新、促进公平、提高质量。《纲要》提出:坚持把教育摆在优先发展的战略地位,把育人为本作为教育工作的根本要求,把改革创新作为教育发展的强大动力,把促进公平作为国家基本教育政策,把提高质量作为教育改革发展的核心任务。到 2020 年,我国教育事业改革发展的战略目标是:"两基本、一进入",即基本实现教育现代化,基本形成学习型社会,进入人力资源强国行列。具体来看,我国的学制改革需要做好以下几方面的工作:

1. 加强基础教育,落实义务教育

第一,完善农村义务教育管理体制,使各级政府承担起发展义务教育的责任,尽快确立和实行"在国务院领导下,由地方政府负责、分级管理、以县为主"的管理体制。第二,建立健全经费投入机制,为农村义务教育的发展提供可靠的物质保障。第三,从实际出发,因地制宜,逐步调整农村中小学布局,促进教育资源的优化配置。第四,加大教育对口支援力度,促进贫困地区和少数民族地区义务教育的发展。第五,逐步统一中小学学制,推动农村义务教育的规范化发展。第六,坚持农科教相结合和基础教育、职业教育、成人教育的"三教统筹",促进农村经济和社会发展。

2. 调整中等教育结构,发展职业教育

第一,加强经济体制改革,盘活企业,盘活市场,增加就业机会。第二,用人单位要改变用人观念,保证单位人才的合理结构。第三,中等职业技术学校要注意适应市场,调整专业结构,提高教育质量。第四,国家要有相应的扶持政策,引导中等职业技术教育走出困境。第五,对于普通中学,尤其是普通高中,注意按四种模式进行规划:有基础有条件的学校可以办成以升学预备教育为主的学校;大部分普通高中通过分流,办成兼有升学预备教育和就业预备教育的学校;少部分学校办成以就业预备教育为主的学校;还可以举办少量特色学校。

3. 稳步发展高等教育,走内涵发展为主的道路

在今后一段时间内,高等教育改革重在扩大规模、优化结构、提高质量。高等教育的结构调整:一是层次结构的调整。即在发展本科教育的同时,大力发展地区性专科教育,扩大研究生培养数量,同时明确各类学校的分工,保证不同层次人才的培养规格、质量和特色。二是学科结构的调整。即调整各类专业人才的培养比例,稳定基础学科的规模,注重发展新兴学科和边缘学科,重点发展应用学科,减少专门学院,增加综合性大学。

4. 重视成人教育,发展终身教育

第一,学历教育与非学历教育要结合起来。第二,发展规模与提高质量要结合起来。第三,提高中间与扩展两头结合。"提高中间"是指提高专科层次和本科层次的教育质量和办学效益;"扩展两头"是指一头向初等和中等职业技术教育延伸,一头向研究生层次延伸。

第四节 教育目的

教育目的是教育理论中最具根本性的问题,是教育工作的核心,也是教育活动的出发点、依据和归宿,对教育工作具有全程性的指导作用。

一、教育目的的理论

(一) 教育目的的概念和意义

任何社会实践活动都有预期的目的,教育作为培养人的社会实践活动,也同样如此。

1. 教育目的的概念

教育目的是人们对教育活动的一种设计,有广义和狭义之分。广义的教育目的是指人

们对受教育者在接受教育后所产生的结果和所发生的积极变化的期望,即人们希望受教育者通过教育在身心诸方面发生什么样的变化或产生怎样的结果。狭义的教育目的是指国家对把受教育者培养成为什么样的人才的总的要求,是国家为培养人才而确定的质量规格和标准,它是根据一定社会的政治、经济、生产、文化、科学技术发展的要求和受教育者身心发展的状况确定的。教育目的反映了一定社会对受教育者的要求,是教育工作的出发点和落脚点,也是确定教育内容、选择教育方法、检查和评价教育效果的主要依据。各级各类学校无论具体培养哪个领域和哪个层次的人才,都必须努力使所有受教育者都符合国家提出的总的要求。因此,教育目的对所有学校都具有指导意义。

知识拓展

教育方针、教育目的与教育目标

2. 教育目的的意义

教育目的是一切教育工作的出发点,教育目的的实现则是教育活动的归宿,它贯穿于教育活动的全过程,对一切教育工作具有指导意义。教育目的的重要价值在于,为各级各类学校确定具体培养目标提供依据。教育目的对于明确教育方向、建立教育制度、确定教育内容、选择教育方法、组织教育活动、进行教育管理和评估教育质量等,起着决定性的指导作用。教育目的是全部教育活动的主题和灵魂,它对整个教育工作的指导意义是通过发挥以下作用实现的:

(1)教育目的的导向作用。教育目的一经确立就成为人们行动的方向。它不仅为受教育者指明了发展方向,预定了发展结果,而且也为教育者指明了工作方向和奋斗目标。因此,教育目的无论是对教育者还是对受教育者都具有目标导向作用。

教育目的规定了教育活动所应培养的人才的质量和规格,实际上就是规定了教育活动的最大方向。教育活动是一项系统工程:一方面,它表现为教育制度的建立,教育规划的确定,教育活动的内容、形式,以及教育方法的选择等;另一方面,它又必须是各个年龄段教育的合成,是学校教育、家庭教育和社会教育的结合,无论在空间上或时间上,教育活动都必须朝向教育目的所指明的方向发展。总之,目的是行动的指南,有明确的教育目的,才能使教育活动变得自觉而不盲目。

(2)教育目的的激励作用。教育目的实质上是人们的一种价值选择和追求。在教育实践中,人们接受了一种教育目的,也就是认同了一种价值选择,就必然会激励自己为了实现所追求的价值而付出各种努力,自觉抵制各种不符合教育目的要求的活动,从而调动起人们自觉参与教育活动的积极性。具体而言,教育目的是对教育活动结果的期望,无论是国家的教育目的(宗旨),还是学校的教育目的(办学目标)等,其内涵与教育活动主体的根本利益和理想相关,是教育的根本激励因素。缩小与目标的差距,是教育过程中激发主体奋进的根本动力。因此,教育目的往往成为教育行动的重要诱因。

(3)教育目的的评价作用。教育目的是检查和评价教育实践活动效果的衡量尺度和根本标准。无论是过程性评价还是终结性评价,都必须以教育目的为根本依据。只有以教育目的作为教育评价的依据,才能规范教育并保证基本的教育质量。

评价学校的办学方向、办学水平和办学效益,检查教育教学工作的质量,评价教师的教学质量和工作效果,检查学生的学习质量和发展程度等工作,都必须以教育目的为根本标准和依据进行。评价教育过程是否有效,教师工作成绩的高低以及在教育活动中学生成长的状况如何,虽然有非常细致的具体评价标准,但是所有细化的评价标准的最高价值预设都来源于教育目的。通过教育目的的标准来评价具体教育活动过程，教育者可以判断教育活动过程的得失、质量的高低、目标达到的程度等。如果要确保教育目的的实现，教育者就应通过不断分析教育活动以及评价教育过程发展状况和结果，适时做出恰当判断。教育者只有注意发挥教育目的对教育活动的评价功能，才能更好地从根本上把握教育活动的进行。

（4）教育目的的指导作用。教育目的的指导作用体现在指导教育行政部门制定有关的方针政策上。教育行政部门的方针政策多种多样，其中部分方针政策是关于提高教育质量和加速人才培养的。这类方针政策必须根据教育目的的要求制定，教育目的对此起着指导作用。

（二）教育目的的层次结构

教育目的是各级各类教育培养人的总的质量标准和总的规格要求，是各级各类学校工作遵循的总方针，但它不能代替各级各类学校对所培养的人才的特殊要求。各级各类学校还有各自的具体工作方针，这便决定了教育目的是一个由多层次构成的体系。

教育目的包括三个基本层次：

（1）国家的教育目的。这是国家规定的教育总目的，也称为教育的普遍目的。教育的普遍目的反映的是社会对教育的总要求，对一个国家的各种形式的教育都起着宏观控制和调节作用。

（2）各级各类学校的培养目标。培养目标是指以教育的普遍目的为指导，根据各级各类学校的特殊性制定的培养人才的专门要求。培养目标是教育的普遍目的的具体化，在各层次的教育目的中，既有由特定社会领域和特定社会层次的需要所决定的情况，也有因学生所处的学校级别而变化的情况。

（3）教师的教学目标。这是按照学生身心发展的过程制定的，具体调整并检验学校教育教学质量的系列化的具体要求，它是培养目标的具体化。

完整的教育目的由上述三个层次构成，它们从宏观到微观、从抽象到具体形成了一个体系。在这个体系中，抽象层次越高越具有普遍性，抽象层次越低越具有操作性。一般来说，前一个层次与后一个层次之间是一般与个别的关系，前一个层次的内容制约着后一个层次的内容，后一个层次是前一个层次的具体化。

1. 各级各类学校的培养目标

（1）各级各类学校的培养目标的确立。各级各类学校确定的对所培养的人的特殊要求，我们习惯上称为培养目标。或者说，培养目标是教育目的的具体化，它是结合教育目的、社会要求和学生的特点制定的各级各类教育的培养要求。培养目标是由特定的社会领域（如教育工作领域、医疗卫生工作领域、工业生产领域、农业生产领域等）和特定的社会层次（如工程师、专家、科学家、小学教师、中学教师、大学教师）的需要决定的，也因学生所处的学校级别（如初等、中等、高等学校）而变化。为了满足各行各业、各个社会层次的人才需求和不同年龄层次学生的学习需求，才产生了各级各类学校。如果各级各类学校要完成各自的任务，培养社会需要的合格人才，就要制定各自的培养目标。

（2）教育目的与培养目标之间的关系。教育目的与培养目标是普遍与特殊的关系。一般而言，教育目的具有较大程度的抽象性、普遍性和理想化特征，培养目标则显得更具体、更细化一些。教育目的的实现，要依赖于各层次、诸方面的培养目标的达成。教育目的是对所有学生提出的，而培养目标是针对特定的对象提出的。各级各类学校的学生有各自不同的特点，制定培养目标时必须研究各自学校学生的特点。

2. 教师的教学目标

（1）什么是教学目标。教学目标是指教师在教育教学的过程中，在完成某一阶段（如一节课、一个单元或一个学期）工作时，希望学生达到的要求或产生的变化结果。学校培养人的工作是长期、复杂而又细致的，学校实现教育目的和培养目标不是一蹴而就的事情，对学生的培养要靠日积月累。这就要求学校、教师将教育目的、培养目标具体化，明确在某一阶段内，教一门学科或组织一些活动时，希望学生在认知、情感、行为和身体诸方面需要达到的具体目标。

（2）教学目标与教育目的、培养目标之间的关系。教学目标与教育目的、培养目标之间是具体与抽象的关系，它们彼此相关，但相互不能取代。目的与目标在根本上不同，我们能测量目标，但不能测量目的。

与教育目的、培养目标相比，教学目标是更为特殊和具体的指标。教学目标是教育目的的具体化。一般情况下，可以把教育目的和培养目标理解为教育意志或教育理想，它们落实在一系列实现教学目标的行动上。教学目标有次序地渐进和积累，是向教育目的和培养目标不断接近的一个个基本环节。

（三）教育目的的价值取向

历史上，不同的主体总是从各自不同的利益出发选择或提出不同的教育目的，进而在观念上或实践中构建符合各自理想的教育形态。因此，教育目的本身体现着不同主体的不同价值取向。从古至今，在教育目的的价值取向上，争论最多、影响最大，也最带有根本性的问题，是关于教育活动究竟是关注人的个性发展还是关注社会需要的论争，即教育史上的个人本位论和社会本位论之争。

个人本位论者主张教育目的的提出应当根据受教育者的本性，而不是从社会需要出发。他们认为，教育的目的在于把受教育者培养成人，充分发展受教育者的个性，增进受教育者的个人价值，评价教育的价值应当以教育对个人的发展所起的作用来衡量。

社会本位论者主张教育目的要根据社会需要来确定，个人只是教育加工的原料，他的发展必须服从社会需要；教育目的就在于把受教育者培养成符合社会准则的公民，使受教育者社会化，保证社会生活的稳定和延续。在他们看来，社会价值高于个人价值，个人的存在与发展依赖并从属于社会，评价教育的价值只能以教育对社会的效益来衡量。

马克思吸收了以往时代关于人性、人的本质的理论观点，从哲学、经济学和社会学的角度历史地考查了个人发展与社会发展之间的关系，提出了个人发展与社会发展是对立统一的历史过程的观点，从而为我们确立教育目的提供了理论前提。马克思主义的人的本质观——人的本质在其现实性上是一切社会关系的总和，是马克思主义人的全面发展学说的根本前提，科学地解决了教育史上一个长期悬而未决的矛盾和难题，即人、社会和教育之间的三角关系。

（四）制定教育目的的基本依据

教育目的是由教育主体确定的，体现着人的主观意志，其确定又必须根据社会发展的客观需要和受教育者身心发展的特点进行。一定社会的生产力和科学技术发展水平，社会生产关系、政治观点、政治制度，受教育者身心发展状况，教育理论和研究水平是确定教育目的的重要依据。

1. 生产力和科学技术发展水平

生产力是社会发展中最活跃的因素，对社会发展起着最终的决定作用，从而也是制约教育目的的最终决定因素。不同社会发展阶段、不同时代，由于生产力和科学技术发展水平不同,对人才规格、类型和具体的素质要求也不相同,教育目的的具体内容自然也就有所不同。

2. 社会生产关系、政治观点、政治制度

教育目的属于社会意识形态范畴,与社会政治经济有着直接的制约关系。社会的生产关系、政治观点和政治制度直接决定着教育目的的社会性质。不同社会、不同阶级、不同政党的人才标准不同,教育目的便会有所不同。在阶级社会里,统治阶级的教育目的取决于统治阶级的政治利益和经济利益。因此,教育目的具有鲜明的阶级性。

3. 受教育者身心发展状况

教育是培养人的专门活动,教育目的作为一种发展指向,必须考虑各具特色、差异巨大的不同受教育者能够实现的可能性,否则就无法促进人的身心发展。如果教育目的不符合人的身心发展的需要和特点,教育效用就很难发挥,教育为社会需要服务的愿望也就会落空。

4. 教育理论和研究水平

是否具有切实可行、科学的教育理论基础,以及人们对社会发展和人自身发展的认识、研究水平等,是影响教育目的确立的重要因素。比如,马克思主义关于人的全面发展学说是确定我国社会主义教育目的的理论基础。

二、教育目的及实现教育目的的要求

(一) 现阶段我国的教育目的及基本精神

《中共中央 国务院关于深化教育改革,全面推进素质教育的决定》(以下简称《素质教育的决定》)关于教育目的的表述是:以培养学生的创新精神和实践能力为重点,造就"有理想、有道德、有文化、有纪律"的、德智体等全面发展的社会主义事业建设者和接班人。这一表述体现了时代的特点,反映了现阶段我国教育目的的基本精神。

第一,我们要培养的人是社会主义事业的建设者和接班人,因此要坚持政治思想道德素质与科学文化知识能力相统一。

第二,我们要求学生在德智体等方面全面发展,要求学生坚持脑力与体力两个方面的和谐发展。

第三,适应时代要求,实施素质教育,提高教育质量,强调学生个性的发展,培养学生的创造精神和实践能力。

(二) 全面推进素质教育

在对传统的应试教育、灌输式教育进行反思和批判的基础上,我国从20世纪80年代末开始推行素质教育,并且接下的几十年里,这一政策一直主导着我国基础教育改革的基本方向。近些年来的新课程改革,其根本目标也同样是为了贯彻和落实素质教育的政策。

1. 素质的内涵与结构

(1) 素质的内涵。素质是人或事物在某些方面的本来特点和原有基础。素质的含义有狭义、中义和广义之分。其中,狭义的素质也就是生理学和心理学意义上的素质概念,即遗传素质。在心理学上,素质是指人的先天的解剖生理特点,主要是感觉器官和神经系统方面的特点。素质是人的心理发展的生理条件,但不能决定人的心理内容和发展水平。可见,狭义的素质所强调的是素质的先天性,而先天性亦即后天发展的主体可能性。

(2)素质的结构。从广义的素质概念来看,人的素质是在先天遗传的基础上,以及在后天环境和教育的影响下,通过人的社会化学习、交往和实践而形成的具有社会价值的身心组织的要素、成分、结构及其质量水平,它既是对人的身心潜能的开发、强化和塑造,又是社会文化素养在身心结构方面的积淀,并进而呈现为独特的个性心理品质和人格模式。因此,素质可以看成是由自然(生理)素质、心理素质和社会文化素质三个层面构成的。

第一,自然(生理)素质。自然(生理)素质是由遗传获得的生理素质。它处于素质结构中的最低层次,由于它是先天遗传的,因而具有内在深层次的特点。自然(生理)素质主要包括生理解剖特征(性别、身高、体重、骨骼、神经系统、感觉器官、运动器官等)和生理机能特征(体质、反应速度、负荷限度、适应能力、抵抗能力等)。人的自然(生理)素质具有先天遗传性和个体差异性。我们在测量被评价人的自然(生理)素质发展水平时,一是采用规律性的标准,如体格健壮等;二是采用适应社会发展需要的标准。自然(生理)素质虽是先天遗传的,但可以采用有效的方式加以发展或矫正(如体魄的锻炼、神经系统和脑的训练等),使其得到进一步的发展。

第二,心理素质。心理素质包括智力因素和非智力因素,它处于素质结构的中间层次。心理素质主要有四个方面的内容:① 认知素质与才能品质。其中,认知素质主要包括智商水平和认知能力(如注意力、感知力、记忆力、观察力、思维力、想象力等)两个方面,才能品质包括知识、技能、创造能力等方面的内容。② 需要层次与动机品质。需要层次与动机品质包括本能、欲望、意愿、兴趣、爱好、动机、志向、理想、信念等内容。③ 气质与性格品质。气质与性格品质包括气质、情绪、情感品质、态度、行为方式、性格和意志品质等内容。④ 自我意识与个性心理品质(即心理素质)。总体来看,心理素质在素质结构中占有独特的地位,人的自然遗传素质、身心潜能的开发和实现程度以及社会文化历史经验在人的身心结构中内化、积淀的程度,都会在心理素质上反映出来。因此,心理素质具有先天因素和后天因素相结合的特点。其中,在简单、低级的心理活动中先天因素成分居多,而在复杂、高级的心理活动中后天因素居多。心理素质水平的测量评价主要有两个层次:一是对心理素质的生理水平的评价;二是对心理发展性质、方向、速度和水平的评价。

第三,社会文化素质。社会文化素质在素质结构中居于最高层次。客观环境与教育的影响对社会文化素质的发展和提高尤为重要。人的社会文化素质具有明显的变动性和时代特征,主要内容包括:① 科学素质,包括经验、知识、技能、科学理论、科学的信念和世界观、信息处理能力、劳动生产技术、职业素养、创造才能等方面内容;② 政治素质,包括政治方向、民主意识、社会责任感、政治与法律知识、历史知识、社会理想等方面内容;③ 道德素质,包括伦理知识、道德价值、道德感、自律精神、道德理想、人生观等方面内容;④ 审美素质,包括审美知识、审美趣味、艺术鉴赏力、审美观、美的创作能力等方面内容;⑤ 劳动素质,包括劳动知识、技能和能力、劳动态度以及社会适应能力等方面内容。

2. 素质教育的内涵与特征

(1)素质教育的内涵。目前,我国教育界对中小学素质教育内涵的研究,由于角度不同,定义也不尽相同。但在众多表述不一的定义中,我们依然可以发现素质教育内涵的共同点:① 强调素质教育是以全面提高全体学生的基本素质为根本目的的教育;② 强调素质教育是符合社会发展和人的发展实际需要的教育;③ 强调充分开发智慧潜能(这是因为素质是建立在人的潜能基础之上的,有人甚至认为所谓素质就是指人的"发展潜力"或"发展潜能");④ 不仅强调智慧潜能的开发,而且强调个性的全面和谐发展以及心理素质的培养。

据此,我们可将素质教育定义为:素质教育是依据人的发展和社会发展的实际需要,以全面提高学生的基本素质为根本目的,以尊重学生的主体性,注重开发人的身心潜能,注重形成人的健全个性为根本特征的教育。素质教育的本质就是以全面提高全体学生的基本素质为根本目的,注重开发人的身心潜能。这一本质揭示了素质教育的诸多基本特征。

(2) 素质教育的特征。

第一,素质教育是面向全体学生的教育。《素质教育的决定》指出:全面推进素质教育,要坚持面向全体学生,为学生的全面发展创造相应的条件,依法根据适龄儿童和青少年学习的基本权利,尊重学生身心发展特点和教育规律,使学生生动活泼、积极主动地得到发展。素质教育倡导人人享有受教育的权利,强调在教育中每一个人都得到发展,而不是只注重一部分人,甚至少数人的发展。每一个人都能得到发展,不仅是民主的基本理念,而且是每一个人的基本权利,我们应该尊重这种权利,保护这种权利,创造条件实现这种权利。因此,素质教育区别于应试教育,因为应试教育具有选拔性、淘汰性,只能照顾到一部分人,甚至是很少一部分人的发展。

第二,素质教育是促进学生全面发展的教育。素质教育的特点是:① 强调学生是发展的主体,坚持教师主导与学生主体相结合;② 坚持教师传授知识与学生发展智力相统一,使知识与能力同步发展;③ 教师注重教法与学生学法的结合及其转化,培养学生会学习的能力;④ 强调智力因素与非智力因素的结合,培养学生愿学、乐学的兴趣。

第三,素质教育是促进学生个性发展的教育。素质教育是全面发展的教育,是从教育对所有学生共性要求的角度来看的。但是每一个学生都有其差别性,不同的认知特征、不同的兴趣爱好、不同的价值取向、不同的创造潜能铸造了一个个千差万别、个性独特的学生。因此,素质教育还要考虑学生的个性差异,充分发展学生的个性。以往的教育,一般只着重于对学生的共性要求,过分强调统一性而忽视差别性,以统一性代替差别性,对所有学生按照统一模式进行教育,结果扼杀了学生的差别性。针对教育的这种弊端,素质教育强调要把学生的全面发展与个别发展结合起来,既充分重视学生的共性发展,又重视学生的个性差别,对不同的学生有不同的发展要求、不同的教育模式、不同的评价方案,从而把学生的差别性显示出来并加以发展,使每一名学生都成为具有高度自主性、独立性与创造性的人。

第四,素质教育是以培养创新精神为重点的教育。创新精神是一个民族进步的灵魂,是国家兴旺发达的不竭动力。一个没有创新精神的民族,难以屹立于世界前列。教育作为国力竞争的基础工程,必须培养具有创新精神和实践能力的新一代人才,这是素质教育的时代特征。创新精神,一般包括好奇心、求知欲、对新异事物的敏感性、对真知的执着追求以及对发现、发明、革新的强烈愿望等。实践能力一般包括实验能力、交往能力和社会适应能力等方面。创新精神是以实践能力为依托的,它是实践过程中勇于开拓、不断进取的内在力量。而教育的任务就在于不断开发蕴藏于个体生命之中的创新潜能,培养个体的创新精神,增强个体的实践能力。

(三) 全面发展教育的组成部分

素质教育强调培养学生在德育、智育、体育、美育、劳动技术教育这"五育"方面的全面发展,《素质教育的决定》指出:实施素质教育,必须把德育、智育、体育、美育等有机地统一在教育活动的各个环节中。学校教育不仅要抓好智育,更要重视德育,还要加强体育、美育、劳动技术教育和社会实践,使诸方面教育相互渗透、协调发展,促进学生的全面发展和健康成长。

1. 德育

德育是培养学生正确的人生观、世界观、价值观,使学生具有良好的道德品质和正确的政治观念,形成学生正确的思想方法的教育。普通中学在德育方面的要求是:① 帮助学生初步了解马克思主义的基本观点和具有中国特色社会主义理论;② 热爱祖国,热爱人民,热爱劳动,热爱科学,热爱社会主义,拥护中国共产党;③ 建立民主和法制的意识,养成实事求是、追求真理、独立思考、勇于开拓的思维方法和科学精神;④ 形成社会主义的现代文明意识和道德观念;⑤ 养成适应不断改革开放形势的心态和应变能力。

2. 智育

智育是授予学生系统的科学文化知识、技能,发展他们的智力和与学习有关的非认知因素的教育。普通中学在智育方面的要求是:① 帮助学生在小学教育的基础上,进一步系统地学习科学文化基础知识,掌握相应的技能和技巧;② 发展学生的思维能力、想象能力和创造能力,养成良好的学习习惯和自学能力;③ 培养学生良好的学习兴趣、情感、意志和积极的心理品质。

3. 体育

体育是授予学生健康的知识、技能,发展他们的体力,增强他们的自我保健意识和体质,培养他们参加体育活动的需要和习惯,增强其意志力的教育。普通中学在体育方面的要求是:① 使学生掌握基本的运动知识和技能,养成坚持锻炼身体的良好习惯;② 培养学生的竞争意识、合作精神和坚强毅力;③ 培养学生良好的卫生习惯,了解科学饮食知识。

4. 美育

美育是培养学生健康的审美观,发展他们鉴赏美、创造美的能力,培养他们的高尚情操与文明素养的教育。美育不等于艺术教育,也不仅仅是美学的学习,它的内容要比艺术教育和美学的学习宽广得多。普通中学在美育方面的要求是:① 提高学生感受美的能力,即对自然、社会中存在的现实美,对艺术作品的艺术美的感受能力,提高学生感受美的能力,从根本上说是提高人的整体性的精神素养;② 培养学生鉴赏美的能力,即具有美学的基础知识,具有分辨美与丑、文与野、优与劣的能力,具有区分美的程度和种类的能力,懂得各种类型美的特性与形态的丰富性,领悟美所表达的意蕴和意境,从而达到"物我同一"的审美境界,并使人格与性情得到陶冶;③ 培养学生创造美的能力,即能把自己独特的美感用各种不同的形式表达出来的能力。创造美的能力既包括艺术美的创造,也包括生活美的创造。培养学生创造美的能力是美育的最高层次的任务。

5. 劳动技术教育

劳动技术教育是引导学生掌握劳动技术知识和技能,形成劳动观点和习惯的教育。普通中学在劳动技术教育方面的要求是:① 通过科学技术知识的教学和劳动实践,使学生了解物质生产的基本技术知识,掌握一定的职业技术知识和技能,培养学生的动手能力,使其养成良好的劳动态度、劳动习惯和艰苦奋斗的精神;② 结合劳动技术教育,还可以给学生讲授一定的商品经济知识,使学生初步懂得商品的生产、经营和管理,了解当地的资源状况和经济发展规划,以及国家的经济政策、法律、法规,具有一定的收集和利用商品信息的能力。

6. "五育"之间的相互关系

"五育"之间的相互关系是:第一,德育、智育、体育、美育和劳动技术教育是我国教育目的规定的全面发展教育的有机组成部分,是对人类长期培养人的教育实践经验的抽象和概括;第二,"五育"各有自己的特殊任务、内容和方法,对个人的发展起着不同的作用,同时又相互依存、相互渗透、相互促进;第三,"五育"是一个统一的整体,它们共同形成学生的合理素质结构,教师切不可厚此薄彼,有所偏废;第四,体育是各育的物质前提,智育是各育的认识基础,德育是各育的方向、统帅和保证,美育和劳动技术教育渗透于各育之中,对学生的和谐发展有重要的作用。

第五节　教育研究的基本方法

教育研究的理论价值在于丰富和发展教育科学的知识体系,实践价值在于规范和引领教育教学活动,使其按照教育发展的基本规律运行。教育研究的基本方法有观察法、调查法、历史法、实验法和行动研究法等。

一、观察法

（一）观察法的含义

观察法是指人们有目的、有计划地通过感官和辅助仪器,对处于自然状态下的客观事物进行系统的考查,从而获取经验事实的一种科学研究方法。

观察法可以分为科学观察和日常观察。狭义的观察法只包括科学观察;广义的观察法既包括科学观察,又包括日常观察。日常观察是科学观察的基础和初级形式,人们从中能够获取大量的信息,为科学观察提供基础;科学观察是日常观察的高级形式,是有计划的科研活动。

（二）观察法的基本类型

1. 自然观察法和实验观察法

按观察的情境条件来分,观察法可分为自然观察法和实验观察法。

自然观察法是指观察者在自然情境中,对观察对象不加干预和控制的状态下考查人的各种心理活动和行为表现,从而收集有关研究资料的一种方法。

实验观察法是指观察者通过人为地改变和控制一定的条件,有目的地引导观察对象的某些心理现象,以便在最有利的条件下进行观察,从而收集有关研究资料的一种方法。

2. 直接观察法和间接观察法

按观察的方式来分,观察法可分为直接观察法和间接观察法。

直接观察法是指观察者凭借自己的感官直接观察观察对象,从而获得第一手事实资料的一种研究方法。

间接观察法是指观察者借助各种观察仪器摄录观察现象,从而获取事实资料的一种研究方法。这种观察方法突破了直接观察法中观察者的感官限制,可以在日后反复观测和分析。

3. 参与性观察和非参与性观察

按观察者是否直接参与观察对象所从事的活动来分,观察者可分为参与性观察和非参与性观察。

参与性观察是指观察者作为其中的一员参与到观察对象的活动之中,在相互接触和直接体验中倾听和观察观察对象的言行,从而获得观察研究资料的一种方法。

非参与性观察是指观察者不介入观察对象的活动,通过旁观获得观察研究资料的一种方法。

4．结构式观察与非结构式观察

按观察实施的方法来分，观察法可分为结构式观察与非结构式观察。

结构式观察是指观察者根据事先设计好的观察提纲并严格按照规定的内容和计划所进行的可控性观察。结构式观察的优点在于观察结果可以量化，便于统计分析；缺点在于缺乏弹性，较费时。

非结构式观察是指观察者对观察范围采取弹性态度，不预先确定观察内容和观察步骤，也没有具体记录要求的非控性观察。非结构式观察的优点在于比较灵活，适应性强，简便易行；缺点是观察所获得的材料较零散，难以进行定量分析和比较严格的对比研究。

知识拓展

教育观察研究的实施

二、调查法

（一）调查法的含义

调查法是指在教育理论指导下，调查者通过运用观察、列表、问卷、访谈、个案研究以及测验等科学方式，收集教育问题的资料，从而对教育的现状做出科学的分析、认识并提出具体工作建议的一整套实践活动。

（二）调查法的基本类型和一般步骤

1．调查法的基本类型

（1）按调查对象的选择范围，调查法可分为普遍调查、抽样调查、个案调查和专家调查（德尔菲法）。

（2）按调查的内容，调查法可分为学科性的典型调查、反馈性的普遍调查和预测性的抽样调查。

（3）按调查采用的方法，调查法可分为调查表法、问卷法、测量法、访谈法等。

（4）按调查目的分类，调查法可分为现状调查、相关调查、发展调查、预测调查。

2．调查法的一般步骤

确定调查课题→选择调查对象→确定调查方法和手段，编制和选用调查工具→制订调查计划→实施调查→整理、分析调查资料，撰写调查报告。

（三）调查法的基本方法

调查法多种多样，经常采用的是问卷调查和访谈调查。

1．问卷调查

问卷调查是指以书面提出问题的方式收集资料的一种研究方法。调查者将所要调查的问题编制成问题表格，采用邮寄、当面作答或追踪访问等方式了解调查对象对某一现象或问题的看法和意见。

问卷调查的优点是：调查过程的标准化、调查形式的匿名化、调查的范围广、效率高、省时间、省人力、省费用、取样大、收集资料多、定量分析可信高等；其缺点是：① 在进行问卷调查时，有一部分调查对象不愿做回答或任意填写，由于问卷采取的是无记名的方式，因此很难知道他们不配合的原因，这样就会破坏样本的代表性；② 问卷中的问题一定要清晰易懂，稍有含糊，就得不到正确的回答；③ 问卷中的题目不宜太多或太少，要适量。

2. 访谈调查

访谈调查是指两个人(或更多人)之间有目的的谈话,由其中一个人(研究者)引导,收集对方(调查对象)的语言资料,以此了解调查对象是如何解释他们的世界的。

访谈调查的优点是:① 灵活性强;② 能够使用比较复杂的访谈提纲;③ 能够获得直接、可靠的信息和资料;④ 不受书面语言文字的限制;⑤ 可以对各种问题进行全面而深入的调查;⑥ 具有较强的灵活性;⑦ 可适用于各种类型的调查对象。访谈调查的缺点是:① 费人力、费时间、费财物,这是访谈调查最大的缺点;② 访谈调查的成效在很大程度上取决于调查者的素质和调查对象的合作态度;③ 难以保证调查对象被匿名。

访谈调查的技巧:① 调查者在调查前应与调查对象建立双方信任、友好的关系,打消调查对象的戒备心理;② 要找到谈话的突破口;③ 必须有意识地控制节奏及主题,不能任由调查对象天马行空;④ 善于挖掘调查对象语言中的深层含义。

三、历史法

(一) 历史法的含义

历史法是指研究者对相关社会历史过程的史料进行分析、破译和整理,以认识研究对象的过去,以此研究现在和预测未来的一种方法。采用历史法研究教育科学,研究者可以揭示出一定时期的教育理论与实践受到当时社会政治、经济、哲学、宗教、文化、科技等条件的制约和影响,同时又继承以往的教育传统而形成这一时期教育发展的独特模式和传统。

(二) 历史法的适用范围

历史法是以历史来研究教育科学的,主要适用于研究人类社会过去的教育实践活动和教育思想理论。具体来说,历史法在教育科学中的适用范围包括以下几点:

(1) 对各个时期教育发展情况的研究。研究者注重以历史发展的逻辑顺序完整地认识教育发展史的基本脉络。

(2) 对历史上教育家们的教育思想理论观点的研究。

(3) 对一个时期的教育流派、教育思潮的分析研究,以及对不同教育流派理论的比较研究。这一研究重在揭示各历史阶段不同思潮和流派对教育实践及后世教育制度、教育理论发展的影响。

(4) 对一定时期的教育制度,如法令、计划、政策等的评判分析。

(5) 对外国教育发展状况的分析,侧重对国际教育的比较研究。

(6) 开拓新的研究领域,诸如少数民族教育史、地方教育史以及古代的科技教育、艺术教育、对外教育交流等方面。

知识拓展

历史法的实施

四、实验法

(一) 实验法的含义

实验法是指根据一定的理论和假设,通过人为地控制教育现象中的某些因素,从而探索变量之间某种因果关系的研究方法。

（二）实验法的基本类型

1. 实验室实验和自然实验

从研究条件的控制上来分，实验法可分为实验室实验和自然实验。

实验室实验是指在人为设计的环境下，严格控制外界条件进行的实验研究。实验室实验借助自然科学实验研究方法，由实验者设计特定的教学情境，通过实验对象在特定的教育情境中的表现而得出的有关因果关系。

自然实验是指在现实的教育环境和条件下进行的实验研究。自然实验立足于现实的教育，以教育实践中的问题为出发点，以现有的教育环境为条件，探索在自然的教育环境下，在有计划地改变某种教育因素后，该教育因素与之产生的结果之间的因果关系。

2. 探索性实验、验证性实验和改进性实验

从实验的目的来分，实验法可分为探索性实验、验证性实验和改进性实验。

探索性实验是指在一定的理论和实践研究的基础上，提出新的问题，检验新的假设是否成立的实验研究。

验证性实验是指对他人已经研究并得出结论的问题，再次进行研究的实验研究。验证性实验并非对他人实验的重复性研究，而是将一项实验在不同时间、不同地域或不同研究对象中进行研究，以检验在新的条件下是否会取得同样的结果。

改进性实验是指对已经取得的实验成果所做的修改和完善的实验研究。

3. 单因素实验和多因素实验

根据自变量的多少来分，实验法可分为单因素实验和多因素实验。

单因素实验是指只有一个因素或只考查一个因素对实验指标构成影响的实验研究。

多因素实验是指自变量有两个或两个以上，每个自变量都有两个或两个以上水平的实验研究。

4. 前实验、真实验和准实验

根据控制条件的严密程度来分，实验法可分为前实验、真实验和准实验。

前实验是指实验中无关变量缺乏控制的实验研究，是一种不理想的实验研究。

真实验是指在实验中能随机选择和分配实验对象，能有效操纵实验变量并能严格控制影响实验结果的无关变量，实验结果能客观地反映实验处理的实验研究。

准实验是指介于前实验和真实验之间的一种实验设计。在无关变量的控制上，准实验比前实验设计得好，但不如真实验设计那样对无关变量控制得严格和充分，准实验对实验对象的选择和分组不能做到随机化，实验中所使用的实验对象往往是已经形成的现成团体（如现有的两个班级、两所学校等）。

五、行动研究法

（一）行动研究法的含义

行动研究法是指在教育情境中，教育实践工作者与教育理论研究工作者共同合作，为解决教育的实际问题，在教育实践过程中进行的一种教育科学研究方法。一方面，它旨在提高教育实践工作者自身的专业判断能力和教育问题的洞察力；另一方面，它也为优化教学实践提供具体策略。

(二) 行动研究法的基本步骤

1. 计划

研究者以大量的事实和调查研究为前提,制订总体计划和每一步具体的行动计划。计划是进行行动研究,也是理智的工作过程的第一个环节,它必须有充分的灵活性和开放性,能够包容不断发现的各种因素和矛盾。

2. 行动

计划的实施,是行动者有目的、负责任、按计划的行动过程。行动是研究者与行动者共同参与的,并且是能动的。行动的执行不是为了检验某一个设想或计划,而是为了解决实际的问题。

3. 观察

观察是指研究者对行动的过程、结果、背景以及行动者特点的考察。教育活动受到实际环境中众多因素的影响与制约,许多因素不可能事先确定和预测,更不可能全部控制。因此,观察在行动研究中的地位十分重要,它是反思、修正行动计划,并确定下一步行动的前提条件。

4. 反思

反思是指研究者对行动的结果及其原因进行思考。在反思的过程中,研究者要对自己的实践和行动做出批判性思考,即对行动的过程和结果做出判断,对有关现象和原因做出分析和解释,以提高思考的质量。反思之后,研究者还要对所研究的资料做必要的整理,为下一个研究或研究的下一个循环做积累。

本章知识结构

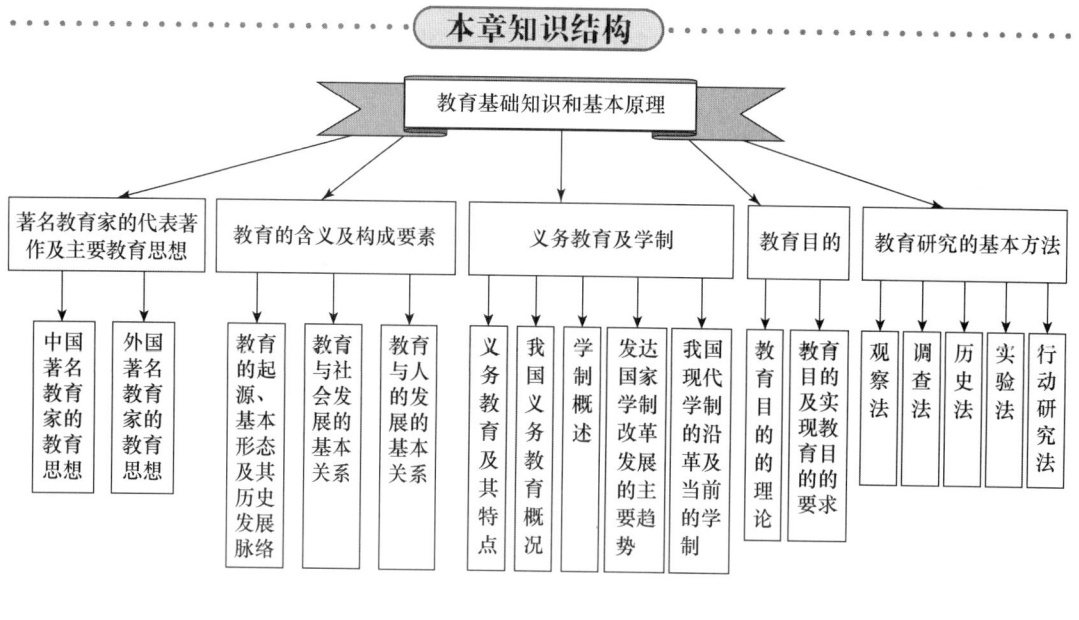

本章小结

本章内容有五个部分:一是中外著名教育家的代表著作及主要教育思想,重点介绍了我国古代、近代著名教育家的教育思想,以及外国古代、近代教育家的教育思想。二是教育的含义及构成要素,包括教育的起源、基本形态及其历史发展脉络、教育与社会发展的基本关系、教育与人的发展的基本关系。三是义务教育及学制,重点介绍了义务教育及其特点、我国义务教育概况、学制概述、发达国家学制改革发展的主要趋势、我国现代学制的沿革及当前的学制。四是教育目的,重点介绍我国当前的教育方针、教育目的及实现教育目的的要求。五是教育研究的基本方法,包括观察法、调查法、历史法、实验法、行动研究法。

考试指南

本章的知识点以识记为主,考生在学习时要识记著名教育家的代表著作,并理解其教育思想;识记教育的概念、内涵和教育的构成要素,理解教育与社会的发展关系以及教育与人的发展关系;理解义务教育的特点,并掌握我国当前的学制;识记教育目的的概念并掌握有关教育目的的理论;了解教育研究的基本方法,并能够运用这些基本方法指导教育教学实践。本章所涉及的内容通常占试卷总分值的19%,约29分。相关题型有单项选择题、辨析题和简答题三种,考试中偶尔也会出现材料分析题。

本章的重点是:教育的起源、基本形态及其历史发展脉络;国内外著名教育家的代表著作及其主要教育思想;教育的含义及构成要素;教育的基本功能;教育与社会发展的基本关系、教育与人的发展的基本关系;发达国家学制改革发展的主要趋势;我国现代学制的沿革;义务教育的特点;我国当前的教育方针、教育目的与教育目标;教育研究的基本方法。

本章的难点是:教育与人的发展,理解人的身心发展的一般规律,影响因素及相互关系,能够运用教育在人的身心发展中的作用的基本规律分析教育在促进青少年发展中的特殊任务。

本章高频考点是:教育和教育学的发展、教育与人的发展、教育与社会的发展、教育研究的基本方法。

自测训练

一、单项选择题

1. 一般来说,教育的基本要素包括教育者、受教育者和(　　)三个方面。
   A. 教育现象　　B. 教育影响　　C. 教育实践　　D. 教育理论
2. "因材施教"这一教育原则的依据是人的身心发展的(　　)。
   A. 阶段性　　B. 个别差异性　　C. 顺序性　　D. 不均衡性
3. 根据《教育法》,我国目前实行义务教育制度的年限为(　　)。
   A. 8年　　B. 10年　　C. 9年　　D. 12年
4. 提出教育具有相对独立性,主要是强调教育(　　)。
   A. 可以超越社会历史而存在　　B. 不受生产发展制约
   C. 对政治经济有促进作用　　D. 有自身的特点和规律
5. 一般认为,家庭教育、学校教育和(　　)是当代教育最为典型的三种形式。
   A. 政治教育　　B. 文化教育　　C. 社会教育　　D. 终身教育

二、辨析题

1. 教育能再生产劳动力。

2. 教育对社会文化具有选择功能。
3. 教育决定社会政治经济制度。

三、简答题

1. 简述影响个体身心发展的主要因素。
2. 简述学校对人的发展起主导作用的原因。

第二章 中学课程

考纲内容

1. 了解不同课程流派的基本观点,包括学科中心课程论、活动中心课程论、社会中心课程论等;理解课程开发的主要影响因素,包括儿童、社会以及学科特征等。
2. 掌握基本的课程类型及其特征,其中包括分科课程、综合课程、活动课程;必修课程、选修课程;国家课程、地方课程、校本课程;显性课程、隐性课程等。
3. 了解课程目标、课程内容、课程评价等含义和相关理论。
4. 了解我国当前基础教育课程改革的理念、改革目标及其基本的实施状况。

考纲解读

本章需要考生了解的内容包括课程流派、课程目标、课程内容、课程评价、课程改革理念、课程改革目标和基本实施状况;本章需要考生侧重理解的内容是影响课程开发的主要因素,包括儿童、社会以及学科特征三大因素。在课程开发中,考生应对校本课程的理念有所了解,懂得作为中学教师应该如何因地制宜地开发校本课程,学会通过具体的案例来分析说明;本章需要考生掌握的内容主要是课程的类型及其特征。课程的类型有多种不同的分类方法,各类不同的教材在分类上并不完全一致。考纲对这部分内容采用了四种类别划分法,考生在学习时,应注意分辨四种不同类别课程的划分依据以及各类别中每种课程的性质、相互区别与相互联系等。

第一节 课程概述

课程是学校教育的基础。教师要了解课程背后所隐含的特定的价值取向、哲学假设以及对教育实践的意义,从而对课程概念有较为全面的理解,并在此基础上形成自己的判断和见解。

一、课程的概念

课程通常是指课业及其进程。我国古代就对"课程"一词进行了表述:"宽著期限,紧著课程",这里的"课程"一词包含有学习的范围和进程的意思。在西方,"课程"一词源自拉丁语,原意为"跑,跑道",是指学生要沿着学习的跑道进行学习。英国教育家斯宾塞把"课程"一词用于教育科学的专门术语,作为教育科学的重要倡导者,他把课程解释为"教学内容的系统组织"。在课程研究领域,美国教育家泰勒成果卓著,贡献极大,被称为"现代课程理论之父"。

"课程"一词的内涵十分丰富,其概念具有广义和狭义之分。广义的课程是指学生在校期间所学内容的总和及进程安排,狭义的课程特指某一门学科。本书探讨的是广义的课程概念。确切地说,课程是各级各类学校为实现培养目标而规定的学习科目及其进程的总和,不仅包括学校中所要进行的德、智、体等全部的教育内容,还包括课外活动、家庭作业和社会实践活动等。

课程兼有计划、途径、标准的含义。课程除了规定各门学科的目的、内容及要求以外,还规定各门学科设置的程序和课时分配、学年编制和学周的安排等。

二、课程目标

课程目标是指课程本身要实现的具体意图,是对一定教育阶段的学生在德、智、体等方面所应达到的发展程度的规定。课程目标是对课程所要达到的结果的规定,在课程设计、实施、评价、改革等各个环节起着导向作用。它不仅能为课程设计提供指导准则,制约着课程的设置,而且能为课程内容的组织和选择提供基本方向,支配着学习活动的方式,并为课程的实施和评价提供基本依据。

课程目标与教育目的或培养目标具有密切的联系。课程目标是教育目的或培养目标的具体化。教育目的或培养目标是对受教育者质量的总体要求,这些目的或目标的实现是以课程为中介的。课程是达到教育目的或培养目标的手段,课程目标的制定需要以教育目的或培养目标为基础,教育目的或培养目标只有转化为课程目标,才能真正得以实施。

课程目标主要分为四类:① 认知类,包括知识的基本概念、原理和规律,理解和思维能力;② 技能类,包括行为、习惯、运动及交际能力;③ 情感类,包括思想、观点和信念,如价值观、审美观等;④ 应用类,包括应用前三类来解决社会和个人生活问题的能力。[①]

课程目标的特点表现为:① 整体性,即各类目标彼此关联,并非彼此孤立;② 连续性,即较高年级的目标是较低年级目标的继续发展和深化;③ 层次性,即技能和情感的目标需要在知识的基础上培养和形成,知识的记忆比其理解低一个层次,知识的应用比其理解高一个层次;④ 积累性,即在教育目的以及培养目标的规范下,课程目标具有累进性的特点,没有低年级目标的积累,就难以到达高年级的目标。

三、课程开发

课程开发是指在一定理论的指导下,通过需求分析确定课程目标,再根据这一目标选择某一个学科(或多个学科)的教学内容和相关教学活动进行计划、组织、实施、评价、修订,以最终达到课程目标的整个工作过程。从世界范围来看,课程开发存在三种机制,即中央集权机制、地方分权机制和学校自主机制。

一般而言,课程开发要遵循五个基本原则:① 超前性原则,即课程设置必须对未来经济发展趋势、未来人才市场需求做出准确的分析和预测,为超前开发课程提供可靠的依据;② 多元性原则,即课程设置要适应社会发展对知识结构多样化的需求,开发多元化课程,如开设必修课、必选课、选修课、活动课等;③ 基础性原则,即课程设置要强化学科基础知识,

---

[①] 教育大辞典编纂委员会.教育大辞典:第1卷[M].上海:上海教育出版社,1990.

加强基础能力训练,增强学生潜在能力;④ 实践性原则,即课程设置既要充分体现教学的实践环节和内容,也要体现各种实践的可操作性;⑤ 灵活性原则,即课程设置在注重基础知识、实际操作、理论研究结构组合的同时,也要突出客观实际需要。课程开发在纵向上要能满足不同层次人才培养的需要,在横向上要能够兼顾和融合专业特点。

为了有效开发和利用这些资源,教育者可以通过以下途径来进行:① 开展社会调查,以确定或揭示有效参与社会生活和把握社会给予的机遇而应具备的知识、技能和素质;② 审查学生在日常活动中以及为实现自己目标的过程中能够从中获益的各种课程材料;③ 研究一般学生以及特定受教育者的情况,以了解他们已经具备和尚未具备哪些知识、技能和素质,并据此确定制订教学计划的基础。

课程资源能否在课堂层面发挥作用,是课程资源开发和利用的关键。课程资源只有进入课堂,与学生发生互动,才能彰显其应有的教育价值和课程意义,才能最终体现课程资源的价值。

第二节 课程内容

一、课程内容的特征

课程内容是为了促进学生发展而精心选择出来的人类文明的精粹,是经过改造加工适合于教与学活动的材料。具体而言,课程内容是指各门学科中特定的事实、原理和问题以及它们的组织方式,是一定知识、技能、技巧、思想、习惯等的总和。

课程内容有着三个方面的特征:① 它是人类文明成果的精华;② 它是学生学习的对象;③ 它是影响学生发展的材料。

二、课程内容的三种取向

由于课程内容所涉及的范围十分广泛复杂,所以人们对课程内容认识的视角有所不同,在课程内容认识问题上,存在着三种不同的取向。

（一）课程内容即学科知识

课程内容即学科知识是一种传统的观点,即课程内容是提前选择和编排好的学科知识,是学生应该习得的知识。

1. 课程内容的三种表现形式

课程内容有三种表现形式,即课程计划、课程标准和教材。

（1）课程计划。课程计划是对某一学段课程的整体规划,它既是指导和规定教学活动的依据,也是制定课程标准的依据。课程计划的基本内容包括教学科目的设置、学科顺序、课时分配、学年编制与学周安排等,其中,教学科目的设置是课程计划的中心内容。

（2）课程标准。课程标准是按门类确定的一定学段课程水平及课程结构的纲领性文件。它规定课程的性质、目标、内容框架,并提出指导性的教学原则和评价建议。

课程标准的结构,一般包括总纲和分科课程标准两个部分。总纲规定学校教育的总目标、学科的设置、各级各科每周教学时数表和教学通则等。分科课程标准规定各科教学目标和教材纲要、教学要点和教学时间的分配、应有最低限度的教学设备以及教学方法和其他应注意的事项。课程标准的总纲部分相当于我国现行的学校教学计划,分科课程标准相当于曾经广为使用的分科教学大纲。

知识拓展 ▼

初中课程标准的一般结构

（3）教材。教材是课程内容的载体，是按照课程标准的规定，分学科门类和年级编写的教学材料，有文字材料和视听材料等形式。教材有广义和狭义之分。广义的教材是指课堂上和课堂外教师和学生使用的所有教学材料，包括课本、讲义、练习册、活动册和故事书等；狭义的教材仅指教科书。

2. **课程标准与教学大纲**

自2001年我国基础教育课程改革实施以来，"课程标准"开始成为一个常用的词汇，而沿用了几十年的教学大纲悄然隐退了。那么，课程标准与教学大纲有何区别呢？

（1）课程标准是针对学生在某一学段应该达到的共同的、统一的基本要求提出的规定；教学大纲则是对教学内容、教学顺序和教学要求的具体规定。

（2）课程标准更多地关注学生通过对课程内容的学习在知识与技能、过程与方法、情感态度与价值观等方面的发展；教学大纲则更多地关注学生在学科知识、技能方面应该达到的水平。

（3）课程标准在关注教师教学的同时，更为关注学生的学习；教学大纲则更多地关注教师的教学行为。

（4）课程标准在内容的表述方式上更多地体现指导性、启发性和弹性；教学大纲则更多地体现原则性、规定性和刚性。

（5）课程标准着眼于课程，教学大纲则着眼于学科。

（6）课程标准更关注学习领域，教学大纲则关注科目。

以课程标准取代教学大纲，意味着我国的课程理念发生了以下变化：课程价值从精英教育转向大众教育；课程目标着眼于学生素质的全面提高；课程实施从过于关注教师的教学转向关注课程资源的广泛运用；课程管理从刚性转向弹性等。

知识拓展 ▼

各课程标准（2022年版）的主要变化

（二）课程内容即学习活动

学习活动取向最初由美国教育家博比特提出。他认为，课程是儿童和青年为准备完美的成人生活而从事的一系列活动及由此取得的相应的经验。由这一观点发展演化而来的课程内容观强调，学习活动是通过学生的主动行为发生的；学生的学习取决于他自己做了些什么，而不是教师呈现了些什么或要求学生做些什么。决定学习质和量的是学生而不是学科知识，学生是一个主动参与者。学生已有认知结构的情感特征对课程内容起着支配作用，它们是受学生控制的，而不是由学科教师控制的。知识只能是"学"会的，而不是"教"会的。

课程内容即学习活动，是对课程内容即学科知识观点的挑战。它把课程内容的重点放在学生做些什么上，而不是放在教材体现的学科体系上。以学习活动为取向的课程，特别关注课程与社会生活的联系；突出学生在学习中的主体性，强调学生是课程的主体，突出课的综合性和完整性,反对过于详细的分科教学;强调学习活动是学生心理发生、发展的基础,重视学生学习活动的水平、结构、方式等。

(三) 课程内容即学习经验

泰勒较早使用"学习经验"这一概念,目的是区别那些把课程内容等同于学科知识或学习活动的观点。在他看来,学习经验既不等同于一门课程所涉及的内容,也不等同于教师所从事的活动,而是指学习环境与外部环境的相互作用。

持这种观点的人认为,将课程内容看作知识容易导致重物轻人的倾向,即强调课程本身的严密性、完整性、系统性和权威性,却忽视了学生的学习经验和学习过程。这种取向的一般特点是,课程往往是从学生的角度出发设计的,课程是与学生的个人经验相联系和相结合的。

课程内容即学习经验具有以下几个方面的特点:① 选择性——尊重学生的个性差异;② 探索性——确立学生在课程开发中的主体地位;③ 服务性——关注学生的社会生活经验。当然,把课程内容视为学习经验,也给课程编制和研究增添了难度。

三、课程内容选择的准则

(一) 注重基础性

课程内容应为学生打下系统知识的基础、学习能力的基础、方法的基础、使用工具的基础、做人的基础、艺术鉴赏的基础以及健身的基础等。教育的基本任务是要使学生有效地掌握人类文化遗产中的精华,并充分发展学生的各方面能力,以适应未来社会发展的需要。因此,教育者所选择的课程内容应该包括使学生成为社会中一名合格公民所必备的基础知识和基本技能,同时也要包括学生以后继续学习所必需的技能。

(二) 贴近社会生活

课程内容应该考虑让学生了解社会、接触社会,掌握一些解决社会问题的基本技能。即使在选择学术性学科的内容时,也应该尽可能地联系社会的需要,以便学生所掌握的知识和技能可以较好地发挥社会效用。此外,课程内容不仅要注意与现实社会的联系,而且要注意与未来社会的联系,即课程内容应具有时代性、超前性。

(三) 尊重学生经验

课程内容是为特定教育阶段的学生而选择的。因此,课程内容的拟定和选择应考虑学生的经验背景,注重学生的兴趣、需要和能力,并尽可能与之相适应,这不仅有助于学生更好地掌握科学文化知识,而且有助于他们对学校学习形成良好的态度。

(四) 强化价值观教育

课程内容的拟定与选择总是与一定社会的价值观相联系的,而不仅仅是学科知识内容,以及没有价值观的活动或经验。课程内容的拟定和选择应充分考虑学生价值观的形成,具体来说,应体现做人教育、传统教育和法治教育等内容。

四、课程内容组织的原则

(一) 正确把握课程内容组织的不同取向

正确把握课程内容组织的不同取向,即在学科知识取向、活动取向、经验取向等价值取向问题上做出选择。在不同的社会背景、不同的历史时期下,不同取向都有其适切性。但就当今我国的实际情况而言,单一取向显然已不能满足社会和个体发展的需求,因此兼顾各方面需要的混合取向比较可取。具体到不同的课程领域,由于其致力于实现的目标不同,可根据其目标确定相应的价值取向,或以一种取向为主,兼顾其他取向。

（二）处理好纵向组织与横向组织的关系

纵向组织又称垂直组织、序列组织,是指按照某些准则以先后顺序排列课程内容。纵向组织的一般原则包括由简到繁、由易到难、由已知到未知,以及学生的心理发展顺序。

横向组织是指将各种课程要素按横向关系组织起来,关注的是不同课程内容之间的横向联系。在考虑课程的横向组织时,应注意课程内容之间的联系性、整合性。经验课程、核心课程、综合课程应通过各自不同的方式实现课程内容之间的整合,在不同知识经验之间建立起密切的联系。

（三）处理好逻辑顺序与心理顺序的关系

逻辑顺序是指学科本身的系统和内在的联系。心理顺序是指一定年龄阶段的学生心理发展的特点。前者注重学科本身的知识体系和内在逻辑;后者注重学生的身心发展特征,以及他们的兴趣、需要、经验背景等。

课程内容的组织应兼顾逻辑顺序与心理顺序。当两者有冲突时,则应当使逻辑顺序服从学生的心理顺序,因为课程实施的最终结果必须要体现在对学生发展的影响上。课程内容就其实质而言,是促进学生发展的材料,因此,它应服务于学生的发展。

（四）处理好直线式课程与螺旋式课程的关系

直线式课程是指把一门课程的内容组织成一条在逻辑上前后联系的直线,按照由浅入深、由易到难的原则,直线推进,不重复地进行排列。螺旋式（或称圆周式）课程是指一种循环往复、层层上升、立体展开的课程组织结构。螺旋式课程遵循学生心智能力的成长过程,依据与学生的思维方式相符合的形式,不断拓展课程的广度和深度,使课程内容的组织呈螺旋式递进结构。

直线式课程和螺旋式课程在课程史上形成的课程内容的组织形式,在现代教学与课程理论中仍然在以不同的方式出现。例如,苏联教育家赞科夫主张采用直线式课程,而美国教育心理学家布鲁纳则明确主张采用螺旋式课程。

直线式课程与螺旋式课程都各有其利弊。直线式课程可以避免不必要的重复;螺旋式课程则容易照顾到学生认知的特点,可以加深学生对学科知识的理解。而两者的长处也正是对方的短处。从学生方面看,学生的发展一方面表现为量的累积,另一方面表现为度的加深和质的提高。因此,课程内容的组织也应适应学生自身发展的特点,既有直线式推进,又有螺旋式的扩展与提高。在组织课程内容时,一般可采取整体上的直线式、阶段中的螺旋式的方式,使两者有机地结合起来。

第三节 课程评价

课程评价是指运用一定的方法和手段,对课程研制过程、课程计划及实施效果做出价值判断的过程。课程评价对象的范围很广,既包括课程计划本身,也包括参与课程实施的教师、学生、学校,还包括课程活动的结果,即学生和教师的发展。课程评价的对象至少涉及课程设计、课程实施、学生的学业成绩及其自身发展、课程系统、课程评价（课程评价本身可以是评价的对象,也称元评价）五个层面的内容。

一、目标评价模式

目标评价模式由泰勒提出,并对克龙巴赫和布鲁姆产生了重要影响。该模式以目标为中心展开课程评价,主要包括七个步骤:① 确定教育计划的目标;② 根据行为和内容来解说每一个目标;③ 确定使用目标的情境;④ 设计呈现情境的方式;⑤ 设计获取记录的方式;⑥ 确定评定时使用的计分单位;⑦ 设计获取代表性样本的手段。目标评价模式的实质,是要确定预期课程目标与实际结果相吻合的程度,强调要用明确、具体的行为方式来陈述目标。评价就是为了找出实际结果与课程目标之间的差距,并可利用这种信息反馈作为修订课程计划或修改课程目标的依据。这一模式的优点在于,注重目标的确立和课程实施的反馈和改进,便于操作,容易见效。因此,目标评价模式不仅在课程评价理论中占有重要地位,而且很长时间以来,在课程实施领域也具有重要的影响。但该模式亦有一定的局限性,由于受到预定目标的束缚,忽略了非预期、生成性的目标,以及丰富、互动的课程教学历程,因此受到了人们的批评。

二、目标游离评价模式

目标游离评价模式是斯克里文针对目标评价模式的弊端而提出来的。他认为,评价者应该注意的是课程计划的实际效应,而不是其预期效应,即原先确定的目标。在他看来,目标评价模式只考虑预期效应,却忽视了非预期效应(或称第二效应)。

斯克里文主张采用目标游离评价模式,即把评价的重点从"课程计划预期的结果"转向"课程计划实际的结果",要求评价者通过收集有关课程计划实际结果的信息来评价课程,认为只有这样才能对课程计划的实施做出准确的评判。

目标游离评价模式的优点在于能够弥补目标评价模式存在的不足,但它也存在自身的问题:如果在课程评价中把目标搁在一边去寻找各种实际效果,就可能顾此失彼,背离评价的主要目的。此外,目标完全游离的评价是不存在的,因为评价者总是会有一定的评价准备,游离了课程编制者的目标,评价者很可能会用自己的目标来取而代之,从而造成评价的非客观性。

三、决策导向评价模式

决策导向评价(CIPP)模式也称改良导向评价模式,是美国教育评价家斯塔弗尔比姆倡导的课程评价模式。决策导向模式以决策为中心,将背景评价(Context Evaluation)、输入评价(Input Evaluation)、过程评价(Process Evaluation)、结果评价(Product Evaluation)结合起来。斯塔弗尔比姆认为,课程评价不应局限在评定目标达到的程度,课程评价是一种过程,旨在描述、取得及提供有用资料,为判断各种课程计划、课程方案服务。这一模式主张将课程评价分为背景评价、输入评价、过程评价和结果评价四类。

背景评价即确定课程计划实施的机构背景评价,采用的方法主要是系统分析、调查、文献评论、倾听意见、会谈和诊断性测验等;输入评价旨在确定如何运用资源以达成目标,采取的方法主要是文献调研、访问、试点试验等;过程评价主要是通过描述实际过程来确定或预测课程计划本身或实施过程中存在的问题,为计划的设计和实施者提供定期的反馈,在方法上可以有多种选择;结果评价即测量、解释和评判课程结果的评价,旨在帮助课程决策者决定课程计划是否应该终止、修正或继续执行。①

决策导向评价模式的目的不在于证明,而在于改进。它主张评价是一项系统工具,为评价听取者提供有用的信息,使得方案更具成效。这种评价模式突出了评价的发展性功能,整合了诊断性评价、形成性评价和终结性评价,提高了人们对评价活动的认可程度。但是这种模式的实施过程比较复杂,所需要的投入相对也高,操作起来有一定的困难。

四、外观评价模式

外观评价模式由美国评价学者斯特克提出。斯特克认为,评价应该从三个方面收集有关课程的材料:前提条件、相互作用和结果。前提条件是指教学之前已存在的、可能与结果有因果关系的各种条件;相互作用是指教学过程,主要是指师生之间和学生之间的关系;结果是指实施课程计划的效果。对于这三个方面的材料都需要从两个维度描述与评判后做出评价。描述包括课程计划实现的内容和实际观察到的情况两方面;评判包括根据既定标准的评判和根据实际情况的评判两种。

外观评价模式是一种对课程进行比较全面评价的模式,它不仅关注课程产生的结果,而且重点分析产生特定结果的各种条件和所运用的方法。因此,运用这种评价模式可以对课程整体进行评价,这比前述的目标评价模式更为周到。但在观察、描述和评判中,这种评价模式容易带有主观性,从而影响评价结果的可靠性和可信度。同时,这种评价所了解和处理的内容繁多,如果在实践中应用,未必会那么容易。

五、应答模式

应答模式由斯特克首先提出,后经其他学者进一步发展而逐渐成熟。这一模式的基本观点是:课程评价有不同的方法,但不存在唯一正确的方法,如果使评价产生效果,就应该向听取者提供他们所关心的评价信息,要充分地了解他们所关心的问题。应答模式具有以下三个特点:① 更关心课程的活动而不是课程方案的内容;② 注重对评价听取者要求的信息做出反应;③ 根据不同的价值观,报告课程方案的成败。

应答模式最主要的特点是把问题而不是目标和假设作为评价的先行组织者,其最大优点在于,它不是单纯地从理论出发,而是从关心评价结果的评价听取者的需要出发,回答了所有其他模式希望回答的诸如目标的达成程度、决策、价值判断等问题,较好地适应了多元社会的现实和具有不同观点的评价听取者的需要,其结果也具有相当的弹性和应变性。因此,它被一部分学者认为是迄今为止所有评价模式中最全面、最有效的。

此外,课程评价的其他模式还包括:美国学者普罗沃斯提出的差别模式——旨在揭示计划的标准与实际的表现之间的差别,以此作为改进课程计划的依据;美国加利福尼亚大学洛杉矶分校提出的 CSE (Center for the Study of Evaluation) 评价模式——将评价分为对需求进行评估、对于计划的选择、形成性评价、总结性评价四个阶段;建立在现象学、解释学、日常语言分析哲学以及符号互动等理论之基础上的自然式探究评价模式——在自然背景下对社会行动进行现场研究并做出描述。

---

① 瞿葆奎.教育评价[M].北京:人民教育出版社,1989.

第四节 课程类型

课程类型主要是根据课程的任务划分的。课程所涉及的对象十分复杂,对它的全面理解离不开课程的分类。由于不同国家、不同时期、不同教育家,持有不同的课程分类标准,因此,对课程所划分的类别也不同。下面介绍几种常见的课程分类。

一、分科课程、综合课程与活动课程

根据课程内容的核心和组织方式的不同,课程可分为分科课程、综合课程与活动课程三种。

(一) 分科课程

分科课程是指一种单学科的课程组织模式,它强调不同学科门类之间的相对独立性,强调学科逻辑体系的完整性。其主导价值在于使学生获得体系严密、逻辑清晰的学科知识。

(二) 综合课程

综合课程是指将源于两种或两种以上学科的知识内容以一定的方式与主题、问题、源于真实世界的情境联系起来的课程。其主导价值在于使学生掌握综合性知识并培养其解决问题的能力。综合课程有助于打破学科界限,实现课程内容以及教育价值的有机整合。同时,综合课程也有利于课程内容与现实生活的联系,实现学生身心的整体发展。其不足之处在于,难以向学生提供单一学科系统完整的知识体系。在课程内容的实际组织方面,如果处置不妥,则很容易使综合课程出现"假"综合现象。将没有内在联系的知识强行组织在一起,只能算拼合,而不是综合。与分科课程相比,综合课程的实施难度相对较大,对教师的能力和素质的要求也更高。

(三) 活动课程

活动课程亦称经验课程或儿童中心课程,是指围绕着学生的需要和兴趣,以活动为组织方式的课程形态,即以学生的主体性活动经验为中心组织的课程。活动课程是相对于系统的学科知识而言的,侧重于学生直接经验的一种课程形式,旨在让学生通过活动获得经验、培养兴趣、解决问题、锻炼能力。活动课程以开发与培育学生内在、内发的价值为目标。学生的兴趣、动机、经验本身构成了经验课程的基本内容,其主导价值在于使学生获得关于现实世界的直接经验和真切感受。

知识拓展 ▼

综合实践活动课程

二、必修课程与选修课程

根据课程计划对课程实施的要求,课程可分为必修课程和选修课程。

(一) 必修课程

必修课程是某一教育系统或教育机构规定学生必须学习的课程种类。在我国基础教育领域中,必修课程主要是指同一年级的所有学生都必须修习的公共课程,是为保证所有学生的基本学历而开发的课程。必修课程还可分为国家规定的必修课程、地方规定的必修课程

和学校规定的必修课程等。必修课程是强制性的,其主导价值在于能使学生养成未来社会公民所需的基本素养。但由于必修课程是以发展学生的共性为特征的,因而在实践中若把握不当,则很容易出现教师对学生个性发展关注不够的情况。

（二）选修课程

选修课程是指在某一教育系统或教育机构中,学生可以按照一定的规则自由地选择学习的课程种类。选修课程是依据不同学生的特点与发展方向设置的,允许个人选择,以适应其个性差异为特征,其主导价值在于满足学生的兴趣、爱好,培养和发展学生的个性。选修课程一般分为限定选修课程与任意选修课程两类。选修课程在适应地区间经济和文化的差异方面有其优势,对适应学校的不同特点和学生的个性差异也具有积极的作用。

知识拓展

必修课程与选修课程的关系

三、国家课程、地方课程及校本课程

根据课程设置的主体,课程可分为国家课程、地方课程及校本课程。

（一）国家课程

国家课程是指国家规定的课程。它是集中体现国家的意志,专门为培养未来的公民而设计,并依据未来公民接受教育之后所要达到的共同素质而开发的课程。国家课程是一个国家基础教育课程计划框架中的主体部分,也是衡量一个国家基础教育质量的重要标志,它根据不同教育阶段的性质与培养目标,制定各个领域或学科的课程标准或教学大纲,并编写教材。国家课程具有权威性、多样性和强制性等特点。

（二）地方课程

地方课程亦称地方本位课程,是指地方政府规定的课程。地方课程是由地方各级教育行政主管部门根据国家课程政策,以国家课程标准为基础,在一定的教育思想和课程观念的指导下,根据地方经济、政治文化的发展水平及其对人才的特殊要求,充分利用地方课程资源而开发、设计和实施的。地方课程具有地域性、民族性、文化性、针对性、灵活性、探究性、开放性、建构性等特点。

（三）校本课程

校本课程是指以学校为本位、由学校自主决定的课程。校本课程是由学校全体、部分或个别教师根据国家制定的教育目的,在分析本校内外环境的基础上,针对学校或班级的具体情境做出评估,进行编制、实施和评价的。校本课程的目的在于尽可能地满足各社区、学校、学生之间客观存在的差异性,因而具有一定的适应性和参与性,通常以选修课程或特色课程的形式出现,校本课程的开发可分为新编、改编、选择和单项活动设计等。校本课程具有实现性、探究性、综合性和以学生为主体等特点。

四、显性课程与隐性课程

根据课程呈现和影响受教育者的方式,课程可分为显性课程和隐形课程。

（一）显性课程

显性课程又称正式课程、公开课程、官方课程,是指为实现一定的教育目标而正式列入学校教学计划的各门学科,以及有目的、有组织的课外活动。它按照编制的课表实施,是教材编辑、学校施教、学生学习的考核依据之一。显性课程通常是由正式文件颁布而提供给学生学习的课程,课程方案中一般都会明确列出具体课程的要求,学生通过考核后可以获取特定教育学历或资格证书的课程。

（二）隐性课程

隐性课程又称非正式课程、潜在课程、隐蔽课程,是指学校通过教育环境有意或无意地传递给学生的非公开性的教育影响。这里所讲的教育环境包括物质、文化和社会关系结构等各层面。与显性课程相比,隐性课程以内隐、间接的方式呈现,是学生在显性课程以外所获得的所有教育经验,不作为获得特定教育学历或资格证书的必备条件。

第五节 课程流派

不同的课程实践背后往往有着不同的课程理念,而不同的课程理念通常又有不同的哲学理念做支撑,并形成不同的课程流派。依据不同的视角,课程流派被分为多个类别,如传统主义课程论、经验主义课程论、学科中心课程论、活动中心课程论、社会中心课程论、行为主义课程论、建构主义课程论等。本书主要讨论学科中心课程论、活动中心课程论和社会中心课程论三种。

一、学科中心课程论

学科中心课程论是指以有组织的学科内容为材料依据,按照学科结构来确定所要学习的内容,注重学科知识体系完整性的一种课程组织理念。它要求从各门科学中选择适合学生发展阶段的内容,组成不同的学科,并按各自所具有的逻辑和系统独立、并列地安排它的顺序、学时和期限。

学科中心课程论的理论基础是理性主义。该理论把知识的来源与选择、组织与学习作为课程设计的中心问题,主要探询知识的逻辑分类、阶段划分以及生成途径等问题。学科中心课程论的起源可追溯到中国古代的"六艺"和西方的"七艺"课程。夸美纽斯的"泛智课程"以及把一切知识领域中的精华灌输给儿童的思想,赫尔巴特的学校要开设多种学科对学生进行教学的观点,这些都源自学科中心课程论的思想,它们经由斯宾塞、巴格莱、泰勒等人的不断丰富、完善和发展,逐步形成了学科中心课程论,这种理论也是目前世界各国课程开发采用的较为普遍的理论。

学科中心课程论的基本观点包括:① 知识是课程的核心,学校教育的目的在于把人类千百年来积累下来的文化科学知识传递给下一代;② 学校课程应以学科分类为基础,学校教学以分科教学为核心,以掌握学科的基本知识、基本规律和相应的技能为目标;③ 教师的任务是把各门学科的知识教给学生;④ 学生的任务是掌握预先为他们准备好的各门学科的知识;⑤ 学科专家在课程开发中起重要作用。

二、活动中心课程论

活动中心课程论是指以学生的主体性活动和经验为中心组织的课程,即以选择和组织学习经验为基础,让学生在活动中进行学习,获得成长。在这种课程中,学生的兴趣、需要、经验、活动是密切关联的,其学习形式是通过他们的活动解决问题。因此,活动中心课程也称为经验课程。

活动中心课程论的基本观点是：① 重视学生的需要与兴趣，尊重学生，发挥学生学习的主动性、积极性；② 强调教材的心理组织，要求学生在与文化、科学知识的交互过程中获得发展；③ 强调实践活动，让学生通过解决实际问题获得直接经验；④ 重视课程的综合性，主张以社会生活问题来统合各种知识，以实现学生对世界的完整认识。

活动中心课程论的思想可追溯到18世纪法国启蒙思想家卢梭，他强调教育要关注儿童的本性和现实生活，推崇儿童的自我活动，重视儿童的直接经验。奠定活动中心课程论的理论基础是美国实用主义教育家杜威，他主张课程编制应与儿童的生活经验发展顺序相一致，使儿童掌握解决实际问题的知识，提倡儿童"在做中学"，提出了儿童、活动、经验"三中心"的思想。

三、社会中心课程论

社会中心课程论又称社会改造主义课程论，它是从进步主义教育运动中分化出来的，主张围绕重大社会问题来组织课程内容的理论。其早期代表人物有美国教育家康茨等人，20世纪50年代后的主要代表人物是美国教育家布拉梅尔德。

社会中心课程论的基本观点是：① 课程目标要指向社会改造，培养学生的批判精神和改造社会现实的技能；② 课程内容要以广泛的社会问题为中心，如开设与解决犯罪、战争、贫富、种族歧视、失业、环境污染、疾病、饥饿等与社会问题有关的课程；③ 课程要以解决实际社会问题的逻辑，而不是学科知识的逻辑来组织，实施弹性、多样化的课程，注重利用校内外环境；④ 尽可能让学生参与到社会生活中，增强学生适应社会生活的能力。

社会中心课程论的可取之处在于，充分认识社会因素在课程设计和实施中的巨大作用，可满足社会发展对课程提出的要求。但社会中心课程论通常也容易走向另一个极端，即夸大学校在社会变革中的作用，把课程设置的重心完全放在适应和改造社会生活上，忽视学生的主体性，阻碍学生主体意识和能力的发展，其预想的课程目标很难实现。

第六节 我国基础教育课程改革

从20世纪80年代末，我国提出"素质教育"的教育改革思想，要求素质教育的课程有别于应试教育的课程。为了全面实施素质教育，更好地解决以往课程改革遗留的课程问题，我国政府于2001年发起了一场广泛、全面、深入持久的课程系统改革。2001年6月8日，教育部发布了《基础教育课程改革纲要（试行）》，标志我国基础教育课程改革全面启动。遵循"先实践，后推广"的原则，新课程于2001年9月在全国38个国家级实验区进行了实验，2002年秋季实验进一步扩大到330个市、县。

2004年秋季，在对实验区工作进行全面评估和广泛交流的基础上，课程改革进入全面推广阶段。到2005年，中小学阶段各起始年级原则上都已进入新课程。这次改革不是对课程内容的简单调整，也不是新旧教材的替换，而是一次以课程为核心，波及整个教育领域乃至全社会的系统改革，是一场课程文化的革新，是教育观念与价值的转变，不仅涉及课程的理念和目标，而且也涉及课程的结构、内容、实施、管理和评价等多个方面。①

---

① 马云鹏.基础教育课程改革：实施进程、特征分析与推进策略[J].课程·教材·教法,2009,29(04)。

一、我国基础教育课程改革的理念

课程理念是课程设计者蕴含于课程之中,需要课程实施者付诸实践的教育教学的信念,它是课程的灵魂和支点。

新课程与旧课程的本质区别是理念的不同。旧课程观认为课程是知识,因而教师是知识的传授者,教师是中心,学生是知识的接受者。新课程观认为课程不再只是知识的载体,而是教师和学生共同探求新知识的过程。学生获取知识的过程是自我建构的过程。为了每一个学生的发展,是当前我国基础教育课程改革的基本价值取向。具体来说,我国基础教育课程改革的理念可从以下几个方面来认识:

(1) 倡导全人教育。基础教育课程改革强调课程要促进每个学生身心健康的发展,培养学生良好的品质和终身学习的能力,注重科学探究的学习,关注体验性学习,提倡交流与合作、自主创新学习。

(2) 重建新的课程结构。强调教学与课程整合,突出基础教育课程改革对课程建设的能动作用。课程不再只是特定知识的载体,而是教师和学生共同探求新知的过程,教师和学生是课程的有机构成部分并作为相互作用的主体,共同参与课程开发的过程。

(3) 体现课程内容的现代化。基础教育课程改革必须要进行价值本位的转移,即由以知识为本位转向以发展为本位,体现知识与技能、过程与方法以及情感、态度与价值观三个方面的整合。

(4) 倡导建构性学习。基础教育课程改革更加注重学生的经验与学习兴趣,强调学生主动参与、探究发现、交流合作的学习方式,改变课程实施过程中过分依赖课本、被动学习、死记硬背、机械训练的观念,以培养创新精神和实践能力为主要目的。

(5) 形成正确的评价观念。基础教育课程改革的评价理念侧重改变课程评价过分强调甄别和选拔的功能,发挥评价促进学生发展、教师提高和改进教学实践的功能。评价功能由侧重甄别和选拔转向侧重发展。评价对象从过分关注对结果的评价转向关注对过程的评价。评价主体强调主体多元化和信息来源多元化,重视自评、互评的作用。评价结果突出准确、公正以及被评价者对评价结果的认同和对原有状态的改进等。评价内容强调对评价对象的各方面情况进行全面综合的考查。评价方法注重把质性评价和量化评价结合起来,以质性评价统整量化评价。在评价者与评价对象的关系上,强调平等、理解、互动,体现以人为本的主体性评价的价值取向。

二、我国基础教育课程改革的目标

新课程的培养目标应体现时代要求。其总目标为:使学生具有爱国主义、集体主义精神,热爱社会主义,继承和发扬中华民族的优秀传统和革命传统;具有社会主义民主法制意识,遵守国家法律和社会公德;逐步形成正确的世界观、人生观、价值观;具有社会责任感,努力为人民服务;具有初步的创新精神、实践能力、科学和人文素养以及环境意识;具有适应终身学习的基础知识、基本技能和方法;具有健壮的体魄和良好的心理素质,养成健康的审美情趣和生活方式,成为有理想、有道德、有文化、有纪律的一代新人。我国基础教育课程改革的具体目标是:

(1) 改变课程过于注重知识传授的倾向,强调形成积极主动的学习态度,使获得基础知识与基本技能的过程同时成为学会学习和形成正确价值观的过程。

(2) 改变课程结构过于强调学科本位、科目过多和缺乏整合的现状,整体设置九年一贯的课程门类和课时比例,设置综合课程,以适应不同地区和学生发展的需求,体现课程结构的均衡性、综合性和选择性。

(3) 改变课程内容"繁、难、偏、旧"和过于注重书本知识的现状,加强课程内容与学生生活以及现代社会科技发展的联系,关注学生的学习兴趣和经验,精选终身学习必备的基础知识和技能。

(4) 改变课程实施过于强调接受学习、死记硬背、机械训练的现状,倡导学生主动参与、乐于探究、勤于动手,培养学生搜集和处理信息的能力、获取新知识的能力、分析和解决问题的能力以及交流与合作的能力。

(5) 改变课程评价过分强调甄别与选拔的功能,发挥评价促进学生发展、教师提高和改进教学实践的功能。

(6) 改变课程管理过于集中的状况,实行国家、地方、学校三级课程管理,增强课程对地方、学校及学生的适应性。

以上六个具体目标包括转变课程功能,优化课程结构,更新课程内容,转变学习方式,改变考试评价,深化课程管理体系改变,从根本上来说,这是基础教育人才培养模式的系统变革,它既是基础教育课程改革的基本目标,也是基础教育课程改革的核心内容。

三、我国基础教育课程改革的实施状况

(一) 课程结构

1. 对课程类型的调整

① 整体设置九年一贯的义务教育课程,即小学阶段以综合课程为主,初中阶段设置分科与综合相结合的课程,高中以分科课程为主;② 从小学到高中设置综合实践活动并作为必修课;③ 农村中学课程要为当地社会经济发展服务。

2. 对科目比重的调整

以"六三学制"为例,语文、数学和英语科目占九年总课时比例分别为:语文占20%～22%,数学占13%～15%,英语占6%～8%。国家课程在各科目安排及九年课时中所占比例超过80%。劳动、综合实践活动、地方课程和校本课程所占比例为14%～18%。这些数据表明,基础教育课程改革更注重学生的全面发展,注重培养学生的动手和实践能力。

(二) 课程内容

1. 课程标准的制定

(1) 义务教育课程标准应适应普及义务教育的要求,让绝大多数学生经过努力都能够达到,体现国家对公民素质的基本要求,着眼于培养学生终身学习的愿望和能力。

(2) 普通高中课程标准应在坚持使学生普遍达到基本要求的前提下,有一定的层次性和选择性,并开设选修课程,以利于学生获得更多的选择和发展的机会,为培养学生的生存能力、实践能力和创造能力打下良好的基础。

2. 教材的编写

(1) 教材管理由"国编制"转变为"国审制",教材呈现方式多样化。

(2) 适当降低知识难度,大量引进现代信息。

(3) 密切联系生活,关注学生个体经验。

(4) 重视活动设计,鼓励学生探究创造。

(5) 尊重师生个性,给他们广阔的发展空间。

（三）课程实施

（1）在学生观上，强调学生是发展的人，学生是独特的人，学生是具有独立意义的人。

（2）在学习方式上，提倡自主、合作、探究的学习方式。

（3）教师观方面：从教师与学生的关系看，新课程要求教师应该是学生学习的促进者；从教师与研究的关系看，新课程要求教师是教育教学的研究者；从教学与课程的关系看，新课程要求教师是课程的建设者和开发者；从学校与社区的关系看，新课程要求教师是社区型的开放教师。

（4）教学行为方面：在对待师生关系上，新课程强调学生要尊重教师，教师要赞赏学生；在对待教学关系上，新课程强调教师要帮助、引导学生；在对待自我上，新课程强调教师要学会反思；在对待与其他教师的关系上，新课程强调教师之间要学会合作。

（四）课程管理

新课程改革下的课程管理强调：建立以校为本的教学研究制度；建立民主科学的教学管理机制；建立旨在促进教师专业成长的考评制度。

（五）课程评价

在学生评价方面，建立促进学生全面发展的评价体系；重视采取灵活多样、具有开放性的质性评价方法；建立学生发展性评价组织与管理机制。

在教师评价方面，打破唯"学生学业成绩"论教师工作业绩的传统做法，建立促进教师不断提高的评价体系，强调教师对自己教学行为的分析与反思，倡导建立教师、学生、家长和管理者工作参与的、体现多渠道信息反馈的教师评价制度，打破关注教师的行为表现，忽视学生参与学习过程的传统课堂教学评价模式，建立"以学论教"的发展性课堂教学评价模式。

在课程实施评价方面，建立促进课程不断发展的评价体系，以学校评价为基础，促进新课程的实施与发展。

四、以核心素养深化基础教育课程改革

2014年，《教育部关于全面深化课程改革落实立德树人根本任务的意见》正式提出了"核心素养"一词，并将"研究制订学生发展核心素养体系和学业质量标准"作为全面深化课程改革、落实立德树人根本任务的关键领域和主要环节之一。2016年9月13日，中国学生发展核心素养研究成果发布会在北京师范大学举行。核心素养是指学生应具备的适应终身发展和社会发展需要的必备品格和关键能力，突出强调个人修养、社会关爱、家国情怀，更加注重自主发展、合作参与、创新实践。

（一）核心素养的基本原则

1. 坚持科学性

紧紧围绕立德树人的根本要求，坚持以人为本，遵循学生身心发展规律与教育规律，将科学的理念和方法贯穿研究工作全过程，重视理论支撑和实证依据，确保研究过程严谨规范。

2. 注重时代性

充分反映新时期经济社会发展对人才培养的新要求，全面体现先进的教育思想和教育理念，确保研究成果与时俱进、具有前瞻性。

3. 强化民族性

着重强调中华优秀传统文化的传承与发展，把核心素养研究植根于中华民族的文化历

史土壤,系统落实社会主义核心价值观的基本要求,突出强调社会责任和国家认同,充分体现民族特点,确保立足中国国情,具有中国特色。

(二)核心素养的总体框架

我国学生发展核心素养以培养"全面发展的人"为核心,分为文化基础、自主发展、社会参与三个方面,综合表现为人文底蕴、科学精神、学会学习、健康生活、责任担当、实践创新等六大素养,具体细化为国家认同等18个基本要点。各素养之间相互联系、相互补充、相互促进,在不同情境中整体发挥作用。为了方便实践应用,六大素养被进一步细化为18个基本要点,并对其主要表现进行了描述。根据这一总体框架,可针对学生的年龄特点进一步提出各学段学生的具体表现要求。

(三)核心素养的基本内涵和主要表现

(1)文化基础方面包括人文底蕴(表现为人文积淀、人文情怀、审美情趣等)和科学精神(表现为理性思维、批判质疑、勇于探究等)。

(2)自主发展方面包括学会学习(表现为乐学善学、勤于反思、信息意识等)和健康生活(表现为珍爱生命、健全人格、自我管理等)。

(3)社会参与方面包括责任担当(表现为社会责任、国家认同、国际理解等)和实践创新(表现为劳动意识、问题解决、技术运用等)。

基础教育课程改革于2001年施行,从2005年开始进入全面铺开阶段。应当说,改革取得了一定的成效,不少理念和做法已经成为我国中小学办学思想和常规工作的一部分。同时,基础教育课程改革在实施过程中,也面临不少的困难和问题。我们应坚定课程改革的方向与信心,认真总结课程改革的实施经验,关注课程改革中出现的不平衡问题,加强行政管理与政策导向,对课程改革方案进行恰当的调整。

本章知识结构

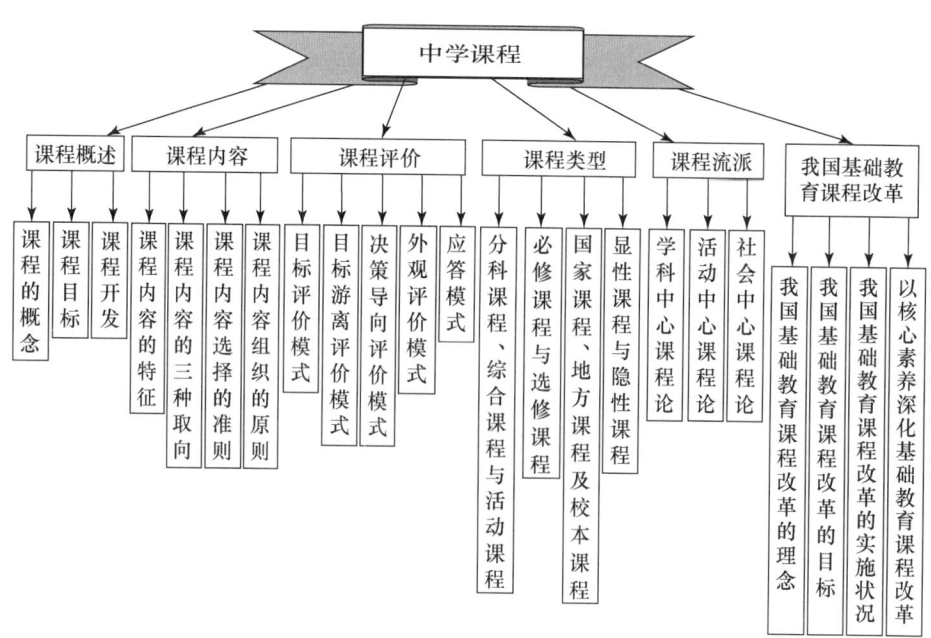

本章小结

本章主要讨论了中学课程的内涵、类型（四类）及流派（三种）；探讨了课程开发问题，着重分析了影响课程开发的主要因素，包括儿童、社会以及学科特征三个方面。此外，本章还对我国于2001年启动的基础教育课程改革进行了探讨，分析了我国基础教育课程改革的理念、目标和实施状况。

考试指南

中学课程这部分内容在本考纲八个模块中，所考内容比重最低，约占5%。考试题型为单选题和简答题两类。从考纲的表述内容看，课程的类型和特征属于需要"掌握"的内容，课程开发的主要影响因素属于"理解"的内容，其他内容均为"了解"的范畴。因此，各种不同类型课程和其特征应是本章的重点所在。考生在把握这部分内容时，除了要理解有关课程的基本概念外，更应当重视对各种不同类型课程的优势和不足的认识，并且能够联合实际做出适切的判断和分析。

自测训练

一、单项选择题

1. 课程文本通常不包括（　　）。
   A. 课程计划　　B. 课程标准　　C. 教材　　D. 考试大纲
2. 课程开发机制不包括（　　）。
   A. 中央集权机制　　　　　　B. 中央-地方合作机制
   C. 地方分权机制　　　　　　D. 学校自主机制
3. 将课程评价的重点由"课程计划预期的结果"转向"课程计划实际的结果"的课程评价模式是（　　）。
   A. 目标模式　　　　　　　　B. 目标游离模式
   C. CIPP模式　　　　　　　　D. 外观评价模式
4. 以学生的主体性活动的经验为中心组织的课程被称为（　　）。
   A. 分科课程　　B. 综合课程　　C. 活动课程　　D. 校本课程
5. 我国义务教育阶段课程标准的特征不包括（　　）。
   A. 普及性　　B. 基础性　　C. 强制性　　D. 发展性

二、简答题

1. 简述课程内容的三种取向。
2. 简述我国学生发展核心素养的总体框架。

第三章 中学教学

考纲内容

1. 理解教学的意义,了解有关教学过程的各种本质观。
2. 熟悉和运用教学过程的基本规律,包括教学过程中学生认识的特殊性规律(直接经验与间接经验相统一的规律)、教学过程中掌握知识与发展能力相统一的规律、教学过程中教师的主导作用与学生的主体作用相统一的规律、教学过程中传授知识与思想教育相统一的规律(教学的教育性规律),分析和解决中学教学实际中的问题。
3. 掌握教学工作的基本环节及要求;掌握和运用中学常用的教学原则、教学方法;了解教学组织形式的内容及要求。
4. 了解我国当前教学改革的主要观点与趋势。

考纲解读

本章需要了解的内容包括教学过程的各种本质观、教学组织形式的内容及要求、我国当前教学改革的主要观点与趋势。需要理解的内容包括教学的意义。需要掌握的内容包括教学工作的基本环节及要求。需要掌握和运用的内容包括中学常用的教学原则。在本章中,最为重要的内容当属教学过程的基本规律。考纲对这部分内容的要求不仅是要"熟悉和运用",而且还要求能够"分析和解决"中学教学实际中的问题。

第一节 教学概述

一、教学的概念

(一) 教学的定义

教学的概念有广义和狭义之分。广义的教学是指所有教的人指导学的人进行学习的活动;狭义的教学是指在学校内进行的课堂教学活动。

从狭义的角度看,教学是指在教育目的的规范下,由教师的教与学生的学共同组成的一种活动。教学是学校进行全面发展教育的基本途径。学生在教师有目的、有计划的指导下,积极主动地掌握系统的科学文化基础知识和基本技能,发展能力,增强体质,陶冶品德,获得美感,形成全面发展的个性。

教学活动包含着一些基本的构成要素:受教育者(学生)、教育者(教师)、教学目的、教学内容、教学方法和教学环境。教学活动就是在这些因素的相互作用下发生的,各因素之间也具有相应的关系。其中，学生既是教学活动的出发点，也是教学活动的落脚点，它决定着教育目的的制定；教育目的又影响着教学内容的选择和编排；教学内容、教学对象和教学目的确定后，在一定程度规定了教学方法的选择和使用范围。

（二）教学的特点

教学具有以下三个特点：

（1）教学以培养全面发展的人为根本目的。教学通过系统知识技能的传授和掌握，促进学生身心发展。

（2）教学由教师的教与学生的学两个方面的活动组成。教学是师生双方的共同活动，教学双方在活动中相互作用。教师的教服务于学生的学，学生的学是指在教师指导下的学习。

（3）教学具有多种形态，是共性与多样性的统一。教学作为学校进行全面发展教育的一个基本途径，具有课内、课外、班级、小组、个别化等多种形态。教师和学生共同进行课前准备、上课、练习、辅导、评定等教学活动。随着社会的发展，教学既可以通过师生间、学生间的直接交往进行，也可以通过网络、广播、电视等远距离教学手段展开。教学作为一种活动、一个过程，是共性与多样性的统一。

（三）教学与教育、智育、上课的关系

1. 教学与教育的关系

教学与教育是部分与整体的关系。教育包括教学，教学是学校进行全面发展教育的基本途径。在学校教育中，除了教学以外，学校还可以通过课外活动、生产劳动、社会实践等途径对学生进行教育。

2. 教学与智育的关系

智育是学校教育的重要组成部分，它主要通过教学这条途径来实现，但智育也需要通过课外活动等途径才能全面实现。教学不仅是智育的实施途径，而且也是德育、体育、美育、劳动技术教育的实施途径。

3. 教学与上课的关系

教学与上课是整体与部分的关系，教学不仅包括上课，而且还包括备课、课外作业的布置、课外辅导、学生学习成绩评定等一系列环节。上课是教学工作的中心环节，教学的任务主要是通过上课完成的。

二、教学的意义

教学是学校教育中最基本的活动，不仅是智育的主要途径，而且也是德育、体育、美育、劳动技术教育等的基本途径，在学校的教育系统中居于中心地位。

（一）教学是实现教育目的的基本途径

教学是促进全体学生全面发展，实现社会主义教育目的的基本途径。

首先，教学是实施智育的基本途径，对学生掌握知识技能、发展智力有巨大的作用。因为教学可以突破时间、空间和个人直接见闻的局限，扩大学生认识的范围，加快学生认识的速度，使学生在较短的时间内用较少的精力，较顺利地掌握人类经过数百年甚至数千年才积累起来的大量的知识和技能。同时，由于知识技能是智力发展的重要基础，教学又是一种计划性、组织性很强的活动，因此教学也是促进学生智力发展的有力手段。

其次，教学是实现德育的基本途径，对学生思想品德和良好个性的形成和发展有着深刻的影响。教学使德育获得了科学和认识的基础。科学的世界观、良好的思想品德和个性是必须建立在科学知识基础之上的。不仅道德与法治课、思想政治课要通过教学并借助于其他各科教学奠定的基础来进行,自然学科和社会、艺术学科的教学也是促进学生的科学世界观、良好思想品德与个性形成和发展的重要基础。此外,所有学科的学习过程本身也对思想品德与个性形成有着不可忽视的作用。

最后,教学也是学校实施体育、美育、劳动技术教育的基本途径。学校专门开设的体育、卫生保健、音乐、美术、书法及生产劳动的诸多课程,对学生进行专门的体育卫生知识和体育项目、审美观点和审美能力、现代生产基本原理和劳动技能的教学。除此之外,学生还可以从其他各科教学中获得关于人体、环境科学、美学、现代工农业生产等方面的知识和审美感知,从而有力地促进学生体力、审美感与能力、劳动技能等的发展。[1]

教学这种基本途径与其他途径的区别在于:① 教学具有鲜明的目的性;② 教学活动具有严密的组织性;③ 教学活动具有很强的系统性。

(二) 教学是学校教育的中心工作

教学既是学校的基本实践活动,也是教育工作构成的主体部分,学校各项工作应坚持以教学为主。教育者首先要正确认识教学的重要性,严格执行教学计划,全面安排教学活动,综合开展德育、智育、体育、美育、劳动技术教育活动,促进学生的全面发展。以教学为主,是学校教育区别于其他教育的一个本质特点。"教学为主、全面安排"是办好学校、办好教育的一条客观规律。同时,教学也必须与其他教育形式相结合,与生活实践加强联系,才能充分发挥作用。因此,教育者应妥善地安排教学与其他教育活动,建立正常的教学秩序,保证全面提高学校教育的质量。

(三) 教学对个体成长和社会发展都具有重要价值

1. 教学是社会历史经验得以再生产的主要手段

教学是解决个体经验和人类社会历史经验之间矛盾的强有力工具之一。教学作为一种专门组织起来传递人类知识经验的活动,能简捷地将人类积累的科学文化知识转化为个体的精神财富,使他们在短时间内达到人类发展的一般水平。教学不仅可以促进个体实现社会化的进程,而且使人类文化能够一代代继承发展。因此,教学是社会历史经验得以再生产的一种主要手段。

2. 教学为个体全面发展提供科学的基础和实践

教学的作用直接、具体地表现在对个体全面发展的影响:① 它使个体的认识突破时空局限及个体直接经验的局限,扩大了他们的认识范围,提高了认识的速度;② 它使个体的身心发展建立在科学的基础上,结合科学知识的传授和学习,在一个统一的过程中实现德育、智育、体育、美育诸方面的和谐发展。

三、教学任务

教学任务由人们追求的教学价值取向决定,它指明各教育阶段、各科教学应实现的目标要求。教学任务的决定受教育目的、学生年龄特征、学科的特性以及教学的时空条件等因素制约。教学以促进学生德育、智育、体育、美育、劳动技术教育等方面全面发展为根本目的。教学的一般任务包括以下几个方面:

---

[1] 余文森.新课程背景下的公共教育学教程[M].2版.北京:高等教育出版社,2009.

（一）传授系统的科学文化基础知识和基本技能

教学的首要任务是引导学生掌握科学文化基础知识和基本技能。因为教学的其他任务只有在引导学生掌握科学文化基础知识和基本技能的基础上才能实现，所以只有扎扎实实地完成这个教学任务，才能有条件完成其他教学任务，确保培养的人才的质量规格。

教学所传授的科学文化基础知识是指形成各门科学的基本事实，相应的基本概念、原理、公式及其系统等。它是组成一门学科知识的基本结构，揭示了学科研究对象的本质及发生变化的规律性，反映了科学文化的现代水平。基本技能则是指各门学科中最主要、最常用的技能。如语文和外语的阅读、写作技能，数学的运算技能，物理、化学、生物学科的实验技能等。技能通过多次操作，可以发展成为技巧。一般来说，知识的掌握是形成技能、技巧的基础，而技能、技巧的形成又有助于进一步理解和掌握知识。

在普通中小学中，教师在教学过程中必须把现代自然科学和社会科学中的基础知识和基本技能系统地传授给学生。

教学的重要任务是将存储在书本或其他信息载体中的物化知识作为学生认识的客体，经过有指导的学习活动，将人类总体的知识转化为学生个体的内在知识结构。在现代社会，世界各国都十分重视科学文化基础知识的教学，注意引导学生掌握学科知识的基本结构。

知识拓展 ▼

何谓"双基教学"？

（二）发展学生智力、体力并培养其创造才能

发展学生的智力、体力并培养其创造才能，不仅是顺利、高质量地进行教学的必要条件，而且是培养全面发展的新人的要求，因而这是现代教学的一项十分重要的任务。

智力，一般是指人们认识的能力，即认识客观事物的基本能力，是认识活动中表现出来的那些稳定的心理特征。智力主要包括注意力、观察力、记忆力、思维力和想象力，其中思维力是核心。体力，主要是指个体身体的正常发育成长与身体各个器官的活动能力。创造才能，主要是指人们能运用已有的知识和智能去探索、发现和掌握未知晓的知识的能力。它是学生个人的求知欲望、进取心和首创精神、意志力和自我实现信心的综合体现。

教学不仅要使学生掌握知识，而且要发展学生以思维为核心的认识能力；不仅要发展学生的智力，而且要发展学生的体力，注意教学卫生，保护学生的视力，增强学生的体质，使他们养成自觉锻炼的习惯，有规律地学习与生活。特别是要通过发展性教学，启发和引导学生进行推理、证明、探索和发现，培养学生独立学习的能力、分析和解决问题的能力，以适应科学技术发展的时代要求。

（三）培养学生的社会主义品德和审美情趣，奠定其科学世界观基础

世界观是人们对世界的总的看法和态度，科学的世界观的形成必须建立在科学知识的基础之上。青少年的品德、审美情趣和世界观正处在急速发展和逐步形成的重要时期，教学在使学生形成科学的世界观、培养优良的道德品质方面起着重要作用。学生在教学中进行的学习和交往，是他们在生活中认识世界和进行社会交往的组成部分。他们在掌握自然科学、社会科学知识和联系实际的过程中，将逐步提高自己的道德修养和审美情趣；他们在班级的集体活动中，将依据一定的规范和要求来调节自己的思想和行为，这都为学生形成科学的世界观提供了坚实的基础。

上述三项任务,本身有内在的一致性,知识、智力、思想、观点与态度都交织在一个人的学习活动之中,而各门学科由于在教学实践中所承担的任务不同,故各自又有自己的重点。

(四) 关注学生的个性发展

现代教学论关注学生的个性发展,以马克思主义关于个人的全面发展学说为指导,协调学生的知识、智力、兴趣、情感、意志、性格等各方面的因素,追求教学与教育的统一,促进学生个性的发展。为此,通过教学激励发展每个学生的主体能动性,不仅使他们具有现代科技文化知识,而且具有自觉能动性、独立性和开拓创新性,具有强烈的竞争意识、平等观念和合作精神等。

知识拓展

形式教育论与实质教育论

第二节 教学过程

一、教学过程概述

教学过程是指教师根据教学目的、教学任务和学生身心发展的特点,通过指导学生有目的、有计划地掌握系统的文化科学基础知识和基本技能,发展学生的智力和体力,形成科学世界观及培养学生道德品质、发展个性的过程。

二、教学过程的本质

如何认识教学过程的本质呢?理论界对此有不同的看法。在我国,长期通行的看法是把教学过程看作一种特殊的认识活动,是实现学生身心发展的过程,其主要观点如下:

(一) 教学过程主要是一种认识过程

教学过程是一种认识过程,是指教师根据教学目标和学生身心发展特点,有目的、有计划地引导学生把教材内容转化为其自身的知识,发展身心,形成能力与品德的过程。教学过程是由教师、学生、教学内容和教学手段共同构成的整体。教学过程通常可分为引导学生获得感性知识、引导学生理解知识、引导和组织学生进行实践作业以及检查和巩固知识等四个阶段。这四个阶段相互渗透、相互促进,共同实现教学过程,完成教学目标。

(二) 教学过程是认识的一种特殊形式

教学过程是认识的一种特殊形式,其特殊性在于,它是学生个体的认识,学生在教师的领导下学习知识。其目的在于:学生在教师的指导下,把社会历史经验变为学生个体的精神财富,不仅使学生获得关于客观的映象即知识,也使学生个体获得发展。学生认识的特殊性表现在以下几个方面:

1. 认识的间接性

学生学习的内容是已知的间接经验,并在教学中间接地认识世界。教学的基本方式是掌握,是一种简约的经过提炼的认识过程,同样以教学实践活动为基础。

2. 认识的交往性

教学活动是由教师的教和学生的学组成的双边活动,教学活动是发生在师生(学生)之间的一种特殊的交往活动。如果学生的认识离开了师生在特定情境和为特殊目的进行的交往环境,教学活动的概念就可以扩大到生活教育的领域。

3. 认识的教育性

在教学中,学生的认识既是目的,又是手段,它是在发展中追求与实现学生的知、情、意、行的协调发展与完全人格的养成。

4. 有指导的认识

学生的个体认识始终是在教师的指导下进行的。与一般的认识过程不同,教学认识是在主客体之间"嵌入"一个起主导作用的中介因素——教师,形成学生(主体)-课程与教材(客体)-教师(中介)相互作用的特殊的"三体结构"。学生的认识实际上走的是人类认识的捷径。

三、教学过程的基本规律

教学规律是教学现象中客观存在的,具有必然性、稳定性、普遍性的联系,对教学活动具有制约和指导作用。

(一) 直接经验与间接经验相统一的规律(特殊性规律)

1. 直接经验与间接经验的含义

直接经验是指学生通过自身活动和探索获得的经验。间接经验相对学生而言,是指他人的认识成果,主要是指人类在长期认识过程中积累并整理而成的书本知识,此外,还包括以各种现代技术形式表现的知识与信息。直接经验与间接经验相统一,反映的是教学内部的多种关系,如传授系统的科学文化知识与丰富学生感性认识的关系、理论与实践的关系,以及知与行的关系等。

2. 直接经验与间接经验在教学过程中的关系

(1)学生以学习间接经验为主。在教学中,学生学习的主要是间接经验,并且是间接地去体验。学生主要通过读书来接受现成的知识,然后再去应用和证明。这是一条认识的捷径,可以避免人类曾经经历过的曲折和失败,使学生能用最短的时间掌握大量系统的文化科学基础知识。同时,还可以使学生在新的起点上继续认识客观世界,继续开拓新的认识领域。

(2)学生学习间接经验要以直接经验为基础。要使人类的知识经验转化为学生真正理解掌握的知识,必须依靠个人以往积累的或现时获得的感性经验为基础,原因在于学生学习的书本知识是以抽象的文字符号表示的,是前人生产实践和社会实践的认识和概括,而不是来自学生的实践与经验。因此,他们接受这种知识是完全有必要的。

这里还需要指出的是,在教学中学生直接经验的获得,与人类实践活动中直接经验的获得方式不尽相同。教学中往往将直接经验典型化、简约化,主要方式是实验、演示、教学录像,参加一定的生产劳动、社会调查,设置模拟的生活情境让学生体验等。选择的经验材料是经过改造的、少量的,并且能充分反映事物的本质特征。

(二) 掌握知识与发展能力相统一的规律

1. 掌握知识与发展能力的统一性

掌握知识与发展能力相互依存、相互促进,两者统一在同一教学活动中。现代教学论认为,教学不仅要使学生掌握知识技能,而且要发展学生的能力,包括一般认识能力和特殊能力。重视教学的发展性是新时代的要求。

2. 掌握知识与发展能力在教学过程中的关系

(1) 掌握知识是发展能力的基础。学生认识能力的发展有赖于其对知识的掌握。知识为能力提供了广阔的领域,只有具备了某方面的知识,才有可能从事某方面的思维活动,同时知识中也包含教师对认识方法的启示。教师向学生介绍关于归纳、演绎、解决问题等思维方法的知识,就是把心智操作的方式教给学生。掌握知识的过程必然要求学生积极地进行认识、思考和判断等心智活动,学生只有在心智操作的活动中才能发展认识能力。

(2) 能力发展是掌握知识的重要条件。学生具有一定的认识能力,是他们进一步掌握科学文化基础知识的必要条件。学生掌握知识的速度和质量,取决于学生能力水平的高低。在教学中,教师应启发学生运用自己的潜在能力,使学生在掌握知识的过程中发展认识能力。认识能力具有普遍的迁移价值,它不但能有效地提高学生的学习效率和知识质量,推动学生进一步掌握知识,而且有利于促进学生将知识应用于社会实践活动,从而获得完全的知识。

(3) 掌握知识与发展能力相互转化的内在机制。知识不等于能力,学生掌握知识的多少并不完全表明其能力的高低,而发展学生的能力也不是一个自发的过程。教师必须探索两者之间的差异以及相互转化的过程和条件,以引导学生在掌握知识的同时,有效地发展他们的能力。

(三) 教师的主导作用与学生的主体作用相统一的规律

1. 教师的主导作用与学生的主体作用的含义

教学活动是由教师的教和学生的学组成的双边活动,如何处理好教与学的关系,一直是教育史上的一个主要的理论和实践问题。传统教育倾向于把师生关系看作单向的传与受的关系,以教师为中心,不适当地强调教师的权威和意志,把学生看作被动的知识接受者。儿童中心主义者又走向另一极端,在教学中把教师降到从属地位。现代教学论强调教与学两者的辩证关系,教学是教师教,学生去学,学生这个学习主体是教师组织的教学活动中的学习主体,教师对学生的学习起主导作用。

2. 教师的主导作用与学生的主体作用在教学过程中的关系

(1) 教师在教学过程中处于组织者的地位,应充分发挥教师的主导作用。教师的主导作用表现在:教师的指导决定学生学习的方向、内容、进程、结果和质量,起引导、规范、评价和纠正的作用;教师的教还影响学生的学习方式以及学习主动性和积极性的发挥,影响学生的个性以及人生观、世界观的形成。

(2) 学生在教学过程中作为学习主体,应充分发挥学生参与教学的主体能动性。在教学中,学生是学习的主体,其能动性具体表现在:受学生本人的兴趣、需要以及所接受的外部要求的推动和支配,学生对外部信息选择的能动性、自觉性;受学生原有知识经验、思维方式、情感意志、价值观等制约,学生对外部信息进行内部加工的独立性、创造性。这里需要明确的是,学生的主体地位是在教师的主导下逐步确立的。学生这个主体从依赖性向独立性发展,正是教师主导的结果。

(3) 建立合作、友爱、民主、平等的师生交往关系。教学过程是师生共享教学经验的过程,在此过程中,师生共同明确教学目标,交流思想和情感,实现培养目标。在师生的交往活动中,教师要善于创设和谐情境,鼓励学生合作学习;教师要善于体验或引起学生的兴趣和需要,鼓励学生积极学习,主动参与;教师要善于从学生的年龄特征和个别差异出发,对学生提出严格的要求;教师要善于洞察学生的内心世界,尊重学生的个性和才能;教师要善于引起学生在思想和情感上的共鸣,培养学生自我调控能力,鼓励学生大胆创新,同时为学生创设自我表现的机会,使学生不断获得成功体验。

人们对教学过程本质及规律的认识,随教育观的不同而不同。有关这方面的认识,在我国正在逐步多元化和深化。

知识拓展

教师中心论和学生中心论之争

(四) 传授知识与思想品德教育相统一的规律

1. 传授知识与思想品德教育的含义

在教学过程中,教师在传授知识的同时,一定要注重对学生进行思想品德教育,并使两者有机结合起来,使学生在知识能力和思想品德等方面获得理想的发展与进步。古今中外的教育家历来都非常强调传授知识与思想品德教育的关系。例如唐代韩愈在《师说》中指出教师要"传道、授业、解惑"。

2. 传授知识与思想品德教育在教学过程中的关系

(1) 知识是思想品德形成的基础。学生思想品德的提高有赖于他们对文化科学知识的掌握。① 科学的世界观和先进的思想都需要有一定的文化科学知识作为基础。在教学中,传授给学生的知识,可以帮助他们正确地认识自然和社会的发展规律,帮助他们辨别是非、评价善恶,加深对道德的认识,为他们掌握马克思主义的基本观点和树立科学世界观奠定基础。② 学习本身是艰苦的劳动,可以锻炼和培养学生的优良道德品质。

(2) 良好的思想品德是学习的推动力。掌握科学文化知识的过程是一个能动的认识过程,他们的思想品德状况对学习的积极性起着重要的作用。在教学中,教师要不断培养、提高学生的思想品德水平,引导学生将个人的学习与社会的发展、祖国的前途联系起来,培养他们爱科学、学科学、用科学的热情,给学生的学习以巨大的推动力,充分调动他们学习的主动性和积极性,这是学生获取知识的重要保证。

(3) 传授知识与思想品德教育必须有机结合。在教学中,要防止两种倾向的出现:① 脱离传授知识进行思想品德教育。这种倾向会使思想品德教育成为无源之水、无本之木,不仅不利于学生思想品德的提高,而且还有害于系统知识的教学。② 只强调传授知识,却忽视了思想品德教育。大家不能认为学生学习知识以后,思想品德自然也会随之提高,因为教学的教育必须经过教师给学生施加积极影响,必须通过启发和激励,使学生对所学知识产生积极的态度,教学的教育性规律才能得以实现。因此,在教学过程中要注意把两者有机地结合起来。

四、教学过程的基本阶段

目前,我国教育界对教学过程阶段的划分基本上是一致的。教学过程大致分为以下五个阶段:

(一) 激发学习动机

学习动机是推动学生学习的一种内部动力。学习动机往往与兴趣、求知欲和责任感联系在一起。教师要使学生明确学习目的,启发学生的责任感,激发学生学习的积极性。

激发学生的兴趣与求知欲,主要靠三个方面:① 所学的内容及知识本身(如事实、现象、特点、逻辑等)要具有吸引力;② 要强调学生的活动;③ 要依靠教师的引导,教师要特别注意把所学内容与学生的生活实际有机地结合起来。

(二) 领会知识

领会知识是教学过程的中心环节。领会知识包括使学生感知教材和理解教材。

第一,使学生感知教材。教师要引导学生通过感知形成清晰的表象和鲜明的观点,为理解抽象概念提供感性知识的基础并发展学生相应的能力。感知的来源包括:学生已有的知识经验、直观教具的演示、参观或实验、教师形象而生动的语言描述和学生的再造想象以及社会生产、生活实践等。

第二,使学生理解教材,形成科学概念。教师要引导学生在感知教材的基础上,通过分析、比较、抽象概括以及归纳演绎等思维方法的加工,形成概念和原理,真正认识事物的本质和规律。理解教材可以有两种思维途径:一是从具体形象思维向抽象逻辑思维过渡;二是从已知到未知,不必都从感知具体事物开始。

(三) 巩固知识

巩固所学的知识是教学过程的一个必要环节。巩固知识的必要性在于:① 学生在课堂上所获得的知识是间接知识,容易遗忘,必须通过复习来加以巩固;② 学生只有掌握知识,才能为下一步的学习奠定基础,才能顺利地学习新知识和新材料。在教学的每一个环节上,都应重视教材的识记与巩固。教师在教学中用一段时间让学生专门复习和定期复习,对巩固知识是十分必要的。学生通过各种各样的复习,对学习过的材料进行再记忆并在头脑中形成巩固的联系。知识的巩固是不断吸收新知识、运用知识形成技能的过程。巩固知识往往渗透在教学的全过程,不一定是一个独立的环节。

(四) 运用知识

学生掌握知识的目的在于运用。在教学中,运用知识,形成技能技巧,主要是通过教学实践来实现的,如完成各种书面或口头作业、实验等。教师要组织一系列的教学实践活动引导学生动脑、动口和动手,以形成技能、技巧,并把知识转化为能力。此外,运用知识还包括知识迁移的能力和创造能力等。

(五) 检查知识

检查知识是指教师通过作业、提问、测验等方式对学生的学习效果进行考查的过程。检查学习效果的目的在于,使教师及时获得关于教学效果的反馈信息,以调整教学进程与要求;帮助学生了解自己掌握知识技能的情况,发现学习上的问题,及时调节自己的学习方式,改进学习方法,提高学习效率。

学生掌握知识的基本阶段对于组织教学过程具有普遍的指导意义,但是,也要防止在运用中出现简单化和形式主义的倾向。

知识拓展 ▼

古今中外著名教育家关于教学过程基本阶段的划分

第三节 教学工作的基本环节及要求

在现代学校中,虽然不同的科目需要有不同的教学方法和程序,但就各种教学工作的一般程序而言,它们是大致相同的。教师进行教学工作的基本程序包括:备课,上课,作业的意义、形式与要求,课外辅导,学业评价,教学评价等。

一、备课

有准备和无准备的活动,最终效果往往是截然不同的。教学作为一项专门性很强的工作,没有经过课前的精心准备,其教学效果往往会大打折扣,尤其是对教师来说,课前进行充分的准备更是其教学成功的至关重要的因素。教师在正式上课前进行的准备和策划工作就是备课。备课是教师教学工作的起始环节,是上好课的先决条件。教师备课的内容主要由以下三个环节构成:钻研教材、了解学生和制订教学进度计划。

(一) 钻研教材

钻研教材是备课的重要环节之一,具体可包括研读课程标准、钻研教科书和阅读教学参考资料。

1. 研读课程标准

课程标准既是教科书编写、教学、评估和考试命题的依据,也是教师备课的指导性文件。研读课程标准,就是要弄清本学科的教学目的;了解本学科的教材体系和基本内容;明确本学科在能力培养、思想教育和教学法上的基本要求。

2. 钻研教科书

教科书是教师备课和上课的主要依据。教师备课,必须先通读全书,熟练地掌握教科书中的全部内容,了解全书知识的结构体系,分清重点章节和各章节基本知识的重点、难点,将基本知识、基本技能进行初步排列。然后,在准备上每一节课时,再确定每段教科书内容在整个学科知识体系中的地位、能力培养和思想教育要求,对每一节课要讲的内容、实验和习题要按教学要求进行具体安排。

3. 阅读教学参考资料

教师在备课时,阅读教学参考资料也是十分重要的一个环节。教学参考资料并不仅限于那些已经组织好的专用教学参考资料,而且包括课程标准,学校推荐的参考资料以及自己平时积累的参考资料。

知识拓展 ▼

教教科书与用教科书教

(二) 了解学生

了解学生包括了解学生原有知识技能的质量、兴趣、需要、思想状况、学习方法和学习习惯等。具体来说,教师可在如下方面了解学生:

1. 了解学生的知识基础

教师在准备每节课时,应了解学生已学过的知识情况以及学生的掌握状况。教师针对学生原有知识的掌握情况,确定教学内容的传授方式,决定课堂上详讲、略讲和学生自学的内容比例。

2. 了解学生的能力基础

影响学生课堂学习的不仅有学生原有的知识基础,而且学生的能力状况也是影响其学习的重要变量。教师应了解学生阅读、观察、思维等方面的能力状况,并以此决定自己的教学策略。

3. 了解学生的学习方法和学习习惯

教师的备课活动应当注重了解学生的学习方法和学习习惯,为帮助学生掌握有效的学习方法和形成良好的学习习惯做好充分的准备。

4. 了解学生的兴趣、爱好

教师在备课的过程中应当对学生的兴趣和爱好情况进行观察或调研,充分利用学生的兴趣和爱好开展教学,以取得事半功倍的效果。如果教师在观察和调研中发现学生对课堂教学缺乏兴趣,则应当在教学设计中增加活动环节,以激发学生的学习兴趣。

(三) 制订教学进度计划

制订教学进度计划是教师在钻研教材和了解学生的基础上进行的,是备课活动的最终环节。备课质量的高低最终是通过教学进度计划安排得合理与否表现出来的。制订教学进度计划具体又可分为制订学期教学进度计划、课题计划和课时计划三类。

1. 学期教学进度计划

学期教学进度计划应该在学期或学年开始前制订出来。其内容应该包括:学生情况的简要分析,本学年或本学期教学的要求;课程标准;教科书的章节或课题;各个课题的教学时数和时间的具体安排;各个章节或课题所需要的直观教具等。

2. 课题计划

课题计划也称单元教学计划。教师在制订学年或学期教学进度计划以后,在上课前还要对课程标准上的一章、一个较大的题目或教科书中的一课,进行全盘考虑,制订出课题计划。课题计划的内容包括:课题名称;本课题的教学目的;本课题的计划及各个课时的主要问题;本课题各课时上课类型和教学方法;本课题的必要教具。

3. 课时计划

课时计划也称教案,是指教师对每一堂课具体深入的教学准备。课时计划往往和课题计划一同编写。在写课时计划时,一般按以下步骤进行:进一步研究教科书,确定教学重点和要注意解决的难点;确定本课时的教学目的;考虑进行的步骤,确定课的结构,分配教学进程中各个步骤的时间;考虑教学方法的运用、教具的准备和使用方法及板书设计;最后写出课时计划。一个完整的课时计划,一般包括班级、学科名称、授课时间、题目、教学目的、课的类型、教学方法、教具、教学进程、备注等项目。其中,教学进程包括一堂课中教学内容的详细安排、教学方法的具体运用和时间的分配。

此外,备课的方式分为教师个体备课和教师集体备课两种,但这两种备课方式并不相互冲突,在教学实践中它们常常是可以有效地结合在一起的。

二、上课

上课是教学工作的中心环节,是教学工作的核心所在。前述的所有备课活动都是为了上课而组织的,教师上好课是提高教学质量的关键。教师想要上好课,就应当了解课的类型与结构,明确一堂好课的基本要求。

(一) 课的类型与结构

1. 课的类型

课的类型是指根据教学任务划分课的种类。课的类型一般分为两种：一种是根据课堂教学使用的主要教学方法，可分为讲授课、演示课(演示实验或放映幻灯片、录像)、练习课、实验课、复习课；另一种是根据教学任务，将课分为传授新知识课(新授课)、巩固新知识课(巩固课)、培养技能技巧课(技能课)、检查知识课(检查课)。在实际的教学中，有时一节课只完成一项任务，但有时一节课则需完成多项任务。因此，根据一节课所完成任务的类型数，课又可分为单一课和综合课。单一课是指完成单一教学任务的课；综合课是指一堂课内同时完成两种或两种以上主要教学任务的课，在中学低年级比较常用。

2. 课的结构

课的结构是指课的基本组成部分及各组成部分进行的顺序、时限和相互关系。受学科特点、教材内容、教学方法和教学对象等因素的制约，不同类型的课有不同的结构。一般来说，构成课的基本组成部分有组织教学、检查复习、讲授新教材、巩固新教材、布置课外作业等。

3. 课堂结构的改革与发展

组织教学、检查复习、讲授新教材、巩固新教材、布置课外作业是现代课堂教学的基本结构，但是教师不能因为遵循这一结构而使课堂僵化，需要打破固化的课堂结构，注重对课堂结构的改革与发展。在改革与发展课堂结构的过程中，应注意以下几个方面：① 注重学生的自主学习；② 关注教学目标的多元化；③ 注重建立对话式的教学关系。

(二) 上好课的具体要求

教师在进行教学时，平时的业务准备、思想准备和精心备课，最后总要落实到把课教好上。为了上好课，取得良好的教学效果，教师上课应符合的要求包括以下几个方面：

1. 目标明确

教师要保证教学目标制定得当，符合课程标准的要求及学生的实际。一般而言，教师应从知识与技能、过程与方法、情感态度与价值观这三个维度上确定教学目标。

2. 内容正确

教师要保证教学内容的科学性和思想性。教师教授的知识必须是科学的、正确的、符合逻辑的，教师的教学技能或行为要符合规范。教学内容要有一定的文化内涵，体现科学性、人文性和社会性的融合也是对教学内容的正当要求。

3. 方法得当

教师应根据教学任务、教学内容和学生的特点选择较佳的方法进行教学。教师要在教学实践中有效地采用最为合适的方法，不仅需要学习有关教学策略和方法的理论，而且要善于进行教学实践的反思，在教学实践中积累经验与教学智慧。

4. 表达清晰

教师在上课时要坚持用普通话，声音要响亮，言语表达的速度要适合学生可接受的程度，语言要流畅、生动、明白易懂，板书(或幻灯片字幕)要规范、准确、清楚。

5. 组织严密

在整个教学过程中，教师除了需要用语言讲授外，还需要有井然有序的组织过程。课的进程要紧凑、次序分明、有条不紊，不同的教学任务的变换要过渡自然，并保持良好的课堂秩序。

6. 气氛热烈

在课堂上,教师应该自始至终地指导学生充分发挥其学习的积极性。这里所谓的气氛热烈并不是对那种徒有形式、缺少深度的课堂氛围,而是意味着学生对课堂学习活动的高度参与。

三、作业的意义、形式与要求

(一)作业的意义

作业是指教师结合教学内容,要求学生独立完成的各种类型练习。无论是课内作业还是课外作业,其作用都在于加深和加强学生对教科书的理解和巩固,使学生进一步掌握相关的技能、技巧。通过作业的布置、检查和批改,教师可以及时发现学生在知识或技能方面存在的缺陷,及时加以纠正并做出评价,对学生的进一步学习提出建议。此外,作业对于培养学生独立思考、勤学苦练、克服困难的品质和自觉完成作业的习惯,都有重要意义。

(二)作业的形式

作业的形式包括:① 阅读教科书和参考书,如复习、预习教科书等;② 各种口头作业和口头答案,如朗读、阅读、复述等;③ 各种书面作业,如书面练习、演算习题、作文、绘图等;④ 各种实际作业,如观察、实验、测量、社会调查等。

(三)作业的要求

教师在布置作业时,应遵守下列要求:

(1)作业的内容要科学合理。作业的内容要符合课程标准和教科书的要求,并要有代表性,要有助于学生巩固与加深理解所学的基础知识,形成相应的技能、技巧,培养学生的能力。

(2)作业分量要适当,难易要适度。学校应通过班主任来调节各科教师留给学生的作业量,防止学生的负担过重。凡能在课内完成的作业,就不应当布置到课外做。

(3)教师在布置作业时,要向学生提出明确的要求,并规定其完成的时间。对比较复杂的作业,教师也可以适当地提示,但这种提示应是启发性的,不能代替学生的独立思考。

(4)教师应经常检查和批改学生的作业。教师检查的目的是了解学生对所学知识理解巩固的程度和实际运用的能力,以便发现教和学两个方面存在的问题,及时改进教学。

(5)作业也要体现学生学习的自主性。由于学生的知识基础和学习能力不一致,故教师对学生学业上的作业布置和要求也可以有一定的针对性。例如,可设计一些具有不同难度层次的作业,供不同知识基础和能力水平的学生选择,让学生自己确定作业类型和作业量。

四、课外辅导

(一)课外辅导的定义

教师进行辅导是指教师帮助和指导学生学习的活动。课外辅导是指在课堂教学规定时间以外,教师对学生的辅导。其目的在于因材施教以及对学生进行学习目的、学习态度和学习方法等方面的个别教育和指导。课外辅导是课堂教学的必要补充。

（二）课外辅导的内容

课外辅导的内容包括：① 教师要做好学生的思想教育工作，帮助学生明确学习目的，使他们能够独自计划学习和自我监督学习，并养成良好的习惯；② 教师要做好对学习困难学生的帮助工作，包括解答疑难问题，给基础差的学生或缺课的学生补习，给学生学习方法上的指导；③ 教师要为有学科兴趣的学生提供课外研究帮助；④ 教师还可以开展课外辅导教学活动，指导学生的实践性和社会服务性活动等。

（三）课外辅导的要求

教师课外辅导工作的总体要求是：① 教师除了补课之外，重点在于启发学生自己找到解决疑难问题的方法，而不应代替学生的独立钻研；② 教师不应该把辅导作为课堂教学的延伸，加重学生的负担；③ 对学习差的学生的辅导，除了以教师为主进行帮助外，也可以适当让学习好的学生对他们进行帮助，达到互相促进并形成良好互助品质的目的，但不要占用学习好的学生过多的时间。教师课外辅导工作的具体要求是：① 教师要从辅导对象的实际出发，确定辅导内容和措施；② 课外辅导只是对课程教学的补充，教师不能将主要精力放在课外辅导上；③ 课外辅导要目的明确，教师要采用启发式，充分调动学生的主动性和积极性；④ 教师要注意态度，师生平等相处，共同讨论，鼓励学生主动提出问题；⑤ 教师要加强对学生的思想教育和学习方法的指导，提高辅导效果。

五、学业评价

（一）学业评价的含义

学业评价是指以国家的教育教学目标为依据，运用恰当、有效的工具和途径，系统地收集学生在各门学科教学影响下认知行为上的变化信息，并对学生的知识和能力水平进行价值判断的过程。学业评价有多种类别：按在教学过程中的作用，可分为形成性评价、诊断性评价、终结性评价；按评价的目的，可分为选拔性评价、水平性评价、反馈性评价；按不同的认知维度，可分为知识评价、技能评价、能力评价；按评价的主体，可分为他人评价、自我评价。无论哪种类型的评价，都要体现评价的科学性和有效性。

（二）学业评价的功能

学业评价可以使师生双方了解自己和他人在各方面的发展情况，找到自己与他人的差距，以便更好地提高教与学的效率。具体来说，学业评价的功能主要通过以下三个方面表现出来：

1. 学业评价具有诊断和反馈的功能

学业评价是对教学目标实现程度的价值判断，可为教学结果与目标的差距提供反馈信息。通过信息反馈，可帮助学生及时客观地了解自己的优势、不足及存在的问题；可帮助教师判断教学目标的实现程度，从而找到学生学习的困难，发现自己教学中的问题所在，为教师和学生分析存在的问题和困难的原因、寻求解决的方案和采用合理有效的对策提供依据。

2. 学业评价对教学具有导向功能

学业评价是依据一定的标准和目标进行的价值判断。教师和学生要获得理想的评价，就必须了解评价的标准和目标，并将这些标准和目标有效地反映在教与学的过程中，以便教师和学生分别调整自己的教学和学习活动，以期获得良好的评价效果。学业评价对教学活动的导向作用也由此发挥出来。

3. 学业评价可以激励师生不断发展

学业评价本身就是对教学做出价值判断的过程,是对教师和学生的劳动成果、劳动态度的鉴别和认可。如果教学行为在学业评价中获得了肯定,其主体行为的努力就能得到强化,教师和学生在精神上都能受到鼓励与鞭策,从而激发他们更加积极主动地工作和学习,并不断地接近教学目标;如果教学行为在学业评价中的结果是负面的,这同样有助于师生通过评价结果来发现问题,在教学中寻找与教学目标存在的差距,并通过不断地改进,缩小与评价目标间的距离。因此,学业评价的过程就是师生不断地认识自我、发展自我和完善自我的过程。

(三) 学业评价的目标

教学目标既是教学的出发点,也是学业评价的依据,学业评价目标要以学生的发展为本,充分体现三维目标的基本要求。具体来说,学业评价目标要围绕知识与技能、过程与方法、情感态度与价值观展开,减少单纯的知识与技能评价,注重对过程与方法、情感态度与价值观等方面展开多元评价。

(四) 学业评价的方法

评价学生学业成就的方法可以分为学业成绩考查与评定、日常考查、专门调查与心理测量。

1. 学业成绩考查与评定

具体内容见"(五)学业成绩考查与评定",此处不再赘述。

2. 日常考查

日常考查是伴随日常教学而进行的检查和了解学生学习情况的办法,使用频率较高。日常考查可以多方面地获取学生学习的动态信息,发现和发展学生多方面的潜能。日常考查的具体形式包括:

(1) 课堂表现记录。课堂表现记录主要是教师对学生完成课堂教学活动的评价记录,如在问答、板演、朗读、游戏、比赛、会话等活动中的表现情况,帮助教师了解学生对某些具体知识与技能的掌握程度。教师对学生的课堂表现情况应给予口头评价,以求激励和教育学生。

(2) 批改作业。通过批改学生的书面作业,教师可以了解学生理解与运用知识的质量,发现教学中存在的漏洞和不足,也可以了解学生有关的能力水平,从而为改进教学提供信息,给予学生及时反馈与强化。

(3) 小测验。小测验主要是在课堂教学中进行的小型考试,多在课题或单元教学结束之后进行。通过小测验,教师可以用较短的时间了解到一段时间以来学生的学习情况。

3. 专门调查

专门调查一般使用问卷或座谈的形式进行。问卷是一种用预先精心设计好的问题让学生回答以获得所需信息的方法。座谈是教师召集学生就有关问题进行专门交谈或与个别学生单独进行交流而获取所需信息的方法。教师在座谈的过程中要注意交谈的目的性,把握住话题并记录要点。

4. 心理测量

心理测量是借助专门的心理量表来测量学生的学习心理方面的状况,是学生学业成就评价的一个重要途径,它重在评价学生的学习态度、学习心理、学习能力等方面的表现。一般来说,专门的心理量表具有稳定的常模(评价标准)、固定的施测程序和系统的资料分析方法,因而科学性较强。

（五）学业成绩考查与评定

学业成绩考查与评定，俗称测验或考试，是指以测验的形式定量地评定学生个人能力的一种评价方法。学校通过对学生学业成绩的测量和评价，可以检查教师教学的完成情况，从检查中获得的反馈信息，可以用来指导、调节教学过程和学习过程，从而改善教学，提高质量。

1. 测验的目标

测验的目标包括两个方面：教学内容的目标，如基本原理、概念和基本的知识等；心理操作（又称为行为）和发展（有的学科涉及身体发展）的目标，如记忆力、理解力、创造力、注意力、体力、耐力等。这两个不同维度的目标并不是相互游离的，而是相互交叉的。

2. 测验试题的类型

测验试题大体有供答型试题和选答型试题两大类。

供答型试题可以分为简答式试题和陈述式试题两种。简答式试题的最简便形式是填空题。编制填空题，要选择关键性、重要的事实或问题（人名、年代、术语、规则等）让学生填写。简答式试题的另一种形式是要求学生答出证明方法、定义、简短的解释或进行演算、造句等。陈述式试题又称论文式试题，这类试题要求学生较系统、完整地阐述人物、事件、原理、概念或解决一个问题等，如写一篇作文、解释一个现象、分析一条哲理等。好的陈述式试题往往有助于锻炼学生的思维能力和写作能力，但陈述式试题的评分标准较难掌握，阅卷教师易产生主观偏离。

选答型试题可以分为是非题、多项选择题与组配式试题三种。一般来说，这一类型的试题回答问题较简短。题目的容量较多，对教材中的知识点覆盖面较大，而且评分标准固定，阅卷教师评分时无主观判断，故统称客观性试题。由于选答型试题的制作已经标准化，故可以用电脑阅卷。

供答型试题和选答型试题各有利弊，在评价较高层次的理解能力、归纳和推理能力、组织和表达能力方面，供答型试题（除填空题以外）比选答型试题的效果好；在评价较低层次的知识记忆、一般理解和判断能力方面，选答型试题比供答型试题的效率高；在编制题目的技巧方面，供答型试题比选答型试题容易掌握；在判断和反馈答案的正误方面，选答型试题比供答型试题容易处理。因此，在考试命题中可将这两类测验试题结合起来进行。

3. 测验的效度、信度、难度和区分度

测验的效度是指一个测验能测出它所要测量的属性或特点的程度。这种单向测量工具的有效性或效度，通常只适合于一个特殊的目的，学业成绩检查是要测量所学的学科基本知识技能。作为测量工具的试题，应与要检查的目标相关。

测验的信度，又称测验的可靠度，是指一个测验经过多次测量所得结果的一致性程度，以及一次性测量所得结果的准确性程度。对信度进行估计的一种方法是，分析第一次测验机会分数的位置与第二次测验机会分数的位置之间的相关性。相关系数为 1.00，信度最高；相关系数在 0.80 以上，测验做出的结论均属准确。需要注意的是，两次测验的间隔不宜太长。如果教师想通过一次测验就能得到比较可信的评分，就要在编制测验时注意保持测验的必要长度。所谓测验的长度，是指测验项目的多少，测验项目越全面、越多，测验的可靠性就越高。

测验的难度是指测验包含的试题难易程度。试题过难或过易都不能准确地测出学生的真实成绩。所以，一个试卷总的来说难易要适中，既要有较难的试题，又要有较易的试题。

测验的区分度是指测验对考生的不同水平能够区分的程度,即具有区分不同水平考生的能力。测验的区分度与测验的难度有关,只有在试卷中包含有不同难度的试题,才能提高测验的区分度,拉开考生得分的差距。

（六）学业评价的要求

教师进行学业评价时应做到:① 客观公正,必须严格遵循评定标准;② 方向正确,要向学生指出学习上的优点、缺点和努力方向,这是评定学生学业成绩的主要目的;③ 鼓励学生创新,在评定中,不仅要看答案,而且还要看思路,要重视学生思维的创造性。

六、教学评价

（一）教学评价的含义与作用

教学评价是指以教学目标为依据,通过一定的标准和手段,对教学活动及其结果进行价值上的判断,即对教学活动及其结果进行测量、分析和评定的过程。教学评价一般包括对教学过程中教师、学生、教学内容、教学方法、教学环境、教学管理诸因素的评价,但主要是对学生学习效果的评价和教师教学工作的评价。教学评价的两个核心环节是对教师教学工作（教学设计、组织、实施等）的评价——教师教学评估（课堂、课外）,以及对学生学习效果的评价——考试与测验的评价。教学评价有助于教师更准确地把握学科教学的目标,调整教学策略,优化教学过程,恰当地选择和运用教学手段、教学方式,提高课堂教学效果和教学质量,促进教师的专业化发展。

（二）教学评价的分类

1. 传统的教学评价类型

（1）甄别性评价。即以评价者的个人感受为依据,对教师的教学进行评价。评价者根据评价的结果,对教学分等级,奖优惩劣,其不足是主观性强、标准缺乏客观性。

（2）结果性评价。即依据学生的学业成绩,判定教师的教学质量和教学水平。其不足是容易忽视客观存在的学校、班级和学生的差异,以及不能客观、准确地诊断教师在教学中存在的问题。

（3）水平性评价。即以教师职业能力标准（基本功）作为统一的评价标准,通过评价来判定教师的教学水平是否达到目标。其不足是容易忽视教学的组织实施过程,不能准确判定教学中存在的问题。

2. 新课改下的教学评价类型

在新课改背景下的教学评价,包括诊断性评价、形成性评价、总结性（终结性）评价、过程性评价。

诊断性评价是指在教育、教学或学习计划实施的前期阶段开展的评价。评价的重点是依据学生的学业诊断结果,对教学设计和组织实施进行分析,判断所采用的教学方式、教学手段和教学方法,是否与学生已有的知识储备、经验积累,以及情感态度与价值观等发展状况相适应;是否采用合理、有针对性的策略和措施。诊断性评价可以让教师在课堂教学组织实施前,及时调整教学方案,完善教学组织,改进教学方法,以达到提高课堂教学效率的目的。

形成性评价是指基于教学过程中的某项活动或过程以及生成的问题进行的评价,旨在及时了解情况,发现问题,以便有针对性地对教学进行设计、组织实施、调整、改进和完善等。形成性评价是在教学设计的基础上,根据教学中客观存在的一些不确定因素（如学生的学习状态、兴趣和关注的焦点,学习环境与外部干扰等),通过对教师教学行为和学生学习行为的分析、判断、调查和测试等方式,获取信息,判定教学的效果、特点和不足,为修改和调整教学方案提供必要的依据和参考。

总结性(终结性)评价是指在教学任务完成后进行的评价,是对教学全过程的综合性测量和检验。诊断性评价、形成性评价、总结性(终结性)评价各有侧重,各自发挥不同的功能,有助于从不同的角度分析和判断教师教学的特点、特长和优势,发现其中存在的问题,有针对性地对教学方案进行调整、修正、弥补和完善。

过程性评价是指对一个教学过程(一般是以一节课作为一个单元)进行的评价。过程性评价强调全面、综合和发展的原则,尊重教师的个性化和教学风格。过程性评价可以发现教师的特长和优势,亦可诊断问题,促进教师在教学上的发展。

（三）教学评价与学业评价的关系

在课堂教学中,教与学是一个整体。教学评价与学业评价分别考查教与学的效果,两者存在内在的联系。同时,教学评价与学业评价是分别从教师的教学和学生的学习两个角度,进行分析、判断的教学活动,两者在评价的目标和标准,以及侧重点和方式、方法、手段上有所不同。

（1）学业评价可以为教学评价提供分析和判断问题的着眼点,更加准确地分析和判断问题的成因,并为教学决策提供可靠的参考和依据。教师从学业评价中发现的问题,往往也是教学评价中的不足或欠缺之处。

（2）教学评价的最终目的在于促进学生的学习和发展。教学评价既可以为学业评价提供分析和判断问题的佐证,也可以排除学业评价中的非智力因素,更加准确地分析和判断影响学生学业成绩的主观因素和客观因素,为学生改进学习方法,提高学习效率和学习质量提供有针对性的参考和依据。

第四节 教学原则

一、教学原则的含义

（一）概念

教学原则是指根据一定的教学目的和对教学过程规律的认识而制定的指导教学工作的基本准则。教学原则贯穿于各项教学活动之中,教师正确和灵活运用教学原则是提高教学质量的重要保证。

教学原则是人们从教学实践中总结出来的。如我国古代的《礼记·学记》中便总结了"教学相长""启发诱导""藏息相辅""长善救失"等教学的宝贵经验,这些都属于教学原则范畴,只不过未加科学论证。

随着科学与教学实践的发展,教育界对教学原则的探讨日益深入。夸美纽斯在《大教学论》中提出了37条教学原则,并试图给予论证。此后,各国的教育家(如裴斯泰洛齐、赫尔巴特、第斯多惠、乌申斯基等)对教学原则都做了研究。这样,便逐步形成了直观性、启发性、巩固性、可接受性、教育性等传统的教学理论基本原则。

（二）教学原则与教学规律的区别

教学规律是教与学内部矛盾运动的客观规律,人们只能去发现并掌握它,但不能制造它;而教学原则是人们在认识教学规律的基础上制定的一些教学的基本准则,它反映的是教学规律。人们对教学规律的不断发现和掌握,才会使所制定的教学原则不断发展和完善。

二、我国中学教学原则及运用要求

(一) 直观性原则

1. 基本含义

直观性原则是指教师在教学中通过让学生观察所学事物,或教师用形象的语言描述,引导学生形成所学事物、过程的清晰表象,丰富学生的直接经验和感性认识,从而使他们能够正确理解书本中的知识和发展认识能力。这一原则是根据直接经验与间接经验相统一的教学规律提出的,它的提出也是由学生的年龄特征所决定的。

2. 运用此原则的要求

(1) 教师要正确选择直观教具和现代化教学手段。在教学中要根据学生的年龄特征、知识水平、教学目的和教学内容来正确选用直观教具。自然学科多使用实物、标本、实验等,社会学科多使用图片、图表等。低年级应多提供具体、直接的感性材料;高年级则可用图表、照片等。值得注意的是,直观教具是教学的一种手段而不是目的。过多的直观教具不仅会分散学生的注意力,而且会影响学生抽象思维能力的发展。

直观教具可分为两类:一是实物直观,包括各种实物、标本、实验等;二是模象直观,包括各种图片、图表、模型、幻灯片、录像带、电视和电影等。

(2) 教师要将直观教具的演示与讲解相结合。教学中的直观教具不是让学生自发地看,而是要在教师的指导下有目的地进行观察,教师通过提出问题引导学生去把握事物的特征,发现事物之间的联系,并通过讲解和说明解答学生在观察中出现的疑惑,使其获得较全面的感性认识,从而更深刻地掌握理性知识。

(3) 教师要重视运用语言直观。语言直观是指教师在教学中用形象化语言唤起和形成学生有关事物的表象和带有感情色彩的印象。语言直观可以摆脱实物直观和模象直观所需设备和条件的限制,但它必须借助学生已有的知识经验。教师用语言使学生的知识经验重新组合,构成新的表象或想象。

(二) 启发性原则

1. 基本含义

启发性原则是指教师在教学中要承认学生是学习的主体,注意调动他们的学习主动性,引导他们独立思考,积极探索,生动活泼地学习,提高学生自觉地掌握科学知识和提高分析问题、解决问题的能力。

2. 运用此原则的要求

(1) 教师要调动学生学习的主动性。调动学生学习的主动性是启发的首要问题。学生学习的主动性受许多因素的影响,如学生的好奇心、兴趣、爱好、求知欲,获得优良成绩或得到表扬、奖励的愿望等,教师要善于因势利导,使学生一时的欲望和兴趣汇集和发展为推动学习的持久动力。

(2) 教师要启发学生独立思考,发展学生的逻辑思维能力。首先,教师要注意通过提问来启发学生们的思维。只要教师的提问切中要害、发人深省,学生的脑子一开窍,思想一下子便活跃起来,课堂上将出现令人兴奋、紧张有趣的生动局面。然后,教师因势利导,使学生的认识逐步深入,以获取新知。教师在启发学生思考的过程中,要有耐心,给学生以思考的时间,要有重点,问题不能多,不能启而不发,要深入下去,提出补充问题引导学生去获取新知,不仅要启发学生理解知识,而且要启发学生理解学习的过程,掌握获取知识的方法。

(3) 教师要让学生动手,培养其独立解决问题的能力。教师在启发时不仅要引导学生动脑,而且要引导他们动手。学生掌握知识有一个逐步深化的过程,懂了不一定会做,会做不一定有创造性。所以教师要善于启发诱导学生将知识创造性地用于实际,向他们布置由易到难的各种作业,或提供素材、情境、条件和提出要求,让他们独立探索、克服困难、解决问题,别出心裁地完成作业,以便发展和创造才能。

(4) 发扬教学民主,包括:建立民主平等的师生关系和生生关系;创造民主和谐的教学气氛;鼓励学生发表不同的见解;允许学生向教师提问质疑等。

(三) 巩固性原则

1. 基本含义

巩固性原则是指教师要引导学生在理解的基础上牢固地掌握知识和技能,把其长久地保持在记忆中,并且能根据需要迅速再现出来,以利于知识和技能的运用。这一原则是为了处理好获取新知识与保持旧知识之间的矛盾而提出的。

2. 运用此原则的要求

(1) 学生在理解的基础上巩固知识。理解知识是巩固知识的基础。要使学生把知识掌握得更牢固,首先,教师在传授知识时要使学生深刻理解所讲的知识并对其留下极深的印象。在教学中,教师要引导学生把理解知识和巩固、记忆知识联系起来,当然,强调理解记忆,并不否定在教学中要求学生对一些知识做机械记忆。

(2) 教师要重视组织各种复习。为了组织好复习,教师要向学生提出复习与记忆的任务,要安排好复习的时间,要注意复习方法的多样化。教师要指导学生掌握记忆方法,学会通过整理编排知识,写成提纲、口诀帮助自己记忆。

(3) 学生在扩充改组原有知识和运用所学知识中积极巩固。在教学中,教师要引导学生通过自己的努力来学习新知识;在实际中,学生能够扩充改组原有知识和积极运用所学知识。这并不是要求学生原地踏步,反复温习,而是在前进中巩固,在学习和运用新知识的过程中不断复习已有的知识和技能。

(四) 循序渐进原则

1. 基本含义

循序渐进原则是指教学要按照学科的逻辑系统和学生认识发展的顺序进行,使学生系统地掌握基础知识、基本技能,形成严密的逻辑思维能力。这一原则是为了处理好教学活动的顺序、学科课程体系、科学理论的体系、学生发展规律之间的复杂关系而提出的。

2. 运用此原则的要求

(1) 教师要按教材的系统性进行教学。按课程标准、教科书体系进行教学是为了保证科学知识的系统性和教学的循序渐进,但这不是要求教师照本宣科,而是要求教师深入领会教材的系统性,结合学生认知的特点和本班学生的情况,编写一个讲授提纲,以指导其教学的具体进程。

(2) 教师要注意主要矛盾,解决好重点与难点的教学。循序渐进并不意味着教学要面面俱到,平均使用力量,而是要求区别主次、分清难易、有详有略地教学。注意解决好重点,即教师注意把基本概念、基本技能当作课堂教学的重点,把较多的时间和精力放在重点上,围绕重点对学生进行启发诱导,以保证学生正确地掌握基本概念和基本技能。

(3) 由浅入深，由易到难，由简到繁。这是循序渐进应遵循的一般要求，是行之有效的宝贵经验，符合学生的认识规律，不可违反。只有学生的基础打好了，认识能力提高了，学习进度才会加快，效率才会提高。

（五）因材施教原则

1. 基本含义

因材施教原则是指教师要从学生的实际情况、个别差异出发，有的放矢地进行有差别的教学，使每个学生都能扬长避短，获得最佳的发展。这一原则是为了处理好集体教学与个别教学、统一要求与尊重学生个别差异问题而提出的。

2. 运用此原则的要求

(1) 教师要针对学生的特点进行有区别的教学。教师应当深入了解每个学生的年龄特征、知识水平、个人能力、兴趣和爱好以及不足之处，这是因材施教的前提。教师只有了解自己的教育对象，才能确定教学的起点、要求和方法，然后有目的地因材施教。

(2) 教师要采取有效措施，使有才能的学生得到充分的发展。例如，对有特殊才能的学生，请有关学科的教师或校外专家进行特殊的指导和培养，让他们参加一些有关的课外小组、竞赛和校外活动等；在有条件的学校试行按能力分班教学；开设一些选修课，以照顾学生的兴趣与爱好，允许成绩优异的学生跳级，使他们的才能获得充分的发展。

知识拓展

孔子与因材施教

（六）理论联系实际原则

1. 基本含义

理论联系实际原则是指教师在教学时，要让学生以基础知识为主导，从理论与实际的联系上理解知识，注意运用知识分析问题和解决问题，达到学懂会用、学以致用的能力。

2. 运用此原则的要求

(1) 教师要注重将书本中的知识与实际相联系。只有注意理论联系实际，教学才能生动活泼，使抽象的书本知识易于被学生理解，并吸收转化为对他们有用的精神财富。例如，联系学生的生活、科学知识在生产建设和社会生活中的实际运用，联系当代最新科学成就的实际等。

(2) 教师要重视培养学生运用知识的能力。首先，教师要重视教学实践，如练习、实验、参观和实习等；其次，教师还要重视引导学生参加实际操作和社会实践。教师应当根据教学的需要，组织学生进行参观、访问、社会调查，参加课外学科或科技小组的实际操作活动或组织他们从事一些科学观察、实验、发明以及生产劳动等。

(3) 教师要正确处理知识教学与技能训练的关系。在教学中，教师只有将两者结合起来运用，学生才能深刻理解知识，掌握技能，达到学以致用。如果只是教师讲、学生听，而无技能的训练，那么即使学生理解了也缺乏动手能力。

(4) 补充必要的乡土教材。由于我国幅员辽阔，各地的差异很大，为了使教学不脱离实际，必须补充必要的乡土教材。

（七）教书与育人统一的原则

1. 基本含义

教书与育人统一的原则是指教师在教学过程中努力使知识教育与思想品德教育结合起

来,使知识教育和思想品德教育相辅相成、相互促进。教书主要是指通过知识的学习,解决学习者的认知问题;育人主要涉及学习者思想品德的养成问题,教书与育人统一的原则意味着任何知识的学习都是与学习者的思想品德和行为习惯的养成密不可分的。这一原则是对"教学具有教育性"这一认识的反映。

2. 运用此原则的要求

（1）教师在教学过程中首先必须树立"教书育人"的意识,清醒地认识到除教授知识外,还应当教会学生如何做人,在教书的同时育人。

（2）教师在教学中,善于在学生的知识学习和思想品德的形成之间找到真正的联系,把教学中育人的责任落实到具体的教学目标上。

（3）教师在知识教学过程中,应充分注重发展学生的情感态度和价值观,在德育过程中也要充分重视知识和认知因素的作用。

（4）教师要言传身教统一,重视自身的榜样作用,真正做到"学高为师,身正为范"。

（八）适应性与发展性相统一的原则

1. 基本含义

适应性与发展性相统一的原则,是指教学工作既要适应学生现有的发展状况,又要适当超越这种状况,使学生经过较大的努力才能达到教学所规定的目标和要求,以促进学生实现最大限度的发展。在实际教学过程中,适应性与发展性是对应和统一的,一方面它们彼此对立排斥,注重适应很可能会制约发展,强调发展也可能偏离适应;另一方面,它们又相互依赖,适应性是发展性的基础,没有适应性就谈不上发展性,同时,教学的发展性也有助于扩大教学的适应性。因此,教学不仅要适应学生的发展,而且要尽最大可能来促进学生发展。

2. 运用此原则的要求

（1）教师的教学目标、内容和方法要适应学生身心发展的顺序性、阶段性和差异性特点,考虑每个年龄阶段学生的特殊需要和兴趣,使教学既要适应学生现有发展水平,又要有一定的难度和速度。

（2）教师可通过观察、提问、访谈、作业、测验等多种途径和多个角度了解学生的实际水平,使教学适应学生的接受能力。

（3）教师应当以发展的眼光看待学生。随着学生知识的不断增长和能力的不断提高,教师要不断且适时地提出新的、更高的要求,使学生不断遇到具有适当难度的新问题,始终处于积极向上的动态发展过程之中。

（九）传授知识与发展能力相统一的原则

1. 基本含义

传授知识与发展能力相统一的原则,是指教师的教学不仅要向学生传授系统的知识,而且要培养学生多方面的能力,使学生在获得知识的同时,能力也能得到应有的发展。能力是包括智力在内的一个含义更为广泛的概念,它是保证一个人能顺利地进行实际活动、解决问题、完成任务的稳定的心理特征的总和。除了认识能力以外,能力还包括实际操作能力、语言表达能力、人际交往能力、情绪控制能力、意志调节能力、创造能力等。

在教学过程中,传授知识与发展能力也是对立和统一的:一方面,传授知识与发展能力是两项互有区别的教学工作,两者不能相互等同或替代;另一方面,传授知识与发展能力又相互联系,掌握知识是发展能力的基础,而能力状况也是掌握知识的必要条件,学生的能力发展水平制约着学生掌握知识的速度和质量。两者互为重要条件,必须同时并进,不可厚此薄彼。

2. 运用此原则的要求

（1）教师要把握知识的整体联系，注重让学生形成良好的认知结构。现代认知心理学指出，认知结构是学生已有的观念的全部内容及其组织。如果教师提供的知识内容是零散、杂乱无章的，便无益于学生良好认知结构的形成，进而影响其智力的发展。为此，在教学过程中，教师应帮助学生形成一个网络清晰、融会贯通的整体知识结构。

（2）在教学过程中，教师要让学生的思维活动真正介入，不仅让学生学习知识，而且在这一过程中，还要激发学生反省、质疑、批判的意识，培养其独立思考和开拓创新的能力。

（3）教师要注重让学生学会学习，培养学生的自学能力。

（4）教师要注重学生非认知因素的培养。

（十）教师主导性与学生主体性相结合的原则

1. 基本含义

在教学中，教师起主导作用，学生居主体地位，两者必须有机统一起来，即学是以教师为主导作用的学，教是以学生为主体地位的教。

教学活动是由教师的教和学生的学组成的双边活动，如何处理好教与学的关系，一直是教育史上的一个重要的理论和实践问题。传统教育倾向于把师生观看作单向的传与受的关系，以教师为中心，不适当地强调教师的权威和意志，把学生看成被动的知识接受者。儿童中心主义者又走向另一个极端，即在教学中把教师降到从属地位。现代教学论强调教与学两者的辩证关系，在教学过程中，教师主导着教学活动的方向和性质，学生永远是学习活动的主人；教师只能指导学生学习而不能代替学生学习，学生只有在教师的有效指导下才能更好地学习。既不能以任何形式削弱教师的主导作用，也不能以任何借口剥夺学生的主体地位，只有充分调动教师和学生两个方面的积极性，才能保证教学活动的有效进行。

2. 运用此原则的要求

（1）教师要尊重学生在教学过程中的主体地位，包括注重激发和培养学生学习的能动性、独立性和创造性。

（2）教师要坚持和正确发挥教师的主导作用，包括发挥教学的导向作用，即教师要在教学过程中科学合理地设计、组织和实施最有利于学生学习的活动，指引教学活动的方向；坚持教学的民主性；实施启发教学；等等。

（十一）教学与研究相结合的原则

1. 基本含义

教学与研究相结合的原则是指教师在教学过程中同时注重研究创造，把教学实践和教学研究两个方面有机统一起来，由教学实践产生问题，由教学研究解决问题，在教学与研究之间形成一种积极的同步反馈效应。

教学与研究相结合的原则是近些年来人们对教学活动形成的新认识。长期以来，研究活动是被排除在教学过程之外的，但随着对教师职业研究的不断深入，人们发现教学工作的改进和教学效果的提高离不开对教学实践的反思。对教师的研究而言，并不是要像科学家和职业研究者那样进行严格意义上的研究，教师的研究是以对教学实践的反思为特征的，是指向教学实践的改进。这种研究是为了更好地教学，而不是为研究而研究。现代教学论证明，教师立足于教学实践的研究工作对教学工作的改善具有积极的作用，教师只有把教学工作和研究工作有机地结合起来，并以教学研究成果来改进自己的教学，才能使自己的教学日臻完善。

2. 运用此原则的要求

（1）教师要增强教学与研究相结合的意识，把研究作为提高教学水平的有力支撑点。

（2）教师要强化结合教学选择课题的观念，把教学本身作为研究的对象。

（3）教师要强化教学与研究的相互反馈，善于把科学研究的成果运用于教学实践。

（4）教师必须将教学和研究有机结合，同步发展。教师既要把研究作为提高教学水平的有效途径，又要把教学本身作为开展科学研究的对象，更要在两者之间形成一种互动的良性循环。

（十二）科学性和思想性统一原则

1. 基本含义

科学性和思想性统一原则是指教学要以马克思主义为指导，给予学生以科学知识，并结合知识教学对学生进行社会主义品德和正确人生观、科学世界观教育。科学性是指教学给予学生的应是反映客观真理的知识；教学要反映当代最新科学成就。思想性是指教学要体现社会主义政治方向、辩证唯物主义世界观和共产主义道德精神。

科学性和思想性相统一的原则是教学规律的反映，关系教学方向。首先，它是我国教育目的的要求，我们要培养德智体全面发展、具有独立个性的社会主义事业的建设者和接班人；其次，该原则也是教学具有教育性的反映；最后，科学性和思想性相统一，还体现了物质和精神相平衡的时代需要，有助于科技和人文的结合，是具有时代意义的教学原则。

2. 运用此原则的要求

（1）教师要保证教学的科学性。在教学过程中，教师向学生传授的知识和运用的方法都必须是科学的。

（2）教师要挖掘教科书的思想性，根据教科书的各自特点，对学生进行思想品德教育。

（3）教师要不断地提高自己的专业水平和思想素质，努力把这一原则贯穿于教学工作的各个环节。

以上教学原则可以体现在不同的教学情境和过程中，同样，同一个教学情境和过程有时也可体现一个或多个教学原则。下面，我们通过课文《最后一课》教学案例做一些分析。

《最后一课》教学案例

这是《最后一课》的第一个教时，学生已经预读课文，了解过课文故事中的背景。

第一个教学环节：阅读，思考。（15分钟）

思考题：韩麦尔先生是一个怎样的人？

要求：阅读全文。综合全文内容，根据思考题表达见解。自读课文15分钟，并拟出发言要点。（学生活动）

第二个教学环节：讨论，朗读。（30分钟）

（1）学生发言，认为韩麦尔先生：

① 是一个可怜的人；② 是一个原先不大负责任的人；③ 是一个严厉的人；④ 是一个普通的人；⑤ 是一个温和而严肃的人；⑥ 是一个有勇气的人；⑦ 是一个忠心耿耿的人；⑧ 是一个爱国的人；⑨ 是一个留下了高大形象的人……

(2)教师调控,组织讨论三种"见解"。

在讨论中重点放在第三种"见解"上。结合讨论,诵读韩麦尔先生的大段独白,诵读课文最后一部分,想象、描述这一精彩的特写镜头,体会其中的情感,掀起课堂教学的高潮。

(3)学生讨论,教师点拨。

讨论:作者为什么不把韩麦尔先生写成一个"高大"的"英雄",而让他以一个普通人的身份出现?

教师点拨:正因为普通,韩麦尔先生才能够代表千万的法国人,他那热烈深沉的爱国情感,才能被理解成是所有法国大众所具有的,才能使这篇小说所表现出来的内容成为法国人民的共同心声……

在上述教学设计和实施中,体现了以下一些教学原则:

(1)教师主导性与学生主体性相结合的原则。

该案例中很好地将学生的学和教师的教有机地结合起来,既突出了学生的主体地位,也体现了教师的主导地位。首先,学生带着问题进行阅读和思考,根据教师的要求拟出发言要点,然后发言并参与课堂讨论;在此过程中,教师则扮演着课堂设计者和引导者的角色,主导课堂活动,实现课堂的教学目标。

(2)教书与育人统一的原则。

在该案例的教学过程中,教师努力使知识传授与思想品德教育两者结合起来,实现教书和育人的双重目的。学生通过阅读和思考对文章中人物的品格特征有所了解,然后通过课堂发言和讨论,进一步加深了对人物的了解,最后在教师的点拨下深入了解人物和课文内涵,从而达到对学生的责任心、爱国主义精神等的教育。

(3)启发性原则。

该案例体现了启发性原则,教师在教学活动中注重调动学生的学习主动性,引导学生独立思考,自觉地掌握知识和提高解决问题的能力。教师提出开放性问题,引导学生独立思考,参与讨论,从而形成学生对文章的个性化理解,如韩麦尔先生的品格和形象,其所代表的精神本质等。

第五节 中学常用的教学方法

教学方法是指为完成教学任务而采用的办法,包括教师教的方法和学生学的方法,是教师引导学生掌握知识技能、获得身心发展的方法。

中学常用的教学方法分为四类:一是语言性教学方法,二是直观性教学方法,三是实践性教学方法,四是研究性教学方法。在教学的过程中,教师选择与运用何种教学方法要依据教学目的和教学任务的要求,课程性质和教材特点,学生特点,教学时间、设备、条件,教师业务水平、实际经验及个性特点等。

一、语言性教学方法

语言性教学方法是指在教师教学过程中,教师以口头语言或书面语言为主要传递形式的教学方法,其特点是能较迅速、准确而大量地向学生传授间接经验,其效果主要取决于学生是否具有较强的阅读理解能力。语言性教学方法主要包括讲授法、谈话法和读书指导法，其中使用最广泛的是讲授法。

（一）讲授法

1. 讲授法的含义和类型

所谓讲授法，是指教师通过口头语言直接向学生系统、连贯地传授知识的教学方法。从教师教的角度来说，讲授法是一种传授型的教学手段；从学生学的角度来说，讲授法是一种接受型的学习方式。

讲授法包括讲述、讲解、讲读、讲演、讲评五种方式。讲述，多为教师向学生叙述事实材料，或描绘所讲对象，此法在文科教学中应用较广。讲解，是教师对概念、定律、公式、原理等进行说明、解释、分析或论证，此法在理科教学中运用较广泛。讲读，即教师把讲、读、练结合起来进行教学，多用于语文和外语学科。讲演，即教师以演说或报告的形式，用较长的时间来口述较多的教科书内容，其表现形式较为活泼、生动、形象，并注意运用态势语言，多用于中学高年级和大学的教学。讲评，即在教学中，教师对某一现象或事物不仅进行适当的讲述和讲解，而且进行客观的评价和评论，多用于介绍某种新观点或新方法。

2. 讲授法的优势和不足

讲授法是最为古老的教学方法之一，也是当代社会遭受诟病最多的教学方法。讲授法能使教师在较短的时间内将知识系统、连贯地传授给学生。在使用的过程中，其覆盖的教学对象面较广，具有较高的教学效率。而且这种教学方法还便于教师组织教学内容，学科运用面也较广，几乎所有的学科都适合采用这种教学方法。因此，讲授法在教学实践中具有很强的生命力。讲授法之所以受到较多的批评，在很大程度上是因为使用不当，这种教学方法的不当使用，很容易造成教学的"满堂灌"现象。

当然，由于讲授法主要是以教师的讲授为中心的，客观上也很容易造成学生的学习处于被动状态，不利于学生探索精神和创造能力的培养。讲授法的局限性主要表现在：面向全体学生的讲授，很难顾及学生的个别差异；讲授更多的是教师的单项信息的传递过程，而很少涉及师生、生生以及教材与学生之间的多项信息传递；过分的讲授，会占用学生独立思考的时间和空间，从而影响学生探索各种问题的能力的发展。

3. 科学应用讲授法的基本要求

（1）教师讲授的内容要具有科学性和思想性。教师无论是描绘情境、叙述事实，还是阐释概念、论证原理，都应当准确无误、翔实可靠。

（2）教师讲授的过程要具有渐进性和扼要性。教师要根据教材各部分间的内在联系，由浅入深，从简至繁，循序渐进。教师要突出重点，抓住难点，解决疑点，或使描绘的境界突出，或将蕴含的情理挑破，或把深邃的见解点明，使之意味隽永、情趣横生。

（3）教师讲授的方式要多样、灵活。教师要把讲授法与其他方法诸如谈话法、读书指导法、演示法等交互运用，还要与复述、提问、讨论等方式穿插进行，以求综合效应，防止拘泥一格。

（4）教师讲授的语言要精练准确。总的要求是：叙事说理要言之有据，把握科学性；吐字要清晰，措辞精当，力求准确；描人状物要逼真细腻，生动形象；节奏要跌宕有致，声情并茂，富有感染力；巧用比喻，旁征博引，加强趣味性；解惑释疑，弦外有音，富有启发性。

（5）教师在运用讲授法教学时，要配合恰当的板书。板书要字迹工整、层次分明、详略得当、布局合理。

（6）教师要善于在讲授之前和讲授的过程中，设计或寻找先行组织者——能够将新的讲授内容和学生原有知识联系起来的过渡性知识模块,以便学生在新旧知识间找到结合点。

知识拓展

正确区分"注入式"教学与讲授法

（二）谈话法

1. 谈话法的含义和类型

谈话法亦称问答法,是指教师根据学生已有的知识和经验,通过师生间的问答使学生获取知识的教学方法。它一般包括四种类型:一是启发性或开导性谈话,二是复习性或检查性谈话,三是总结性或指导性谈话,四是讨论性或研究性谈话。

2. 科学应用谈话法的基本要求

谈话前,教师要在明确教学目的、把握教材重点、摸透学生情况的基础上做好充分准备,认真拟订谈话的提纲,精心设计谈话的问题,审慎选择谈话的方式。

谈话时,教师提出的每一个问题,都应紧扣教材、难易适当,既要面向全体,又要因人而异。

谈话后,教师要及时小结,帮助学生梳理零乱的知识,错误的答案予以纠正,含混的答案予以澄清。

（三）读书指导法

1. 读书指导法的含义

读书指导法是指教师指导学生通过阅读教科书、参考书和课外读物等方式以获取知识、培养独立阅读能力的教学方法。可以说,读书指导法＝学生读书＋教师指导。其中,学生读书是核心和基础,教师指导是关键和前提。

2. 科学应用读书指导法的基本要求

（1）教师要指导学生掌握阅读教科书的科学方法。根据不同的学科性质和教学过程的不同阶段,教师要指导学生采用不同的阅读方式。在传授新知识的过程中,教师应指导学生独立阅读,并在阅读时能提出问题,找出重点和难点;在应用知识的过程中,教师应指导学生依据教材释去疑点、突破难点、积极思考、深入探讨;在布置作业的过程中,教师应指导学生做好预习、复习和背诵等。

（2）教师要指导学生善于阅读参考书。第一,教师要帮助学生有计划地选读有用的书籍。学生在选读参考书时,既要防止机械重复或漫无边际的涉猎,又要杜绝读书过程中理论与实际的脱节。第二,教师要指导学生掌握良好的读书方法,使其拓展思路,领略要旨,融会贯通。

（3）教师要指导学生写好各种形式的读书笔记。教师要教会学生选用适宜的读书笔记形式,或索引式、抄录式、引语式、或批注式、补白式、摘要式、或剪报式、札记式、日记式等。此外,教师还要教会学生在书上做记号、画重点、提问题、谈见解、写眉批、旁批和尾批等。

二、直观性教学方法

直观性教学方法是指教师通过实物或教具进行演示、组织学生进行教学性参观等,使学生利用各种感官直接感知客观事物或现象而获得知识、形成技能和发展能力的教学方法。这种方法以直接感知为主要形式，其特点是生动形象、具体真实，使学生视听结合、记忆深刻，主要包括演示法和参观法。

（一）演示法

1. 演示法的含义和类型

演示法是指教师配合讲授或谈话，通过展示实物、教具或进行示范性实验而使学生在观察中获取知识的教学方法。演示的种类有很多，按演示教具分，有实物、标本、模型、照片、图画、幻灯片、录像、教学电影以及具体实验的演示等；按演示对象分，有单个物体或现象的演示，有事物发展全过程的演示。

2. 科学应用演示法的基本要求

演示前，教师要根据教材内容确定演示目的，选好演示教具，做好演示准备。

演示时，教师要使全班学生都能清楚地观察到演示活动，促使学生综合运用各种感官充分感知学习对象，以形成正确的观念和表象。此外，演示时，教师要配以讲解，引导学生全神贯注于演示对象的主要特征和重要方面。

演示后，教师要指导学生把观察到的现象同书本知识联系起来，及时地根据观察结果做出明确结论。

（二）参观法

1. 参观法的含义和类型

参观法是指教师紧密配合教学，组织学生到校外一定场所进行直接观察、访问、调查后获得知识或验证知识的教学方法。参观的类型主要有四种：感知性参观，即使学生获取必要的感性材料，为学习新课奠定基础而组织的参观；并行性参观，即在学习某一课题的过程中，为便于学生理解和记忆知识而组织的参观；验证性参观，即在某一课题结束后，为了用事实来检验和论证学生已学的知识而组织的参观；总结性参观，即在讲完某一课题后，组织学生结合所学的内容，到现场做出结论或验证结论而进行的参观。

2. 科学应用参观法的基本要求

参观前，教师要实事求是地根据教学要求和现实条件，确定参观的目的、时间、对象、地点以及参观的重点内容，并在校内外做好充分准备。

参观时，教师要根据不同的参观类型提出不同的具体要求，组织学生全面看、细心听、主动问、认真记。

参观后，教师要根据教学要求和参观计划，指导学生座谈收获、整理材料、找出问题、写出报告和及时总结。

三、实践性教学方法

实践性教学方法是指以形成学生的技能技巧或行为习惯等实际训练为主要形式的教学方法，其特点是学生在接受知识的过程中手脑并用，学以致用。实践性教学方法主要包括练习法、实验法和实习法。

（一）练习法

1. 练习法的含义和类型

练习法是指学生根据教师的布置和指导，通过课堂及课外作业，有意识地反复完成某一活动，借以巩固知识、形成技能技巧的方法。练习法的类型和方式多种多样，按练习的任务分,有说话练习、解题练习、绘画制图练习、作文和创作练习、文体的技能技巧练习等;按练习的形式分,有口头和书面练习、问答和操作练习、课内和课外练习等;按练习的方法分,有重复练习、变换练习、循环练习、综合练习等;按练习的特点分,有模仿性练习、训练性练习和创造性练习等。

2. 科学应用练习法的基本要求

练习要有明确的目的与具体的要求,练习要有周到的计划与详细的步骤,练习要有恰当的分量与适当的难度,练习要有科学的时距与有效的方法,练习要有正确的态度与良好的习惯,练习要有及时的检查与认真的总结。

（二）实验法

1. 实验法的含义和类型

实验法是指学生在教师指导下,按照预定的要求,利用指定的设备,采用特定的方法进行独立操作,并在观察研究中获取直接经验、培养技能技巧的方法。实验法的类型主要有三种:学习理论之前进行的感知性实验,学习理论之后进行的验证性实验,巩固已学知识时进行的复习性实验。

2. 科学应用实验法的基本要求

实验前,教师要认真准备并全面检查有关的仪器、材料和用具等,向学生讲明实验的目的、要求及其所依据的科学原理和操作过程中的注意事项,并划分好实验小组,必要时需进行示范实验。

实验中,教师应注意巡回检查并具体指导学生,确保实验程序科学、操作规范、结论正确。对差生要进行个别帮助,发现偏差要及时纠正,教育学生要注意安全。

实验后,教师应指定学生报告实验的进程和结果,然后由教师做出简短的概括和小结,指导学生认真写好实验报告。

（三）实习法

1. 实习法的含义和类型

实习法又称实习作业法,是指教师指导学生根据教学要求,在校内外一定场所从事实际工作,在实践中综合运用理论来掌握知识、形成技能技巧的方法。实习法的种类繁多、形式各异,按场所分,有课堂教学实习、校内外工厂实习、农场和实验园地实习等;按学科分,有数学课的测量实习、理化课的技术实习、生物课的植物栽培和动物饲养实习、地理课的地形和地貌测绘实习等。

2. 科学应用实习法的基本要求

实习前,教师要向学生讲清有关的理论知识、实习任务与操作规程,落实实习场所,备妥实习用具,分好实习小组。

实习中,教师要加强具体指导,做好操作示范,把握实习进程,检查实习效果,及时查缺补漏。

实习后,教师要指导学生写出实习总结,评定实习成绩,开好总结大会,并为每个学生写出公正、客观的评语。

四、研究性教学方法

研究性教学方法是指教师组织和引导学生通过独立的探索和研究活动来掌握知识、培养能力、开发潜力、形成研究意识和探究精神的方法。研究性教学方法以学生间的集体讨论或自我发现等为主要形式,具有探讨、商榷和深化的特点。这种方法的特点是,学生具有较大的活动自由,由学生积极主动地研究问题、探索解决问题的方法,使学生的主体性得到充分彰显,学生的独立性得到高度发挥。研究性教学方法主要包括讨论法和发现法。

（一）讨论法

1. 讨论法的含义和类型

讨论法是指教师指导学生以班级或小组形式围绕某一课题各抒己见、相互启发并进行争论、磋商,以提高认识或弄清问题的方法。课堂讨论有三种基本类型:用于扩大有关学科的理论知识而组织的综合性课堂讨论;就某门学科中的个别主要问题或疑难问题而组织的专题性课堂讨论;就某一课题进行深入探讨而组织的研究性课堂讨论。在教学实践中,讨论法经常与讲授法配合使用,在这种情况下,讨论法也称为讲授-讨论法。

2. 科学应用讨论法的基本要求

教师在采用讨论法教学时,讨论要有梯度,由浅入深,由简易到复杂,照顾到各个层次的学生,使全体学生都能接受并达到锻炼。对学生的讨论还要及时总结归纳,且归纳既要合理又要有条理。归纳中形成的对学生讨论观点的判断,既要恰如其分,又要具有引导性和鼓励性。为此,教师应当对讨论法使用的前、中、后三个环节有周到的把握。

讨论前,教师要列出讨论题目,提出讨论要求,指导学生搜集有关资料,写好发言提纲,做好充分准备。

讨论中,教师要注意做到"导而弗牵,强而弗抑,开而弗达",引导学生围绕主题各抒己见,畅所欲言,并始终紧扣重点,突破难点,联系疑点,要以谦虚好学的态度,倾听他人发言并认真做好记录。

讨论后,教师要及时总结,对各种不同观点和意见进行综合分析,做出科学的结论并进行必要的说明。

（二）发现法

1. 发现法的含义和基本过程

发现法是指教师通过提供适宜于学生进行"再发现"的问题情境和教材内容,引导学生积极开展独立的探索、研究和尝试活动,以发现相应的原理或结论,培养学生创造能力的方法。应用发现法的一般步骤是:① 提出让学生感兴趣的问题;② 帮助学生把问题分解为若干需要回答的疑点;③ 引导学生提出解决问题的各种可能的假设和答案;④ 引导学生对假设和答案从理论上和实践上加以检验、补充、修改,并解决问题。

2. 适合使用发现法的三种情况

在实际教学中,发现法的使用主要适用于以下三种情况:一是在概念教学时,教师先呈现概念的例证,但不直接告诉这些例证的共有本质特征,教师要求学生辨别,提出假设,检验假设,一直到他们概括出某一类事物的共同本质特征。学生在提出和检验假设时,教师可以做出肯定或否定的表示。二是在教规则或原理时,教师只提供规则或原理的例证,而不呈现规则或原理本身,让学生通过规则和原理的例证,自己推断出规则或原理。三是利用先前学得的知识去解决新的问题,通过对新的问题的解决,进一步发现新的规则并学会解决问题的策略。

3. 科学应用发现法的基本要求

创设问题情境,激发学生质疑,使其产生"发现"的愿望;明确"发现"的目标,搜集有关的资料,提供探索的条件,做出解决疑问的各种可能的假设、推测或答案;拓展学生思路,分析有关资料,开展自由讨论,引出应有结论;引导学生展开争论,检验假设,审查结论,或对假设及答案从理论和实践上加以补充与修改;对争论做出科学总结,使问题得到最终解决。

知识拓展 ▼

"变式"教学

知识拓展 ▼

几种常见的国外教学方法

第六节 教学组织形式

一、教学组织形式的概念

（一）教学组织形式的内涵

教学组织形式是指为实现一定的课程与教学目标,围绕一定的教育内容或学习经验,在一定的时空环境中,通过一定的媒体,教师与学生之间相互作用的方式、结构与程序。教学组织形式所要解决的问题是,教师以什么样的形式将学生组织起来,通过什么样的形式与学生发生联系,教学活动按照什么样的程序展开,教学时间如何分配和安排等。

教学组织形式主要受教学观念、教学任务、教学内容、教学对象和教学条件等因素的制约。

（二）教学组织形式的分类

根据不同的标准可以对教学组织形式进行不同的分类：按教学单位的规模,可分为个别教学、小组教学、班级教学;按师生交往的程度,可分为直接的教学组织形式和间接的教学组织形式(包括伙伴教学、合作教学、广播电视教学、计算机教学等)。

二、教学组织形式的发展

教学组织形式是随着社会政治经济和科学文化的发展及其对培养人才要求的变化而不断发展和改进的。历史上,影响较大的教学组织形式有以下几种：

（一）个别教学

个别教学产生于古代,是漫长的奴隶社会和封建社会中主要的,甚至是唯一的教学组织形式。古代的中国、埃及和希腊的学校大都采用个别教学形式。教师向学生传授知识,布置检查和批改作业都是个别进行的,即教师一个学生一个学生地教;教师在教某个学生时,其余学生均按教师的要求进行复习或写作业。

个别教学的基本特征是：① 教师只同个别学生发生联系;② 学生的年龄和文化程度参差不齐;③ 教学内容与进度缺乏计划性与系统性;④ 教学活动和教学时间没有明确的规定。总的来说,个别教学在古代学校中普遍推行是与当时社会生产力发展水平低下的状况相适应的。这种教学组织形式办学规模小、速度慢、效率低,但却能较好地适应学生的个别差异,使教学内容、进度适合于每个学生的接受能力。在教育资源日益丰富、教育目标追求个性化的今天，个别教学的组织方式也有着自己特定的地位和发展空间。

（二）群体教学

群体教学又称班组教学，是初级的集体教学形式。它存在于欧洲中世纪末期至文艺复兴时期的学校教育中，也出现在我国宋、元、明、清各代的官学和书院的教学活动中。其基本特征是：① 教师向一群（几十名）学生授课，但不是固定的班级，学生的年龄和程度各不相同，学习进度、修业年限也不一样；② 由数名教师分工负责班组的教学工作，一般由一个教师主讲，若干名教师辅助讲授；③ 主要由教师个别地给每个学生讲授、指导，同时班组学生也共同进行某些学习活动，如朗读、讨论等；④ 学校有修业计划和具体安排的章程，但没有统一规范的教学制度，学生入学、肄业、毕业都不固定。正是群体教学的发展，为班级教学的萌芽奠定了基础。

（三）班级教学

具体内容见本节"三、教学工作的基本组织形式——班级教学"。

（四）贝尔-兰卡斯特制

贝尔-兰卡斯特制又称导生制，产生于19世纪初的英国工场手工业向大机器工业过渡的时期，其创始人是英国的牧师贝尔和教师兰卡斯特。贝尔-兰卡斯特制的具体做法是：教师教年龄大的学生，再由其中的佼佼者——"导生"去教年幼的或学习差的学生。

贝尔-兰卡斯特制仍然以班级为基础，但教师并不是直接面向全班学生，而只是面向一部分学生——"导生"，这种教学组织形式与当时英国教育的双轨制相适应。由于广大劳动者的子女只能在设备简陋、师资缺乏的初等学校学习，他们对教学水平要求不高，故只能采用这种"转授式"的教学组织形式。事实证明，采用这种教学组织形式进行教学的学校，教学质量一般很低，很难满足大工业生产对学校教学质量的要求。

（五）道尔顿制

道尔顿制是由美国教育家帕克赫斯特创制的一种教学组织形式。这是一种典型的自学辅导式的教学组织形式，它废除了年级和班级教学。在这种教学组织形式中，学生在教师的指导下，各自主动地在实验室（作业室）内，根据拟订的学习计划，以不同的教材，不同的速度和时间进行学习，用以适应其能力、兴趣和需要，从而发展其个性。

道尔顿制在弥补班级教学制度的不足、发展学生个性、培养学生独立工作的能力等方面有一定的积极作用。在历史上，道尔顿制对程序教学、个别指导教育等曾产生过一定的影响。但它的不足之处有：① 偏重学习学科知识，过分强调个性差异，忽视了班集体作用以及德育，在推行时往往形成了教学上的放任自流，不利于学生的社会化和个性化的全面发展；② 不利于学生系统知识的掌握和良好认知结构的形成；③ 学习任务不受课时的限制，尤其是否定教师的主导作用，脱离教师指导和组织，难以保障教学效率；④ 对教学设施和条件要求较高。道尔顿制在20世纪20年代后曾在一些国家试行，我国的北京、上海、南京、开封等地也进行过实验。从20世纪30年代后，采用此教学组织形式的地方就日渐减少。

（六）文纳特卡制

文纳特卡制是由美国人华虚朋在芝加哥市郊的文纳特卡镇公立中学实行的一种教学组

织形式。在文纳特卡制中,课程被分为两个部分:一部分按照学科进行,由学生个人自学读、写、算、历史、地理等方面的知识和技能;另一部分通过音乐、艺术、运动、集会、开办商店、编辑出版刊物等形式来培养和发展学生的社会意识。前者通过个别教学进行,后者通过团体活动课程进行。

这种教学组织形式的特点是:第一,有明确的学习目标和具体的学习内容,对每个单元都有非常细致的规定和小步子的自学教材。第二,每个单元结束后,使用各种诊断法测验学生每个单元的学习情况。在这种测验之前,先进行练习测验,由学生自行练习、自行改错。第三,教师经常深入到学生中间,随时进行个别指导。

与道尔顿制相比,文纳特卡制更加强化了教学的个别化,尤其是使用小步子教学的原则,对程序教学的影响很大。

(七) 设计教学

设计教学是美国教育家克伯屈等人创立的一种教学组织形式,主张废除班级授课制和教科书,打破传统的学科界限,在教师的指导下,由学生自己决定学习目的和学习内容,在自己设计、自己负责的单元活动中获得有关的知识和技能。

具体来说,设计教学是指以项目或课题为中心而设计的教学活动。这种教学组织形式注重创设问题的情境,让学生在问题情境中,确定解决问题的目标和计划并加以实施,最后对完成情况进行评价。在这一教学过程中,学生可以以个体或小组合作的方式参与,这是一种以学生为中心,学生自我指导为主,有目的、有计划、有实际活动的学习方法。

设计教学的优势在于:① 容易激发学生的学习动机和愿望,改变教学的呆板沉闷局面,使学生在有明确的目的及强烈的意愿中学习;② 由学生自己确定解决问题的目标和计划,这样也有助于培养学生独立思考的能力和创新精神;③ 学生在解决问题过程中的组织、收集资料、思考和行动有利于身心的全面和谐发展;④ 学生解决问题所获得的经验对每一个个体来说都是完整而深刻的。此外,小组合作式的设计教学也有助于培养学生的合作和友爱精神。不过,设计教学在实践中很容易产生无法让学生学到系统知识的问题,故教师对这种方法的使用范围、限度和前提条件必须予以认真的考虑。

(八) 分组教学

为解决班级教学不易照顾学生个别差异的弊端,19世纪末20世纪初在西方出现了分组教学,如能力分组、作业分组、外部分组、内部分组等。

分组教学是指按学生的能力或学习成绩编组后,分别进行教学的教学组织形式。分组教学也是集体教学的一种形式,一般可分为两类:能力分组和作业分组。能力分组是把同一年级或班级的学生按能力水平或学习成绩的高低分成不同的组,以不同的学习进度学习同一课程。能力分组主要有两种形式:学科能力分组和跨学科能力分组。作业分组是按学生兴趣和能力倾向的不同分成不同的组,各组在规定的学习年限内学习不同的课程。

分组教学的优点在于:① 它比班级上课更切合学生个人的水平和特点,便于因材施教,有利于人才的培养;② 便于学生的交流合作,有利于情感领域教学目标的实现,如形成某种态度、合作精神以及良好的人际关系等;③ 有助于学生组织能力、管理能力以及表达能力的培养;④ 有利于学生在与小组成员的竞争与合作中,强化自己的学习动机;⑤ 对学生认知领域中一些高层次技能的形成和发展,比如问题解决能力的培养,有着积极的作用。

当然，分组教学也存在着缺点：① 它很难科学地鉴别学生的能力和水平；② 在对待分组教学上，学生、家长和教师的意愿常常与学校的要求相矛盾；③ 分组后造成的副作用很大，往往使快班学生容易骄傲，使普通班、慢班学生的学习积极性普遍降低；④ 分组教学对教师的要求较高，需要教师在课前做好充分的准备工作，并能随机应变；⑤ 要使小组中所有的成员都积极地参与活动，而又不至于使分组教学变成偏离教学目标的活动有较大的难度，教学进度也不易控制。

（九）特朗普制

特朗普制是由美国教育学教授劳伊德·特朗普提出的。特朗普制把大班上课、小组讨论、个别作业结合在一起，以灵活的时间单位代替固定的上课时间。大班集体教学的过程是：① 由优秀教师采用现代化教学手段给几个平行班统一上课；② 之后分成小班组，研究讨论大班课上的教学材料，由15~20人组成一个小组；③ 然后由学生个人独立完成作业，其中部分作业由教师指定，部分作业由学生自选，以促进学生的个性发展。在教学时间分配上，大班上课占40%，小组讨论占20%，个别作业占40%。这种教学组织形式兼容了班级教学、分组教学与个别教学的优点：① 教师，尤其是优秀教师的作用得到充分发挥；② 学生的自学、讨论和独立研习，使其主体作用得以充分体现，既培养了学生的思维能力、自学能力，又有助于培养学生合作学习的态度。特朗普制是适用于中学高年级的一种教学组织形式。

（十）小队教学

小队教学又称协作教学，通常是指由教师、实习教师和教学辅助人员组成教学小队，集体研究并编订教学工作计划，分工合作完成教学任务和评价教学效果的教学组织形式。小队教学的优点在于：① 能发挥教师的集体力量和个人特长，互助合作，共同对学生进行教学，有助于提高教学质量；② 能比较有效地使用人员、仪器、图书和设备等教育资源；③ 有助于提高新教师的水平。

（十一）合作教学

合作教学也称小组合作教学，是指学生为了完成共同的任务，进行明确的责任分工的一种互助性学习组织形式。合作教学的理念可追溯到古罗马昆体良提出的儿童可以从互教中受益的思想。在贝尔-兰卡斯特制中也广泛运用过。随着社会的发展和学校的变革，合作教学已成为当代学校非常重要的教学组织形式之一。有效的合作教学在设计与实施上一般具备以下特征：

(1) 在共同目标下的合理分工。在团队中，各成员以责任分担的方式达成合作追求的共同目的，各自分担的学习任务是合理的。

(2) 在团队学习中的相互配合。承担不同任务的团队成员，应齐心协力、相互配合，以便充分发挥分工合作的效能。团队中的成员不仅要努力完成自己所分担的学习任务，而且还要尽可能地帮助团队中的其他伙伴完成任务。

(3) 在相互尊重基础上的互动与表达。合作教学的成效取决于团体成员之间的互动，即大家在态度上相互尊重。各成员在认知上应能集思广益，在情感上应能彼此支持。

(4) 凝聚团队的机能纽带。合作教学是在团队中进行的，学习任务的完成过程与完成质量在很大程度上取决于团队的管理，诸如应如何监督、如何处理困难、如何维持团体中成员间的关系等。

合作教学的优点有：① 有利于体现学生的主体地位；② 有利于提高学生的学习效率；③ 有利于增进学生的感情，培养学生的人际交往能力；④ 有利于培养学生的自主学习能力；⑤ 有利于培养学生的组织能力；⑥ 有利于学生学习经验的深度拓展。

合作教学的缺点有：① 并非所有的学生都适合合作教学；② 合作教学不一定适合所有的学科；③ 合作教学不适用所有的学习任务；④ 运用合作教学不能缺少相应的物质条件，班级条件和规模会限制合作教学的运用。

三、教学工作的基本组织形式——班级教学

当前，在我国和其他许多国家的教学实践中，班级教学是教学工作的基本组织形式。这是因为它具有其他教学组织形式所无法取代的优点，在提高教学质量和效率上仍然起着主要的作用。

（一）班级教学的历史沿革

班级教学是人类社会发展到一定历史阶段的产物。一方面，随着资本主义工商业的兴起和科学技术的进步，社会对劳动者的素质提出了新的要求，从而导致教育范围扩大，学生人数增多，教学内容更新，传统的以个别教学为主的教育活动已不能适应社会对人才培养的需要。另一方面，由于生产工具的革命，使生产方式由个体、分散的手工方式转变为集体的大机器生产。生产模式的变革给教育家以启迪：生产可以同时进行，教学为什么不能集体进行呢？于是，西方的一些国家便开始尝试班级教学。17世纪初，在乌克兰的兄弟会学校中兴起了班级教学的组织形式。1632年，捷克著名教育家夸美纽斯在总结前人和自己实践经验的基础上，出版了《大教学论》。该书最早从理论上对班级教学做出了阐述，为班级教学奠定了理论基础。此后，班级教学得到迅速推广，到19世纪中叶已成为西方学校教学的主要组织形式。我国最早采用班级教学组织形式的是1862年清政府在北京设立的京师同文馆。1902年，在清政府颁布《钦定学堂章程》之后，班级教学在全国得到广泛推广。班级教学是现代学校使用最为广泛的教学组织形式，也是基本的教学组织形式。

（二）班级教学的基本特征

班级教学是指根据年龄或学习程度，把学生编成有固定人数的班级，由教师按照教学计划统一规定的内容和时数，并按课程表进行教学的组织形式。与个别教学组织形式相比，班级教学具有以下基本特征：

（1）以"班"为人员单位，把学生按照年龄和知识水平分别编成固定的班级。

（2）以"课时"为单位，把每一"课"规定在统一而固定的单位时间里进行，教师同时面向全班学生授课。

（3）以"课"为活动单位，把教学内容以及教学方法、教学手段综合在"课"上，把教学活动划分为相对完整且互相衔接的各个教学单元，从而保证了教学过程的完整性和系统性。

（三）班级教学的优点和局限性

1. 班级教学的优点

（1）能够大规模地面向全体学生进行教学。一位教师能同时教许多的学生，从而使全体学生共同前进，有助于提高教学效率。

(2) 能够保证学习活动循序渐进,并使学生获得系统的科学知识,使教学工作扎扎实实,有条不紊。

(3) 能够保证教师发挥主导作用,首先是教师系统讲授,并在这个基础上直接指导学生学习的全过程。

(4) 固定的班级人数和统一的时间单位,有利于学校合理安排各科教学的内容和进度以及加强教学管理,从而赢得教学的高速度发展。

(5) 在班集体中学习,学生可与教师、同学之间进行多向交流,互相影响、互相启发、互相促进,从而增加信息来源或教育影响源。

(6) 在实现教学任务上比较全面,有利于学生多方面的发展。它不仅能较全面地保证学生获得系统的知识、技能和技巧,同时,班集体内的群体活动和交往有利于形成学生互助友爱、公平竞争的态度和集体主义精神,并有利于形成学生其他一些健康的个性品质。

2. 班级教学的局限性

(1) 学生的主体地位或独立性受到一定的限制,教学活动多由教师直接做主。

(2) 实践性不强,学生动手的机会少。

(3) 学生的学习主要是接受现成的知识成果,不利于培养学生的探索精神和创造能力。

(4) 教学面向全班学生,强调的是统一和齐步走,难以照顾学生的个别差异,不利于因材施教。

(5) 教学内容、教学时间和教学进程都程序化、固定化,难以在教学活动中容纳更多的教学内容和教学方法。

(6) 由于以"课"为活动单元,而"课"又有时间限制,因而往往将某些完整的教学内容和教学活动人为地分割,不利于学生形成知识体系。

(7) 缺乏真正的集体性。在班级教学中,每个学生独自完成学习任务,教师虽然向许多学生同样施教,但每个学生都以自己独特的方式去掌握。每个学生分别对教师负责,学生与学生之间并无分工合作,彼此不承担任何责任,无必然的依存关系。

(四) 我国班级教学的改革重点

(1) 缩小班级规模。

(2) 综合运用多种教学组织形式。

(3) 座位排列多样化,加强课堂教学的交往和互动。

(4) 探索现代化、个别化教学。

第七节 我国当前的教学改革

我国基础教育课程改革不仅是有关课程的改革,同样也对教学提出了新的要求。与传统课程相比,新课程对教学的要求发生了重大的变化,它要求人们从习以为常的传统教学观念中解放出来,实现教学理念和教学行为的转变。教学改革的主题是素质教育,基本策略是整体改革,重心是建立合理的课程结构。

一、我国当前教学改革的主要观点

(一) 全面发展的教学观

全面发展的教学观突出表现在以下两个方面:

1. 结论与过程的统一

结论与过程的关系反映的是学科内部知识、技能与过程、方法的关系。从学科本身来讲,过程体现该学科的探究过程与探究方法,结论表征该学科的探究结果(概念原理的体系),两者是相互作用、相互依存、相互转化的关系。从教学角度来讲,所谓教学的结论,即教学所要达到的目的或获得的结果;所谓教学的过程,即达到教学目的或获得所需结论而必须经历的活动程序。毋庸置疑,教学的重要目的之一就是使学生理解和掌握正确的结论,因此教学过程必须重结论。如果学生不经过一系列的质疑、判断、比较、选择、分析、综合和概括等认识活动,即学生没有多样化的思维过程和认知方式,没有多种观点的碰撞、论争和比较,结论就难以获得,也难以真正得到理解和巩固。更重要的是,没有以多样性、丰富性为前提的教学过程,学生的创新精神和创新思维就不可能培养起来。因此,教师在教学过程中不仅要重结论,更要重过程。基于此,新课程把过程与结论本身作为课程目标的重要组成部分,从课程目标的高度突出了过程与结论的地位。

2. 认知与情意的统一

学习过程是以人的整体的心理活动为基础的认知活动和情意活动相统一的过程。认知因素和情意因素在学习过程中是同时发生、相互作用的,它们共同组成学生学习心理的两个不同方面,从不同角度对学习活动施以重大影响。如果没有认知因素的参与,学习任务不可能完成;同样,如果没有情意因素的参与,学习活动既不能发生,也不能维持。

(二) 交往与互动的教学观

教学是教师的教与学生的学的统一,这种统一的实质是交往。据此,现代教学论指出,教学过程是师生交往、积极互动、共同发展的过程。没有交往、没有互动,就不存在或未发生教学,那些只有教学的形式表现而无实质性交往发生的教学是假教学。把教学本质定位为交往,不仅在理论上超越了教师中心论和学生中心论,而且在实践上具有极其重要的现实意义。

教学中的师生交往具有以下属性:师生交往的本质属性是主体性,交往论承认教师与学生都是教学过程的主体,都是具有独立人格价值的人,两者在人格上完全平等,即师生之间只有价值的平等,而没有高低、强弱之分。师生交往的基本属性是互动性和互惠性。交往论强调师生间、学生间动态的信息交流,通过信息交流实现师生互动,从而达成共识、共享和共进,这是教学相长的真谛。交往昭示着教学不是教师教、学生学的机械相加,交往还意味着教师角色定位的转换——教师由教学中的主角转向"平等中的首席",从传统的知识传授者转向现代的学生发展的促进者。可以说,创设基于师生交往的互动、互惠的教学关系,是新课程教学改革的一项重要任务。

以交往与互动为特征的教学,常常要借助"对话"来实现。按照德国哲学家雅斯贝尔斯的说法,对话是真理的敞亮和思想本身的实现,是一种在各种价值相等、意义平等的意识之间相互作用的特殊形式。它强调的是双方的敞开与接纳,是一种在相互倾听、接受和共享中实现视界融合与精神互通,共同去创造有意义的活动。可以说,教学对话是师生基于互相尊重、信任和平等的立场,通过言谈和倾听而进行的双向沟通、共同学习的过程。

(三)开放与生成的教学观

从内容角度讲,开放意味着科学(或书本)世界向生活世界的回归,生活世界是科学世界的基础,是科学世界的意义之源,教育必须回归生活世界,回归儿童的生活。教育是人的教育,是科学教育与生活教育的融合,只有植根于生活世界并为生活世界服务的教育才具有深厚的生命力。回归生活世界的主张并不是否定科学世界存在的合理性,而是在两个世界之间保持一种紧张的张力,使科学教育不致因遗忘生活世界而丧失其存在的意义。

从过程角度讲,人是开放性、创造性的存在,教育不应该用僵化的形式作用于人,否则就会限定和束缚人的自由发展。人是不可限定的,教育也不能限定人,只能引导人全面、自由、积极地生成。为此,课堂教学不应当是一个封闭系统,也不应拘泥于预先设定的固定不变的程式。预设的目标在实施过程中需要开放地纳入直接经验、弹性灵活的成分以及始料未及的体验,要鼓励师生互动中的即兴创造,超越目标预定的要求。

开放的最终目的是生成,每节课都要让学生有实实在在的认知收获,同时也要有或多或少的生命感悟。课堂教学应该关注在生长、成长中的人的整个生命。对智慧没有挑战性的课堂教学是不具有生成性的,没有生命气息的课堂教学也不具有生成性。

从生成的内容来看,课堂生成既有显性生成,又有隐性生成。显性生成是直接的、表层的,隐性生成是间接的、深层的。从生成的本义来说,生成主要是指隐性生成,隐性生成最具有发展的功能。

从生成的主体来看,课堂生成既有学生生成,也有教师生成,即课堂教学不仅要成全学生,也要成全教师。课堂教学要成为教师自我提高、自我发展、自我完善、自我实现、自我欣赏的一种创造性的劳动,这是教学相长的真实写照。

全面发展的教学观是从教学目的的角度提出来的,交往与互动的教学观是从师生关系的角度提出来的,开放与生成的教学观是从教学过程与教学结果的角度提出来的。这三种教学观虽然是从不同角度提出来的,但彼此之间是相互联系、相辅相成的。我们必须从整体的高度把握每一种教学观的精神实质,唯有如此,才能正确引领新课程的教学改革。

二、新课程背景下教学理念的重建

(一)教学与课程的关系

在新课程改革中,课程不再仅仅由教科书、课程标准或课程计划等文字资料组成,而是由这些文字资料以及教师与学生对课程的体验、感悟共同组成的,并且教师与学生的体验、感悟将占课程的主体地位。教学过程因此成为课程内容持续生成与转化、课程意义不断建构与提升的过程。因此,在新课程中,教学与课程的关系是一种动态、生成性、相互促进和相互作用的关系。

(二)教与学的关系

在新课程的教学中,教学是教与学的交往、互动,师生双方相互交流、相互沟通、相互启发、相互补充,从而达成共识、共享、共进,实现教学相长和共同发展。可见,在新课程背景下的教与学的关系是一种交流、互动和融合的关系。教师和学生真正地做到在"教"中"学",在

"学"中"教",他们将组成一个学习共同体,在这个学习共同体中,没有教与学的明显区分,只有共同的学习目标。

(三) 学科与学生的关系

学科与学生之间的关系其实是教育价值观方面的问题,即教学是应该关注学科,还是应该关注学生?新课程倡导的教学是一种学生本位论,它的特点是:关注每一位学生,关注学生的情绪状态和情感体验,关注学生的道德与人格培养。

(四) 师生关系

新课程改革的师生关系是一种建立在相互尊重基础上的动态、平等的对话关系。第一,这种关系是建立在教师与学生相互尊重的基础上的,这种相互尊重在要求教师尊重学生的同时,也要求学生尊重教师,不能走极端。第二,这种关系是建立在教师与学生相互尊重与地位平等的基础上的,教师与学生之间是一种动态的对话关系。

(五) 教学目标

在实施新课程的过程中,教学目标在结构上有了重大的变化,呈现出知识与技能、过程与方法、情感态度与价值观三维结构形态,这三个维度之间相互交融,相互渗透,有机结合。三维目标是教学静态形式和动感成分的有机结合体,也是预设目标和生成目标的结晶,更是强调课堂资源的动态生成,可以说它是学生全面发展和终身发展的"支点"。

(六) 教学环境

教学环境包括人文环境和物理环境两种。

(1) 人文环境的开放主要表现在打破教与学的界限,打破教师与学生之间的束缚与被束缚的关系,解放学生的学习等方面。

(2) 物理环境是指教室。教室作为教学的场所,其功能与作用在新课程改革当中也要有所转变,要从封闭走向开放。

教室的开发主要包括:① 它为学生与学生之间、学生与教师之间以及学生与社会之间的交流提供条件;② 教室的空间定义在新课程的教学中也有所改变,可以将社会引进教室,也可以将教室设于社会之中。这里的教室已经不是传统意义上的教室,而是真正地成为一种教学环境。

(七) 教学组织形式

在新课程的实施中,教学组织形式应该具有以下几个特征:

1. 教学组织形式的多样化

新课程改革要求学校建立多种教学组织形式,它可以包括个别教学、小组教学、集体教学、合作教学等多种形式。

(1) 班内实行小组合作教学。小组合作教学按照均衡编组的原则,把一个教学班分成若干个学习小组,为每个学生提供均等的学习和发展机会,进而有效地培养学生的创新精神和实践能力,同时使学生的个性得到张扬,使人人都得到发展。

(2) 班内个别教学。班内个别教学是指由学生个人与适合个别学习的教学材料相接触,通过自学和独立钻研,并辅以教师和学生之间的直接互动的一种教学组织形式。教师要对学生自学和独立钻研给予指导和帮助,班内个别教学应该与同步学习或同步教学相结合。

2. 教学组织形式的综合运用

在众多的教学组织形式中,一种教学组织形式的优点可能恰恰是另一种教学组织形式的不足所在,反之亦然。因此,教师应努力采用多种教学组织形式的优化组合,使其相互配合,做到优势互补。在班级教学的条件下,群体教学、分组教学和个别教学三种形式应有机结合起来。一般来说,解决共性问题时,宜采用群体教学;解决不同层次问题时,宜采用分组教学;解决个性问题时,宜采用个别教学。

3. 社会化

课程结构类型和学校课程设置是选择教学组织形式的前提和关键。综合实践活动课程包括研究性学习活动、社会实践活动和社区服务活动。社会实践活动课程的设置按普通高中新课程要求,学生每年必须参加1周的社会实践,由学校统一安排,主要以行政班和班内小组为单位进行学习。社区服务活动课程按新课程要求,三年中学生必须参加不少于10个工作日的社区服务活动,学校可规定在校学生必须在高一、高二两个年级完成10个工作日的社区服务。它可以由学校统一安排,以行政班为单位组织,也可以跨年级、跨班级组织,也可以利用假期或休息时间自行安排社区服务活动。因此,教学组织形式必须逐步地走向社会化,充分利用社会的资源来完善教学,如图书馆、博物馆、展览馆、科技馆、工厂、农村、部队、科研院所等广泛的社会资源以及丰富的自然资源等。

（八）教学评价

新课程所倡导的教学评价具有以下几个特点:

1. 由甄别走向发展

新课程教学评价应该承认学生的差异性,关注学生的各方面发展,促进每位学生的发展。

2. 由单一走向多元

教学评价的多元化主要体现在:实现评价主体的多元化,实现教学评价指标的多元化,实现评价方法与评价手段的多元化。

3. 由重结果走向重过程

在新课程中,教学评价重视学生的学习过程,根据不同学生的学习经历做出不同的评价,使评价具有针对性。总之,在新课程中,教学评价将由简单、静态的结果性评价走向复杂、动态的形成性评价,走向结果与过程评价的统一。

（九）教学效果

新课程下的教学改革要达到的效果主要有两个方面:一方面是提高质量;另一方面是实现个性化。新课程改革所追求的"高质量"是一种对每个人的高质量发展的追求,要求每个人都要成为一个对自己满意的人。

实现个性化的教学有两个方面的含义:一是教学要以促进学生的个性发展为宗旨;二是教学本身要实现个性化。

三、我国当前教学改革的趋势

教学改革历来是改革篇章中浓重的一笔。当前我国的教学改革正以20世纪80年代以来教学改革所取得的显著成效为基础,在一个更高、更深、更全面的层次上展开。

（一）实施素质教育是我国当前教学改革的主题

围绕素质教育的实施这一主题，当前教学改革将会对教学诸多方面做出新的调整，主要包括以下几个方面：

1. 面向结果的教学与面向过程的教学并重

面向结果的教学是指教师在教学活动中以使学生取得令人满意的结论作为教学的直接意义，它是传统的教学所强调的教学形式。面向过程的教学则是教师在教学活动中重视引导学生对知识形成过程的理解，并在理解中仔细体验这一知识得以产生的基础以及它与其他知识的相互联系等。从主动学习的角度看，面向过程的教学会给学习主体带来一种更高的价值。

2. 智力因素与非智力因素并重

在教学过程中，智力因素和非智力因素在传授和学习知识经验的过程中是相互统一的，但两者在教学过程中所发挥的作用以及各自的发展并非自发地齐头并进的。顺其自然，往往会使它们其中的某一方面变得更加成熟，而另一方面则处于发展的落后状态。两者的真正统一需要在教学过程中做出专门的努力。

3. 教师指导与学生学会学习并重

有效的学习，离不开教师的指导，但指导只是手段。在现代教学过程中，教师的指导使用是教会学生学会学习，这不仅是终身教育的要求，而且从在教学过程中确立学生的主体地位这一点来看，只有学会学习，学习主体才会真正具有一种参与到教学过程中的能力。

4. 一般能力培养与创造品质形成并重

能力培养已成为现代教学目标的重心，然而在促进学生一般能力较全面地提高的同时，教师应该对学生创造力的发展给予特别关注，创造力已成为现代人素质结构中最重要的成分。

此外，调整的内容还包括科学文化基础的形成与品德培养并重、接受学习与探究学习并重、理论学习与实践活动并重、课内学习与课外学习并重等。较之于以往的教学改革，当前的教学改革将会以一种更切合实际、辩证的眼光来考查教学过程的一系列相关要素，克服和减少改革中的固执一端而带来的片面效应，而这也是以促进学生主体能够较全面发展为目标的素质教育所迫切要求的。

（二）坚持整体教学改革和实验是我国当前教学改革的基本策略

所谓整体教学改革和实验，是指在一个总的统一而明确的改革目标和实验假说的指导下进行的对教学系统中各种因素、各门学科的协调统一、相互渗透的调整和变革，以实现对教学系统的综合改观。我国当前的整体教学改革和实验应抓住以下两个主要问题：

（1）运用整体性观点，进行教材、教法、学法、考试、教学环境等的全面改革和实验，但要正确看待整体和全面的关系。整体改革要求全面改革，但是全面改革不等于整体改革。我们要视教学为一个系统，围绕办学方向和教学目标，综合统筹教学系统各要素之间的相互关系，切忌把整体教学改革和实验视为诸多单项、单科教学改革和实验的简单相加，要使各种教学因素有机地统一协调起来，形成最佳的结合。只有这样，才能产生"整体功能大于部分功能之和"的教学效益。

（2）提高整体教学改革和实验的可操作性。教学改革和实验的生长点应在于革除旧有教学体制中的弊端,验证经过精心设计的实验假说,从而创立能够在一定范围内加以推广的新的教学体系或提供某些有效的教学变量。因此,在改革和实验中必须显示较高的易为他人所仿效的可操作性,即抓住教学系统中有关课程内容、教学方法、教学组织形式等具体的实质性问题进行实实在在的变革和调整,要把这些问题置于改革和实验的突出位置上。相比之下,教学过程中一些缺乏具体外在形态的不确定因素,如师生间的人际关系、非言语行为、教学氛围、隐性课程等,则只能放在辅助性位置上。

(三)建立合理的课程结构是我国当前教学改革的重心

更新课程内容和形式,建立合理的课程结构依然是我国当前教学改革的重心,现阶段课程内容的更新应特别注意以下两点:

1. 协调好基础文化课程、劳动课程之间的关系

基础文化课程一直是学校课程内容的主干,这一点仍要坚持。劳动课程是实施劳动教育的重要途径,具有鲜明的思想性、突出的社会性和显著的实践性,在劳动教育中发挥主导作用。为了在劳动教育过程中增强学生的劳动意识,提升学生的劳动能力,让学生养成劳动的习惯和品质,2022年3月,教育部正式印发《义务教育课程方案和课程标准(2022年版)》,将劳动从综合实践活动课程中独立出来,并发布《义务教育劳动课程标准(2022年版)》。义务教育劳动课程以丰富开放的劳动项目为载体,重点是有目的、有计划地组织学生参加日常生活劳动、生产劳动和服务性劳动,让学生动手实践、出力流汗,接受锻炼、磨炼意志,培养学生正确的劳动价值观和良好的劳动品质。

2. 协调好内容要求的统一性与多样性的关系

在市场经济条件下,人才培养目标的多样化在客观上要求课程和教科书的多样化,因此过去那种对课程和教科书的内容统一得过死的现象必须得到改正。不同地区、不同学校、不同民族,课程内容应当有所不同。当前对课程内容的统一要求应当体现出一种多层次性,这样统一性与多样性才能很好地协调起来。

本章知识结构

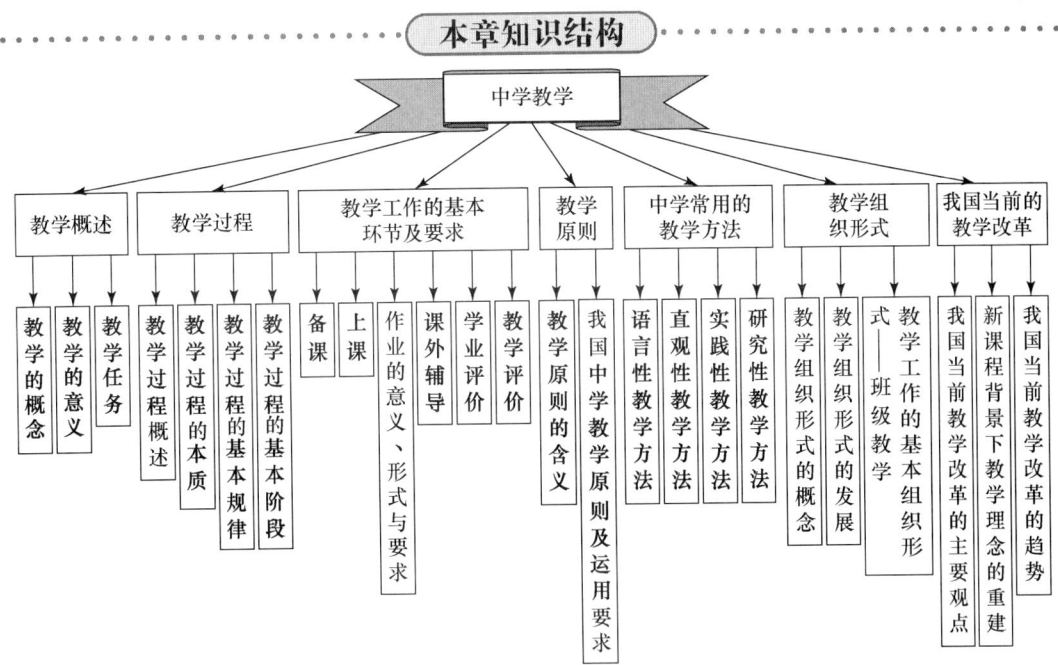

本章小结

本章讨论了有关中学教学的八个方面的问题：① 教育过程基本规律；② 教学过程的基本阶段；③ 教学工作的基本环节；④ 教学原则；⑤ 中学常用教学方法：语言性教学方法、直观性教学方法、实践性教学方法、研究性教学方法；⑥ 教学组织形式；⑦ 我国当前教学改革的主要观点：全面发展，交往与互动，开发与生成；⑧ 我国当前教学改革的趋势：实施素质教育（主题），坚持整体教学改革和实验（基本策略），建立合理的课程结构（重心）。

考试指南

教学是中学教育知识与能力考试中的重要内容之一，这部分内容所占的比重约为14%，考试的题型主要包括单项选择题、辨析题、材料分析题三种，偶尔也会出现简答题。考生在复习时，除了全面掌握本章基本内容外，还应侧重学习如何运用教学过程的基本规律来分析和解决中学教的学实际问题，学会各种常用教学方法在具体教学环境下的选择和使用，并学会分析具体教学情境中教学规律和原则的使用。对教学过程的规律和教学原则的理解及运用应是本章的重点和难点所在。材料分析题也容易在这部分内容中出现。

自测训练

一、单项选择题

1. 教学活动的基本构成要素不包括（　　）。
   A. 受教育者（学生）　　　　B. 教育者（教师）
   C. 教学目的　　　　　　　　D. 课程标准

2. （　　）是学校进行全面发展教育的基本途径。
   A. 社会实践　　B. 生产劳动　　C. 课外活动　　D. 教学

3. （　　）是教学工作的中心环节。
   A. 备课　　B. 上课　　C. 课外辅导　　D. 考试

4. （　　）认为通过训练，人的心灵官能可以得到发展，并且能转移到其他学习上。
   A. 形式教育论　　　　　　B. 实质教育论
   C. 知识教育论　　　　　　D. 技能教育论

5. 人类在长期认识过程中积累并整理而成的书本知识属于（　　）。
   A. 直接经验　　B. 间接经验　　C. 感官经验　　D. 实践经验

6. 以下不属于教学过程的是（　　）。
   A. 激发学习动机　　　　　B. 领会知识
   C. 巩固知识　　　　　　　D. 完成作业

7. 提供教学过程包含明了、联想、系统、方法四个阶段的教育家是（　　）。
   A. 孔子　　B. 赫尔巴特　　C. 杜威　　D. 凯洛夫

8. (　　)既是教科书编写、教学、评估和考试命题的依据,也是教师备课的指导文件。
   A. 教科书　　　　B. 教学参考书　　C. 课程标准　　　D. 考试大纲
9. 一节课的基本组成部分及各组成部分进行的顺序、时限和相互关系称为(　　)。
   A. 课的类型　　　　　　　　　　　B. 课的结构
   C. 课的组成　　　　　　　　　　　D. 课的计划
10. (　　)是在课堂教学规定时间以外,教师对学生的辅导。
    A. 课内辅导　　　　　　　　　　　B. 课外辅导
    C. 家庭作业　　　　　　　　　　　D. 考试
11. (　　)是指一个测验能测出它所要测量的属性或特点的程度。
    A. 测验的效度　　　　　　　　　　B. 测验的信度
    C. 测验的难度　　　　　　　　　　D. 测验的区分度
12. (　　)是指教师要从学生的实际情况、个别差异出发,有的放矢地进行有差别的教学,使每个学生都能扬长避短,获得最佳的发展。
    A. 启发性原则　　　　　　　　　　B. 巩固性原则
    C. 循序渐进原则　　　　　　　　　D. 因材施教原则
13. 教师通过口头语言直接向学生系统、连贯地传授知识的方法称为(　　)。
    A. 讲授法　　　　　　　　　　　　B. 谈话法
    C. 读书指导法　　　　　　　　　　D. 演示法
14. (　　)是现代学校使用最为广泛的教学组织形式,也是基本的教学组织形式。
    A. 个别教学　　　　　　　　　　　B. 群体教学
    C. 班级授课　　　　　　　　　　　D. 贝尔-兰卡斯特制
15. 道尔顿制是由美国教育家(　　)创制的一种教学组织方式。
    A. 杜威　　　　　　　　　　　　　B. 帕克赫斯特
    C. 克伯屈　　　　　　　　　　　　D. 劳伊德·特朗普

二、辨析题
  1. 教师在教学活动中处于支配地位,学生则处于从属地位。
  2. 在所有的教学组织形式中,都可以使用暗示教学法。

三、简答题
  1. 简述我国中学教学中应遵循的教学原则。
  2. 简述讲授法所包含的五种教学方式。
  3. 简述班级教学的优点与局限性。
  4. 简述新课程所倡导的教学评价的特点。

四、材料分析题
  中学历史课考试往往因为需要死记硬背而令一些学生感到头疼。福州市某中学本学期历史课期末考试别出心裁:请学生自报题目,研究与自身相关的乡土历史,写一篇历史研究调查报告。
  学生们上交的期末"考卷"题目无一雷同,有的写童年时代的林则徐,有的写福州三坊七巷的历史价值,有的考证福州鼓山的历史,内容涉及福州地方历史的诸多方面。既有图片、资料、典故,又有学生自己的一些新发现。
  初二的小姚同学,其高祖父是马江海战中的军官,她为自己定下了《我的高祖父与马江海战》的期末考题。在爷爷的帮助下,小姚查阅家谱,搜集了有关中法马江海战的大量资料,还到马尾参观中国近代海军博物馆。小姚发现,自己的高祖父是一位爱国军人,却由于清政府的软弱腐败而在马江海战中做了法国人的手下败将,最终因报国无门而郁郁终生。小姚说:"透过高祖父的一生,我从一个侧面了解了中国的近代历史。"

在每份"考卷"的最后,学生们按老师要求写下了对这种考试方式的评价,他们感触最多的是:"历史课原来如此有趣""我学会了查资料,做研究""我越来越爱自己的家乡了"。

请你阐述该校的历史教学改革措施体现了当前教育教学的哪些思想?

第四章　中学生学习心理

考纲内容

1. 了解感觉的特性;理解知觉的特性。
2. 了解注意的分类,掌握注意的品质及影响因素;了解记忆的分类,掌握遗忘的规律和原因,应用记忆规律促进中学生有效学习。
3. 了解思维的种类和创造性思维的特征,理解皮亚杰认知发展阶段论和影响问题解决的因素。
4. 了解学习动机的功能,理解动机理论,掌握激发与培养中学生学习动机的方法。
5. 了解学习迁移的分类,理解形式训练说、共同要素说、概括化理论、关系转换理论、认知结构迁移理论,掌握有效促进学习迁移的措施。
6. 了解学习策略的分类,掌握认知策略、元认知策略和资源管理策略。
7. 理解并运用行为主义、认知学说、人本主义、建构主义等学习理论促进教学。

考纲解读

本章属于了解层次的内容是:感觉的特性;注意的分类;记忆的分类;思维的种类和创造性思维的特征;学习动机的功能;学习迁移的分类;学习策略的分类。

本章属于理解层次的内容是:知觉的特性;皮亚杰认知发展阶段论和影响问题解决的因素;动机理论;形式训练说、共同要素说、概括化理论、关系转换理论、认知结构迁移理论;行为主义、认知学说、人本主义、建构主义等学习理论。

本章属于掌握层次的内容是:注意的品质及影响因素;遗忘的规律和原因;激发与培养中学生学习动机的方法;有效促进学习迁移的措施;认知策略、元认知策略和资源管理策略。

本章属于应用或运用层次的内容是:应用记忆规律促进中学生有效学习;运用行为主义、认知学说、人本主义、建构主义等学习理论促进教学。

第一节　感觉与知觉

一、感觉

(一) 感觉概述

感觉是指客观事物作用于感觉器官而引起的对该事物的个别属性的直接反映。感觉在人们的生活和工作中有重要意义。人的认识活动是从感觉开始的,通过感觉,人们不仅能够了解客观事物的颜色、气味、软硬等各类属性,而且能认识自身机体的各种状态,如饥饿、疼痛等。可以说,感觉是一切较高级、较复杂的心理现象的基础,是人的全部心理现象的基础。

（二）感觉阈限和感受性

人的感觉器官只对一定范围内的刺激做出反应,只有在这个范围内的刺激才能引起人的感觉。这个刺激范围及相应的感觉能力分别称为感觉阈限和感受性。

1. 绝对感觉阈限与绝对感受性

刺激物只有达到一定强度才能引起人的感觉,这种刚刚能够引起感觉的最小刺激量叫作绝对感觉阈限；而人的感觉器官觉察这种微弱刺激的能力叫作绝对感受性。绝对感受性可用绝对感觉阈限来衡量,两者成反比关系。也就是说,绝对感觉阈限越大,即能够引起感觉所需要的刺激量越大,绝对感受性就越小；绝对感觉阈限越小,即能够引起感觉所需要的刺激量越小,绝对感受性就越大。绝对感觉阈限受刺激物的性质和有机体自身状态的影响。

2. 差别感觉阈限与差别感受性

两个同类的刺激物,它们的强度只有达到一定差异,才能引起差别感觉,即人们能够觉察出它们的差别。例如,在100克重量的基础上增加1克的重量,我们感觉不出两者的差异,而如果在100克重量的基础上增加10克的重量,我们可能觉察出重量上的差异,10克就是感觉在原重量100克时的差别感觉阈限。这种刚刚能够引起差别感觉的最小物理刺激量就是差别感觉阈限,或称最小可觉差。对这一最小物理刺激量的感觉能力,叫差别感受性。

差别感受性与差别感觉阈限在数值上也成反比关系。差别感觉阈限越小,即能引起感觉所需的刺激变化量越小,差别感受性就越高,即对刺激越敏感；反之,差别感觉阈限越大,即能引起差别感觉所需的变化量越大,差别感受性就越低,即对刺激不敏感。

（三）感觉的特性

1. 感觉的适应

感觉的适应是指刺激物持续作用于某一感受器而使感受性发生变化的现象。这种变化或使感受性提高,或使感受性降低。嗅觉、视觉等都会产生适应,例如,"入芝兰之室,久而不闻其香""入鲍鱼之肆,久而不闻其臭"指的就是嗅觉适应。视觉适应是指由于光刺激的持续作用而引起眼睛的感受性发生变化的现象,包括暗适应和明适应。暗适应是指照明停止或当人由亮处进入暗处时视觉感受性提高的过程；当人由暗处到亮处,特别在强光下,最初一瞬间人会感到光线刺眼发眩,几乎看不清外界事物,几秒钟之后逐渐看清物品,这个过程叫作明适应。

2. 感觉的对比

两种不同的刺激物作用于同一感受器而使感受性发生变化的现象是感觉的对比,包括同时对比和继时对比。同时对比是指两种不同的刺激物同时作用于同一感受器产生对比的现象。例如,同样的灰色方块在白色的背景下显得暗,在深黑色的背景下则显得亮。继时对比是指两种不同的刺激物先后作用于同一感受器产生的对比现象。例如,先吃黄连后吃糖,会觉得糖特别的甜。

知识拓展

马赫带现象

3. 不同感觉的相互作用

不同感觉的相互作用是指在一定条件下,不同的感觉间相互影响,从而使感受性发生变化的现象。联觉是一种不同感觉间相互作用的现象。例如,颜色有"温色"和"冷色"之分。有研究表明,微弱的光刺激能提高听觉感受性,强光刺激则会降低听觉感受性。不同感觉的相互作用的一般规律是:弱刺激能提高另一种感觉的感受性,强刺激则会降低另一种感觉的感受性。

不同感觉的相互作用的另一种形式是感觉补偿,它是指某种感觉缺失后,其他感觉的感受性增强而起到部分补偿作用的现象。比如,盲人没有视觉,但可以用手靠触觉阅读;聋哑人听觉丧失,但可以用眼靠视觉来"听"(手势语)。

4. 感受性与训练

前面提及的感受性的变化是暂时的,有一定的时限。要使人的感受性从根本上提高,则需要进行有关的训练。在人们的生活实践中,因实践活动的需要,对某种感觉做长期、精细的训练,能使感受性大大超过其他人。例如,炼钢工人能够根据钢水的火花判断炉内温度的高低;染料工人能辨别出几十种浓淡不同的黑色;有经验的面粉工人能够单凭触觉,摸出面粉的质量以及辨别出这种面粉是由哪个地区生产的麦子磨成的。这些事例说明,人的各种感觉能力都蕴藏着极大的发展潜力,经过专门训练可以不断发展和完善起来。中学生的学习活动能有效地促进他们感受性的提高,如音乐、朗读能发展他们的纯音听觉能力和语音听觉能力,绘画能发展他们的视觉能力,手工、泥塑能发展他们的触觉能力,体育能发展他们的运动觉、平衡觉的能力等。教师要充分利用各种教学和课外活动,有意识地对学生的各种感觉能力加以训练和培养。

二、知觉

(一)知觉概述

知觉是指人脑对于直接作用于感觉器官的事物的整体属性的认识。

根据知觉时起主导作用的感觉器官的不同,知觉可分成视知觉、听知觉、触知觉、嗅知觉、味知觉等。例如,对物体的大小、形状、距离和运动的知觉属于视知觉;对声音的方向、节奏、韵律的知觉属于听知觉。在这些知觉中,除了起主导作用的感觉器官以外,还有其他感觉成分参加。根据所认识事物的特性,知觉可分成空间知觉、时间知觉和运动知觉。空间知觉是指对物体的大小、形状、方位和距离的知觉。时间知觉是指对事物的延续性和顺序性的知觉。运动知觉是指对物体在空间位移和移动速度的知觉。还有一种特殊形态的知觉叫错觉,是对客观事物的一种不正确的知觉,即知觉的映象与客观事物不一致。

知识拓展

感觉与知觉的异同

(二)知觉的特性

1. 知觉的选择性

人在知觉客观世界时,总是有选择地把少数事物当成知觉的对象,而把其他事物当成知觉的背景,以便更清晰地感知对象,知觉的这种特性称为知觉的选择性。

知觉对某一对象的选择,与注意的选择有关。当注意指向某种事物的时候,这一事物便成为知觉的对象。知觉对象的选择,还受到主观因素和客观因素的影响。强度大、对比明显、色彩鲜艳、具有活动性的刺激物容易成为知觉的对象。另外,知觉对象的选择受到知觉者的需要、兴趣、知识经验及刺激物对人的意义是否重要等主观因素的影响。

对象与背景之间互相依赖。对象与背景之间差别越大,人们对对象的知觉越清晰;对象与背景之间差别越小,人们越不容易知觉对象。例如,课下说话,别人听不清,若在安静的阅览室说话,则会被很多人听到,影响他人学习。在声音嘈杂的晚会上,远处有人说你的名字,你会立即注意到,这被称为"鸡尾酒会效应"。对象与背景之间的关系受刺激的空间组合的影响,可以相互转化。

2. 知觉的理解性

知觉的理解性是指人以知识经验为基础对感知的事物进行加工处理,并用词语加以概括说明的加工过程,它受个人的知识经验、言语指导、实践活动以及个人兴趣爱好等多种因素的影响。例如,对一张 X 光胶片,不懂医学知识的人,是无法从中得到具体信息的,而放射科医师就能从 X 光胶片中看出身体某部位的病变情况。

3. 知觉的整体性

知觉的整体性是指把具有不同属性的各部分组成的对象知觉为一个统一的整体。知觉的整体性与知觉对象的特征及其各个部分之间的结构成分有密切关系,格式塔心理学家根据对知觉的研究,提出整体知觉的组织原则。

(1)接近性:凡距离相近的物体容易被知觉组织在一起。有时候,知觉场地中刺激物的特征并不十分明显,甚至在各刺激物之间也找不出足以辨别的特征。在此种情境之下,我们常根据以往的经验,主观地寻找刺激物之间的关系,以增加其特征,从而获得有意义的或合乎逻辑的知觉经验。

(2)相似性:凡形状或颜色相似的物体容易被知觉组织在一起。当知觉场地中有多种刺激物同时存在时,各刺激物之间在某方面的特征(如大小、形状、颜色等)如有相似之处,在知觉上即倾向于将之归属于一类,即知觉的相似性原则。

(3)连续性:凡能够组成一个连续体的刺激容易被看成一个整体。

(4)闭合性:人们倾向将缺损的轮廓加以补充,使知觉成为一个完整的封闭图形。

4. 知觉的恒常性

当知觉的客观条件在一定范围内改变时,我们的知觉映象在相当程度上却保持着它的稳定性,知觉的这种特性称为知觉的恒常性。知觉的恒常性是人们知觉客观事物的一个重要特性,对人类生存具有重要意义。客观环境中的事物具有一定的稳定性,因此人类的知觉就需要有相应的稳定性以真实反映客观对象的自然属性和本来面貌。在知觉的恒常性中,人的知识经验起着重要作用,人在知觉某对象时,总会利用过去的知识经验来解释感觉映象,反映物体所固有的特性,这样就保证了人能够根据客观事物的实际意义来适应环境。如果人的知觉不具有恒常性,人类适应环境的活动就会变得十分复杂。

在视觉范围内,知觉恒常性有以下类型:

(1)形状恒常性。当我们从不同角度观察同一物体时,物体在视网膜上投射的形状是不断变化的,但是我们知觉到的物体的形状并没有出现很大的变化,这就是形状恒常性。例如,观察者在观察一扇门从关到开的过程中,门的形状在其视网膜上的投射位置发生着各种变化,关闭时门是长方形,半开状态下门是梯形。但由于人在生活实践中把从不同角度获得的物体的映象与视觉、运动觉等建立了牢固的联系,因此门是长方形形状的映象在人们的脑海中保持不变。

（2）大小恒常性。大小恒常性是指人对物体的知觉大小不完全随映象而变化，而是趋于保持物体实际大小的知觉特征。例如，同一个人站在离我们2米、4米、8米、10米和20米的不同距离处，他在我们视网膜上的视像随距离的不同而变化。但我们在知觉这个人的大小时仍然是按照他的实际大小来感知的，这说明我们在知觉时已经考虑到了距离信息，从而相对地把握了这个人的实际大小。

（3）颜色恒常性。颜色恒常性是指当照射物体表面的色光发生变化时，人们对该物体表面颜色的知觉仍然保持不变的特征。物体表面有其固有的颜色，如果色光照射在物体表面，根据色光混合原理，其色调会发生变化，但是人对物体表面颜色的知觉并不会因此而发生变化。例如，一面红旗不管它置于白天或晚上，人们都会把它知觉为红色。这种不受照射到物体表面的色光影响，保持对物体颜色知觉恒常的心理特性与人的生活经验是紧密相关的。

（4）明度恒常性。明度恒常性是指在照明条件改变时，我们仍倾向于把物体表面的明度知觉为不变的特征。例如，煤和白粉笔由于它们对光的反射率不同，其明度差异很大，人在光亮处看到的白粉笔总觉得要比煤块亮些。但如果把白粉笔置于暗处，煤块置于亮处，煤块所反射出来的明度远大于白粉笔的。从刺激的物理特性分析，放在亮处的煤块反射的明度应当是白色的，而放在暗处的粉笔反射的明度应当是黑色的，但是我们仍然会将粉笔知觉为白色的，煤块知觉为黑色的。明度恒常性也处于完全恒常性与无恒常性之间。

（5）知觉适应。当视觉输入发生变化时，我们的视觉系统能适应这种变化，使之恢复到变化前的状态，叫作知觉适应。在日常生活中，我们有过这样的经验，一个人在新换了一副近视眼镜之后，开始时会觉得不舒服，过了半天或一天后，这种不舒服的感觉就消失了。

第二节 注 意

一、注意概述

（一）什么是注意

注意是指心理活动或意识对一定对象的指向和集中。当一个人在学习或工作的时候，他们的心理活动或意识总会指向和集中在某一对象上。例如，学生在听课时，心理活动不是指向教室内外的所有事物，而是把教师的讲述从众多事物中挑选出来，并在其上保持比较持久的心理活动。同时，注意的对象又是在变化的，而且在大多数时候，人们可以有意识地控制这种变化。

注意的基本特征具有指向性和集中性。指向性是指心理活动在某个瞬间，选择了某个对象，而忽略了另外一些对象。集中性是指心理活动在被选择的对象上活动的强度和紧张度，心理活动的强度越大，紧张度越高，注意也就越集中。指向性和集中性表明了注意的方向和强度的特征。人们在高度集中自己的注意时，注意的指向范围就缩小，所以集中性与指向性密不可分。

（二）注意的分类

1. 无意注意、有意注意和有意后注意

根据注意的产生有无目的性及需要意志努力程度的不同，注意可分为无意注意、有意注意和有意后注意。

无意注意也叫不随意注意，是指事先没有预定目的，也不需要意志努力的注意。如马路两旁的鲜花、广告牌、晚上的霓虹灯等容易成为无意注意的对象,吸引你的注意力;在安静的教室里大声说话容易被注意等。在这种情况下,我们对要注意的东西没有任何准备,也没有明确的认识任务,注意的引起不是依靠意志努力,而主要取决于刺激本身的性质。无意注意具有两重性:一方面,可以帮助人对新异事物的定向,以期获得对客观事物的清晰认识,这是无意注意的积极作用;另一方面,无意注意会使人从当前正在进行的活动中被动离开,从而干扰了正在进行的活动,这是无意注意的消极作用。

有意注意也叫随意注意,是指有预定目的,需要做出一定意志努力的注意。有意注意一般与困难的活动联系在一起。它的特点表现为:① 它是有预定目的的注意;② 它是需要意志努力的注意;③ 它是更高级的注意,如排除干扰的学习、艰苦的劳动、科研、创作等。我们可以通过下列方式增加有意注意,例如,加深对活动任务的理解,努力排除与活动任务无关的干扰,培养间接兴趣,增强克服困难的意志力等。

有意后注意也叫随意后注意,是在有意注意之后发生的,兼具无意注意和有意注意的某些特征,既有一定的目的任务,又不需要意志努力的注意。例如,初学文言文时,你可能对"之乎者也"这一套不感兴趣,只是为了完成学习任务,这时候的注意是有意注意。以后,当你掌握文言文基础之后,对文言文本身产生了兴趣,凭兴趣可以自然而然地将注意力集中到学习上,这时候的学习就是有意后注意了,如对古典文学名著的欣赏。有意后注意既服从当前的活动目的,又不需要意志的努力,适合完成长期、持续的任务。

无意注意、有意注意和有意后注意在实践活动中并不是各自独立的,而是紧密联系、协同活动的。无意注意在一定条件下可以转化为有意注意。例如,一个人偶然受到某种吸引而从事一种活动,后来认识到从事该活动的目的和意义,并自觉地从事这种活动,不断克服困难,坚持这种活动,这时无意注意就转化为有意注意。同时,有意注意在一定条件下也会发展为有意后注意。有意后注意具有高度稳定性,它既服务于当前的活动和任务,又能节省资源,是一种重要的心理素质。

2. 选择性注意、持续性注意和分配性注意

选择性注意是指个体在同时呈现的两种或两种以上的刺激中选择一种进行注意,而忽略另外的刺激。例如,在双耳分听实验中,用耳机分别向被试的双耳呈现不同的声音刺激,要求被试者注意其中一只耳朵的刺激,而忽略另一只耳朵的刺激。双耳分听实验揭示了人们如何有效地选择一类刺激而忽略另一类刺激。

持续性注意是指个体的注意在一定时间内保持在某个客体或活动上。例如,学生在 45 分钟的上课时间内,使自己的注意保持在与教学活动有关的活动上;游戏爱好者在玩游戏时全身心投入在紧张的闯关任务中;校对员连续几个小时聚精会神地校对文字,这些都是持续性注意的表现。

分配性注意是指个体在同一时间对两种或两种以上的刺激进行注意,或将注意分配到不同的活动中。例如,学生在课堂上一边听讲,一边记笔记;汽车司机在驾驶汽车时手扶方向盘、脚踩油门或离合器,眼睛还要注意路面和行人等。研究分配性注意最常用的方法是双作业操作,即让被试同时完成两种作业,观察他们完成作业的情况,通过分析被试完成作业所需的时间和错误率就可得知其注意分配的情况。

二、注意的品质

(一) 注意的稳定性

注意的稳定性是指注意集中到某一对象上持续时间的长短,是注意在时间上的特征。

个体能将注意长时间地集中到某一对象上而没有分散,以保证心理活动的高效率,这是注意有良好稳定性的表现。具有良好稳定性的注意,是在实践过程中通过锻炼形成的。在对警戒作业进行测查时,被试要在一段时间内持续地完成某项工作,并用工作绩效的变化作为衡量指标。注意的衰减在警戒作业开始后 20~35 分钟出现,初始时的下降速度最快。

通常,要将注意持久地集中在某一对象上是很困难的。人的注意并不能长时间地保持固定状态,而是间歇性地加强或减弱,这种周期性变化叫作注意的起伏,如视觉的两可图形。注意起伏与感觉器官的局部适应和机体的节律性活动有关。注意起伏的周期在 8~12 秒,由长到短依次为听觉、视觉和触觉。

影响注意稳定性的因素主要包括以下几个方面。

1. 对象本身的特点

如果注意的对象内容丰富、复杂多变,注意就容易稳定。反之,如果注意的对象内容贫乏、单调,注意就难以维持稳定性。例如,相对于一个透明的玻璃茶杯,人们可能会花更多的时间来关注一幅色彩丰富的图画。此外,活动的对象比静止的对象更能维持注意的稳定性。相对于一幅画,人们又可能会花更多的时间关注活动的电视画面。对新生儿的研究表明,他们注视人脸和复杂图形的时间远比注视墙壁和灯光的时间长。但这并不是说事物越复杂,刺激越丰富,注意就越稳定。过于复杂、变幻莫测的对象反而容易使人产生疲劳,导致注意的分散。

2. 主体状态

如果一个人意志坚强、善于控制自己、对事物抱有积极态度、对活动内容有着浓厚兴趣和对活动内容明确,就能和各种干扰做斗争,保持稳定的注意。反之,如果一个人意志薄弱、对活动的目的任务不明确、缺乏兴趣,或处于身体有病、过度疲劳或心境不佳等不正常的状态,就难以使注意保持稳定。

3. 活动的内容及活动的方式

在积极性相等的条件下,刺激物的复杂性和活动性对注意的稳定性有显著影响。内容丰富的对象比内容单调的对象,活动的对象比静止的对象更容易让人保持注意的稳定性。在一定范围内,注意的稳定性程度是随注意对象的复杂性的增加而提高的。在复杂而持续时间长的活动中,必须适当地变化活动的内容和方式,才能维持稳定的注意。但是,如果注意的对象过于复杂,则可能迅速出现疲劳,注意也会减弱。因此,对象过于复杂或过于单调都不利于注意的稳定。

(二)注意的广度

注意的广度也叫作注意的范围,是指一个人在同一时间内能清楚地注意到的对象的数量。最早的注意广度实验是汉密尔顿做的,把他石子撒到地上,让被试立即辨认,结果被试很难立刻看到 6 个以上的石子。现在心理学家用速视器测量,在0.1秒的时间内成人的平均广度是圆点 8~9 个,字母 4~6 个,图形 3~4 个,汉字 3~4 个。

注意的范围扩大,有利于提高人的工作和学习效率。影响注意广度的因素主要包括以下两个方面。

1. 知觉对象的特点

在知觉任务相同的情况下,知觉对象的特点不同,注意的范围会有一定的变化。有研究表明,对象越集中,排列越有规律,越能成为相互联系的整体,注意的广度也就越大。例如,颜色相同的字母要比颜色不同的字母注意范围要大些,排列成一行的字母要比分散在各个角落上的字母注意数量要多些。

2. 个体知觉活动的任务和知识经验

同样的知觉对象,由于个人知觉活动的任务和知识经验不同,注意的范围也会有一定的变化。如果知觉活动的任务多,注意范围就小;如果知觉活动的任务少,注意范围就大。例如,呈现一定数量的外文字母,要求被试不仅能辨认出字母的个数,同时还要求他们指出字母在书写上的错误,这时他们所能知觉到的字母数量比他在只辨认字母数量时要少得多。

知识经验丰富,注意范围就大,反之则小。例如,刚学会阅读的学生的阅读速度是很慢的,注意范围也较小,但随着学生知识经验的积累,注意范围的扩大,阅读的速度也就随之加快。

(三) 注意的分配

注意的分配是指在同一时间里人们可以把注意指向不同的对象和活动的注意品质,即通常所说的"眼观六路,耳听八方"。研究注意的分配最常用的方法是双作业操作,即让被试同时完成两种作业,观察他们完成作业的情况。例如,你可以边骑自行车边交谈,边听边记等。

注意的分配是有条件的:一是个体对其中的一种或几种活动达到了自动化或半自动化的加工水平;二是和同时进行的几种活动的性质有关。一般来说,把注意同时分配在几种动作技能上比较容易,而把注意同时分配在几种智力活动上就难多了。注意的分配是完成复杂工作任务的重要条件,它是在生活实践过程中锻炼出来的,而不是先天就有的。

(四) 注意的转移

注意的转移是指人们根据任务的需要,主动地把注意从一个对象转移到另一对象上或从一种活动转移到另一种活动上的过程。注意的转移不同于注意的分散,虽然两者都有注意对象的转换,但注意的转移是有目的地、主动、符合当前活动需要的过程。而且注意的转移实现后,马上会使注意稳定下来。注意的分散则是一种不自觉的过程,它会干扰当前的活动。注意的转移通常发生在同一活动的不同对象之间。由此可知,注意的转移与注意的稳定性有关。注意的稳定性需要适时地在不同对象或活动之间转移注意,只要保持总目标和总任务不变即可。在同一活动中,如果没有注意的转移,就难以保持注意的稳定性。

注意的转移快慢和难易程度依赖于原来的紧张度。原来的注意越紧张,注意的转移就越困难。新的注意对象的特点和个体神经过程的灵活性也会影响注意的转移。

注意的转移能力对某些工作特别重要,如飞行员、火车、汽车司机等,并且注意的各种特征通过实践都是可以培养的。

第三节 记 忆

记忆是指人脑对过去经验的保持和再现(回忆和再认),是人的一切心理活动的基础。人们的一切活动,从简单的感知、观察,到复杂的思维、想象,从学习、劳动到发明创造,这些活动只有在记忆的基础上才能进行。如果一个人失去记忆能力,则一切心理活动都不能发展。

一、记忆的分类

(一) 感觉记忆、短时记忆和长时记忆

根据信息保持时间的长短,记忆可分为感觉记忆、短时记忆和长时记忆。

1. 感觉记忆

感觉记忆又叫瞬时记忆,当客观刺激停止作用后,感觉信息在一个极短的时间内保存下

来。感觉记忆是记忆系统的开始阶段,感觉记忆中的信息保存的时间非常短,如果没受到注意或加工会很快消失。视觉信息约在 1 秒内衰退,听觉信息约在 4 秒内衰退。感觉记忆有较大的容量,其中大部分信息因为来不及被加工而迅速消退,只有一部分信息由于注意得到进一步加工,因而进入短时记忆。斯柏林巧妙地设计了一个新的实验程序——部分报告法,考查了感觉记忆容量的大小。

2. 短时记忆

短时记忆是感觉记忆和长时记忆的中间阶段,是保持时间约为 1 分钟的记忆,其容量约为 5~9 个项目。它与感觉记忆在功能上的区别是,感觉记忆中的信息是无意识的,也是未经加工的感觉痕迹,而短时记忆中的信息是来自于感觉记忆并对其进行加工,是正在操作、活动的记忆,只有那些被加工、处理和编码后的信息才能被转入长时记忆中存储,否则就会被遗忘。从编码形式来看,短时记忆中的信息编码既有听觉编码,也有视觉编码,主要以声音代码的形式存储。

短时记忆是信息在感觉记忆之后的高一级加工水平阶段,具有以下基本特点:① 记忆痕迹随时间的推移以及相似语言或语义信息的干扰而迅速消退,最长也不超过 1 分钟;② 短时记忆的容量有限。

3. 长时记忆

长时记忆是指信息经过充分、有一定深度的加工后,在人们头脑中长时间保留下来。长时记忆保存的时间可以是几分钟、几天、几年,甚至终身。长时记忆的容量没有限制,就像一座图书馆,存储着我们经历的所有经验和知识,为我们的各种心理活动提供必要的基础。在长时记忆中,语义编码占主导地位,也将视觉编码的信息编入长时记忆。

长时记忆的基本特点有:① 长时记忆的容量无限,它可以存储一个人对世界的认识,是一个庞大的信息库;② 长时记忆中的信息保持时间长久,它能够按时、日、月、年乃至终身计算,在理论上被认为是永久存在的。

(二) 情景记忆和语义记忆

加拿大认知心理学家图尔文将长时记忆分为两类:情景记忆和语义记忆。

情景记忆是指人们根据时空关系对某个事件的记忆。这种记忆是与个人亲身的经历分不开的,如人们对自己参加某次聚会的记忆,对游览某个景点的记忆等。由于情景记忆受一定的时间、空间的限制,信息的储存容易受到各种因素的干扰,因而不够稳定。

语义记忆是指人们对一般知识和规律的记忆,与特殊的地点、时间无关。如人们对单词、符号、公式、概念、定理等的记忆。语义记忆受规则、知识、概念和词的制约,较少受外界因素的干扰,因而比较稳定。

(三) 内隐记忆和外显记忆

根据记忆过程中意识参与的程度,记忆可分为内隐记忆和外显记忆。内隐记忆是指人们在无意识的情况下所进行的记忆,又叫作自动的无意识记忆。无意识是指信息提取过程是无意识的,并非记忆过程是无意识的。外显记忆是指人们在意识控制下进行的记忆,又叫作受意识控制的记忆。信息提取过程是有意识的,可用言语进行准确的描述。内隐记忆与外显记忆的区别如下。

(1) 加工深度对这两种记忆的影响不同,外显记忆受材料加工深度的影响较大,而内隐记忆则较小或不受加工深度的影响。

(2) 这两种记忆的保持时间不同。外显记忆对记忆材料的保持量随时间延长而减少,而内隐记忆的保持量随时间延长而发生消退的现象要比外显记忆慢得多。

(3) 记忆负荷量(即记忆项目的多少)对这两种记忆的影响不同。有研究发现,记忆的项目越多,对外显记忆来说,越不容易记住,但对内隐记忆的影响却较小。

(4) 材料的呈现方式对这两种记忆的影响不同。不同的呈现方式对外显记忆的影响较小,而对内隐记忆的影响较大。

(5) 干扰因素对这两种记忆的影响不同。外显记忆很容易受到其他无关信息的干扰,而内隐记忆则不易受到干扰。

(四) 陈述性记忆和程序性记忆

根据材料组织的性质,记忆可分为陈述性记忆和程序性记忆。

陈述性记忆是指人们对有关事实和事件的记忆。凡是对人名、地名、名词解释以及定理、定律等的记忆,均属陈述性记忆。陈述性记忆具有明显的可以言传的特征,即在需要时可将记得的事实表述出来。程序性记忆是指人们对有关事物操作法则的记忆,它不依赖于人们的意识或认知。程序性记忆需要多次重复测试才能逐步形成,主要包括感知觉、运动技巧、程序和规则的学习,是很难用语言表达的记忆。程序性记忆按一定程序习得,开始时比较困难,但一旦掌握便很难遗忘,如一个人在小时候学会弹钢琴,几十年后仍然不会忘记。

二、遗忘的规律

遗忘是指人们对已熟记的事物不能(或错误地)认知或回忆的现象。遗忘有各种情况,能再认不能回忆叫不完全遗忘,不能再认也不能回忆叫完全遗忘,一时不能再认或回忆叫临时性遗忘,永久不能再认或回忆叫永久性遗忘。

(一) 遗忘曲线

遗忘曲线又称为保持曲线、记忆操作特征曲线。德国心理学家艾宾浩斯首先对人的记忆过程和遗忘进程进行了实验研究。艾宾浩斯将实验的结果绘成曲线,即遗忘曲线,如图 4-1 所示。从曲线上我们可以看出,人类的遗忘进程是不均衡的,遗忘在学习之后立即发生,识记后短时间内遗忘比较快,量也比较多,随着时间的推移,遗忘的进程逐渐变慢,到了一定时间,几乎就不再遗忘。

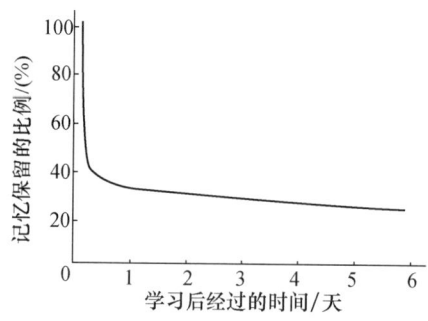

图 4-1 艾宾浩斯的遗忘曲线

(二) 影响遗忘进程的因素

1. 学习材料的性质

一般认为,形象材料比抽象材料遗忘得慢,有意义材料比无意义材料遗忘得慢。

2. 学习材料的数量

在学习程度相等的情况下,一次学习的材料越多,遗忘得越快;材料越少,遗忘得越慢。

3. 学习程度

个体对所学习的材料达到恰能背诵之后,还要继续学习一段时间,称为过度学习。心理学实验证明:在达到100%的学习程度以后,再继续多学几遍并不是浪费,而是很有必要的。过度学习无论从保持量还是防止遗忘的数量来看,都要好于恰能背诵的学习。因此,个体在学习时不要满足于刚刚记住,但过多的过度学习也是不必要的。实验证明:150%的过度学习是最适宜的。

4. 加工程度

个体在学习时是否对所学的材料做认知加工,对遗忘有重要影响。单纯地复述材料,保持的效果较差,遗忘较多。而个体精制或组织的材料,则遗忘得较慢。

5. 系列位置效应

人们发现,在回忆系列材料时,材料排列的顺序对记忆效果有重要影响。在回忆的正确率上,最后呈现的材料遗忘得最少,其次是最先呈现的材料,中间部分遗忘得最多,这种现象叫作系列位置效应。最后呈现的材料最易回忆,遗忘得最少,叫作近因效应。最先呈现的材料较容易回忆,遗忘得较少,叫作首因效应。

6. 识记者的态度

识记者对识记材料的需要、兴趣等因素,对遗忘的快慢也有一定的影响。研究表明,在人们的生活中不占重要地位、不会引起人们兴趣并且不符合一个人需要的事情更容易被遗忘。

三、遗忘的原因

(一) 痕迹衰退理论

痕迹衰退理论认为,遗忘是由于记忆的痕迹得不到强化而逐渐减弱,以致最后出现消退的结果。例如,在感觉记忆或短时记忆中,未经注意或复述的信息就可能因为被动消退而导致遗忘。这种说法比较容易理解,因为一些物理、化学的痕迹随时间的推移也会消退。比如,书法笔迹时间长了会变浅,深颜色的衣服洗的次数多了会褪色等。但该学说很难用实验加以证实,因为在一段时间内保持量下降,很难说没有其他因素的干扰。

(二) 干扰理论

干扰理论认为,遗忘主要是由于在学习和回忆时受到了其他刺激的干扰,一旦干扰被排除,记忆就可以恢复。干扰主要有以下两种。

前摄抑制是指前面学习材料对后面学习材料的干扰作用。安德伍德的实验要求两组被试学习字表:第一组在学习前进行了大量类似的学习;第二组没有进行这种学习。结果表明,第一组只记住了字表的25%,而第二组记住了70%。

倒摄抑制是指后面学习材料对前面学习材料的干扰作用。缪勒和皮尔扎克首先发现了这种现象。他们让被试识记无意义的音节,然后休息5分钟,再进行回忆,结果回忆率是56%。如果被试在此期间从事了其他活动,回忆率只有26%。这说明被试后面从事的活动对前面的学习起了干扰作用,导致其成绩下降。此外,还有詹金斯和达伦巴赫的实验,要求被试识记10个无意义音节达到背诵的程度。然后,一组被试立即入睡,另一组被试照常进行日常工作。结果表明,照常进行日常工作组的回忆成绩低于立即入睡组的。

对于一段较长材料的学习,往往是两端记忆的效果比较好,中间记忆的效果差,就是因为中间受到了这两种抑制的影响。

（三）动机抑制理论

动机抑制理论也叫压抑说，认为遗忘主要是由于情绪或动机的压抑作用引起的，如果这种压抑被解除，记忆就能恢复。如弗洛伊德在给精神病人做催眠时发现，许多病人能回忆起早年生活中的许多事情，而这些事情在平时是回忆不起来的。他认为，这些经验被压在人的潜意识中，回忆他们时会使人产生痛苦，因为其中一些往往与社会道德观念相冲突，或者可能会引起个体的创伤性体验，于是就拒绝它们进入意识。在日常生活中，我们也会碰到由于情绪紧张而无法回忆的情况，如在考场上一时想不起来背过的内容等。

动机抑制理论认为，遗忘是人们维护自我、保持自信的动态过程，目的是避免生活中的痛苦记忆引起人的焦虑、痛苦、紧张或不安等不良情绪或内心冲突。因此，根据这种观点，如果能消除人为的压抑，消除记忆材料与消极情绪之间的负性联系，那么遗忘就可能被克服。虽然动机抑制理论还没有得到实验证据的有力支持，但它将人的需要、动机、情绪等与记忆联系起来，提供了研究记忆的新视觉。

（四）线索依赖性遗忘

存储在长时记忆中的信息是永远不会丢失的，人们之所以对一些事情想不起来是因为在提取有关信息的时候没有找到适当的提取线索（线索检索困难）。

图尔文对痕迹衰退理论和线索依赖性遗忘进行了区分。他认为遗忘有两种可能：一种可能是信息从记忆系统中消失了，这是痕迹依赖性遗忘；另一种可能是信息仍然存储在记忆系统中，只是因为没有恰当线索而不能被提取出来，这是线索依赖性遗忘。线索依赖性遗忘得到图尔文等人的一些实验研究的证实。他们认为，一个记忆项目是人们在学习该项目时将上下文或情境联系在一起进行加工编码的，同时产生一个唯一的痕迹，既包括记忆项目本身的信息，也包括其所处的上下文或情境的信息，是两者的结合。由于记忆项目所处的上下文或情境作为一种线索与该项目一起存储在记忆中，在提取时，这种线索能够促使记忆中的有关项目被提取出来。当一个人对一个项目进行回忆时，若提供的线索与记忆该项目时所处的上下文或情境越相似，其回忆动机也就越好。因此，遗忘是因为缺乏适当的提取线索。线索依赖性遗忘的作用可能是长时记忆产生的主要原因。

四、利用记忆规律促进中学生的有效学习

为了获得更好的记忆效果，根据记忆规律，学生在学习的过程中应注意以下几个方面：

（一）组织有效的复习

1. 及时复习

学生在记忆后、大规模的遗忘还没有出现之前，进行复习的效果最好。遗忘发展的一般规律是"先快后慢"，所以学生想提高巩固复习的效果，就必须在遗忘还没有发生以前及时进行复习，这样才能节省学习时间。遗忘开始的一般标志是识记的精确性降低，相似、相近的材料在再认和回忆中容易发生混淆，有时也表现为只能再认而不能回忆（不完全遗忘）。所有这些都表明遗忘开始了，巩固复习必须在这些现象发生以前及时进行。

2. 合理分配复习时间

连续进行的复习称为集中复习，复习之间间隔一定的时间称为分散复习。许多实验证明，分散复习要比集中复习的效果好。在一个实验中，研究者让四年级的小学生反复阅读一首诗，甲组集中复习，乙组每日复习两次，直到记住为止。实验结果表明，分散复习优于集中复习。分散复习时间间隔的长短，要根据材料的性质、数量、识记已达到的水平等因素确定。

一般来说,在开始复习时,时间间隔要短,以后可以长一些。

3. 反复阅读结合尝试背诵

一般而言,背诵材料有两种方法:一种是一遍又一遍地单纯重复阅读,另一种是反复阅读结合尝试背诵。这两种复习方法的效果不同,反复阅读结合尝试背诵优于单纯的重复阅读。因此,学生在学习过程中应注意边阅读边背诵,将阅读与背诵交替进行。

4. 注意排除前后材料的影响

学生在复习时要注意材料的系列位置效应,对材料的中间部分加强复习。根据遗忘的干扰理论,一个学习材料的两端项目学习快、记忆得牢一些,而中间部分的项目一般会学得慢、记得差一些。中间部分的记忆效果之所以较差,可能是受到前摄抑制和倒摄抑制双重干扰的结果;而两端项目的记忆效果之所以较好,可能是仅受到倒摄抑制或前摄抑制造成的。

5. 复习次数要适宜

一般来说,复习次数越多,识记和保持的效果越好;反之,则遗忘发生越快。此外,在复习过程中,过度学习在一定条件下也是必要的。一般说来,过度学习程度达到150%时,保持的效果最佳。如果超过了这个限度,学生就会由于兴趣消退或出现疲劳等情况影响学习效果。

(二) 深度加工材料

深度加工材料是指个体通过注重记忆材料的细节,赋予其意义并与有关观念形成联想从而提高记忆效果的方法。如补充细节、举出例子、做出推论,或使之与其他观念形成联想。信息加工的深度不同,记忆的效果也是不同的。例如,在一个实验中,一组被试要记住一些具有"主+谓+宾"结构的简单句子;另一组被试用句子中的主语和宾语另造句子,然后进行回忆。检查时只给两组被试提示主语,要求他们回忆宾语。结果表明,第一组的回忆率为29%,第二组的回忆率为58%。这是因为第二组被试的句子是由自己编造的,他们对句子的主谓宾关系做了较深入的分析和考虑,比第一组被试对材料的加工深一些,因而记忆的效果也要好一些。

(三) 多种记忆线索提取

当学生学习新知识、新名称、新概念和新术语时,最好多种感觉器官并用,这样可以在记忆编码时,有目的地记住具有意义的线索,以帮助其在需要时通过线索连接顺利地提取信息。实际教学经验也证明,各种感觉器官的协同活动是提高识记成效的有效条件之一。例如,在英语词汇教学中,采用视、听、读、写相结合的方式,可以提高词汇的识记成效。在地理教学中,学生对地形、地貌的识记,让学生自己绘制地图比仅让其阅读地图的效果要来得好。

(四) 培养学生良好的记忆品质

如果要培养学生的记忆力,则应让学生在保证记忆高度精确的前提下,既要敏捷识记,又要保持记忆长久。为了使记忆高度发展,培养记忆力,学生应以记忆的基本品质为目标。教师在教学中应根据学生的记忆特点,有意识地培养学生的良好记忆品质,提高他们的记忆能力。记忆的良好品质主要表现在以下几个方面:

1. 记忆的敏捷性

记忆同样的材料,有人需要花费很长的时间,有人则可以迅速记住。人们对这种记忆速度的快慢,即记忆的敏捷性。记忆的这种品质很重要,因为只有记得快,才有条件记得多,那么怎样提高记忆的敏捷性呢?首先,明确记忆的目的,知道在每种场合记什么、不记什么,这样就可避免浪费时间。其次,就是应当集中注意。因为在由注意引起的大脑皮层的优势兴奋区内,最容易形成暂时神经联系,这时人们最容易进行记忆。

2. 记忆的精确性

记忆的精确性是指个体对于所记忆的材料,在再认和回忆时,没有歪曲、遗漏、增补和臆测,记忆的这种品质极为重要。如果缺乏记忆的精确性,那么记忆的其他品质就失去了它们的价值。学生在培养其记忆的精确性时,首先,必须认真记忆,在大脑皮层上建立精确的暂时神经联系;其次,在复习时要把类似的材料经常加以比较,防止混淆;最后,要把正确记忆的事物同模糊记忆的事物相区别,把所见所闻的真实材料与主观的增补臆测区别开来。

3. 记忆保持的持久性

人们在识记一个材料后,有人能长久地保持在记忆中,有人则很快就遗忘了。人们对这种识记材料保持时间的长短,即记忆保持的持久性。一般来说,记忆的敏捷性往往与记忆保持的持久性相联系,即记得快的人,常常又是记忆保持得持久的人。学生如何加强记忆保持的持久性呢?首先,学生要善于把识记的材料纳入已有的知识体系中;其次,学生要进行及时和经常的复习。

4. 记忆的准备性

记忆的准备性是指善于根据当前要求把需要的事物从记忆中准确、迅速地提取出来,这方面的个别差异也是显著的。如有的人记住的东西不少,就是在需要时不能准确地提取出来;而有的人则能把当前需要的事物准确、迅速地提取出来,表现出对答如流、出口成章。培养学生记忆的准备性,关键是要使其所掌握的知识系统化,这样才能做到从有条不紊的记忆仓库中,随时迅速提取所需要的材料。

总之,记忆的四种良好品质有机联系,缺一不可。我们不能只根据某一方面的品质去评定一个人记忆的好坏。每种记忆品质只有和其他的品质结合起来才有价值。记忆的这些品质都是后天形成和发展的,记忆的各种品质在不同学生身上有不同的结合。教师应该帮助学生认识自己在记忆上的特点,有目标地培养其良好的记忆品质。

第四节 思 维

思维是一种非常复杂的心理现象,是人类最本质的特征。思维的种类很多,借助思维,我们学习知识,掌握本领,辨别是非善恶;依靠它,我们不仅能认识事物的表面特点,而且能够把握事物的本质特征和发展规律。

一、思维的概念及其分类

(一) 思维的概念

思维是指借助语言、表象或动作实现的对客观事物概括的和间接的认识,是认识的高级形式。它能揭示事物的本质特征和内部联系,并主要表现在概念形成和问题解决的活动中。[①]

知识拓展

思维与感觉、知觉、记忆的联系和区别

———————————
① 彭聃龄.普通心理学[M].5 版.北京:北京师范大学出版社,2019.

思维具有以下三个特征,其中,概括性和间接性是思维的基本特征。

1. 概括性

思维的概括性,是指在大量感性信息的基础上,对一类事物的共同特征和规律性联系的反映。它包括两层含义:一是把一类事物的共同特征抽取出来加以概括,形成对事物的概括性认识。例如,人们在感知各种各样的杯子(塑料杯、玻璃杯等)的基础上,能将这些杯子的本质属性(盛装饮品的容器)抽取并加以概括。二是思维能将事物之间的联系及关系加以概括,从而得出事物间内在的本质联系(即规律)。例如,借助思维,人们能够认识情绪与身心健康之间的关系等。

2. 间接性

思维的间接性是指思维以人们已有的知识经验为基础,借助语言、表象、动作等媒介,对客观事物进行间接的认识。例如,天文学家能够根据自身相关的知识经验,观察宇宙中的各种现象,进而推测宇宙形成的奥秘。

思维的概括性和间接性这两个基本特征密不可分,它们是相互联系、相互影响的。思维的间接性以人对事物的概括性认识为前提。例如,经济学家能够通过物价、失业率等来判断社会的经济状况,是因为他们掌握了物价等因素与社会经济状况之间的关系,而对这种关系的认识正是通过思维的概括性来获得的。

3. 思维是对经验的改组

思维是一种探索和发现新事物的心理过程,它常常指向事物的新特征和新关系,这就需要人们对已有的知识经验进行重建、改组和更新。例如,人们过去认为世界上最小的物质是原子,后来发现原子还可以分为质子和中子等。另外,思维活动常常是由一定的问题情景引起的,并表现为试图解决这些问题。又如,人们在设计新的计算机程序时,要根据设计要求、材料特点等重组已有知识,从而提出可行方案,并不是简单地把有关原理和经验呈现出来就能够完成的。[1]

(二) 思维的分类

思维可以从不同的角度进行分类。

1. 动作思维、形象思维和逻辑思维

根据思维任务的性质、内容和问题解决方法的不同,思维可分为动作思维、形象思维和逻辑思维。思维发生和发展的次序是:动作思维—形象思维—逻辑思维,这三种思维都可能高度发展。

(1) 动作思维又称实践思维或操作思维,是指通过实际动作来解决直观具体问题的思维活动,解决问题的方式依赖于实际动作,是思维发展的最初形式。动作思维的基本特点是思维与动作不可分,思维在动作中展开,如果动作停止,则有关的思维活动也随之停止。3岁以前婴幼儿的思维基本上属于动作思维,他们的思维活动离不开触摸、摆弄物体的活动,只能在动作中思考并解决问题。[2] 成人有时也需要运用动作进行思维,但成人的动作思维要比幼儿的动作思维水平高。

(2) 形象思维是指以人脑中对事物的具体形象(表象)为支柱来解决问题的思维活动。例如,人们在考虑如何更快地到达目的地时,头脑中会出现若干条通向目的地的路,并运用其形象进行分析、比较,从而选择一条最短、最便捷的路线,这就是形象思维。3～7岁儿童

---

[1] 彭聃龄.普通心理学[M].5版.北京:北京师范大学出版社,2019.
[2] 游旭群.普通心理学[M].北京:高等教育出版社,2011.

的思维主要是形象思维。成人有时也需要运用形象思维,如艺术家、作家、导演等的创作需要更多地运用它。

（3）逻辑思维又称抽象思维,是指以概念、判断和推理等形式来进行的思维活动,是揭示事物本质和基本规律的思维,它是人类特有的一种思维形式,是个体思维发展的最高阶段。例如,学生运用数学符号和概念进行数学运算;科学工作者依据实验材料进行推理、判断等都需要运用逻辑思维。

对于正常成人而言,上述三种思维是相互联系、相互补充的。在解决问题时,人们通常不是只运用一种思维,而是以某种思维为主,其他思维共同起作用。

2. 经验思维和理论思维

根据思维凭借的知识经验的不同,思维可分为经验思维和理论思维。

（1）经验思维是指人们凭借日常生活经验进行的思维活动。例如,当我们看到一个人兴高采烈的时候,一般会认为他可能遇到了开心的事情。由于这种思维凭借的是生活经验,因此个体经验的不足容易使这种思维产生片面性,甚至得出错误的结论。

（2）理论思维是指人们以科学的概念和论断为依据进行判断、推理和解决问题的思维活动。这种思维往往能抓住事物的本质,正确地解决问题。例如,根据凡是绿色植物都可以进行光合作用这个一般原理,我们可以判断某种绿色植物可以进行光合作用。

3. 直觉思维和分析思维

根据思维过程是否明确、清晰,思维可分为直觉思维和分析思维。

（1）直觉思维是指人们在面临新问题、新事物、新现象时,能迅速理解并做出判断的思维活动,这是一种直接、领悟性的思维活动。直觉思维是一种非逻辑思维,它没有严密的逻辑分析,而是直接根据事物的现象及其变化做出判断。例如,警察在人群中能迅速辨别出犯罪嫌疑人等。直觉思维具有快速性、跳跃性、简缩性、直接性等特点。

（2）分析思维,即逻辑思维,是指严格遵循逻辑规律,对问题进行逐步分析、推导,最后得出合乎逻辑的答案或合理结论的思维活动。例如,教师引导学生进行分析、推导,从而使其掌握概念的思维过程。

4. 聚合思维和发散思维

根据探索问题答案方向的不同,思维可分为聚合思维和发散思维。

（1）聚合思维又称辐合思维、求同思维、集中思维,是指人们将已知的各种信息聚合起来,朝着同一个方向思考,从而得出一个正确答案或最佳解决方案的思维活动。它的主要特点是求同。聚合思维是一种有方向、有条理、有组织、有范围的思维方式。例如,某研究者根据自己的实验数据得出一个明确的结论等。

（2）发散思维又称辐射思维、求异思维、分散思维,是指人们从一个目标出发,沿着不同的方向思考,重新组织已知信息,探求多种、独特答案的思维活动。发散思维是构成创造性思维的重要成分,具有流畅性（思维流畅,短时间内可产生较多观点）、变通性（随机应变、触类旁通,不受思维定势的影响）和独特性（产生不同于寻常反应的特殊见解）。例如,如何建设美丽中国？人们可以从不同的方向思考、回答这一问题,这就是发散思维。发散思维可以产生多种答案、结论、假设或解决方案,但其中究竟哪一种最好,则需要检验。

5. 常规性思维和创造性思维

根据思维的创新程度,思维可分为常规性思维和创造性思维。

（1）常规性思维又称再造性思维,是指人们运用已获得的知识经验,按现成的方案和已有的程序,用习惯的方法和固定的模式来解决问题的思维活动。例如,工人按照图纸建造楼房。这种思维的创造性水平低,缺乏新颖性和独创性,不需要对原有知识进行明显改组,也没有创造出新的思维成果。

(2) 创造性思维是指重新组织已有的知识经验,提出新方案或新程序,以新颖独特的方法解决问题,并创造出新的思维成果的思维活动。例如,发明创造和新理论的提出都需要创造性思维。创造性思维是人类思维的高级形式,它是多种思维的综合表现:既是聚合思维与发散思维的结合,又是直觉思维与分析思维的结合;既包括常规性思维,又离不开创造性思维等。

创造性思维通常更多或首先表现在发散性上。一般认为,创造性思维具有流畅性、灵活性和独创性三个特征。对创造性的测量也重在考察这些特征。①

知识拓展

思维的分类

二、思维的发展:皮亚杰认知发展阶段论

瑞士心理学家皮亚杰认为个体的认知发展具有阶段性的特点,他的认知发展理论也被称为认知发展阶段论。皮亚杰从发生认识论的角度出发,认为从个体出生到成熟的发展过程中,认知结构在与环境的相互作用中不断重构,从而表现出具有不同质的不同阶段。皮亚杰强调,并不是所有的儿童都在同一个年龄完成相同的阶段,但是他们通过各个阶段的顺序是一致的,前一阶段是后一阶段的前提,阶段之间的发展不是间断性的跳跃,而是逐渐、持续的变化,在每一个连续的阶段中,儿童的认知发展都发生了质的变化。下面分别介绍皮亚杰认识发展理论中所强调的一些基本原理以及他所提出的认知发展的四个阶段。

(一) 基本原理

皮亚杰的认知发展阶段论用平衡调节机制来解释认知发展的动力,他认为是发展中的不平衡导致了发展和变化。皮亚杰认为,儿童认知发展的方式与有机体在环境中生存发展的方式是相似的,两者都涉及了适应。皮亚杰相信智力代表了心理结构对物理环境、社会环境和智力环境的一种适应。下面就分别介绍皮亚杰认知发展阶段论中所涉及的几个概念:

1. 图式

皮亚杰认为,所有儿童都具有与周围环境相互作用并理解周围环境的本能倾向。皮亚杰把组织和加工信息的基本方式称为认知结构,把使得个体能够理解世界的认知结构叫作图式。个体与物体发生相互作用的每一种方式都可以看作一种图式,例如,许多婴儿通过咬、吮吸、投掷等方式来了解物体。儿童运用图式来探索周围的世界并与之互动,每种图式都以相同的方式来应对各种事物和情境。皮亚杰认为图式是认知发展变化的基本单元。

2. 适应

皮亚杰认为认知发展的主要机制是心理结构的适应。适应就是调整图式以对环境做出反应的过程,包括同化和顺应两种相互联系但又截然不同的过程。

同化就是个体根据已有的图式来理解新事物或新事件的过程,是对新的环境信息加以修改,使之更为适合已有的知识结构。当儿童遇到一个新的物体时,他们会运用已有的图式去全面地了解这个物体。例如,儿童往往会把新玩具放到自己嘴里进行吮吸,在皮亚杰看

---

① 陈琦,刘儒德.教育心理学[M].3版.北京:高等教育出版社,2020.

来,儿童是在用自己最熟悉的图式——吮吸来同化新刺激,从而感受、探索新玩具——"尝起来是什么味道?""能否供给奶水?"等。

可是也有图式不能奏效的时候。当已有的图式在探究世界的过程中不能奏效时,个体就会根据新信息或新经验对已有的图式进行修改或重新构建,以使新的信息得到更为全面的理解,这就是顺应。例如,一名高中生有一种学习图式,即把知识写在卡片上,记住卡片上的内容,也就是说,他仅通过记忆来进行学习。可是当他学习诸如物理这样较难的知识时,这种图式就无效了,但他很快就会运用不同的策略来学习物理,比如与朋友一起讨论其中较难理解的概念等。

3. 平衡调节机制

皮亚杰认为当已有的图式不能应对眼前的问题时,就产生了一种不平衡状态,即已有的经验和当前问题之间产生了不平衡。人们很自然地试图通过某些方式来减少这种不平衡,比如关注引起不平衡的刺激,建立新的图式,或者调整旧的图式等,直至达到一种新的平衡,这种恢复平衡的过程叫作平衡作用。皮亚杰认为学习依赖于这个平衡作用过程,只有出现不平衡时,儿童才有机会成长和发展。最终,儿童表现出具有质的、不同的新思维方式,并提升到一个新的发展阶段。

因此,根据皮亚杰的模型,认知系统既能使现实适应于自己的模式(同化),又能使自己适应于环境的模式(顺应)。儿童的认知系统经过对环境因素不断的同化、顺应和平衡过程,内在结构逐渐发生了由简单到复杂的变化,由此发生了认知发展并形成了本质不同的心理结构和认知发展的不同阶段。

(二) 认知发展阶段

皮亚杰认为儿童的认知能力发展经历了四个主要阶段,每个阶段都出现了新的能力和信息加工方式。

1. 感知运动阶段(0~2岁)

在这个阶段,儿童依靠感觉和知觉动作的手段来适应外部环境,因此,在这个时期,思维与动作是紧密联系在一起的。在孩子成长的过程中,通过不断的感知与动作获得对外界的认识,即由最先的无知,慢慢地形成经验的过程,皮亚杰认为此时获得的是实践智力。因此,在实践智力的基础上,儿童获得了客体永久性的意识,即当某一客体从儿童的视野中消失时,儿童相信该客体仍然存在,所以这个阶段的儿童可以学会玩捉迷藏的游戏。此外,通过实践,儿童还能运用一系列协调动作来实现某个目的,产生最初的因果性认识。

2. 前运算阶段(2~7岁)

在这个阶段,随着语言的快速发展及初步完善,儿童开始借助表象符号(语言符号和象征符号)来代替外界事物,重视外部活动,儿童的思维开始从具体的动作中摆脱出来,凭借象征格式在头脑中进行表象思维,因此,表象思维与直观形象思维成为这个阶段的主导。但是,在这个时期,儿童的思维表现出自我中心倾向,即不能从他人的角度来思考。同时,儿童的注意力表现出中心化的倾向,即容易被物体鲜明的知觉特征所吸引。

3. 具体运算阶段(7~11岁)

在这个阶段,儿童的思维具有了运算性的心理操作,但这些心理操作仍需具体事物的支持,还不能用抽象的方式进行思考,并且与青少年相比,其思维还缺乏系统性。但这个阶段儿童的思维具有可逆性,即能在头脑中进行精确位置转换。这种思维可逆性的进步给儿童带来两个变化:一是理解了守恒法则,懂得物质的基本属性(如体积)不随非本质特征(如形状)的改变而改变;二是表现出去中心化的思维倾向,即能站在他人的立场思考问题。

4. 形式运算阶段（11～15岁）

在这个阶段，儿童的思维可以摆脱现实中的具体事物，能够使用抽象的概念进行运算，还能进行假设-演绎推理。例如，当问一个青少年学生：如果人一下子会飞了，你认为会发生什么事？那么他可能会跟你讨论在每种可能的条件下会发生什么。更大一些的青少年则能运用归纳推理和演绎推理，能够理解数学、哲学等抽象的学科。总之，这个时期儿童的思维发展非常迅速，基本上与成人差不多，是儿童认知发展的最高阶段。

形式运算阶段个体的思维具有以下几个特征：

（1）命题之间的关系。这个阶段个体的思维是以命题形式进行的。他不仅能考虑命题与经验之间的真实性关系，而且能看到命题与现实之间的关系，并能推论两个或多个命题之间的逻辑关系。

（2）假设-演绎推理。这个阶段的个体不仅能够运用经验-归纳的方式进行逻辑推理，而且能够运用假设-演绎推理的方式来解决问题。假设-演绎推理是指先找出各种可能解决问题的方法，再系统地评价和判定正确答案的推理方式。个体能在考查问题细节的基础上，假设某种理论或解释是正确的，再从假设中演绎出逻辑上应该或不应该出现某些经验现象，然后检验其理论，考查这些预见的现象是否确实出现。

（3）抽象逻辑思维。处于这个阶段的个体能理解符号的意义、隐喻和直喻，能做出一定的概括，他们不再将思维局限在具体事物上，而是开始运用抽象的概念，这使其思维更具复杂性。

（4）可逆与补偿。该阶段的个体不仅具备了逆向性的可逆思维，而且具备了补偿性的可逆思维。例如，对于"在天平的一边加一点儿东西，天平就失去平衡，怎样使天平重新平衡"的问题，他们不仅能考虑把所加的东西拿走（逆向性），而且能够考虑移动天平加重的盘子，使它靠近支点，使力臂缩短（补偿性）。

（5）思维的灵活性。处于该阶段的个体不再刻板地恪守规则，反而常常由于规则与事实的不符而违反规则。对于这一年龄阶段的学生，教师和家长不宜采用过多的命令和强制性的教育，而应该鼓励和指导他们自己做决定，同时对他们考虑不全面的地方提出建议和改进的方法。

知识拓展 ▼

儿童认知发展的四个阶段

（三）对皮亚杰认知发展阶段论的评价

皮亚杰的认知发展阶段论的核心观点是：认知发展领域的一般性和阶段性，他认为在认知发展的每一个阶段都有其相对稳定的认知结构——图式，儿童的认知发展是图式发展的结果，但这也正是皮亚杰认知发展阶段论自从提出以来饱受争议之处。

争议之一：是否存在图式这样一种相对稳定的认知结构。从皮亚杰对于守恒问题的研究中，很多学者对于图式的存在产生了质疑。因为所有的守恒问题都具有相同的逻辑结构，按照皮亚杰的观点，一旦儿童掌握了守恒的原则，就应该能够解决所有守恒的问题，但实际的结果并非如此。研究发现，5～6岁儿童只能够完成数量守恒的问题，7～8岁的儿童只能够完成液体、长度、重量守恒的问题，11～12岁甚至更大一些的儿童才能完成所提及的守恒问题。

争议之二：认知发展出现阶段性转变的内在机制，即是什么引起了发展。皮亚杰的认知发展阶段论并未说明这个问题,仅仅是对认知发展的阶段性特点进行了详细的描述。如果皮亚杰的理论能对这个问题进行解释,那么将具有更大的理论价值。

争议之三:皮亚杰的认知发展阶段论是否低估了儿童的能力。一些研究者认为,儿童在守恒等问题上的困难似乎不是推理技能的不足,而是由于知识储备的不足导致的。儿童所缺少的是成年人的知识基础以及对信息如何组织的认识。例如,他们能认识到像动物和蔬菜这样较大分类之间的区别,但还不能掌握像马和斑马这样较小分类之间的精细差别。

总体上,皮亚杰的认知发展阶段论还不完善,尽管如此,该理论至今仍被认为是一个最有影响力的认知发展理论。

三、思维与问题解决

在日常生活中,人们会遇到各种各样的问题,例如汽车陷入泥里时如何脱离困境、科研人员通过研究寻找治理污染的办法等,这些问题的解决都需要思维的直接参与。

问题解决是指当个体面临问题情境而没有现成的方法可以使用时,应用一系列的认知操作,使问题从起始状态到达目标状态的过程。一般将问题解决的过程分为发现问题、理解问题、提出假设和检验假设四个阶段。发现问题是首要环节。理解问题就是把握问题的性质和关键信息,摒弃无关因素,并在头脑中形成有关问题的表征。提出假设是提出解决问题的可能途径与方案,选择恰当的解决问题的操作步骤。检验假设是通过一定的方法来确定假设是否合乎逻辑、是否符合科学原理。检验假设的方法有两种:直接检验和间接检验。总体而言,影响问题解决的因素有很多,主要包括以下几个方面。

1. 问题解决的策略

在面对问题情境时,个体采用合适、有效的策略有利于提高问题解决的效率。在问题解决过程中所用的各种策略大致分为算法和启发式两大类。算法策略是指在问题空间中,按照逻辑尝试所有可能解决问题的方法,直至找到一种有效解决问题的方法。算法策略不适用于定义模糊的问题和定义清晰但过于复杂的问题。对于可使用算法策略的问题而言,该策略可以保证问题的解决,但是采用该策略在解决某些问题时需要大量的尝试,效率较低。启发式策略是指个体使用由以往解决问题时归纳而成的经验来解决问题的方法。启发式策略不能完全保证问题的解决,但使用这种策略比算法策略快捷,解决问题更省时、省力。常用的启发式策略有手段-目的分析、逆向搜索、爬山法和类比迁移等。

2. 问题表征

问题表征是指个体在脑中对问题进行信息记载、理解和表达的方式。同一问题可以有不同的表征形式,问题表征是否适宜将直接影响解决该问题的效果。问题的类型、呈现方式等因素会对个体的问题表征产生影响。例如,教师在课堂上进行各种形式的提问,做各种类型的课堂和课后练习等,都是学校情境中常见的问题呈现形式。问题的陈述方式或所给图式的不同将直接影响问题解决的过程。例如,有些陈述或图示直接提供了问题解决的线索,而有些则包含某些多余的信息,或者问题解决所需的部分条件被隐含起来,这就增加了问题解决的难度,需要个体能够发现、分离出解决问题所需的必要条件,撇开表面现象,抓住问题的本质特征。一般来说,如果陈述或图示直接提供了问题解决的线索,就有利于解决该问题。

3. 知识和经验

知识和经验是解决问题的前提。已有知识和经验的质与量都会影响问题解决,个体拥有某一领域的知识和经验越丰富,越有利于解决相应的问题。但是,知识和经验在脑中的存储方式也是决定问题能否有效解决的关键。如果人们在某一领域拥有大量的知识和经验，却以杂乱无章的方式存储，那么这些知识和经验并不能促进该领域问题的解决。

另外，人们过去解决问题的成败经验也将影响他们对当前问题的解决方式。如果过去解决问题的成功率高，个体就有信心解决当前问题；如果过去解决问题的成功率低，个体就会觉得自己无能，产生消极情绪，为了避免再次失败，有时会对当前问题直接采取回避行为。

4. 思维定势

思维定势是指个体以最熟悉的方式做出反应的倾向，人们习惯采用以往解决问题的策略来解决相似的新问题，这是影响学习迁移的一个重要因素。学校情境中的问题解决主要是通过迁移实现的，因此，思维定势也必然影响问题解决。它的影响有积极的，也有消极的，如果新问题和以前的问题具有相同的本质，则思维定势可以促进问题解决，否则会妨碍问题解决。

5. 功能固着

功能固着是指人们在解决问题的过程中，将某种物体的功能固定化的心理倾向。通常，当个体知道某种物品有一种惯常的用途后，就很难再看出它的其他新功能。功能固着也可以看作一种思维定势，它会影响问题解决的灵活性。在解决问题的过程中，个体能否改变事物的固有功能来适应新问题情境的需要，常常是问题解决的关键。如果要克服功能固着，则人们需要掌握丰富的知识，熟悉物体的不同用途，进行发散思维，灵活地看待物体的功能，使之服务于问题解决。

6. 动机

个体对活动的态度、社会责任感、价值观、认识兴趣等，都能够成为发现问题的动机，影响问题解决的效果。不同强度的动机对问题解决具有不同的影响。动机强度与问题解决效率之间呈倒 U 形关系：在一定范围内，问题解决的效率随动机强度的增高而上升，中等强度的动机是问题解决的最佳水平，动机太弱或太强都不利于问题解决。

7. 情绪

情绪也会影响问题解决，紧张、烦躁、压抑等消极情绪会妨碍问题的解决，轻松、乐观、平静等积极情绪将有利于问题的解决。例如，学生考试时，如果情绪过分紧张、感到焦虑，那么容易使其思路阻塞；如果学生以积极的情绪参加考试，将有利于其思考，解决考题。[1]

8. 人格特征

问题解决还受个体人格特征的直接影响。个体如果具有远大理想、意志坚强、自立、自强、勤奋、乐观、果断、勇于进取和探索等优良的人格特征，往往能克服困难，善于利用各种有利条件，迅速有效地解决问题；而个体如果缺乏理想、意志薄弱、缺乏自尊、自卑、懒惰、遇事动摇不定，常常会畏惧困难，自暴自弃，逃避问题，妨碍问题的解决。[2]

知识拓展 ▼

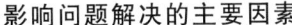

影响问题解决的主要因素

---

[1] 游旭群. 普通心理学[M]. 北京：高等教育出版社，2011.
[2] 付建中. 普通心理学[M]. 2 版. 北京：清华大学出版社，2017.

第五节 学习动机

一、学习动机及其功能

（一）学习动机的含义

学习动机是指激发与维持个体的学习行为，并使之朝向一定目标的内在过程或内部心理状态。[①] 学习动机的两个基本成分是学习需要和学习期待，两者相互作用形成学习的动机系统。学习动机并不直接参与学习的认知过程，而是通过一些中介机制来影响认知过程。学习动机给学生以动力并对其学习进行调节，强烈的学习动机有助于唤醒学生的学习情绪状态，增强学生的学习准备状态，使学生集中注意力以及提高学生的努力程度和意志力。

学习动机与学习行为是相互作用的。学习动机推动学习行为，反之学习行为又能产生或增强后续的学习动机。例如，学生为解决某一问题而学习物理知识，这使他获得了求知乐趣、成功体验以及自我提高，通过学习也使其感到自身知识的薄弱，从而产生了进一步学习物理知识的动机。

（二）学习动机的功能

学习动机的功能主要有以下几个方面：

1. 激活功能

学习动机能促使学生产生学习行为。就这一功能来说，学习动机是引起学生学习行为的原动力，对学习行为起着始动作用。例如，某位学生知道自己的英语听力能力较差，产生了要训练英语听力的学习动机，他便在这一学习动机的驱动下，出现了相应的学习行为——观看美国原声电影。

2. 指向功能

学习动机能使学生的学习行为指向某一特定目标。就这一功能来说，学习动机是引导学生学习行为的指示器，对学习行为起着导向作用。上例中，那位学生在要训练英语听力这一学习动机的引导下，将所激发的观看美国原声电影这一学习行为明确指向训练英语听力这一目标，故该学生在观看时会把注意力集中在电影中的人物对话上。

3. 维持功能

学习动机能维持和调节学生学习行为的强度、时间和方向。就这一功能来说，学习动机是学生学习行为的控制器，对学习行为起着调控作用。上例中，那位学生在观看美国原声电影时把注意力集中于人物的对话上，这一学习行为的强度和维持时间的长短都受到相应学习动机的影响和调控。

二、学习动机的理论

（一）强化理论

学习动机的强化理论是由美国心理学家斯金纳等人提出的，也称行为修正理论或行为矫正理论。该理论认为人或动物为了达到某种目的，会采取一定的行为作用于环境。当这种行为的后果对他有利时，这种行为就会在以后重复出现；不利时，这种行为就减弱或消失。

[①] 付建中.教育心理学[M].2版.北京：清华大学出版社，2018.

人们可以用这种正强化或负强化的办法来影响行为的后果,从而修正其行为。

强化理论不仅用强化来解释学习的发生,而且用它来解释动机产生的原因。如果学生因学习而得到强化(如获得好成绩、教师和家长的赞扬等),他就产生了学习动机;如果学生的学习没有得到强化(如没有获得好分数或赞扬等),他就没有学习的动机;如果学生的学习受到了惩罚(如遭到同学或教师的嘲笑等),他就会产生避免学习的动机。因此,在学习活动中,如果教师采取各种外部手段,如奖赏、赞扬、评分、等级、竞赛等,则可以激发学生的学习动机,引起其相应的学习行为。

一般来说,强化起着增进学习动机的作用,如适当的表扬与奖励、获得优秀的成绩、取消讨厌的频繁考试等便是强化的手段;惩罚则一般起着削弱学习动机的作用,但有时也可使一个人在失败中重新振作起来,如频繁的惩罚等便是惩罚的手段。在学生学习的过程中,如果教师能合理地运用强化,减少惩罚,将有助于提高学生的学习动机水平,改善他们的学习行为及其结果。

强化理论就其主要倾向来说,是行为派的学习动机理论。它把行为的原因归结为外部刺激与外部强化的作用,属于典型的外部动机理论。该理论过分强调引起学习行为的外部力量(外部强化),忽视甚至否定了人的内在因素和主观能动性对学习动机的作用,有较大的局限性。

(二) 需要层次理论

美国社会心理学家和比较学家马斯洛是人本主义心理学创始人。尽管他所提出的需要层次理论并非主要用于解释学习动机的,但其中蕴含着有关学习动机的理论观点。

起初,马斯洛的需要层次理论认为人类的需求可以分为五种,由低到高分别是:生理需要、安全需要、社交需要、尊重需要、自我实现需要。马斯洛在晚年对需要层次理论进行了修改,加入了认知需要和审美需要,所以晚期的需要层次理论所包括的需要层次有七种。马斯洛的需要层次结构如图 4-2 所示。

图 4-2 马斯洛的需要层次结构

马斯洛认为,这七种需要是与生俱来的,它们是激励和指引个体行为的力量。在人的需要层次中,最基本、最原始的需要是生理需要,是指维持生存及延续种族发展的需要,包括饮食、睡眠等。它处于需要层次结构的最底层,是推动人类行为的强大力量。在需要层次结构中,处于生理需要上一层的是安全需要,即个体要求稳定、安全、受到保护、免除恐惧和焦虑、获得安全感的需要,例如,获得物质上的保障、免于疾病、避免焦虑等。安全需要的上一层便是社交需要,是指被人或群体接纳、爱护、关注、鼓励、支持等的需要。它是对亲情、友情、爱情的需要,反映了人的社会性,例如结交朋友、追求爱情等。随后出现的是尊重需要,是指获得并维护个人自尊心的需要,包括自尊和受到他人尊重的需求,例如,被他人认可、获得自信、独立等。马斯洛认为,上述四种需要是基本需要(或称缺失性需要),是人所共有的。

基本需要得到基本满足之后,便进入较高层次的成长需要,由低到高分别是认知需要、审美需要和自我实现需要。认知需要是指个体对自己和周围世界进行探索、获取知识、解决问题的需要。例如,摆弄、探索、试验、阅读和询问等。认知需要能够引发个体的学习动机。审美的需要是指个体追求、欣赏美好事物的需要,包括对秩序、对称、完整结构和自身行为完美等的追求。例如,希望事物匀称、整齐等。最高层次的需要是指个体自我实现需要,即个体渴望充分实现自我价值、自我潜能得以发挥的需要。

依照该理论的主要观点来看,基本需要按阶层发展的原理同时也是个体内在潜能得到充分发挥和内在价值得到实现的必由之路。据此,在教学中,教师应该意识到,某种程度上学生缺乏学习动机可能是因为他们的一些低级需要未得到充分满足,这或许会成为学生学习和自我实现的主要障碍。例如,父母离异使学生社交需要得不到满足,这可能对学生的学习和自我实现产生影响。因此,教师不仅要关心学生的学习,而且要关心学生的生活,积极探索影响学生学习的主要因素。此外,教师还应重视学生的内在潜能和内在价值,要认识到学生具有发挥自己内在潜能和实现内在价值的高级需要,激发学生的学习动机。

马斯洛的需要层次理论强调人所特有的高级需要,将内部动机和外部动机结合起来,对学校教育教学具有重要的指导价值。但该理论也存在缺陷:它建立在描述现象的基础之上,许多观点带有假设的性质,尽管有些描述与现实吻合,但仍有待进一步验证;它提出的自我实现等需要的界定不够明确,认为高级需要是低级需要满足后自然出现的,带有遗传决定论的特点。[①]

(三) 成就动机理论

成就动机理论比较著名的有:美国心理学家麦克里兰的成就需要理论和美国心理学家阿特金森的成就动机理论(又称期望价值理论)。

阿特金森提出,人类所习得和表现的成就动机有两种:一是追求成功的意向,是指个体努力克服障碍、施展才能,力求又快又好地解决某一问题的心理倾向,即人们倾向于追求成功及其带来的积极情感;二是害怕或回避失败的意向,表现出设法逃避成就活动或情境,避免预料到的失败结果,即人们倾向于避免失败及其带来的消极情感。根据这两类动机在个体动机系统中所占的强度,可将个体分为力求成功者和避免失败者。

力求成功者的目标是获取成就,所以他们会选择有成就感的任务,确定会成功或失败的任务对个体缺乏吸引力,而成功概率约为50%的任务对个体的吸引力最大,因为这种任务能给他们提供最大的现实挑战。相反,避免失败者则倾向于选择非常容易或者非常困难的任务。因为选择容易的任务能保证成功,避免失败;而选择困难的任务,即使失败也可以找到适当的借口,得到自己和他人的原谅,从而减少挫败感。

在教育实践中,对于属于力求成功者类型的学生,教师应通过给予新颖且有一定难度的任务,安排竞争的情境,严格评定分数等方式来激发他们的学习动机;而对于属于避免失败者类型的学生,教师应安排竞争性不强的情境,当他们取得成功时,要及时表扬、给予强化,同时应尽量避免在公众场合指责其错误。

---

① 付建中.教育心理学[M].2版.北京:清华大学出版社,2018.

（四）成就归因理论

归因是指人们对自己或对他人的活动及其结果的原因所做的解释和评价。最早提出归因理论的是美国社会心理学家海德。他认为个体有情境归因和性格归因两种归因倾向，人们在解释他人的行为时倾向于性格归因，而在解释自己的行为时却倾向于情境归因。美国心理学家维纳在海德归因理论的基础上提出了系统的成就归因理论，也称为三维度归因理论。他认为个体的归因是复杂的、多维度的，归因结果对其以后的行为动机会产生不同程度的影响。同时，他提出能力、努力、任务难度、运气、身心状况和其他因素（包括他人帮助、环境影响等）是人们解释成败时知觉到的六种主要原因，并将这些原因分为稳定性、内外源和可控性三个维度。稳定性是指个体所知觉到的原因是相对稳定、不易改变的因素（如能力），还是不稳定、易受外界环境影响的因素（如努力、任务难度、运气、身心状况等）；内外源是指个体所知觉到的原因是内在因素（即个人因素，如能力、努力、身心状况等），还是外在因素（即环境因素，如任务难度、运气等）；可控性是指个体所知觉到的原因是个体自身能控制的因素（如努力），还是不能控制的因素（如能力、任务难度、运气、身心状况等）。将三个维度和六个因素结合起来，就可形成如表4-1所示的成就动机的归因模式。

表 4-1 成就动机的归因模式

归因因素	稳定性		内外源		可控性	
	稳定	不稳定	内在	外在	可控	不可控
能力	+		+			+
努力		+	+		+	
任务难度	+			+		+
运气		+		+		+
身心状况		+	+			+
其他		+		+		+

上述三个维度都具有特定的心理意义，分别与期望、情感相联系，成为个体后续行为的动力。第一，稳定性与期望有关。把成功归因于稳定因素将保持较高的成功期望，而归因于不稳定因素则很少能增强成功期望；把失败归因于稳定因素将使个体继续保持较低的成功期望，而归因于不稳定因素则能使个体增强成功期望。第二，内外源、可控性与情感有关。内外源能够影响个体自豪与自尊的情感。例如，比起归因于外部因素，个体会把成功归因于自己可引发更高的自尊和自豪感；把失败归因于自己比归因于外部更容易产生低自尊，甚至自卑感。可控性则与个体内疚、惭愧等情绪体验相联系。例如，把失败归因于可控性因素会令个体感到内疚，归因于不可控因素则会使个体感到惭愧。

成就归因理论由结果来阐述行为动机，其理论价值与实际作用主要表现在以下三个方面：一是有助于了解心理活动发生的因果关系；二是有助于根据学习行为及其结果来推断个体的心理特征；三是有助于从特定的学习行为和结果来预测个体在某种情况下可能产生的学习行为。在实际的教学过程中，教师运用成就归因理论了解学生的学习动机，有助于改善学习行为，提高其学习效果。

（五）自我效能感理论

自我效能感是指人们对自己能否成功地进行某一行为的主观判断。自我效能感理论是由美国心理学家班杜拉提出的，他把自我效能感看成人类动机过程的一种重要的中介认知因素，并用它解释复杂的动机行为。

班杜拉根据大量的研究结果提出,个体自我效能感主要受以下四个因素影响。

(1)成败经验。个体的亲身经历是个体自我效能感最基本、最主要的影响因素,它为个体提供了最可靠的效能信息。一般情况下,成功经验会提高个体的自我效能感,而失败经验则会降低个体的自我效能感。同时,班杜拉在研究中还发现,个体对行为成败的归因会直接影响其对自我效能的评价。

(2)替代经验。替代经验是指个体通过观察示范者的行为而获得的间接经验。当个体看到与自己能力相似的示范者取得成功时,会增强自我效能感;反之,若示范者几经努力却失败了,那么就会降低个体的自我效能感。当然,若示范者与个体的能力相差较大,示范者的行为及其结果就不会对个体的自我效能感产生过大的影响。替代经验可以增强或抵消对个体直接经验的影响。一般情况下,替代经验的影响力弱于直接经验,但在某些特殊情况下,替代经验的影响力可能会压倒直接经验,例如,在示范者的行为多次获得成功的情况下。

(3)言语说服。这是试图凭借说服性的鼓励、建议、劝告、解释、暗示和自我引导等方式来改变个体自我效能感的一种方法。言语说服因简单有效而得到广泛应用,但它在自我效能感的形成中所起的作用是有限的。如果个体缺乏实战经验的支持,那么在言语说服基础上形成的自我效能感并不十分牢固。

(4)情绪唤起。班杜拉认为,生理和情绪状态也会影响自我效能感的形成。处于紧张状态下的个体很容易产生自我效能感。班杜拉认为,情绪唤起的绝对强度并不重要,重要的是个体对情绪状态的知觉和解释。

在自我效能感形成的过程中,上述四个因素所起的作用是由主体来权衡和判断的。在不同的活动、不同的情境中,个体会根据实际情况对不同类型的效能信息加以权衡,赋予其不同的权重。

班杜拉指出,人的行为受行为的结果因素与先行因素的影响。行为的结果因素就是通常所说的强化。强化分为三种:一是直接强化,即个体通过外部因素对学习行为予以强化;二是替代性强化,即个体通过一定的榜样来强化相应的学习行为或学习行为倾向;三是自我强化,即个体根据一定的评价标准进行自我评价和自我监督,由此来强化相应的学习行为。班杜拉认为,行为的出现不是由于随后的强化,而是由于个体认知了行为与强化之间的依赖关系后,形成了对下一步强化的期待。期待分为结果期待和效能期待两种。结果期待是指个体对自己的某种行为会导致某种结果的推测,如果个体预测到某一特定行为会导致某一良好的结果,那么这一行为就可能被激活。效能期待则是指个体对自己能否实施某种行为的能力判断,即人对自己行为能力的推测。当个体确信自己有能力进行某一活动时,这种行为就可能被激活。在人们获得了相应的知识技能、确立了目标后,自我效能感就成为行为的决定性因素。

自我效能感一旦形成,便会对人的行为产生直接影响,主要体现在以下几个方面:

(1)影响个体对行为的选择。一般来说,人们倾向于回避那些他们认为超过自己能力的任务,而承担并执行那些他们认为自己能够完成或完成得很好的事情。个体完成任务的结果也会反过来对其自我效能感产生影响。

(2)影响个体的情感过程:① 自我效能感会导致注意偏向,影响个体对事件的认知和解释,由此产生积极情绪或消极情绪;② 自我效能感较低的人在面临挑战性任务时容易焦虑,自我效能感高的人则不会出现这种情况。

(3)影响个体对情境的认知。自我效能感低的个体在与环境相互作用时,会过多地考虑个人的不足,夸大潜在的学习困难,将更多的注意力转向可能的失败和不利的结果。自我效能感高的个体在认知情境时,倾向于选择情境中有利于成功的方面,还能通过想象成功给自己的行为提供积极指导。

(4) 影响个体所投入的努力。如果个体认为失败是由于自己不努力所导致的,那么他以后有可能更加努力,遇到困难也更能坚持。但如果个体将失败归因于能力的不足,就算努力也无法取得成功,那么个体很容易放弃。

三、如何激发与培养中学生的学习动机

(一) 学习动机的激发

学习动机作为中学生学习的内在动力,贯穿其整个学习过程。学习动机能够激发中学生产生学习行为,同时对学习行为具有激活、指向、强化的功能。在教学中,教师的一项重要任务便是激发学生的学习动机,一旦学生产生强烈的学习愿望,他们就会努力自觉地学习。教师可以从以下几个方面入手,激发中学生的学习动机:

1. 创设问题情境,实施启发式教学

启发式教学与填鸭式教学相比,具有极大的优越性。要想实施启发式教学,关键在于创设问题情境。问题情境是指具有一定难度,而又是学生力所能及的学习情境。创设问题情境是指教师在教学过程中提出一定难度的问题,学生不能仅仅依靠已有的知识和习惯方法去解决,这些问题情境能够激起学生思维的积极性和求知的需要。许多教师的实际教学经验说明,在讲授教学内容之前,教师提出若干富有启发性的问题,使学生产生矛盾、疑惑、惊讶的心理,再把他们引入与问题有关的情境中。教师这样做最能引起学生们的求知欲和学习兴趣,从而让其产生学习动机。

创设问题情境的原则是:问题要小而具体;问题要深而有趣;问题要有适当的难度(根据成就动机理论,问题的难度控制在50%左右时最有利于激发学生的学习动机);问题要富有启发性。①

那么,教师应怎样创设难度适宜的问题情境呢?首先要求教师熟悉教材,掌握教材的结构,了解新旧知识之间的内在联系;其次要求教师充分了解学生已有的认知结构状态,使新的学习内容与学生已有水平构成一个适当的跨度。这样,才能创设问题情境。具体创设问题情境的方式多种多样,既可以用设问的方式提出,又可以用作业的方式提出;既可以从新旧教材的联系方面引进,又可以从学生的日常经验引进等。创设问题情境可以在教学的开始阶段,也可以在教学过程和教学结束时进行。②

2. 根据作业难度,恰当控制学习动机水平

一般情况下,学习动机增强能够提高学生的学习效果,但学习动机水平并不是越高越好,当学习动机水平超过一定限度时,学习效果反而更差。例如,有些学生想上大学的学习动机过强,注意力和知觉的范围过分狭窄,记忆和思维也都会受到影响,一进考场便因情绪紧张而怯场,平时熟悉的问题也答不出来。美国心理学家耶克斯和多德森认为,中等程度的学习动机水平最有利于学生学习效果的提高。在具体的学习活动中,为使学生的学习有成效,应避免过高或过低的学习动机。同时,他们还发现,动机水平与作业难度密切相关:如果学习任务较容易,则最佳学习动机水平较高;如果学习任务难度中等,则最佳学习动机水平也适中;如果学习任务越困难,则最佳学习动机水平越低,这便是耶克斯-多德森定律。教

---

① 张承芬.教育心理学[M].济南:山东教育出版社,2000.
② 谭顶良.高等教育心理学[M].南京:南京师范大学出版社,2017.

师在教学时,应根据学习任务的不同难度,适当控制学生的学习动机水平。

3. 充分利用反馈信息,对学生合理进行奖惩

有研究表明,来自学习结果的种种反馈信息对学生的学习效果有明显影响:一方面学生可以根据反馈信息调整自身的学习活动,改进学习策略,另一方面他们为了取得更好的成绩或避免再犯错误而增强了学习动机,从而保持了学习的主动性和积极性。

教师在利用反馈信息时,要注意反馈必须清楚、具体、及时。如果教师对某学生说他做得很好,而又不做任何解释和说明,学生就不知道自己哪些方面做得好,哪些方面做得不好,今后的努力方向是什么,那么也就不可能做出最具学习动机效应的努力归因。及时是指反馈必须紧随着个体的学习结果,如果反馈与学习结果之间相隔的时间太长,就会失去动机和信息价值。如果教师在清楚、具体、及时反馈的基础上,再提供适当的评价,效果将会更加明显,这就是奖励与惩罚的作用。

从图4-3中可以看出,表扬与奖励比批评与指责能更有效地激发学生的学习动机。因为前者能使学生获得成就感,增强自信心,而后者的作用恰恰相反,但表扬与奖励使用过多或使用不当也会产生消极影响。许多研究表明,如果滥用外部奖励,不仅不能促进学生学习,而且可能破坏学生的内在动机。所以应根据学生的具体情况进行奖励,把奖励看成某种隐含着成功的信息,其本身并无价值,只是用它来吸引学生的注意力,促使学生由外部动机向内部动机转换,对信息任务本身产生兴趣。①

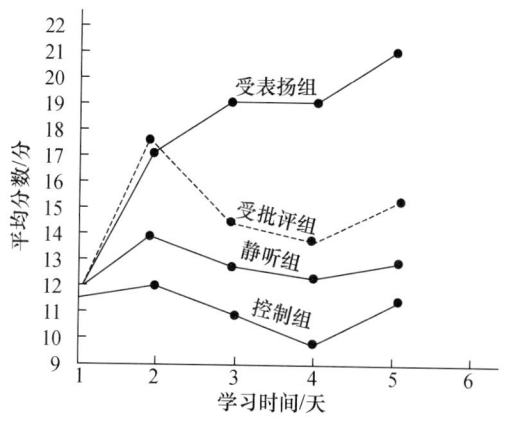

图4-3 不同组别学生的平均成绩

在实际教学过程中,对于那些缺乏内在学习兴趣的学生,教师可以通过外部强化来引发和巩固其内部动机。为了使外部动机有助于激发和增强学生的内部动机,教师在使用表扬、奖励等强化手段时应注意:① 表扬与奖励应主要针对学生不感兴趣但必须要完成的任务;② 表扬与奖励要针对真正的进步与成就;③ 尽可能采用社会性而非物质性的奖励;④ 表扬与奖励要符合学生的年龄特征。

4. 正确指导结果归因,促使学生继续努力

由成就归因理论可知,中学生对学习结果的归因会对其以后的学习行为产生影响。

就稳定性维度而言,如果学生把成功或失败归因于稳定因素,那么他们对未来的学习结果也会抱有成功或失败的预期,从而使其增强自豪感、自信心或产生羞耻感、自卑感;相反,如果学生把成功或失败归因于不稳定因素,则不会影响他们对未来成功或失败的期望,他们

---

① 谭顶良.高等教育心理学[M].南京:南京师范大学出版社,2017.

的成败体验对其将来学习行为的影响力较小。

就内外源维度而言,如果学生将成功或失败归因于自身内在的因素,他们便会产生积极的自我价值感,进而对未来的学习活动更加投入,或形成消极的自我评价,从而更加避免参与成就性任务;相反,如果学生将成功或失败归因于外在因素,那么他们的学习结果对其自我评价、自我效能感的影响便很小。

就可控性维度而言,如果学生将成功或失败归因于可控因素,他们就会对自己充满信心或产生一种愧疚感;反之,如果学生把成功或失败归因于不可控因素,则他们会产生感激等积极情绪或仇视报复等消极情绪。

既然不同的归因方式会影响学生今后的学习行为,那么也可以通过改变学生的归因方式来改变学生今后的行为,这对于学校教育工作有实际的指导意义。一般而言,教师引导学生将学习结果归因于主观努力方面是有利的。归因于主观努力程度,这能使学习成绩较好的学生不过分自傲,能继续努力,也能使学习成绩较差的学生不至于过分自卑,能更加努力地学习,争取成功。

知识拓展

正确指导学生进行积极归因

5. 提高自我效能感,激发学生的成就动机

自我效能感对个体的认知、情绪和行为都会产生重要影响。自我效能感较高的学生更有可能选择困难的任务,并做出更大的努力,较少产生焦虑等消极情绪,会运用适当的问题解决策略;而自我效能感较低的学生往往采取拖延、试图回避的方式来应对困难任务,并且容易产生消极情绪。

教师应帮助学生形成正确的自我概念,提高学生的自我效能感,激发其成就动机。在实际教学过程中,教师要指导学生树立正确的学习目标,为学生创造成功的机会,让他们获得成功经验。此外,教师还应为学生树立积极的榜样,从而提高其自我效能感。

(二) 学习动机的培养

1. 利用学习动机与学习效果的互动关系培养学习动机

学习动机作为引起学习活动的动力机制,不仅是学习活动得以发动、维持、完成的重要条件,而且还能影响学生的学习效果。有研究表明,学习动机可以影响学习效果,学习效果也可以反作用于学习动机。如果学习效果好,学生在学习中所付出的努力与所取得的收获成正比,学生的学习动机就会得到强化,从而巩固了新的学习需要,使学习更有成效。那么,学习动机与学习效果相互促进,从而形成学习上的良性循环。反之,学生不良的学习效果会削弱学习需要,降低学习积极性,导致更差的学习效果,从而形成学习上的恶性循环。而教师想将学生学习上的恶性循环转变成良性循环,关键在于:① 改变学生的成败体验,使其获得学习上的成就感;② 改善学生的知识技能掌握情况,弥补其基础知识和基本技能方面的欠缺。虽然学习效果是客观的,但学生对它的感觉具有主观性。因此,教师应掌握评价学习效果的艺术,使学生体验到学习的成功感。为此,教师在实际教学中应注意:① 学生的成败感与他们的自我标准有关,教师应注意个别差异;② 课题难度要适当,应是学生经过努力可以完成的;③ 课题应由易到难呈现;④ 当学生在某一课题上失败时,教师可让其完成有关的基础课题,使学生下一次在原来失败的课题上有可能获得成功。

另外,依据耶克斯和多德森的理论,中等程度的学习动机水平最有利于学习效果的提高,并且学习动机水平与作业难度密切相关。因此,教师在培养学生学习动机时,首先应确认对学生来说学习任务的难度有多大,再根据难度确定应该将学生的学习动机提高至什么水平。但教师也不能一味地提高学习动机,过高的学习动机反而不利于学生的学习。

2. 利用直接发生途径和间接转化途径培养学习动机

教育心理学研究表明,新的学习需要通过两条途径形成:一是直接发生途径,即因原有学习需要不断得到满足而直接产生新的更稳定、更分化的学习需要;二是间接转化途径,即新的学习需要由原来满足某种需要的手段或工具转化而来。

在利用直接发生途径培养学习动机时,教师主要应考虑的是如何使学生的原有学习需要得到满足。由于认知内驱力是最稳定、最重要的学习动机,因此,满足学生的认知需要有利于培养其新的学习需要。为此,教师应耐心有效地解答学生提出的问题,精心组织信息较多、有吸引力的课堂教学,以满足学生的求知欲。同时,教师要积极引导学生运用所学知识解决实际问题,使学生了解知识的价值,以形成掌握更多知识、探究更深层次问题的需要。

在利用间接转化途径培养学习动机时,教师可以通过各种活动来实现,如给学生提供各类机会,满足学生其他方面的要求和爱好等。就各种课外活动小组而言,参与的学生最初可能并不是由于对某一学科的爱好,而很可能是追求活动中的娱乐和与同伴交流的快乐。例如,参加自然小组的学生,可能并不是出于对自然科学感兴趣,而是出于对外出郊游的向往,但在活动过程中,自然小组的学生可能发展出对地理、生物、化学等方面的兴趣。可见,随着活动的开展,学生原来对娱乐、游戏等需求的满足,便能转化成新的学习需要。

另外,随着学生年级的提高,应逐渐将其学习的外部动机转变为内部动机,促进学生自身学习潜能的发挥,进一步提升学习效果。

第六节 学习迁移

一、学习迁移及其分类

(一)学习迁移的概念

学习迁移是指一种学习对另一种学习的影响,或习得的经验对完成其他活动的影响。我们平常所说的举一反三、触类旁通、闻一知十等就是典型的学习迁移。学习迁移不仅表现为先前学习对后续学习的影响,而且还表现为后续学习对先前学习的影响。从效果上看,学习迁移对学习的影响可以是积极的,也可以是消极的。因此,研究学习迁移,促进积极迁移,减少或避免消极迁移,对于提高学生的学习效果有重要意义。

学习迁移是学习过程中普遍存在的现象,它广泛存在于各种知识、技能的学习中,也存在于态度与品德的学习之中。例如,学生学习英语可能有助于其学习德语、法语等另外一门外语,学生学会骑自行车可能有助于其学习驾驶摩托车,学生在学校形成爱护公物的规范行为会影响其在其他场合爱护公物的表现等。另外,学习迁移不仅存在于某种经验内部,而且也存在于不同经验之间。例如,在英语学习中,学生掌握丰富的词汇知识将促进其英语阅读技能的提高,而英语阅读技能的提高又可以促进其获得更多英语词汇知识,故知识和技能之间存在着相互迁移。

(二)学习迁移的分类

学习迁移可以从不同的角度进行分类。

1. 正迁移与负迁移

根据迁移的性质和结果,迁移可分为正迁移和负迁移。带来积极影响的迁移称为正迁移,带来消极影响的迁移称为负迁移。

正迁移即一种学习对另一种学习的积极影响,包括一种学习使另一种学习具备了良好的心理准备状态,一种学习使另一种学习活动所需的时间或练习的次数减少,或使另一种学习的深度增加或单位时间内的学习量增加,或者已经具备的知识经验使学习者顺利地解决了面临的问题等情况。[①] 例如,学生学习素描会对其之后学习油画产生积极影响。正迁移除了知识和技能的迁移外,方法的掌握、态度的形成之间也会发生这种迁移。

负迁移一般是指一种学习对另一种学习的消极影响,多指一种学习所形成的心理状态(如反应定势等)对另一种学习的效率或准确性产生了消极的影响,使另一种学习所需的学习时间或所需的练习次数增加或阻碍另一种学习的顺利进行、知识的正确掌握等。[②] 例如,学生在学会汉语拼音后再学习英语国际音标时常常会受到干扰。在教育工作中,我们应该注意消除和克服负迁移。

2. 顺向迁移与逆向迁移

根据迁移发生的方向,迁移可分为顺向迁移和逆向迁移。顺向迁移是指先前学习对后续学习的影响。例如,当个体面临新情境、新问题时,利用原有的知识经验去面对新情境,解决新问题,这就是顺向迁移。逆向迁移是指后续学习对先前学习的影响,主要表现为通过后续学习对已获得的知识技能予以补充、改组或修正,进一步理解、丰富个体已有的知识经验。

3. 纵向迁移与横向迁移

根据知识所处的不同层次,迁移可分为纵向迁移和横向迁移。

纵向迁移又称垂直迁移,是指概括与抽象程度不同的学习之间的相互影响。纵向迁移主要表现为两个方面:一是自上而下的迁移;二是自下而上的迁移。前者是指上位的较高层次经验的学习对下位的较低层次经验的学习产生了影响,例如,学生对三角形相关知识的掌握会影响其对直角三角形、等腰三角形和等边三角形等有关知识的学习。后者是指下位的较低层次的经验对上位的较高层次经验的学习产生了影响,例如,学生对猪、牛、马、大象等的认识会影响其对哺乳动物这一概念的学习。

横向迁移又称水平迁移,是指处于同一层面(概括和抽象程度相同)的学习间的相互影响。在这种迁移中,学习内容之间的逻辑关系是并列的,抽象与概括水平相当。例如,学生对化学中锂、钠、钾、镁等金属元素的学习,这些元素之间的关系是并列的,学生对它们之间产生的学习迁移即横向迁移。

4. 一般迁移与特殊迁移

根据迁移内容的不同,迁移可分为一般迁移和特殊迁移。这种划分首先是由布鲁纳提出来的。

一般迁移又称普遍迁移、非特殊迁移,是指个体在一种学习中所习得的一般原理、原则、方法、策略和态度等对另一种学习的影响。例如,学生在数学学习中形成的认真审题的态度也将影响其对其他学科的审题态度。布鲁纳非常强调一般迁移,认为它是教育过程的核心。

特殊迁移又称具体迁移,是指在学习迁移发生时,个体原有经验的组成要素及其结构没有变化,只是将一种学习中习得的具体、特殊的经验直接迁移到另一种学习中,或是经过要

---

① 陈琦,刘儒德.当代教育心理学[M].3版.北京:北京师范大学出版社,2019.
② 陈琦,刘儒德.教育心理学[M].3版.北京:高等教育出版社,2020.

素的重新组合后移用于另一种学习中。例如,跳水运动的基本动作是相同的,包括弹跳、空翻、入水等,跳水运动员在某项目中将这些基本动作熟练掌握,那么他在学习新项目时,就可以把这些基本动作重新组合,就能更快、更好地掌握新的学习内容。

5. 近迁移与远迁移

根据迁移的程度,迁移可分为近迁移和远迁移。

近迁移是指已习得的知识和技能在与原先学习情境相类似的情境中加以运用。例如,骑自行车的技能迁移到骑摩托车的学习情境中便是近迁移。

远迁移是指已习得的知识和技能在与原先学习情境不相似的情境中的运用。例如,将数学中学到的逻辑推理规则运用到物理、化学等学科中去解决问题,这便是远迁移。远迁移的形成过程和心理机制比近迁移复杂得多。

6. 低通路迁移与高通路迁移

根据迁移发生的自动化程度,迁移可分为低通路迁移和高通路迁移。

低通路迁移是指个体经过反复练习而形成的技能自动化的迁移。产生这种迁移的主要条件是个体在各种情境和条件下过度练习。当一种很熟练的技能从一个情境迁移到另一个情境中时,往往不需要或很少需要个体的参与。例如,个体学会了驾驶某种类型的汽车,当他驾驶其他类型的汽车时,也能很熟练地操作,这就是低通路迁移。越熟练、越能够在多种情境下使用的技能,就越有可能发生低通路迁移。

高通路迁移是指个体有意识地将某一情境中习得的抽象知识运用到新情境中的迁移。这种迁移需要意识和思维的参与。高通路迁移要求个体从情境中抽象出规则、核心概念或程序,以用于新情境中。例如,学生运用做笔记的策略来阅读书籍,利用数学知识来设计校报的版式等。

7. 同化性迁移、顺应性迁移与重组性迁移

根据迁移过程中所需的内在心理机制的不同,迁移可分为同化性迁移、顺应性迁移和重组性迁移。

同化性迁移是指不改变个体的认知结构,而直接将原有的认知经验运用到本质特征相同的新情境中的迁移。原有的认知结构在迁移过程中不会发生实质性改变,只是得到了某种程度的充实。我们平常所说的举一反三、闻一知十等就是这种迁移的表现。

顺应性迁移是指个体将原有的认知经验运用到新情境中时,个体需调整原有的认知结构,或对新旧经验加以概括、整合,形成一种能够包容新旧经验的更高一级的认知结构,以适应新情境、新问题的迁移。例如,个体原有的认知结构里有一些概念,当这些概念不能解释所遇到的新事物时,就需要调整原有的认知结构或对新旧经验加以整合,建立一个概括水平更高的科学概念来解释这一新事物。

重组性迁移是指个体重新组合原有认知结构中的某些构成要素或成分,调整各成分间的关系或建立新的联系,并将其运用到新情境中的迁移。在重组过程中,个体原有认知结构中的基本经验成分保持不变,各成分间的结合关系发生变化。例如,个体对已经掌握的字母进行组合,形成新的单词;在排练舞蹈时,将多个已经掌握的动作重新组合、排列,形成一套新的舞蹈动作;等等。重组性迁移能够扩大基本经验的适用范围。

知识拓展 ▼

学习迁移的分类

二、学习迁移的理论

（一）形式训练说

最早的关于迁移的理论当属形式训练说,它来源于以德国心理学家沃尔夫为代表的官能心理学。形式训练说认为,人的心理主要由注意、记忆、推理、知觉、想象、意志等官能构成,它们是一个个独立的实体,分别用来完成不同的活动,如运用记忆官能完成记忆活动等。各种官能就像人的肌肉一样,可以通过训练得以增强。由于对各种官能进行的训练不同,因此各种官能及其组成的活动强弱不同。

在官能心理学的基础上,形式训练说认为迁移是心理官能得到训练而发展的结果,要实现迁移就必须对官能进行形式训练。因此,它认为训练和改进心理的各种官能是教学的重要目标,教育的任务就是要改善学生的各种官能,并使改善后的官能能够自动迁移到其他的学习中,一种官能的改进也能增强其他官能。[1] 例如,学习数学有助于训练学生的推理官能,那么教育任务就是要不断地让学生接受数学的相关学习,使其推理官能得到改善,并使改善后的推理官能能够迁移到其他的学习中,如对物理、化学等的学习。值得注意的是,该理论指出官能训练的重点不在于训练的内容,而在于训练的形式,由此,它认为学校开设学科和选择教材不必重视其实用价值,只需重视它们训练心理官能的形式,即强调的是学科和教材对官能的训练价值。形式训练说还认为,学习项目越困难,官能得到的训练就越多,学习也就能收获越好的迁移效果。

（二）共同要素说

许多心理学家从实验的角度驳斥了形式训练说的谬误。其中,美国心理学家桑代克用实验证明形式训练说所主张的形式训练对学生的智力并没有多大影响。同时,他以刺激-反应的联结理论为依据,在一系列实验的基础上提出了学习迁移的相同元素说。该理论认为,一种学习之所以能够对另一种学习产生影响,是因为两者有共同的元素。只有当两种学习之间具有相同元素时,迁移才会发生,并且相同元素越多,迁移的量就越大。桑代克所指的相同元素必须是不折不扣的共同因素,强调学习任务本身的共同特点。例如,学会加法有助于学习乘法,但这种迁移仅限于乘法中能使用加法处理的内容。

后来,另一位美国心理学家伍德沃斯把相同元素说改为共同要素说,也就是说,在两种学习活动中有共同的成分才能发生迁移。[2] 这不仅包括内容或实质上的相同,而且还包括程序上的相同:如阅读和作文能产生迁移是因为使用了相同的文字,这是内容上的相同;程序上的相同如习惯、态度、策略等通用于不同的情境中。[3]

共同要素说否定了形式训练说的观点,在当时的教育界曾起到积极的作用,使学校教育脱离了那种只注重形式训练而不考虑实际生活的情况,开始走教学内容与实际应用相结合的教育路线。同时,共同要素说揭示了迁移现象的一些事实,对迁移理论的发展做出了重大贡献。但是,该理论仅仅将迁移归结为相同联结的转移,在某种程度上否认了迁移过程中的认知活动,未能充分考虑学生的内在训练过程,忽视了主体因素对学习迁移的影响。

---

[1] 莫雷主编,全国十二所重点师范大学联合编写.教育心理学[M].北京:教育科学出版社,2007.
[2] 陈琦,刘儒德.当代教育心理学[M].3版.北京:北京师范大学出版社,2019.
[3] 陈琦,刘儒德.教育心理学[M].3版.北京:高等教育出版社,2020.

知识拓展 ▼

"图形面积判断"实验

（三）概括化理论

概括化理论又称经验类化理论，是由美国心理学家贾德于 1908 年提出的。贾德并未验证"刺激-反应"的关系，而是用实验研究了原则和概括性的迁移。他认为，迁移发生的主要原因是在经验中学到的原理或原则，迁移的发生不在于任务之间的表面相似性，而是在于个体是否获得了相关知识的概括化的理解。例如，学生在 A 学习中获得的一般原理或原则可以全部或部分运用到 B 活动的学习中。概括化理论非常强调概括化的经验或原理在迁移中的作用，它认为，对原理或原则概括得越好，新情境中的学习迁移就越好。

知识拓展 ▼

"水下打靶"实验

概括化理论强调概括化的原理或原则在迁移中的作用，强调对一般性原理的理解与概括，为学习迁移的研究注入了新内容。但必须明确的是，概括化理论的原理或原则仅仅是影响迁移成功与否的条件之一，并不是迁移的全部。[①]

（四）关系转换理论

关系转换理论又称关系理论、转换理论。该理论认为，迁移产生的实质是个体对事物之间关系的理解。换言之，迁移的产生并不取决于两种情境间是否存在某些共同要素，也不取决于个体对原理的孤立掌握，而是取决于个体能否理解情境之间的关系，能否理解各要素之间形成的整体关系，能否理解原理与实际事物之间的关系。该理论强调理解在学习中的作用，认为是理解使学习发生了良好的迁移。关系转换理论是在对共同要素说的批判过程中提出的，但它与共同要素说以及其他迁移理论的关系并不是矛盾对立的，该理论只是从一个新的角度对迁移进行了研究与解释。

（五）认知结构迁移理论

认知结构迁移理论是美国心理学家奥苏伯尔在有意义学习理论的基础上提出的。奥苏伯尔认为，任何有意义的学习都是在学生原有认知结构的基础上进行的，没有一定知识基础的有意义学习是不存在的。因此，有意义学习中必然存在着原有认知结构对当前学习的影响，即必然存在迁移。

知识拓展 ▼

学习迁移的主要理论概要

三、如何有效地促进中学生的学习迁移

学习迁移的能力既是衡量学生学习效果的标准，也是评价教师教学质量的重要依据。学习迁移贯穿在人一生的各种学习中，"为迁移而教"已成为教育心理学家的共识。在 20 世

---

① 付建中.教育心理学[M].2 版.北京：清华大学出版社，2018.

纪80年代，布鲁纳等人就指出，各科的教学就是为了尽可能地促进学习迁移的发生。教师应积极创设和利用有利于学生良好学习迁移的条件，努力把"为迁移而教"的思想渗透到每项教育活动中。那么，如何通过教学有效地促进学习迁移呢？这已成为心理学家、教育学家和教师共同关注的课题。这一课题所涵盖的范围十分广泛，促进学习迁移的教学方法多种多样，下面仅就几个主要方面进行阐释：

（一）确立明确、具体、现实的教学目标

确定明确、具体、现实的教学目标是促进学习迁移有效教学的前提。教师应在每个新单元教学之前为学生确立明确具体的教学目标，如有可能可让学生一起参与教学目标的制定，并要学生了解某一阶段学习的目标。明确而具体的教学目标可使学生对与学习目标有关的已有知识形成联想，即有一个先行组织者，这将有利于迁移的发生。[①]

（二）精选教学材料

确立了明确、具体、现实的教学目标之后，紧接着需要考虑的就是教学材料的选择。要想使学生在有限的时间内掌握大量有用的经验，教师必须精选教学材料。教师应选择那些具有广泛迁移价值的科学成果作为教学材料的基本内容。在每一门学科中，基本知识、技能及行为规范的适应性，其迁移价值较大。布鲁纳认为所掌握的内容越基本、越概括、越稳固，对新情境、新问题的适应性就越好，也就越能促进学习迁移的产生。在教学中，布鲁纳强调要掌握每门学科的基本结构（即基本原理、基本概念、基本方法、基本原则等），因为领会这些基本结构是通向学习迁移的有效途径。

当然，教学材料中除了包含学科的基本结构之外，还必须包括一些基本、典型的事实材料。如果教师脱离基本的事实材料而空谈基本概念、基本原理等，那么这些基本结构也会变得空洞，不利于学生理解和掌握这些知识，也就不利于迁移的产生。

（三）注意教学内容的编排

精选的教学材料只有通过合理的编排才能充分发挥其促进迁移的作用。合理编排教学内容的标准就是达到结构化、一体化、网络化。结构化是指教学内容的各个构成要素应具有科学、合理的逻辑联系，能够体现出事物的各种内在关系，如上下、并列、交叉等关系。结构化的教学内容有助于学生对知识形成系统的认识与掌握，帮助学生在头脑里形成系统的认知结构，为迁移的产生提供支持。一体化是指教学内容的各个构成要素应能整合为具有内在联系的有机整体。在编排教学内容时，既要防止各个要素间的相互割裂，又要防止其相互干扰或机械重复。网络化是一体化的引申，是指教学内容的各个要素之间上下、并列、交叉的联系要明了，要突出各种基本经验的联结点，这既有助于学生了解原有学习中存在的断裂带、断裂点，又有助于预测以后学习的发展带、发展点，促进迁移的产生。

奥苏伯尔认为，不断分化和综合贯通是认知组织的基本原则，这同样适用于教学内容的编排。人们头脑中关于某个学科的知识是按层次组织的一种网络结构，在这种网络结构中，最具包容性的观念处于顶端，下面依次是包容性较小、越来越分化的观念。因此，教学内容的编排也应遵循由整体到细节的次序，从而使学生的知识在组织过程中纳入这一网络结构。此外，教学内容的编排还应考虑学生的知识经验水平、智力状况和年龄特征等，同时要兼顾教学时间和教法上的要求，力求为学生呈现最佳的教学内容结构。

（四）合理安排教学程序

教学程序是使教学内容发挥功效的最直接的环节。无论是宏观上、整体上的教学计划

[①] 陈琦，刘儒德.当代教育心理学[M].3版.北京：北京师范大学出版社，2019.

还是微观上的每节课的具体教学活动,都应体现迁移规律,以使学生所获得的知识能够产生最大程度的迁移。在教学中,教师应注意教学内容的次序(即先教给学生什么内容,后教给他们什么内容),处理好教学与学习的先后次序并具体分析所教授的内容适合何种迁移之后,在教学的每一个环节中都尽量体现学习迁移规律,这是非常必要的。

（五）启发学生对所学知识进行概括总结

概括化理论指出,概括化的知识对学习迁移具有重要作用。在教学中,教师应注意启发学生对所学知识进行概括与总结。

在讲解具体的细节内容时,教师应注意引导学生总结出概括化的知识。要达到这一要求,教师在教学过程中要注意教学材料的呈现方式、教学方法的选用等。只有通过有效的呈现方式和教学方法,学生才能意识到对所学知识进行概括的重要性,并在教师潜移默化的影响下养成对知识进行概括总结的好习惯,从而促进广泛学习迁移的产生。

在讲解原理时,教师要列举最大范围的例子,枚举各种变式,使学生正确把握其内涵和外延;同时应结合原理的具体运用情境进行讲解,使学生能脱离学习原理的背景把握其实质,并能在遇到该原理适用的背景时,准确地运用原理去学习新知识或解决新问题,即达到对原理的去背景化,以防止学生对某一原理的理解和运用仅局限于习得该原理时的情境的情况。[①]也就是说,学生要将所学的知识与所用的情境联系起来。只有这样,迁移效果才能得到最大限度的发挥。

（六）有意识地教学生学会学习并灵活运用各种策略

授人以鱼,不如授之以渔。教师应教会学生如何学习。让学生掌握必要的认知策略和元认知策略是达到这一目标的有效手段。美国社会心理学家布朗等人在阅读理解方面的实验表明,使用了元认知策略的学生,不仅对当前任务正确反应的百分数明显提高,而且更多地把这种学到的策略迁移到他们的常规课堂的其他学习中。[②]可见,元认知策略具有广泛的迁移性。教师在教学中应有意识地使学生掌握并灵活运用一些认知策略和元认知策略,这不仅可以提高学生对所学知识的掌握程度,而且可以使学生学会学习,从而促进学习迁移。

（七）通过反馈信息和归因等方式使学生形成关于学习和学校的积极态度

除了增强学校对学生的吸引力外,教师还可以通过反馈信息和归因等方式使学生形成关于学习和学校的积极态度。同时,在每次学习前,教师应帮助学生形成良好的心理准备状态,避免不良情绪、反应定势等消极心态所带来的消极迁移,从而更好地促进积极、有效的学习迁移的产生。

第七节 学习策略

在学生学习的过程中,最重要的不是看他已经学会或将要学会多少知识,而是看他是否掌握了适合自己的高效学习方法,即如何用最短的时间、最快的速度获取最丰富、最有用的信息,并将其体现在学习成绩的提高上。

---

① 陈琦,刘儒德.当代教育心理学[M].3版.北京:北京师范大学出版社,2019.
② 陈琦,刘儒德.教育心理学[M].3版.北京:高等教育出版社,2020.

一、学习策略概述

(一) 学习策略的含义

关于学习策略,学者们从不同的角度提出了各有侧重点的定义。华南师范大学教授莫雷将这些定义归为三类[①]:一是把学习策略看成学习过程中信息加工的程序、方法或者规则,简而言之也就是学习方法;二是把学习策略看成对学习过程中的信息加工进行调节和控制的技能;三是把学习策略看成学习过程中信息加工的方法与调控技能的结合。

综上所述,所谓学习策略一般是指个体为了提高学习的效果和效率,有目的、有意识地制订有关学习过程的复杂方案。

知识拓展 ▼

学习策略与学习方法的区别

(二) 学习策略的分类

许多学者根据自身的理解提出了学习策略的分类,以下是几种比较典型的分类方法:

丹瑟洛等人提出了学习的 MURDER 策略,认为学习活动是由相互作用的复杂成分构成的活动系统。其中,M 代表情绪的调整(Mood-setting)和维持(Maintenance),U 代表理解(Understand),R 代表回忆(Recall),D 代表消化(Digest),E 代表扩展(Expand),R 代表复习和检查(Review)。这些策略又可以分为两个系统:基础策略和辅助性策略。基础策略是指用来直接操作学习材料的各种学习策略,包括获得和存储信息的策略以及提取和使用这些存储信息的策略(提取与利用策略);辅助性策略主要用来帮助学生维持良好的学习心理状态,包括计划和时间安排,专心管理和监控与诊断。这些辅助性策略帮助学生产生和维持某种内在心理状态,以使其有效地完成基本策略。不论基本策略的有效性如何,如果学生的心理状态不是最佳的,那么他们对学习和操作的作用也不会是最佳的。[②]

迈克卡等人对学习策略的分类是目前被广为接受的一种观点。通过对学习策略构成成分的总结,他们把学习策略分为认知策略、元认知策略和资源管理策略三个方面。其中,认知策略是加工信息的一些方法和技术,有助于有效地从记忆中提取信息。一般而言,认知策略因所学知识的类型而有所不同,复述、精细加工和组织策略主要是针对陈述性知识的,针对程序性知识则有模式再认策略和动作系列学习策略等。元认知策略是学生对自己认知过程的认知策略,包括对自己认知过程的了解和控制策略,有助于学生有效地安排和调节学习过程。资源管理策略是辅助学生管理可用环境和资源的策略,有助于学生适应环境并调节环境以适应自己的需要,对学生的学习动机具有重要的作用。

二、认知策略

认知策略一般是指个体在加工信息时所采用的方法和技术,有助于其有效地从记忆中提取信息。常见的认知策略主要有复述策略、精细加工策略和组织策略。

[①] 莫雷主编,全国十二所重点师范大学联合编写.教育心理学[M].北京:教育科学出版社,2007.
[②] 陈琦,刘儒德.当代教育心理学[M].3 版.北京:北京师范大学出版社,2019.

（一）复述策略

复述策略是指个体为了巩固记忆而重复记忆信息的过程，它是短时记忆的信息进入长时记忆的关键。下面是一些主要的复述策略。

1. 复述的时间安排技巧

（1）及时复习。根据艾宾浩斯的遗忘曲线，遗忘速度开始时最快，而学后的10个小时内复习10分钟，5～10天后复习1个小时的效果要好得多。因此，学生要对所学的内容及时复习，特别是对那些意义性不强的学习材料，更是需要及时复习。[①]

（2）分散复习。分散复习是相对于集中复习来说的，由于各种干扰和记忆消退的存在，学习材料会随时间的推移而出现不同程度的遗忘。此时采用分散复习，是保持记忆效果的有效方法。分散复习类似于分段识记，化整为散，也就是将整段的复习时间分散到各个时间段。例如，一天之内的复习可以分散成早上、中午、晚上三个时间段进行。分散复习不仅是依据遗忘规律所提出的行之有效的方法，同时也可以减少学生复习的疲倦感，提高记忆效果。

（3）限时记忆。限时记忆主要是应用于临时需要记住大量材料的场合。当个体对学习记忆的时间加以限制时，随着期限的来临，大脑的兴奋度会提高，他的技能会因此被调动起来，记忆效果就会提高。

2. 复述的次数安排——过度学习

过度学习是指个体在"记得""学会"的基础上，再增加一些学习时间，使得其对学习材料的掌握达到更高的程度。一般来说，过度学习的次数保持在50%～100%最好。超过的次数少，达不到效果；超过的次数多，费时费力，效果却不会因此提高。所以，过度学习要适宜。

3. 复述的方法选用

（1）注意克服记忆效应。这里所说的记忆效应主要以下两种。一是复述过程中不同材料的干扰。这种干扰既有先前学习材料对后面要复述材料的干扰，又有后面要复述材料对先前学习材料的干扰。这就要求个体复述过的材料在其头脑中应该尽量保持清晰的记忆。二是首因效应和近因效应。最先复习和最后复习的材料容易记得牢，这称为首因效应和近因效应，这就要求个体对复习中段或者将特别难记的内容放在开始或者结尾的时候进行复述。

（2）运用多种感觉器官协同记忆。当个体运用多种感觉器官协同记忆时，可在大脑中留下多方面的回忆线索，从而提高记忆效果。因此，在进行识记时，个体要学会运用多种感觉器官协同记忆，如用眼睛看、用耳朵听、用嘴巴练以及用手写等。

（3）采用多种复习形式。个体采用多种复习形式会使复习更加持久专心，不单调，利于多角度地理解知识内容。例如，在复习英语时，学生可采用朗读、抄写、默写、看中文回忆英文、用单词造句、同学间互问互答等多种方式。

（4）保持积极的心态和兴趣。心态和兴趣也是影响记忆的一个重要因素。知之者不如好之者，好之者不如乐之者。如果个体对某事感兴趣，或者对它持积极的态度，就会记得牢；反之，则容易忘。因为个体若想保持良好的记忆，最好对要记的材料持积极的态度。

（二）精细加工策略

精细加工策略是通过把所学的新信息和已有的知识联系起来，以此来增加新信息的意

[①] 陈琦，刘儒德. 当代教育心理学[M]. 3版. 北京：北京师范大学出版社，2019.

义,也就是说我们应用已有的图式和已有的知识使新信息合理化。精细加工策略是一种理解性比较强的记忆策略,和复述策略结合使用,可以显著提高记忆效果,下面是一些常用的精细加工策略。

1. 记忆术

记忆术是指一种有用的精细加工技术,它能在新材料和视觉想象或语义知识之间建立联系。它是个体为了记住所学材料而采用的帮助记忆的技能与方法。古罗马时期的人们已经知道运用一些技巧来帮助其记忆,比如他们喜欢用房间中的事物来协助记忆,因此这种方法也被称为罗马房间法,即将要记忆的事物与房间摆放的物体联系起来记忆的一种方法。常用的记忆术有以下几种:

(1) 位置记忆法。位置记忆法是一种比较传统的记忆术。这种技术在古代不用讲稿的演讲中曾被广泛使用,而且沿用至今。使用位置记忆法,首先,个体在头脑中创建一幅熟悉的场景,在这个场景中确定一条明确的路线并在这条路线上确定一些特定的点。其次,个体将所要记的项目全都视觉化,并按顺序和这条路线上的各个点联系起来。最后,个体在回忆时,按这条路线上的各个点提取所记的项目。

(2) 缩简和编歌诀。缩简就是将识记材料中的每一条内容简化成一个关键性的字,然后变成自己所熟悉的事物,从而将材料与过去经验联系起来。例如,《二十四节气歌》:春雨惊春清谷天,夏满芒夏暑相连,秋处露秋寒霜降,冬雪雪冬小大寒。在将缩简材料编成歌诀时,个体最好自己动脑筋来完成,自己创造的东西印象深刻。歌诀力求精练准确,富有韵律。当然,个体也可以利用现成的歌诀,但也要仔细分析,弄清歌诀的真实含义,把它变成自己的东西。

(3) 谐音联想法。在学习一种新材料时,个体可以运用联想,假借意义,对记忆亦很有帮助,这种方法称为谐音联想法。特别是在记忆历史年代和常数时,这种方法行之有效。例如,圆周率 3.1415926535 可以利用谐音"山巅一寺一壶酒(3.14159),尔乐苦煞吾(26535)"来记忆。

(4) 关键词法。关键词法就是将新词或概念与相似的声音线索词,通过视觉表象联系起来。这种方法在教外语词汇时非常有用。例如,英文单词 tiger 可以联想成"泰山上一只虎"。现在有研究表明,这种记忆术也同样适用于其他信息的学习,如地理信息等。

(5) 视觉联想法。视觉联想法就是通过心理想象来帮助人们记忆的方法。其核心就是通过人为联想,使无意义、难记的材料与头脑中的奇特形象相结合来提高记忆效果。在联想时,想象越奇特、合理,记忆就越牢固。例如,可以将"飞机、箱子"想象为"飞机穿过一个巨大的箱子"等。

(6) 首字连词法。这种方法是利用每个词语的第一个字形成缩写,或者用一系列词描述某个过程的每一个步骤,然后提取这一系列词的首字作为记忆的支撑点。例如,金庸的作品《飞狐外传》《雪山飞狐》《连城诀》《天龙八部》《射雕英雄传》《白马啸西风》《鹿鼎记》《笑傲江湖》《书剑恩仇录》《神雕侠侣》《侠客行》《倚天屠龙记》《碧血剑》《鸳鸯刀》,可以记为:"飞雪连天射白鹿,笑书神侠倚碧鸳"。

2. 做笔记

做笔记是个体在阅读和听讲时常用的一种精细加工策略。从信息加工的角度看,做笔记有助于对材料进行编码,同时还具有外部存储的功能。做笔记包括摘抄、评注、加标题、进行段落概括等。有研究表明,做笔记既可以让学生更好地理解学习材料的意义,又可以帮助他们理清学习思路,促进更深层次的信息加工,同时训练思维的逻辑性和条理性,提高分析问题和解决问题的能力。尽管记笔记对学习有如此多的效果，但是它对学习效果的影响要视情况而定。当学生学习比较复杂的内容，需要把握该内容的要点时，使用做笔记策略会产生较大的积极作用。

3. 提问

这里的提问策略可以分为两个方面：第一个方面是教师向学生提问；第二个方面是学生的自我提问。教师向学生提问可以帮助学生从书面材料、讲课中学习信息，要求学生在学习的过程中暂时停顿一段时间，回答教师的提问，用以评价自己是否理解前面所学的知识。

在自我提问的过程中，学生在给定类型的任务中寻找共同的成分，并就这些共同的成分进行自我提问。如果学生在阅读时反问自己何人、何事、何处以及如何做等方面的问题，他们会理解得更好。①

精致性提问是一种比较有效的自我提问方式，下面便是一些有效的精致性提问：① 这一观点的其他例子还有哪些；② 这一主题同前一节的主题有何相似与不同；等等。通过精致性提问，能加强学生对新信息与长时记忆中已有信息之间的联系，从而提高其理解和学习效率。②

4. 利用背景知识，联系实际

精细加工强调在新学信息和已有知识之间建立联系，背景知识的多少在学习中是非常重要的。对于某一事物，我们到底能学会多少，最重要的一个决定因素就是我们对这一方面的事物已经知道多少。库哈瓦等研究者在日本做过一个实验，教授大学生关于棒球和音乐方面的知识。那些具有很多的棒球知识，但音乐知识很少的学生，他们学到了更多的棒球知识；而那些具有很多的音乐知识，但是棒球知识却很少的学生则学到了更多的音乐知识。因此可以得出一个结论，即背景知识是个体学习知识的一个重要因素，当然并不是决定性的因素。有些学者解释，这是因为积累了较多该方面背景知识的学生，有更恰当的图式来整合新知识。

（三）组织策略

组织策略是指整合所学新知识之间、新旧知识之间的内在联系，形成新的知识结构的一种策略。当然，组织策略和精细加工策略是密不可分的，如做笔记和列提纲等实际上是两者的结合。下面是一些常用的组织策略。

1. 列提纲

列提纲是指用简要的词语写下主要的和次要的观点，也就是以金字塔的形式呈现材料的要点。所列出的提纲要具有概括性和条理性，但其效果取决于个体是如何使用它的。一种有效的方法是让个体每读完一段后用一句话做出概括；另外一种有效的方法是让个体准备一个提纲来帮助别人学习材料，其部分原因是这种活动使得个体不得不认真考虑什么重要、什么不重要。在培养学生列提纲技能时，教师应该循序渐进，首先提供一个好的范例，让学生清楚好提纲的标准与重要性；其次提供不完整的提纲要求学生补充完整；最后完全由学生自行拟定材料纲要。

2. 概念图

概念图在学习、教学和测评中得到了广泛的利用。在画概念图时，个体应先提取材料的主要观点，然后识别次要观点或者那些支持主要观点的部分。接着标出这些部分，再将次要

---

① 罗伯特·斯莱文.教育心理学：理论与实践[M].10版.吕红梅，姚梅林，等译.北京：人民邮电出版社，2016.
② 吴庆麟.教育心理学：献给教师的书[M].上海：华东师范大学出版社，2003.

观点和主要观点联系起来。概念图的中心应该是主要观点,支持性的观点在主要观点的周围,起辅助说明作用。概念图可以用来替代做笔记和列提纲。

概念图策略比较有助于学生将学习内容条理化,从而培养其思维的条理性。同时,该策略还具有很好的个体适应性,不同的学生可以根据自己的学习需要及现有水平画出适合自己的概念图。例如,学生可以把自己极为熟悉的分支内容画得比较简略,对于自己不熟悉、不太掌握的知识点,则尽可能细化地绘制或记录下来,便于以后的复习。

3. 利用表格

表格也是一种形象而有条理地表述学习材料的策略之一。表格可以将信息组织和整合起来,成为一种可理解、可视的形式,利用这些方式可以促进理解、记忆和迁移。常用的表格有:

(1) 一览表。个体首先对材料进行全面的综合分析,然后抽取主要信息,并从某一角度出发,将这些信息全部陈列出来,力求反映材料的整体面貌。例如,在学习中国历史时,学生可以时间为轴,将朝代、主要历史人物、历史事件全部展现出来,制成中国历史发展一览表。

(2) 双向表。双向表是从纵横两个维度罗列材料中的主要信息。此外,层次结构图和流程图都可以衍变成双向表。

三、元认知策略

在学习时,个体要学会使用一些策略去评估自己的理解、预计学习时间、选择有效的计划来学习解决问题。例如,当你读一本书,遇到一段读不懂的话时,你该怎么办呢?你或许会慢慢再读一遍;你或许会寻找其他线索,如利用图、表、索引等来帮助理解;等等。这些都属元认知策略。元认知策略一般是指个体对自己认知过程的认知策略,包括对自己认知过程的了解和控制策略,分为计划策略、监控策略和调节策略。

(一) 计划策略

计划策略是指个体根据认知活动的特定目标,在一项认知活动之前计划各种活动,预计结果、选择策略,想出各种解决问题的方法,并预估其有效性的策略。计划策略包括设置学习目标、浏览阅读材料、产生待回答的问题以及分析如何完成学习任务等。合理的学习计划是提高学习效率的重要方法之一。因此,在认知活动之前个体应分析学习情境中的变量,如自己的认知特点、学习能力、知识基础、学习环境以及这些变量之间的关系与它们的变化情况等。此外,个体还要对学习方法进行选择,他们要知道学习方法与学习变量的关系,自觉地选择和安排适当的学习方法。在实施计划策略的时候,个体主要应该考虑的一个因素就是认知活动的目标,即学习目标。

(二) 监控策略

监控策略是指个体在认知活动进行的实际过程中,根据认知目标及时评价、反馈认知活动的结果与不足,正确估计自己达到认知目标的程度、水平,并且根据有效性标准评价各种认知行动、策略的效果。监控策略包括个体阅读时对注意加以跟踪、对材料进行自我提问、考试时监视自己的速度和时间等。

(三) 调节策略

调节策略是指个体通过对认知活动结果的检查(如发现问题)采取相应的补救措施,以及对认知策略效果的检查,及时修正、调整认知策略。调节策略与监控策略有关。例如,当学生意识到自己不理解教科书中的某一部分内容时,他会重读书中令他感到不好理解的段落;在阅读不熟悉的内容时,他会放慢速度或参考教师发放的相关教学材料;在测验时,他会跳过某个难题,先做简单的题目;等等。调节策略能帮助学生矫正他们的学习行为,提高理解能力。

元认知策略的计划策略、监控策略和调节策略是相互联系的。学生在学习时,首先要认识自己的当前任务;其次使用一些标准来评价自己的理解、预计学习时间、选择有效的计划来学习或解决问题;最后监视自己的进展情况,并根据监视的结果采取补救措施。

四、资源管理策略

资源管理策略是辅助学生管理可用环境和资源的策略,包括时间管理策略、环境管理策略、努力管理策略和社会资源利用策略。

(一)时间管理策略

时间管理策略是指个体通过一定的方法合理安排时间,有效地利用资源。教师要训练学生掌握时间管理策略,帮助他们意识到时间计划的重要性,并优先考虑时间的运用。

1. 时间排序

时间管理的方法因人而异,我们可以按小时制订详细的计划,也可以安排自己一天的计划,并对这些计划进行排序。排序的依据一般为:事情的重要程度和紧急程度。通过这两个维度,我们可以把事情分为四种类型,然后再按照分类得到时间管理优先矩阵(如图 4-4 所示),从而合理安排时间。如果想高效地管理时间,就需要把精力放在重要、不紧急的事情上,这能够掌握时间的主动权,保持生活的平衡,减少未来可能出现的危机。

	不紧急	紧急
重要	重要,不紧急 (如做计划)	重要,紧急 (如救火)
不重要	不重要,不紧急 (如浪费时间的事)	不重要,紧急 (如必要而不重要的事情)

图 4-4 时间管理优先矩阵

2. 有效时间管理的使用

(1)统筹安排学习时间。如何在有限的时间里,把自己的学习安排得合理、有序,这是时间管理的主要内容。我们可以根据自己的总体目标,对时间做出总体安排,并通过阶段性的时间表来落实。例如,对每一天的活动,我们都列出一张活动优先表。在制订学习计划时,学生要注意将学习计划落实在学习成果上,而在执行时要用坚定的意志来执行,防止拖拉。时间表的制定并不是一次就可以形成的,我们要充分考虑各种因素,先制定一个灵活的具有弹性的时间表,再根据每天的实际情况,适时进行调整,直至形成一张具有可行性、合理的时间表。

(2)高效利用最佳时间。在不同的时间里,人的体力、情绪和智力状态是不一样的。有研究表明,最好的学习或工作时间是上午 10 点左右和下午 3 点左右两个时间段,当然也会存在个体差异,有的人早上学习效果好,有的人晚上学习效果好。因此,在制订学习计划时要考虑自己的生理特点。

(3) 灵活利用零碎时间。在学习、生活的过程中经常有些零碎时间,如果我们能把每天的零碎时间积累起来用于学习,那么日久天长将是十分可观的。例如,我们可以利用零碎时间处理学习上的杂事,或者读短文或看报纸杂志,拓宽自己的知识面,或者背诵诗词和外文单词等。

（二）环境管理策略

学习环境可影响学习时的心境,从而影响学习的效率,因此,为学习创设适宜的环境很重要:第一,要注意调节自然条件,如流通的空气、适宜的温度、明亮的光线以及和谐的色彩等因素;第二,要设计好学习的空间,如空间范围、室内布置、用具摆放等因素。

（三）努力管理策略

为了使学生维持自己的意志努力,教师需要不断地鼓励学生进行自我激励。这包括激发学生学习的内在动机、树立为了掌握知识而学习的信念、选择有挑战性的任务、调节成败的标准、正确认识成败的原因、自我奖励等。

（四）社会资源利用策略

社会资源利用策略主要包括两个方面:一是学习工具的利用,即学生善于利用参考资料、工具书、图书馆、广播、电视以及网络等;二是社会性人力资源的利用,即学生善于利用教师的帮助以及通过同学间的合作与讨论来加深对内容的理解等。

第八节 学习理论

一、学习概述

（一）学习的含义

长期以来,心理学领域对学习的定义有很多种,目前最为广泛接受的是:学习是个体在特定情境下由于练习或反复经验而产生的行为或行为潜能的比较持久的变化。在理解学习这个范畴时,我们需要把握以下三点:第一,学习是人与其他动物共有的普遍现象,在其整个生活中贯穿着学习;第二,学习是有机体后天习得经验的过程;第三,学习表现为个体行为由于经验而发生的较稳定的变化。

（二）学习的分类

为了更好地与教学实际相结合,美国教育心理学家加涅在前人的基础上,进一步提出了五种学习结果,并把它们看成五种学习类型。

(1) 智慧技能:表现为个体使用符号与环境相互作用的能力。它指向个体的环境,使其能处理外部的信息。

(2) 认知策略:表现为个体用来调节和控制自己的注意、学习、记忆、思维和问题解决过程的内部组织起来的能力。它是个体在应付环境事件中对自身认知活动的监控。

(3) 言语信息:表现为个体学会陈述观念的能力。

(4) 动作技能:表现为个体平稳而流畅、精确而适时的动作操作能力。

(5) 态度:影响着个体对人、对物或对某些事件的选择倾向。

加涅认为,上述五类学习不存在等级关系,其顺序是随意排列的,它们是范畴不同的学习。这种分类是对学习层次的一种缩减,它集中于学习的更高水平,充分体现了人类学习的特点,尤其是符合学校学习的性质。加涅认为,把学习结果作为教育目标,有利于确定达到目标所需要的条件,而从学习条件中可以派生出教学事件,告诉教师应该做什么。因此,教师通过对学习结果的分析,可以为教学设计提供可靠的依据,从而为达到教学目标铺平道路。

学习理论是心理学中最古老、最核心也是最发达的领域之一。自从19世纪初期心理学成为一门独立的学科开始,逐渐形成了系统的学习理论。现今主要的学习理论包括:行为主义学习理论、认知学说学习理论、人本主义学习理论和建构主义学习理论。

二、行为主义学习理论

(一)巴甫洛夫的经典性条件作用理论

1. 巴甫洛夫的经典实验

巴甫洛夫对动物条件反射的实验过程如下:① 给狗喂食,狗看到食物分泌唾液;② 给狗听声音,观察到狗分泌唾液;③ 先呈现铃声刺激,然后再给狗喂食,如此重复若干次;④ 仅向狗呈现铃声刺激,狗也会分泌唾液。[1]

在实验的第一阶段,狗看见食物后分泌唾液,这是其本能固有的反应。因此食物被称为无条件刺激,即食物和唾液分泌之间的自然联系不需要任何条件或先前的训练就能建立起来,由食物诱发的唾液分泌反应称为无条件反射。铃声本身不能诱发狗分泌唾液,被称为中性刺激。但在铃声与食物经过多次配对呈现后,当单独呈现铃声时,狗也会分泌唾液。此时,原本作为中性刺激的铃声变成了条件刺激,由条件刺激引发的反应即条件反射,这个过程被称为经典性条件作用。

2. 经典条件反射的基本规律

(1)获得和消退。在条件反射的获得过程中,条件刺激和无条件刺激之间的间隔十分重要:一方面,条件刺激和无条件刺激必须同时或近乎同时出现,间隔太久则难以建立联系;另一方面,条件刺激作为无条件刺激出现的信号,必须先于无条件刺激出现,否则也将难以建立联系。条件反射建立以后,如果条件刺激重复出现多次而没有无条件刺激相伴随,即不予强化,则所形成的条件反射就会逐渐减弱并最终消失,这个过程称为消退。在巴甫洛夫的实验中,狗听到铃声会分泌唾液,如果只出现铃声而不给予食物,则过一段时间后,狗听到铃声分泌唾液的行为就会消退。

(2)泛化和分化。人和动物一旦学会对某一特定的条件刺激做出条件反射以后,其他与该条件刺激相类似的刺激也能诱发相同的条件反射。例如,在巴甫洛夫的实验中,狗习得了在听到铃声时分泌唾液,如果出现蜂鸣声,狗也能分泌唾液,这就是泛化。在日常生活中,泛化现象也随处可见。我们常说的"一朝被蛇咬,十年怕井绳",就属于条件反射的泛化。泛化刺激所引起的泛化反应,有时是不准确或不精确的,这就需要刺激的分化。刺激分化是指通过选择性强化和消退,使有机体学会对条件刺激和条件刺激相类似的刺激做出不同的反应。例如,为了让狗能够区分铃声和蜂鸣声,如果只在铃声出现时才给予食物强化,而在出现蜂鸣声时则不给予强化,那么狗便可以学会只在听到铃声时分泌唾液而在听到蜂鸣声时不分泌唾液。刺激的泛化和分化是互补的过程,泛化是对事物的相似性的反应,分化则是对事物的差异性的反应,它们可以使有机体有效地适应环境。

(3)高级条件反射。在经典性条件反射下,一旦中性刺激替代条件刺激与反应形成联

---

[1] 格莱德勒.学习与教学:从理论到实践[M].5版.张奇,等译.北京:中国轻工业出版社,2007.

结,则中性刺激可以作为条件刺激与另一个新的中性刺激反复结合,形成新的条件反射,形成这一过程就是高级条件反射。在一级条件反射基础上可以建立二级条件反射,在二级条件反射基础上可以建立三级条件反射。比如在巴甫洛夫的实验中,狗在铃声和分泌唾液之间建立起联结以后,再把铃声和灯光结合,则狗会对灯光做出分泌唾液的反应。

3. 巴甫洛夫的经典性条件作用论在教育中的应用

在实际教育中,许多学生对学生的态度就是通过经典性条件作用形成的。例如,教师不断给予学生关心和鼓励,学生就将其和学习联结起来,从而喜欢学习,热爱学校。同时,学生的情绪和行为也可以由泛化、消退等方式形成。例如,学生在课堂上有强烈的发言愿望,但总是得不到教师的鼓励,久而久之他们的发言积极性就被打消了。

(二) 华生的行为主义学习观

行为主义心理学的创始人华生认为,心理学的研究对象应该是可观察到的行为,而非心理学或意识;华生主张用刺激-反应来解释所有的行为。在华生看来,知道了反应就可以推测刺激,知道了刺激就可以预测反应。

华生将经典性条件反射应用于学习领域,探讨有机体的学习。华生认为,有机体学习的实质就是通过建立经典性条件反射,形成刺激与反应之间联结的过程。华生认为环境在学习过程中起着极其重要的作用,他是一个环境决定论者。

华生曾和其助手根据经典性条件反射做过一个著名的恐惧形成实验。实验被试是一个叫阿尔伯特的 11 个月大的婴儿。在实验过程中,每当阿尔伯特去触摸小白鼠或者与小白鼠玩耍时,实验人员就在他身后制造尖锐、令他害怕的声响。在这种声响条件下,阿尔伯特会表现出恐惧行为,不敢触摸小白鼠。多次实验后,当阿尔伯特再看见小白鼠时,便立刻开始哭叫并迅速躲避。最后,阿尔伯特的这种恐惧泛化到了小白兔、有毛的玩具,甚至是圣诞老人的胡须等物体上。

根据实验结果,华生认为,人类只有几个条件反射(如打喷嚏、膝跳反射)和情绪反应(如恐惧、爱、怒等)是与生俱来的,而其他行为都是通过条件反射建立刺激-反应的联结而形成的。比如成年人的怕狗、怕猫、怕牙医等恐惧情绪,很多都是早期在恐惧性条件作用下形成的。

(三) 桑代克的尝试错误学习理论

美国心理学家桑代克是现代教育心理学的奠基人,被誉为现代教育心理学之父。桑代克认为,学习的实质是经过试误在刺激与反应之间形成联结,即形成 S-R 联结。

1. 桑代克的经典实验

桑代克有关学习研究最经典的实验是猫的"迷笼实验"。他设计了一个带有机关的迷笼来训练饿猫,让其学会开启开关和开笼取食的行为。具体的实验过程如下:当一只饥饿的猫第一次被放入迷笼时,为了获得笼外的食物,它拼命地挣扎,或咬或抓,试图逃出迷笼。经过一段时间的尝试,这只猫偶然间碰到踏板,笼门开启,于是它便逃到笼外吃到了食物。当把这只猫再次放入迷笼时,起初猫依然会乱咬乱抓,但经过一番挣扎之后它又逃出迷笼。经过多次的尝试失败之后,猫的乱咬乱抓行为逐渐减少,而能够开启笼门的正确行为得到保留,它逃出迷笼所用的时间也越来越短。最后,这只猫进入迷笼就能立刻开启笼门并获得笼外的食物。

2. 尝试错误学习的基本规律

桑代克根据一系列的实验,探索出一些学习规律,他认为最基本的学习规律有三条:效果律、练习律和准备律。

（1）效果律。在学习的过程中，当个体对刺激情境做出特定反应之后能够获得满意的结果时，其联结就会增强；当个体获得烦恼的结果时，其联结就会削弱。在桑代克的实验中，在迷笼外放一条鱼，饥饿的猫为了吃这条鱼就会想方设法从迷笼中逃出来。这就是说，行为反应以后的奖励和惩罚对后续行为起着重要作用。后来，桑代克去掉了效果律有关惩罚的观点。他认为，从效果看，奖励与惩罚的作用并不等同，惩罚不一定能使联结减弱，奖励对学习的影响远远大于惩罚。这一定律后来被斯金纳沿袭并发展为著名的强化理论，对教育心理学产生了深远的影响。

（2）练习律。桑代克认为，任何刺激与反应的联结，一经练习运用，其联结的力量逐渐增大。如果不运用，则联结的力量逐渐减少。我们平常所说的"熟能生巧，业精于勤"就是这条定律的最好说明。但是，一般来说，只有当个体发现重复练习能获得满意效果时，练习才会有意义。只有单纯的练习，而没有结果反馈是没有意义的。从这个角度来说，练习律从属于效果律，这对中小学教师有深刻的启发意义。

（3）准备律。在试误学习的过程中，当刺激与反应之间的联结事前有一种准备状态时，实现则感到满意，否则感到烦恼。在桑代克的实验中，为了保证学习的发生，猫必须处于饥饿状态，如果把吃得太饱的猫放入迷笼，它就不会有任何尝试逃出迷笼的行为，而是悠闲地蜷缩在笼中打瞌睡或玩耍。所以个体是否对某种刺激做出反应同它是否已经做好准备有关。后来，准备律演变成学习的动机原则。

3. 桑代克的学习理论在教育中的应用

桑代克的学习理论指导了大量的教育实践。桑代克对教师的总的劝告是集中并练习那些应结合的联结，并且奖励所想要的联结。例如，教师上课时不停地重复乘法表，并且总是给答对的学生提供奖励，最后就会形成刺激（如教师提高 7×8）和反应（学生回答 56）的联结。

（四）斯金纳的操作性条件作用学习理论

斯金纳是操作性条件作用学习理论的创始人，他的学习理论对教育实践产生了巨大影响。斯金纳认为，行为可以分为应答性行为和操作性行为。应答性行为是由已知的刺激引起的，无条件行为是由无条件刺激引起的，是一种应答性行为。例如，人在咀嚼食物时分泌唾液；遇到强光时，瞳孔马上收缩等。操作性行为并不是由已知刺激引发的，而是有机体在一定情境中自然产生并由于结果的强化而固定下来的。例如，小孩子学会自己穿衣服，上课举手发言等。日常生活中大部分行为属于操作性行为，操作性行为不取决于其事先的刺激，而是由其结果控制的。根据这两种行为，斯金纳区分出了两种条件作用：经典性条件作用和操作性条件作用。前者强调刺激对引起所期望反应的重要性，后者强调行为反应及其结果。

1. 斯金纳的经典实验

斯金纳在批判性地借鉴、吸收桑代克研究经验的基础上，创立了操作性条件作用学习理论。20 世纪 30 年代后期，斯金纳用白鼠进行精密的实验研究，并改进了桑代克的迷笼，设计了斯金纳箱。斯金纳箱里有一个伸出的杠杆，箱子下面有一个食物盘，只要动物按压杠杆，就会有一粒食丸滚到食物盘内，它便可以吃到食物。斯金纳将饥饿的白鼠关在箱内，白鼠便在箱内不安地乱跑，活动中偶然压到了杠杆，一粒食丸便滚到食物盘内，白鼠吃到了食丸。以后只要白鼠按压杠杆，就可得到食丸。由于食物强化了白鼠按压杠杆的行为，白鼠后来按压杠杆的速度迅速上升。在实验的基础上，斯金纳概括出操作性行为的形成过程：① 产生自由行为（白鼠偶尔按压到杠杆，这是一种自由行为）；② 某一行为之后，紧接着有强化刺激物呈现(白鼠得到食物);③ 得到强化后,反应行为再次发生的可能性增加。①

2. 操作性条件作用的基本规律

斯金纳把人和动物的行为分为应答性行为和操作性行为。应答性行为是由特定刺激所引起的,是不随意反射性反应,是经典性条件作用的研究对象。而操作性行为则不与任何特定刺激相联系,是有机体自发做出的随意反应,是操作性条件作用的研究对象。由此可见,与经典性条件作用的刺激-反应过程相比,操作性条件作用是反应-刺激的过程。

知识拓展 ▽

经典性条件作用和操作性条件作用的比较

(1) 正强化和负强化。强化是一种操作,它的作用在于改变同类反应在将来发生的概率。强化有正强化和负强化之分。正强化是指在某一行为发生之后紧接着出现令人满意的刺激,该行为出现的频率就会增加。例如,大人称赞一个孩子的新衣服漂亮,大人的称赞是一种愉快的刺激,以后这个孩子穿新衣服的行为就会增加。负强化是指在某一行为发生之后通过移去令人厌恶的刺激,该行为出现的频率就会增加。例如,有的孩子为了避免父母的责骂而努力学习。孩子努力学习的行为消除了父母的责骂(令人厌恶的刺激),以后这个孩子会更加努力地学习(行为增加)。值得注意的是,在正强化和负强化中,"正"是指满意刺激的出现,"负"是指厌恶刺激的消失,而强化是指引起行为增加的过程。

强化物可分为一级强化物和二级强化物。一级强化物能满足个体最基本的生理需要,如食物、水、氧气等。二级强化物并不能满足个体的生理需要,而是通过长期与其他刺激联系在一起,通过经典性条件作用,使原来中性刺激具有了强化的作用,如表扬、鼓励、名声等。因此,二级强化物是习得的。以表扬为例,当表扬和奖品(一级强化物)联系在一起,当孩子明白得到表扬就可以获得奖品时,表扬就有了强化的性质。②

(2) 逃避条件作用与回避条件作用。当厌恶刺激出现时,个体做出某种反应,从而逃避了厌恶刺激,则该反应在以后的类似情境中发生的概率便增加,这类条件作用称为逃避条件作用,它揭示了个体是如何学会摆脱痛苦的。在日常生活中,逃避条件作用也不乏其例,如人们看见路上的垃圾绕道走开,感觉屋内人声嘈杂时暂时离屋等。然而,当预示厌恶刺激即将出现的刺激信号呈现时,个体也可以自发地做出反应,从而避免了厌恶刺激的出现,则该反应在以后类似情境中发生的概率便会增加。这类条件作用称为回避条件作用,它是在逃避条件作用的基础上建立的,是个体在经历过厌恶刺激的痛苦之后,学会了对预示厌恶刺激的信号做出反应,从而免受痛苦。回避条件作用与逃避条件作用都是负强化的条件作用类型。

(3) 消退。个体做出以前曾被强化过的反应,如果这一反应之后不再有强化物相伴,那么,此类反应在将来发生的概率便降低,称为消退。在操作性条件作用中,强化的作用在于增加某种反应在将来发生的概率,以达到塑造行为的目的,而消退则不然。消退是一种无强化的过程,其作用在于降低某种反应在将来发生的概率,以达到消除某种行为的目的。因此,消退是减少不良行为、消除坏习惯的有效方法。

(4) 惩罚。当个体做出某种行为反应以后,呈现一个厌恶刺激,以消除或抑制此类行为反应的过程,称为惩罚。例如,教师批评了上课讲话的学生,该学生以后上课讲话的次数就

---

① 李红.教育心理学[M].武汉:武汉大学出版社,2007.
② 姚梅林.学习心理学:学习与行为的基本规律[M].北京:北京师范大学出版社,2006.

减少了,教师的批评就是对学生的一种惩罚。人们很容易混淆惩罚和负强化。其实,负强化是通过厌恶刺激的排除来增加行为发生的概率,而惩罚是通过厌恶刺激的呈现来降低行为发生的概率,比如批评、处分、判刑是惩罚,而撤销处分、减刑则是负强化。

知识拓展 ▼

负强化和惩罚的比较

惩罚并不能使行为发生永久性改变,它只能暂时抑制行为而不能根除行为。因此,我们在运用惩罚时必须慎重,日常生活中矫正不良行为,要尽量避免单独运用惩罚,应该把惩罚和正强化结合起来,这样才能取得预期的效果。

3. 操作性条件作用学习理论在教育中的应用

(1)行为塑造。斯金纳认为教育就是行为的塑造,复杂的行为可以通过塑造而获得。塑造是指通过小步强化达成最终目标,也就是将目标行为分解成一个个小步,每完成一小步就给予强化,直到获得最终的目标行为。行为塑造法也叫作连续接近法。驯兽师们对于行为塑造非常熟悉,诸如训练狗握手、猫站立之类都是通过塑造达成的,人类行为亦然。例如,幼儿园教师想要教会孩子一首儿歌,首先要求孩子读出第一句,其次读连续的两三句,最后才是读整段的儿歌。

(2)程序教学。斯金纳把他的强化理论应用于教学,提出了自动化自我教学这一思想,并逐步完善为程序教学理论。程序教学是指将各门学科的知识按其中的内在逻辑联系并分解为一系列的知识项目,这些知识项目之间前后衔接,逐渐加深,然后教师让学生按照知识项目的顺序逐个学习每一个知识项目,并且及时给予反馈和强化,使学生最终能够掌握所学的知识,达到预期的教学目的。

斯金纳对学习理论领域的研究做出了重大贡献,他通过严格的实验对操作性条件作用进行了深入细致的研究,提出了操作性条件作用学说,并以此为基础建立了操作性条件的学习理论。斯金纳提出的程序教学理论,在实际的教学活动中独具魅力,对学校教育产生了极为深刻的影响,成为计算机辅助教学技术的理论基础之一,为计算机辅助教学技术的发展提供了基本的原则和思路。

(五)班杜拉的社会学习理论

班杜拉认为儿童通过观察他们生活中重要人物的行为而习得社会行为,这些观察以心理表象或其他符号表征的形式存储在大脑中,以此来帮助他们模仿行为。

(1)交互作用观。交互作用观认为个体、环境和行为相互影响。在社会认知理论中,行为和环境都是可以改变的,但谁也不是行为改变的决定因素。个体、行为和环境之间的交互决定关系如图 4-5 所示。

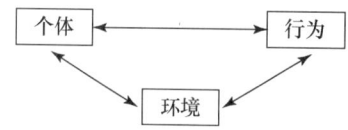

图 4-5 个体、行为和环境之间的交互决定关系

(2)参与性学习。班杜拉把学习分为参与性学习和观察学习。参与性学习是通过实际操作并体验行动后果而进行的学习,实际上就是"做中学"。那些能导致成功后果的行为被保留下来,那些导致失败后果的行为则被舍弃。

（3）观察学习。观察学习亦称替代学习，是人类现实社会生活中的一种普遍、有效的学习模式。它是个体通过观察他人的行为及行为后果而获得新行为的过程，在学习过程中个体没有外显的行为。它不是对所观察行为的简单重复，而是包括个体在行为学习过程中产生的系列内部认知活动。人类多数行为都是通过观察学习而习得的。观察学习可分为注意、保持、动作复现和动机四个阶段。榜样的特征、观察者的特点和奖赏结果是影响观察学习的三个主要因素。

三、认知学说学习理论

认知学说学习理论非常关心人类的学习，重视人在学习或记忆新信息、新技能时不能观察到的心理过程，注重理论在教学过程设计和教学生学会学习方面的实际应用。认知学说学习理论早期的代表有格式塔学派和托尔曼，其后有布鲁纳、奥苏伯尔、加涅等。

（一）格式塔学派的学习理论

格式塔学派反对行为主义将心理学还原为基本要素，或者还原为刺激-反应联结的观点，认为思维是整体的、有意义的，而不是知觉和表象的简单集合。格式塔学派的代表人物苛勒通过黑猩猩取香蕉的经典实验描述了学习过程。在他的经典实验中，黑猩猩被关在笼子内，笼子外放有香蕉，笼子内放着两根竹竿。在开始时，黑猩猩用其中任何一根竹竿都够不着笼子外的香蕉。它无意中把一根竹竿的末端插入另一根竹竿中，使两根竹竿连成了一根长竹竿，就马上够到了香蕉。黑猩猩为自己的这一创造发明而高兴，并不断地重复这一接竹竿够香蕉的动作。在第二天重复这一实验时，苛勒发现黑猩猩很快就能把两根竹竿连起来取到香蕉，而没有漫无目的地尝试。因此，苛勒认为黑猩猩在未解决问题之前，它对面前情境的知觉是模糊的、混乱的。当它发现两根竹竿接起来能够到远处香蕉时，便产生顿悟，解决了这个问题，而且它可以在以后的类似情境中运用已经领悟到的经验。

1. 完形-顿悟学说的基本内容

通过一系列的实验，格式塔学派总结了完形-顿悟学说的基本内容。

（1）学习的实质是在主体内部构造完形的。完形是一种心理结构，是对事物关系的认知。学习过程中的问题解决是由于对事物关系的理解而构成一种完形来实现的，学习的实质是构建一种完形，认识和了解事物之间的联系。黑猩猩之所以能取得香蕉，是通过对香蕉（目标）和竹竿（手段或工具）之间关系的理解而实现的，即完形的过程。

（2）学习是通过顿悟过程实现的。顿悟是指个体突然觉察到问题的正确解决办法，而学习是通过顿悟过程实现的。学习是个体利用自身的智慧和理解力对情境及情境与自身关系的顿悟，而不是动作的积累或盲目尝试。尝试-错误学习往往是顿悟的前奏，顿悟则是个体练习到某种程度时出现的结果。

2. 格式塔学派的学习理论在教育中的应用

格式塔学派的学习理论强调在有机体内部进行复杂的认知活动（组织活动）从而实现顿悟的过程，而不是通过尝试-学习形成的联结活动。该理论主张从问题情境的整体出发进行知觉、学习和记忆，反对刺激-反应学习。在杜威领导下的进步团体承认个体有更多的提出问题和解决问题的能力，儿童应当理解问题的结构，而不是对不理解的公式进行机械重复学习。在学习情境中，个体构造和领会问题情境的方式非常重要，如果他们能利用过去的经验，确实正确地看清了情境，他们就会产生顿悟。

（二）布鲁纳的发现学习理论

人总是不断地探索世界，积极主动地思考问题，从而发现规律并进行学习。因而，布鲁纳认为，人类的学习就是个体通过类化的加工活动，自主地发现知识、积极主动地形成认知结构的过程。学生的活动是教学过程的核心，教师应该创造条件激发学生发现知识的行为以促进其学习。同时，布鲁纳提出结构教学观和发现教学法，认为学习的目的是掌握学科的基本知识结构，这对中小学教育实践产生了重要影响。

1. 学习观

（1）学习的实质是主动地形成认知结构。认知结构是指由个体对外界事物进行感知、归类、概括的一般方法或经验所组成的观念结构。因此，布鲁纳认为学习的实质是个体主动地获取知识，通过归纳和概括活动对学习材料所揭示的规则、现象，正确地进行分类，并进行推理，把新获得的知识和已有的认知结构联系起来，积极地建构其知识体系，形成新的认知结构。通过认知结构，输入的信息就纳入了一种有组织、有层次的结构中。由此，布鲁纳十分强调认知结构在学习过程中的作用，认为认知结构可以给经验中的规律性以意义和组织，使人能够超越给定的信息，举一反三，触类旁通。所以，他主张，应当向学生提供具体的东西，以便他们"发现"自己的认知结构。

（2）学习包括获得、转换和评价三个过程。布鲁纳认为，新知识的学习包括获得、转换和评价三个过程。

首先，新知识的获得。它是指个体运用已有的认知经验，使新输入的信息与原有的认知结构发生联系，理解新知识所描绘的事物或现象的意义，使之和已有的知识建立各种联系的过程。这种新知识可能是以前知识的精炼，例如，我们先学习了 $5\times6=6\times5,8\times7=7\times8$ 等一系列例子，然后可以推断出乘法交换律 $a\times b=b\times a$；这种新知识也可能与原有知识相违背，例如，我们先学习正数，然后才学习负数，正数和负数有很大区分，其性质是相反的。

其次，知识的转换。它是指对新知识进一步分析和概括，用获得的新知识对原有的认知结构进行重组，并运用各种方法将它们变成另外的形式，以适合新任务，以及获得更多的知识。实际上，知识的转换就是从不同的角度对新知识进行归类，使之与认知结构发生关系，以便更好地认识事物。比如，我们通过对麻雀、燕子、海鸥等鸟类的观察、分析和概括发现，它们都有翅膀、能飞、有羽毛，因此，可以把鸟的特征概括为"有翅膀、能飞、有羽毛"。

最后，对知识的评价。它是指对新知识转化的一种检查和验证，通过评价可以检查我们处理知识的方法是否适合新任务，或者运用得是否正确，形成的认知结构是否合理等。因此，评价通常包括对知识的合理性进行判断。

总之，布鲁纳认为学习任何一门学科的最终目的是建构学生良好的认知结构。因此，教师首先应明确所要建构的学生的认知结构包含哪些组成要素，并最好能画出各组成要素的关系图解。在此基础上，教师应采取有效措施来帮助学生获得、转换和评价知识，使学科的知识结构转换为学生的认知结构，使书本中的知识内化为学生自己的知识。

（3）知识的表征。布鲁纳认为，个体不是直接对刺激进行反应的，而是将环境中的事物转换为内在的心理事件，这就是认知表征或者知识表征的过程。他指出，人类学习知识的过程就是形成表征系统并最终增长智慧的过程。个体的表征能力随着年龄而发展，表现为三种不同的认知表征形式。

动作表征是指个体通过直接作用于周围的环境来认识和再现世界的方式。

形象表征，六七岁到十岁儿童对事物的认识开始由动作表征发展为形象表征，即通过物体留在记忆中的心理表象或依靠图片、照片等获取知识。

符号表征以抽象、主观和更为复杂的思维系统为基础展开，是个体通过语言等符号来表征事物并获取知识的方式。

（4）发现学习。布鲁纳认为，知识学习的最佳方式是发现学习，发现学习即学生利用教科书或者教师提供的条件自己独立思考，自行发现知识，最终掌握原理和规律的学习。在他看来，发现不仅是指人类对未知世界的探索，也是指学生依靠自己的努力总结出原理和规律，获得新知识并丰富自身认知结构的过程。

2. 布鲁纳的发现学习理论在教学中的应用

（1）结构教学观。布鲁纳认为，学生学习的目标是形成认知结构。与此相对应，学科教学的目标就是促进学生对学科基本结构的一般理解。所谓学科的基本结构，是指学科的基本概念、基本原理及其相互之间的关联性。概念和原理越基本，它们对解决新问题、掌握新内容的适用性也越大。比如，化学中的元素周期表，物理学中的牛顿三大定律，代数中的加减乘除运算法则等，这些学科的基本结构能够帮助学生掌握整个学科的整体内容，促进学习迁移和创造力的发展，提高学习兴趣。

（2）发现教学法。布鲁纳认为，真正的教学过程不是教师向学生传递已有的固定知识，而是教师引导学生主动发现知识。因此课堂教学的目标应该是让学生学会如何思维，如何组织自己的认知结构。布鲁纳坚持用发现教学法来教授知识，并引起了影响甚广的教学运动。在发现教学法中，教学是围绕一个问题情境而不是某个知识项目展开的。教师是学生的辅助者或者引导者，要在课堂上为学生创设恰当的问题情境，提供一定的材料，引导学生自主发现。

（三）奥苏伯尔的接受学习理论

奥苏伯尔认为布鲁纳的发现学习理论过分强调发现式、跳跃式学习，轻视知识的系统性、循序渐进性，从而忽视了系统知识的传授，这会造成学生基础知识薄弱、教育质量滑坡等不良后果。[1] 因此，他提倡循序渐进、系统、有意义的接受学习，并认为有意义的接受学习才是学习的最佳方式。

1. 学习分类

奥苏伯尔根据学习进行的方式，将学习分为接受学习和发现学习。接受学习是指在教师的指导下，学生通过教师的传授和自己的主动建构接受事物意义的学习，学生在学校的学习属于接受学习。发现学习则是在主体的活动过程中，通过对现实能动地反映和发现创造，构建起一定的经验结构而实现的，许多的科学创造发明就属于发现学习。

2. 有意义学习的实质和条件

（1）有意义学习的实质。奥苏伯尔根据学习材料与个体原有认知结构的关系，将学习划分为有意义学习和机械学习。有意义学习是指个体在学习知识的过程中，符号所代表的新知识与个体认知结构中已有的适当观念建立实质性和非人为的联系的过程。其中，实质性的联系是指新知识和个体认知结构中的旧知识之间能建立起内在联系；非人为的联系是指符号所代表的新知识与个体认知结构中的有关观念表象建立的是符合人们所理解的逻辑关系，而不是一种任意附加上去的联系，它们是一般和特殊的关系。

机械学习是指个体在学习知识的过程中所获得的经验之间无实质性联系的学习，即个体并不理解所学材料的意义，只是依据字面上的联系，记住某些符号的语句或组合，对其进行死记硬背。机械学习有两种可能出现的情况：一是所学材料本身有意义，但个体缺乏必要的知识，无法理解所学的新内容，从而导致机械学习的发生，如让两岁的儿童背唐诗，儿童并不能理解唐诗的意义，只能死记硬背，机械地记忆；二是所学材料本身就没有意义，如电话

---

[1] 莫雷主编．全国十二所重点师范大学联合编写．教育心理学[M]．北京：教育科学出版社，2007.

号码、历史年代等。

（2）有意义学习的条件。有意义学习的产生既受学习材料本身性质（客观条件）的影响，也受个体自身因素（主观条件）的影响。从客观条件来看，有意义学习的材料本身必须具有逻辑意义，这里的逻辑意义是指学习材料本身与原有的观念可以建立实质性和非人为的联系，也就是说在个体的心理上是可以理解的，是在其学习能力范围之内的。一般来说，学生所学习的材料，是人类认识世界的概括，都是有逻辑意义的，而无意义音节这类材料缺乏逻辑意义，不属于有意义学习。

从主观条件来看，首先，个体的认知结构中必须具有能够同化新知识的适当认知结构，即能将新知识和自己已有认知结构中的有关旧知识相联系的认知结构，所以个体认知结构中应具有适当的旧知识，这样以便与新知识进行联系。如果学习材料本身有逻辑意义，而个体认知结构中又具备了适当的知识基础，那么，这种学习材料对个体来说就构成了潜在的意义，即学习材料有了和个体认知结构中的适当观念建立联系的可能性。其次，个体必须具有积极主动地将符号所代表的新知识与认知结构中的适当知识加以联系的倾向性，也就是说，个体必须具备有意义学习的欲望，具有积极主动地将新旧知识建立联系的倾向，这就有点类似于学习动机或学习积极性。最后，个体必须积极主动地使这种具有潜在意义的新知识和认知结构中有关旧知识发生相互作用，使认知结构或旧知识得到改善，新知识被掌握，获得心理意义。上述条件缺一不可，否则就不能构成有意义学习。

由于有意义学习是在学生已有的认知结构的基础上产生的，因此，在教育中，教师应该对学生经验能力有所了解，并给予清楚地讲解，如果教师能想方设法地让学生了解所学知识的意义，根据学生的能力进行教学，学生就会产生有意义学习。

3. 奥苏伯尔的接受学习理论在教学中的应用

（1）接受学习的实质。接受学习是在教师的指导下，学生接受事物意义的学习。学生在接受学习中，所要学习的内容大多是现成、已有定论、科学的基础知识，包括一些抽象的概念、命题、规则等。这种学习方式通过教科书或教师的讲述，用定义的方式直接向学生呈现，不可能发现什么新知识，学生只能接受这些已有的知识并掌握它的意义。奥苏伯尔认为，接受学习适合于年龄较大，有较丰富的知识和经验的人。学生接受知识的心理过程表现为：首先，在认知结构中找到能同化新知识的有关观念；其次，找到新知识与起固定点作用的观念的相同点；最后，找到新旧知识的不同点，使新概念与原有概念之间有清晰的区别，并在积极的思维活动中融会贯通，使知识不断系统化。

课堂上的教学多采用接受学习，这是因为在教师的讲授和指导下，学生可以尽快在较短时间内掌握大量的间接知识，而且所获得的知识是系统的、完整的、精确的，便于储存和巩固。因此，奥苏伯尔主张学校中的学习最好采用有意义的接受学习。

（2）先行组织者技术。奥苏伯尔认为，影响接受学习的关键因素是认知结构中适当的起固定作用观念的可利用性。为此，他提出了先行组织者的教学策略。所谓先行组织者，是先于学习任务本身呈现的一种引导性材料，它的抽象、概括和综合水平高于学习任务，并且与认知结构中原有的观念和新的学习任务相关联。其目的是为新的学习任务提供观念上的固着点和清晰而具体的构架，将它与原有的知识联系起来，为学习新知识做准备。因此，教师在刚开始讲课时的广泛性陈述，可以帮助学生在新知识和先前的知识间建立联系。奥苏伯尔曾研究过先行组织者对学生学习有关钢的性质的材料的影响。实验组学生在学习该材料之前，先学习了一个先行组织者，它强调了金属和合金的异同、各自的利弊和冶炼合金的理由。控制组学生在学习该材料之前，先学习一个有关炼铁和炼钢方法的历史说明材料以提高学习兴趣,但没有提供可作为理解钢的性质的观念框架概念。结果两组学生在学习钢的性质的材料之后,实验组学生的平均成绩明显高于控制组学生的平均成绩。

其实,教材的编写也常常包含了先行组织者,如课本各单元与各章的概述,各章的脉络与标题都是先行组织者的例子,它们使学生更关注将要呈现的教材的重点。[①] 先行组织者对教学有很大的启发意义。在传统教学中,学生对教材进行机械学习的主要原因在于学生还没有具备起固定作用的先前知识时,教师就要求他们学习某种新内容,由于学生认知结构中还没有可以与新教科书建立联系的有关观念,因而使得教科书内容失去了意义。因此,在学习新内容的时候,教师要给学生提供有助于新内容理解的先行组织者。

知识拓展 ▼

采用奥苏伯尔的先行组织者接受法的课堂样例

(四) 加涅的信息加工学习理论

随着计算机技术的发展,心理学家发现,人的大脑对外部信息的处理过程与计算机的信息处理过程很相似,因此,心理学家加涅就利用计算机信息加工的观点来研究人的心理活动,把人的学习过程比喻成计算机的信息加工过程,这就是信息加工学习理论的核心内容。

1. 学习信息加工模式

信息加工学习理论认为,个体是信息的主动加工者,通过选择、组织相关信息和自己已有的知识对信息解释,从而理解信息。因此,学习过程就是接收、编码、操作、提取和利用信息的过程。

(1) 信息流。信息是从一个假设的结构流到另一个假设结构中的。首先,学生从环境中接受刺激,刺激推动感受器,并转变为神经信息。这个信息进入感觉登记,这是非常短暂的记忆储存,一般在百分之几秒钟内就可把来自各自感受器的信息登记完毕。感觉登记实际上就起到了一个暂时存储的作用。一些信息由于注意或选择性知觉被选择登记,而另一些信息很快就消失了。被登记的信息很快进入短时记忆,信息在这里可以保持二三十秒钟。短时记忆的容量有限,很快新的信息就会把部分原有信息赶走。如果想要保留新的信息,就得采取复述的策略。当信息从短时记忆进入长时记忆时,信息发生了关键性转变,即要经过编码过程。所谓编码,是用各种方式把信息组织起来。信息是经编码形式存储在长时记忆中的,一般认为,长时记忆是一个永久性的信息储存库。当个体需要使用信息时,需经过检索提取信息。被提取出来的信息可以直接通向反应发生器,从而产生反应,也可以再回到短时记忆,对该信息的合适性做进一步的考虑,结果可能是进一步寻找信息,也可能是通过反应发生器做出反应。

(2) 控制结构。在信息加工学习模式中,期望事项和执行控制起着重要的作用。期望事项是指学生期望达到的目标,即学习的动机。正是因为学生对学习有某种期望,教师给予的反馈才会具有强化作用。换而言之,反馈之所以有效,是因为反馈能肯定学生的预期。执行控制即加涅所讲的认知策略,执行控制过程决定哪些信息从感觉登记进入短时记忆,例如,如何进行编码、采用何种提取策略等。因此,选择和启动认知策略可以对信息流程予以监控和修正。

---

① 李红.教育心理学[M].武汉:武汉大学出版社,2007.

2. 学习阶段及教学设计

从学习的信息加工模式中可以看到,学习是学生与环境之间相互作用的结果。学习过程是由一系列事件构成的。加涅认为,学生内部的学习过程一环接一环,形成一个锁链;与此相应的学习阶段则把这些内部过程与构成教学外部事件联系起来。

加涅的学习模式是在吸收行为主义学派和认知学说学派学习观的优点,并在此基础上提出来的。它关注人类学习的特点,关注学生如何以认知模式选择和处理信息并做出适当的反应,主张指导学习,主张给学生以最充分的指导,使学习沿着仔细规定的程序进行,这是当前比较有代表性的学习模式。

3. 信息加工学习理论在教育中的应用

在教育中,信息加工学习理论对人类的知识学习乃至于对认知和社会发展等各方面提供了最具科学性的解释。根据该理论的特点,在教育上要做到以下几个方面:

(1)既然人类的信息加工容量有限,在教学中教师就不能在同一时间向学生尤其是低年级的学生呈现过多的信息量;否则,学生的学习效果必然像猴子掰玉米一样,掰一个丢一个。因此,为了提高教学效果和学习效果,教师在任何一个单位时间内提供给学生的新知识点的数量都要适度;同时,要适当给学生留有心理加工或思考的时间。

(2)既然进入感觉记忆的信息只有通过注意之后才能进入短时记忆,在教学中教师就要采取多种有效方式随时唤起学生的注意;同时,学生自己也要通过各种方式来提高自己的注意力,否则,势必会影响教学效果和学习效果。

(3)既然记忆取决于信息编码,回忆部分取决于提取线索,这就意味着影响有效学习的因素主要包括外部输入信息的组织方式、短时记忆加工中的新旧信息的相互作用以及伴随而来的知识编码方式。因此,为了提高学习效率,教师呈现给学生的教学材料就要有条理;同时,学生自己也要善于将脑海中的知识组织得有条理,尤其是善于将一些知识点进行组块,而不是简单地机械记忆,这将有助于学生在短时间内学到更多的知识。

(4)既然短时记忆的信息只有通过复习才能进行长时记忆,那么教师帮助学生组织有效的复习,必能促进学习效果。

(5)既然有效反馈有利于提高学习效率,那么教师要经常将学生的学习进展情况以恰当的方式反馈给学生,这样才能提高学生的学习效果。

(6)既然预期在调控个体的心智加工过程中扮演着重要角色,那么在实际的教学过程或学习过程中,教师和学生都要充分运用心理预期的作用来调控学习,以便充分发挥学习效果。[①]

四、人本主义学习理论

(一)人本主义学习理论的基本观点

1. 马斯洛的学习理论

美国心理学家马斯洛为人本主义心理学创始人,他以性善论、潜能论和动机论为理论基础,创建了理论化、系统化的自我实现心理学。

(1)自我实现的人格观。人本主义心理学家认为人的成长源于个体的自我实现的需要,自我实现的需要是人格形成发展、扩充成熟的驱力。所谓自我实现的需要,马斯洛认为是人对于自我发挥和完善的欲望,也就是一种使自己的潜力得以实现的倾向。正是由于人

---

① 汪凤炎,燕良轼,郑红.教育心理学新编[M].5版.广州:暨南大学出版社,2019.

有自我实现的需要,才使得个体的潜能得以实现、保持和增强。所以马斯洛认为人的潜能是自我实现,而不是教育的作用使然。

(2) 内在学习论。马斯洛认为,外在学习是单纯依赖强化和条件作用的学习,其着眼点在于灌输而并不在于理解,属于一种被动、机械、传统教育的模式。马斯洛批判传统的学习是一种外在学习,学习活动不是由学生决定的,而是由教师强制的。学生只是对个别刺激做出零星的反应而已,学生所学的知识缺少个人意义。

2. 罗杰斯的学习理论

20世纪60年代,美国心理学家罗杰斯将他的"来访者中心疗法"移植到教育领域,创立了以学生为中心的教育和教学理论,成为20世纪最重要的教育理论之一。

(1) 知情统一的教学目标。罗杰斯认为,情感和认知是人类精神世界中两个不可分割的有机组成部分,彼此融为一体。因此,罗杰斯的教育理想就是要培养躯体、心智、情感、精神、心力融为一体的人,也就是既用情感的方式又用认知的方式行事的知情合一的人。

(2) 有意义的自由学习观。罗杰斯认为,学生学习主要有两种类型:认知学习和经验学习;其学习方式也主要有两种:无意义学习和有意义学习。同时,他认为认知学习和无意义学习、经验学习和有意义学习是完全对应的。

(3) 学生中心的教学观。罗杰斯从人本主义的学习观出发,认为凡是可以教给别人的知识,相对来说都是无用的;能够影响个体行为的知识,只能是他自己发现并加以同化的知识。因此,教学的结果是毫无意义的或者是有害的。教师的任务不是教学生知识,也不是教学生如何学习,而是为学生提供各种学习的资源,提供一种促进学习的气氛,让学生自己决定如何学习。

(二) 人本主义学习理论在教学中的应用

罗杰斯等人本主义心理学家从他们的自然人性论、自我实现论及其以学生为中心出发,在教育实际中倡导以学生经验为中心的有意义的自由学习观,对传统的教育理论造成了冲击,推动了教育改革运动的发展。这表现在:① 突出情感在教学活动中的地位和作用,形成了一种以知情协调活动为主线、以感情作为教学活动基本动力的新教学模式;② 以学生的自我完善为核心,强调人际关系在教学过程中的重要性,认为课程内容、教学方法、教学手段等都维系于课堂人际关系的形成和发展;③ 把教学活动的重心从教师引向学生,把学生的思想、情感、体验和行为看作教学的主体,从而促进个别化教学运动的发展。

但是,人本主义学习理论也有其局限性。人本主义学习理论强调了学习的自然主义和非理性倾向,崇尚潜能发展论和自发论,把艰苦学习所需要的规范约束与自由选择对立起来,忽视系统科学知识技能的学习,片面强调情感动机的决定作用,主张教学完全以学生为中心。显然,忽视教师的作用是片面的,因此人本主义学习理论在实践中也是难以实行的。

五、建构主义学习理论

20世纪90年代,建构主义作为一个崭新的学习理论在教育中产生了重要的影响。建构主义的诞生不是偶然的,而是有着比较深厚的社会根源和科学技术背景。建构主义产生的科学技术背景是在自然科学主义前提下,提出要以一种有机体整体观、生态科学观和互助论,代替机械论、还原论和竞争进化论,试图再现科学的魅力,进而构建起一种具有内在性的后现代世界观与科学观。建构主义者认为,自然科学是发明的,而不是发现的。学习是个体主动建构知识意义的过程,知识的理解是个体在自己经验背景的基础上建构起来的。建构既是对新信息意义的建构,同时又是对原有经验的改造和重组,因此,它是新旧经验之间双向的相互作用过程。这种强调学习主动建构的思想对当今教育改革产生了深远的影响。

（一）建构主义学习理论的基本观点

1. 知识观

建构主义者一般强调，知识并不是对现实和客观规律的唯一准确表征，它只是一种解释、一种假设，它并不是问题的最终答案。一切知识包括科学知识在内，也只不过是一种假设或解释，它会随着人类的进步而不断地被革新，并随之出现新的知识假设。已有的知识、理论和假说，总是会被更新的知识、理论和假说所代替。学生学习的书本知识就是一种对现实世界较可靠的假设，是以一定的社会现实为依据的。知识不可能以实体的形式存在于主体之外，它必须依赖于具体的认知个体，具有个体性。知识必须依赖于具体的情境，具有情境性。

2. 学习观

建构主义的学习观强调学习的主动建构性、社会互动性和情境性三个方面。

（1）学习的主动建构性。建构主义者认为，在学习过程中，知识不是由教师向学生传递的，而是学生建构自己的知识的过程，学生不是被动的信息接收者，而是信息意义的主动建构者，这种建构不可能由其他人代替。

（2）学习的社会互动性。学习不是每个学生单独在头脑中进行的活动，学生是一个社会的人，因此，学习是在一定的社会文化环境中通过与他人的互动进行的。建构主义强调对知识的理解需要群体的协调、对话，这一过程常常需要通过一个学习共同体的合作互动来完成。所以，建构主义者提倡合作学习和交互教学。

（3）学习的情境性。传统教学观念对学习基本持去情境的观念，认为概括化的知识是学习的核心内容，这些知识可以从具体情境中抽象出来，让学生脱离具体情境来学习。然而知识是不可能脱离具体情境而存在的，学生应该与情境化的社会实践结合起来，在现实的情境中学习和发现问题。在情境教学中，教师不是将已经准备好的内容教给学生，而是提供解决问题的原型，并指导学生探索。因此，建构主义者提倡师徒式教学、基于问题的教学以及真实情境的学习等。

3. 教学观

建构主义者强调，学习是建构内在的心理表征的过程，学生并不是把知识从外界搬到记忆中，而是以已有的经验为基础，通过与外界的相互作用来建构新的理解。学生并不是空着脑袋走进教室的。学生在学习新知识时并不是一个经验的"无产者"，而是能够在已有知识经验的基础上，通过新旧知识经验间反复、双向的相互作用过程建构起新的意义，从而充实、丰富和改造自己的知识经验，他们是自己知识的建构者。因此，教学不能无视学生的这些经验，另起炉灶，从外部装进新知识，而是要把学生现有的知识经验作为新知识的生长点，引导学生从原有的知识经验中生长出新知识、新经验。教学不是知识的传递，而是知识的处理和转换。教师不单是知识的呈现者，他应该重视学生自己对各种现象的理解，倾听他们的看法，洞察这些想法的由来，以此为根据，引导学生丰富或调整自己的理解。

综上所述，当今的建构主义者对学习和教学做了新的解释，强调知识的动态，强调学生经验世界的丰富性和差异性，强调学习的主动建构性、社会互动性和情境性。学生是自己知识的建构者，教学需要创设理想的学习环境，促进学生的自主建构活动。

知识拓展

在建构主义学习理论指导下的课堂样例

（二）建构主义学习理论在教学中的应用

建构主义学习理论对学习和教学提出了自己的见解，认为知识的学习不只在于学生能够背诵多少概念、原理，更主要的是看学生所获得的知识的质量，看能否把知识灵活运用到各种相关的情境中。为此，在教学中，教师必须采用有效的教学策略促进学生对高级知识的获得，其核心任务是深化学生对知识的理解。为此，建构主义学派的研究者提出许多可以运用于教育实践的理论和方法。

1. 随机通达教学

建构主义者认为，对同一内容的学习要在不同时间多次进行，每次的情境都是经过改组的，而且目的不同，分别着眼于问题的不同侧面。这种教学避免抽象地谈概念的一般运用，而是把概念具体到一定的实例中，并与具体情境联系起来。每个概念的教学都要涵盖充分的实例，分别用于说明不同方面的含义，而且各实例都可能同时涉及其他概念。在这次学习中，学生可形成对概念的多角度理解，并与具体情境联系起来，形成背景性经验。

2. 支架式教学

建构主义者提出并强调支架式教学。在这种教学模式中，教师引导教学的进行，使学生掌握、建构和内化所学的知识技能，从而使他们进行更高水平的认知活动。所谓支架，就是教师给予学生的帮助。支架式教学包括三个环节。① 预热：将学生引入一定的问题情境，并提供可能获得的工具。② 探索：有教师为学生确立目标，用以引发情境的各种可能性，让学生进行探索尝试。在这个过程中，教师应该逐渐增加问题的探索成分，逐步让学生自己去探索。③ 独立探索：教师放手让学生自己决定探索的方向和问题，选择自己的方法，独立地进行探索。

3. 认知学徒式教学

认知学徒式教学是指让个体像手工艺行业中的徒弟跟着师傅那样，在实践中进行学习，从多个角度观察、模仿专家在解决真实性问题时所外化出来的认知问题，从而获得可应用的知识和解决问题的能力。在认知学徒式教学中，教师应该经常给学生示范。然后，教师或者有经验的同辈支持和鼓励学生独立地完成学习任务。

4. 抛锚式教学

抛锚式教学也称实例式教学或基于问题的教学，要求教学内容建立在有感染力的真实事件或问题的基础上。确定这类真实事件或问题的过程被形象地比喻为"抛锚"，因为一旦这类事件或问题确定了，整个教学内容和教学过程也就确定了，就如同轮船被锚固定了一样。

5. 情境性教学

建构主义者批评传统教学使学习去情境化，提倡情境性教学。首先，这种教学应该使学习在与现实情境相类似的情境中发生，以解决学生在现实生活中遇到的问题为目标。学习的内容应该选择真实性的任务。他们主张弱化学科界限，强调学科间的交叉。其次，这种教学过程所需要的工具往往隐含在情境当中，教师要在课堂上展示出与现实中专家解决问题相类似的探索过程，提供解决问题的原型，并指导学生探索。最后，情境教学不要独立于教学过程中的测验，而是采用融合式测验，在学习中对具体问题的解决过程本身反映了学习的效果，也可以进行与学习过程一致的情境化的评估。

6. 教学中的社会性相互作用

建构主义者重视教学中教师与学生之间以及学生与学生之间的社会性的相互作用。他们认为，每个人都以自己的经验为背景建构对事物的理解，因此可以理解事物的不同方面，不存在对事物的唯一理解。教学要使学生超越自己的认识,看到那些与自己不同的理解,看到事物的另外侧面。应该通过合作和讨论,使他们了解彼此的见解,形成丰富的理解。在小组讨论中,学生要不断反思自己的思考过程,对各种观念加以组织和改造。

本章知识结构

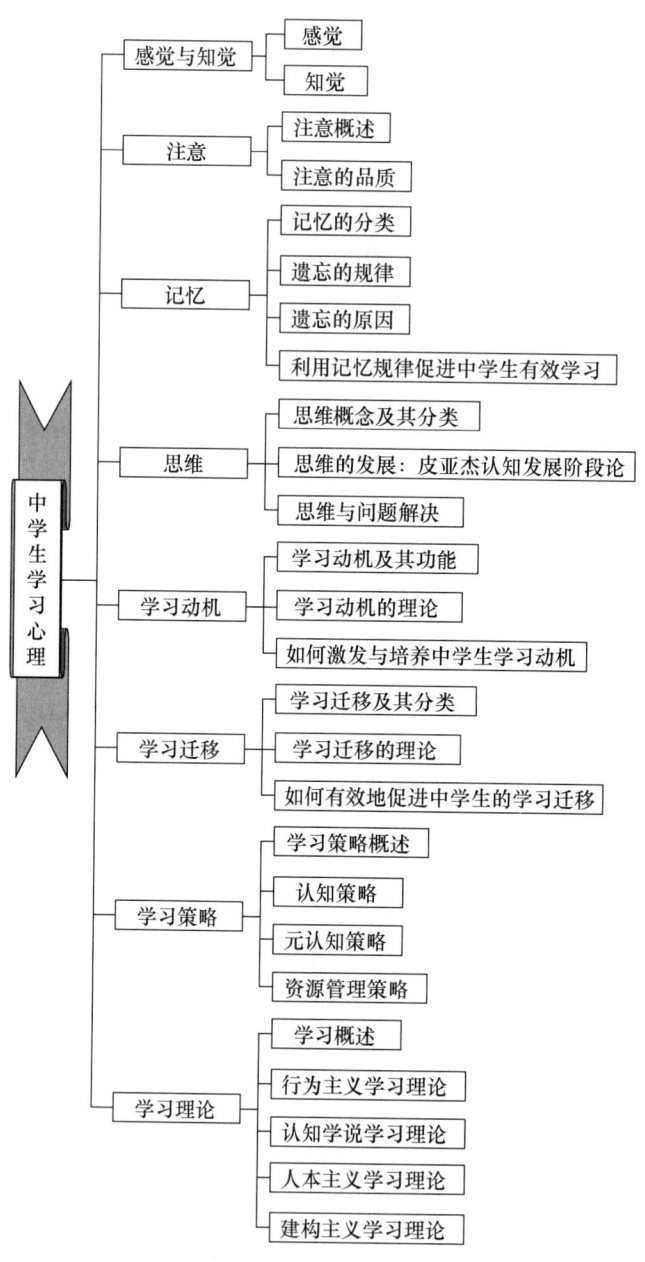

本章小结

本章内容共涉及八个部分的内容:感觉和知觉、注意、记忆、思维、学习动机、学习迁移、学习策略、学习理论:(1)感觉是指客观事物作用于感觉器官而引起的对该事物的个别属性的直接反映,知觉是指人脑对于直接作用于感觉器官的事物的整体属性的认识;(2)注意是指心理活动或意识对一定对象的指向和集中;(3)记忆是指人脑对过去经验的保持和再现(回忆和再认);(4)思维是指借助语言、表象或动作实现的对客观事物概括的和间接的认识,是认识的高级形式;(5)学习动机是指激发与维持个体的学习行为,并使之朝向一定目标的内在过程或内部心理状态;(6)学习迁移是指一种学习对另一种学习的影响;(7)学习策略是指个体为了提高学习的效果和效率,有目的、有意识地制订有关学习过程的复杂方案;(8)学习理论包括行为主义、认知学说、人本主义、建构主义四种学习理论。

考试指南

中学生学习心理是"教育知识与能力(中学)"考试中所占比重最大的模块之一,比重达18%。考试题型包括选择题、辨析题和材料分析题。本章的复习应当在全面掌握感觉与知觉、注意、记忆等内容的基础上,重点把握思维、学习动机、学习迁移、学习策略等内容。对考纲要求"应用"或"运用"的内容,如应用记忆规律促进中学生有效学习;运用行为主义、认知学说、人本主义和建构主义等学习理论促进教学,要予以特别的重视。不仅要理解各个学派的基本学习理论观点,而且还要理解和掌握每个学派的学习观和教学观以及一些教学模式。考生在学习时要注意具体的事例,理解相关原理,重点放在运用相关原理上。

自测训练

一、单项选择题

1. 当人们听到一种令自己觉得可怕的声音时,往往会感到身体发冷,甚至起鸡皮疙瘩。这种现象称为(   )。
   A. 适应　　　　B. 对比　　　　C. 联觉　　　　D. 后像

2. 下列教师课堂行为中,体现教师正确运用无意注意规律的是(   )。
   A. 对教学重点在语音、语调上予以强调
   B. 发现个别学生上课走神时,立即点名批评
   C. 讲课前公布学生的成绩
   D. 用彩色粉笔把黑板边缘装饰得格外醒目

3. 学习游泳之前,小兰通过阅读书籍记住了一些与游泳相关的知识。小兰对游泳知识的记忆是(   )。
   A. 陈述性记忆　　　　　　B. 程序性记忆
   C. 瞬时记忆　　　　　　　D. 短时记忆

4. 在一次心理知识测试中,关于短时记忆的容量单位,学生们的答案涉及下列四种,其中正确的是(   )。
   A. 比特　　　　B. 组块　　　　C. 字节　　　　D. 词组

5. 杨老师在教学中对所讲的例题尽可能给出多种解法,同时鼓励学生"一题多解"。杨老师的教学方式主要用来促进学生哪种思维的发展?(   )
   A. 动作思维　　　　　　　B. 直觉思维
   C. 聚合思维　　　　　　　D. 发散思维

6. 在思维训练课中,教师让学生列举纽扣的作用,小丽只想到扣衣服,却想不到其他用途,这种现象属于(　　)。
   A. 功能迁移　　　　　　　　　B. 功能固着
   C. 功能转换　　　　　　　　　D. 功能变化

7. 陈东看到自己的朋友因为学习成绩优异受到校长的嘉奖后,他加倍努力学习,力争考试取得优异成绩。这种强化属于(　　)。
   A. 直接强化　　B. 替代强化　　C. 自我强化　　D. 内部强化

8. 小马在上课时总害怕回答问题,他发现自己坐在教室后排时可减少被教师提问的次数,于是,他总坐在教室后排。下列哪种强化方式导致了小马愿意坐在教室的后排?(　　)
   A. 正强化　　　B. 负强化　　　C. 延退强化　　D. 替代强化

9. 在心理学实验中,为了使小狗能够区分开圆形光圈和椭圆形光圈,研究者只在圆形光圈出现时才给予其食物强化,而在呈现椭圆形光圈时不给予其强化,那么小狗便可以学会只对圆形光圈做出反应而不理会椭圆形光圈。该过程称为(　　)。
   A. 刺激分化　　B. 刺激泛化　　C. 刺激获得　　D. 刺激消退

10. 由于小军对"锐角三角形"知识掌握得不好,因此影响了他对"钝角三角形"知识的掌握,这种现象属于(　　)。
    A. 复述策略　　　　　　　　　B. 精细加工策略
    C. 组织策略　　　　　　　　　D. 元认知策略

11. 地理老师教学生记忆"乞力马扎罗山"时,为方便学生记忆,将之戏称为"骑着马打着锣"。这种学习策略属于(　　)。
    A. 复述策略　　　　　　　　　B. 精细加工策略
    C. 组织策略　　　　　　　　　D. 元认知策略

12. 初一学生许明努力学习就是想获得亲朋好友的赞扬,根据奥苏伯尔的相关理论,驱动许明行为的是(　　)。
    A. 认知内驱力　　　　　　　　B. 附属内驱力
    C. 自我提高内驱力　　　　　　D. 成就内驱力

13. 如果学生要学习的知识内容比较复杂,结构化程度很高,又必须在短时间内加以掌握,他们最宜采用的学习形式是(　　)。
    A. 发现学习　　B. 接受学习　　C. 合作学习　　D. 互动学习

14. 在归因训练中,教师要求学生尽量尝试"努力归因",以增强他们的自信心,因为在成就归因理论中,努力属于(　　)。
    A. 内部的、不稳定的、可控的　　B. 内部的、不稳定的、不可控的
    C. 内部的、稳定的、可控的　　　D. 内部的、稳定的、不可控的

二、辨析题
   1. 注意的分配就是注意的分散。
   2. 短时记忆和长时记忆转化的条件是想象。
   3. 学习材料的难度越大,越难以产生迁移。

三、简答题
   1. 简述短时记忆的特点。
   2. 简述促进知识获得和保持的方法。

3. 皮亚杰将儿童认知发展划分为哪几个阶段?
4. 学习动机的定义与功能是什么?
5. 加涅将学习结果分为哪几类?

四、材料分析题

三名学生正在焦急地等待教师分发已批改的作文试卷。

………

小杨问小林:"你考得怎么样?"

"糟透了!"小林显得有气无力,"我不善于写作文,尤其是老师想要的那种文章。"

"我的作文也没有写好,"小杨说,"我知道我写得不好,因为我没有做好足够的准备,我早就知道我的考试成绩好不到哪儿去。"

"不可思议!"小张叫嚷着,"我根本就不懂怎样写作文,但我却得了'A',老师可能压根就没有仔细读我写的文章。"

下课铃响了,小张迫不及待地抱着球冲出教室,而小杨和小林还坐在座位上,仔细检查自己的作文。

请试着以成就归因理论分析上述学生的行为表现,并就如何提高小张的动机水平提出建议。

第五章 中学生发展心理

考纲内容

1. 掌握中学生认知发展的理论、特点与规律。
2. 了解情绪的分类,理解情绪理论,能应用情绪理论分析中学生常见的情绪问题。
3. 掌握中学生的情绪特点,正确认识中学生的情绪,主要包括情绪表现的两极性、情绪的种类等。
4. 掌握中学生良好情绪的标准、培养方法,指导中学生进行有效的情绪调节。
5. 理解人格的特征,掌握人格的结构,并根据学生的个体差异塑造良好人格。
6. 了解弗洛伊德的人格发展理论及埃里克森的社会性发展阶段理论,理解影响人格发展的因素。
7. 了解中学生身心发展的特点,掌握性心理的特点,指导中学生正确处理异性交往。

考纲解读

中学生发展心理主要包括四个内容:中学生的认知发展、情绪发展、人格发展及身心发展。中学教师要深刻认识中学生心理发展的特点及规律,并在这些理论的指导下,了解学生,走进学生,从而有效地开展具体的教学活动。本章要求考生掌握一些基本的概念和心理发展的特点及规律,同时要注意在教学实践的过程中结合中学生心理发展的特点开展有针对性的教学活动和心理辅导。在学习和考试的过程中,考生不但要注意把握中学生心理发展的四个特点及规律,而且还要注意这些发展规律在日常教学活动中的应用,学会根据中学生的心理发展特点及规律,对日常教学活动中学生所产生的身心问题进行具体分析。

第一节 中学生的认知发展

从婴儿到青少年逐渐发展成熟的过程中,每个人对周围人和事物的理解也在不断地发生变化,这是因为人在成长的过程中获得了越来越多的认知能力、技巧和策略,那么,这些认知能力在何时,以何种方式被获得的呢?哪些因素会影响它们的发展呢?认知活动的发展已成为当代心理学研究中备受关注的一个重要领域。

认知是人的心理活动之一,它对个体在现实生活中的心理体验、行为反应等具有直接的影响。认知又称认识,一般是指人的认识活动或认识过程,包括感觉、知觉、记忆、思维、想象等。中学生时代是人由儿童走向成熟的过渡阶段,虽然中学生已经掌握了一定的知识经验,具备一定的抽象思维能力,但在学习和生活中仍存在一些不良认知,在其自身发展中,认知潜能需要挖掘和提高。因此,中学教师了解中学生认知发展的特点及其规律,是进行教育和管理的重要前提。

一、什么是认知发展

认知活动是指个体对客观世界的认识活动。一个人思考并解决问题进而掌握知识的所有学习活动都属于认知活动。认知发展是指一个人进行智力活动并获得相应产物的能力的进步或提高。一个人随着年龄的增长总会出现新的思维方式,中学生与学前儿童相比,其思考和解决问题的方式有很大的不同。例如,学前儿童在思维过程中很少使用概括、分类等方法,很难进行抽象的推断,也很难预测未来,他们倾向于在具体的现实中理解问题;而中学生能够相对轻松地解决抽象或假设性的问题。

二、认知发展理论

认知发展理论主要关注认知是如何发生的以及如何转变成为系统的逻辑推理能力和问题解决能力。关于儿童认知发展理论的建构经历了漫长的发展过程,但迄今为止没有理论能对认知发展进行完全充分的解释。目前,最有影响并且相对完善的理论主要有以下两种:

(一) 皮亚杰的认知发展理论

皮亚杰的理论被称为认知发展理论,他认为个体从出生到成熟的发展过程中,认知结构在与环境的相互作用中不断重构,从而表现出具有不同质的不同阶段,他把儿童思维发展分为四个阶段。(有关皮亚杰的认知发展理论的具体内容,请参见本书"第四章第四节"中的相关内容)

(二) 维果茨基的认知发展理论

苏联心理学家维果茨基提出了与皮亚杰理论观点不同的认知发展理论。皮亚杰的观点认为认知发展的根源在于儿童自身的成熟,儿童运用因成熟而获得的能力去解决他们在社会环境中遇到的问题,即发展先于学习。维果茨基的理论则强调了社会文化对于认知发展的影响,即学习先于发展。这个理论也因此被称作社会文化理论。

下面介绍维果茨基理论关于认知发展的看法,具体包括他所提出的社会文化对认知发展的影响、认知发展的内化机制、最近发展区的概念以及认知发展的三个阶段。

1. 社会文化对认知发展的影响

维果茨基认为,认知发展就是由低级心理机能向高级心理机能转化的过程。低级心理机能包括感觉、知觉、注意、情绪等,高级心理机能包括语言、思维、逻辑推理、想象、情感等。认知发展不仅依赖于生理的成熟,而且取决于社会和所处环境的影响。

维果茨基认为,社会文化的影响存在多种途径,诸如成人对儿童所思所想的看法、对获得技能的鼓励、适用于儿童的信息资源、使用信息的方式、社会允许参与活动的种类以及对儿童参与某些情境的限制等,这些情形所包含的多重文化信仰和策略都会鼓励和发展不同的认知技能、认知方式和认知产品。

在塑造认知的众多文化因素中,维果茨基特别强调语言的作用。维果茨基认为语言是促进认知发展的工具,认知发展的结果在很大程度上依靠于语言。语言对认知发展具有两个功能:一是成人将生活经验和解决问题的方法通过语言传递给儿童;二是儿童以语言为工具来适应环境和解决问题。维果茨基认为,学前儿童的自我中心言语就是调和其思想与行动,从而促进其认知发展的重要因素。在维果茨基的一个实验中,他让儿童自由地画一张图画,如太阳、月亮等,但故意不在他们面前摆放绘画要用的一些工具,如纸和笔等。在这种情况下,儿童的自我中心言语的频率急剧增长,这说明儿童在通过自我中心言语帮助自己思考。维果茨基还发现,自我中心言语虽然随年龄增长而逐渐减少,但直到成年并未完全消失,只是成年人的"自言自语"现象多数隐而不显而已。

2. 认知发展的内化机制

维果茨基认为,认知发展依赖于随个体成长而形成的符号系统,包括语言、写作系统和计算系统等,这些符号可以帮助人们思考、交流和解决问题,儿童通常通过接受教育以及从他人那里接收信息而获得这些符号。维果茨基认为认知发展就是将这些符号内化。内化是指儿童吸收来自社会环境的知识,以便在没有他人帮助时能够独立思考并解决问题。

维果茨基认为儿童会观察人们之间的相互作用,并且自己也会同其他人发生相互作用,儿童通过模仿逐渐将他人提供的认知技能内化,而后不断重复这些技能,由此促进了自己的认知发展。儿童观察到的相互作用越多,就越会从中受益。例如,一个小学一年级的学生可以通过反复观察来学会高年级学生所玩的操场游戏,或者通过反复观察成人各持己见的争论场面而学会如何为自己的观点辩护。

3. 最近发展区的概念

将内化的观点进一步深化,维果茨基提出了最近发展区的概念,他认为在认知发展的过程中,最近发展区代表了认知发展的潜力。维果茨基认为儿童的认知发展有两种水平:一是独立解决问题时所具备的现有发展水平,二是在成人的帮助下或在与能力更强同伴的合作下解决问题时所表现出来的可能发展水平,这两者之间的距离就是最近发展区。最近发展区内的学习是已有能力在被重组和内化后,又在一个新的、更高的内化水平上被整合。

最近发展区的概念不但解释了认知发展如何与学习相结合的问题,也解释了儿童在成人指导和协助下常常有更高水平的表现这一事实。当成年人对儿童的有关行为进行指导时,就为儿童提供了一个"工作平台",使儿童逐渐具有顺利解决问题所需的能力和策略。受到维果茨基的内化机制和最近发展区概念的影响,当代的社会文化理论都将认知发展视为在成人指导和支持下的主动学习过程,将儿童看作学徒,成人则是认知发展的"助推器"。其中,成人的指导起着"脚手架"的作用,随着儿童认知的不断发展,"脚手架"才逐渐拆除。

4. 认知发展的三个阶段

与皮亚杰的理论相同,维果茨基的理论也强调了认知发展的阶段性观点。他认为每个儿童都是按照相同的顺序分阶段地获得符号系统的。

通过实验,维果茨基提出了儿童认知发展的三个阶段:① 模糊音节阶段,此时儿童完全依靠行动,他们以随机性的尝试错误的方式来更换不同的木块,直到发现正确的木块为止;② 复杂阶段,这时儿童已可以使用复杂程度不同的策略,但仍不能明确所要求的属性;③ 前概念阶段,这时儿童已能处理木块的每一个有关的属性,但还不能同时对所有这些属性操作。当儿童可以这样活动时,就可以认为儿童的形成概念的能力已经成熟了。

三、中学生认知发展的特点和规律

中学生正处于个体身心加速发展的第二高峰期,生理素质的发展为其认知的发展提供了重要的物质前提。因此,中学生的认知发展处于迅速上升时期,这种发展表现在很多方

面,包括感知能力、注意力、想象力、记忆力和思维能力等。下面就分别对这几个方面的发展进行介绍:

（一）中学生感知能力的发展

中学生感知能力的发展主要表现为两个方面:① 在感觉能力方面,由于中学生面临的学习环境和生活环境都发生了较大的变化,导致他们的感受性发展迅速。有研究表明,个体在15岁前后,其视觉和听觉的感觉能力甚至超过成人。② 中学生的知觉能力也有了很大的发展,与小学阶段相比较,知觉的有意性和目的性有了较大提高;知觉的精确性、概括性更加发展,出现了逻辑性知觉;观察的目的性、持久性、精确性和概括性都比小学生有了显著的发展,其知觉和观察水平更富有目的性和系统性,他们能发现事物的一些主要细节和事物的本质方面。

（二）中学生注意力的发展

中学生注意力的发展主要表现在三个方面:① 中学生注意力的集中性和稳定性都有了较大程度的发展。② 中学生注意力的转移和分配能力等方面都有了一定的发展。③ 中学生能更好地进行有意注意和无意注意的交替运用,通过这种交替,中学生能够以更长的持续时间对特定对象进行观察。

（三）中学生想象力的发展

中学生想象力的发展主要表现在三个方面:① 在想象的主动性方面,中学生的想象过程逐步从随意和被动转向主动,并能完成复杂的想象任务。② 在想象的现实性方面,中学生的想象开始符合现实,富有逻辑性,他们不仅考虑理想是否符合自己的兴趣,而且还考虑有无实现的可能和条件。③ 在想象的创造力方面,随着表象内容的深刻和丰富以及想象的认知操作能力的提高,中学生想象的创造性也有了很大的发展,并逐渐占优势。

（四）中学生记忆力的发展

中学生记忆力的发展主要表现在三个方面:① 从记忆的有意性发展来看,有意识记忆的主导地位已经基本得到确立,自觉地、独立地提出较为长远的识记目的和任务的能力不断增强。② 从记忆的理解性发展来看,在高中阶段,理解识记已成为学生识记的主要方法,机械记忆在初中阶段达到最高水平,在高中阶段呈下降趋势,但仍然保持相当高的水平。③ 从记忆内容的抽象性发展来看,在初中阶段,个体的抽象记忆的发展水平逐渐超过形象记忆;到了高中阶段,个体的抽象记忆已占绝对优势,但具体形象记忆仍然具有重要作用,它为理解抽象材料提供必要的感性支持,是抽象记忆发展的基础。

（五）中学生思维能力的发展

中学生思维能力的发展主要表现在两个方面:

(1) 抽象思维占主导地位。抽象思维能力在青少年时期得到了迅速发展,并开始处于优势地位,由此使得中学生能够更好地理解问题解决的过程以及所使用的策略。抽象思维能力的发展与基本信息加工能力的发展以及不同领域知识的获得有关,两者皆是学校生活和经验的结果。

(2) 批判性思维发展迅速。当青少年步入成人早期时,他们会逐渐认识到,大多数现实生活中的问题并非只有唯一的正确答案,甚至能够对两种相反的论点进行整合,提出一个综合的论点。批判性思维技巧与认知灵活性是青少年创造性思维能力的重要构成要素,批判性思维到高中阶段达到基本成熟的水平。

知识拓展

中学生认知发展特点总结

第二节 中学生的情绪发展

中学阶段的青少年情绪体验跌宕起伏、剧烈波动,表现出很明显的心理年龄特征。如果教师了解这个时期中学生情绪发展的特点,则有助于更好地开展中学生的教育工作。

一、情绪概述

(一)什么是情绪

情绪是指人的主观需要是否得到满足而产生的态度和体验,它是动物和人类共有的现象。现代心理学认为,情绪由主观体验、生理唤醒和外部表现三个部分构成。主观体验反映了个体的需要是否获得满足以及满足的情况;生理唤醒是与情绪有密切关系的人体内部器官的活动;外部表现是个体在产生某种情绪时伴随的身体动作、面部表情、语音语调等可观察到的表现。

(二)情绪的分类

情绪本身是非常复杂的,因此要对情绪进行准确的分类就显得尤为困难。许多研究者对此进行了长期的探索,其中有两种分类方法颇具代表性。

1. 依据情绪性质的分类

关于情绪的类别,长期以来说法不一。我国古代有喜、怒、忧、思、悲、恐、惊的七情说,美国心理学家普拉切克提出了八种基本情绪,即悲痛、恐惧、惊奇、接受、狂喜、狂怒、警惕、憎恨。虽然情绪的类别很多,但一般认为有四种基本情绪,即快乐、愤怒、恐惧和悲哀。

(1)快乐。快乐是指一个人盼望和追求的目的达到后产生的情绪体验。由于需要得到满足,愿望得以实现,故心理的急迫感和紧张感解除,快乐随之而生。快乐有强度的差异,从愉快、兴奋到狂喜,这种差异是和所追求的目的对自身的意义以及实现的难易程度有关。

(2)愤怒。愤怒是指一个人在所追求的目的受到阻碍,愿望无法实现时产生的情绪体验。愤怒时紧张感增加,有时不能自我控制,甚至出现攻击行为。愤怒也有程度上的区别,当一般的愿望无法实现时,人们只会感到不快或生气,但当人们遇到不合理的阻碍或恶意的破坏时,愤怒会急剧爆发。这种情绪对人的身心伤害也是很明显的。

(3)恐惧。恐惧是指一个人企图摆脱和逃避某种危险情景而又无力应付时产生的情绪体验。所以恐惧的产生不仅仅由于危险情景的存在,还与个体排除危险的能力和应付危险的手段有关。例如,一个初次出海的人在遇到惊涛骇浪或者鲨鱼袭击时会感到恐惧无比,而一个经验丰富的水手对此可能已经司空见惯,泰然自若。

(4)悲哀。悲哀是指当一个人失去心爱的事物时,或理想和愿望破灭时产生的情绪体验。悲哀的程度取决于失去的事物对自己的重要性和价值。悲哀时带来的紧张情绪的释放,会导致人哭泣。当然,悲哀并不总是消极的,它有时能够转化为前进的动力。

在以上四种基本情绪之上,可以派生出众多的复杂情绪,如厌恶、羞耻、悔恨、嫉妒、喜欢、同情等。

2. 依据情绪状态的分类

情绪状态是指一个人在某种事件或情境的影响下,在一定时间内所产生的某种情绪。

依据情绪发生的强度、持续性和紧张度,可以把情绪状态分为心境、激情和应激。

(1) 心境。心境是指一个人比较平静而持久的情绪状态。心境的特点是弥漫性,它不是关于某一事物的特定体验,而是以同样的态度体验对待一切事物。例如,人在伤感时,会见花落泪,对月伤怀。平稳的心境可持续几个小时、几周或几个月,甚至一年以上,其持续时间的长短,与人的气质、性格以及引起心境的客观刺激的性质有一定的关系。

(2) 激情。激情是一种强烈的、爆发性的、短暂的情绪状态。这种情绪状态通常是由对个体有重大意义的事件引起的。例如,重大成功之后的狂喜、惨遭失败后的绝望、亲人突然死亡的极度悲哀、突如其来的危险所带来的异常等。激情状态往往伴随着生理变化和明显的外部行为表现。

(3) 应激。应激是指一个人在出乎意料的紧张状态下所产生的情绪体验。在突如其来的或十分危险的条件下,必须迅速地、几乎没有选择余地地做出决定的时刻,人的身心处于高度紧张状态,即为应激状态。

二、情绪理论

(一) 情绪的早期理论

1. 詹姆斯-朗格情绪理论

美国心理学家詹姆斯和丹麦生理学家朗格分别于1884年和1885年提出了内容相同的一种情绪理论,他们强调情绪的产生是植物性神经系统活动的产物。后人称他们的理论为情绪的外周理论,即詹姆斯-朗格情绪理论。

詹姆斯根据情绪发生时引起的植物性神经系统的活动和由此产生的一系列机体变化提出,情绪就是对身体变化的知觉。朗格认为,情绪是内脏活动的结果。他特别强调情绪与血管变化的关系,情绪决定于血管受神经支配的状态、血管容积的改变以及对它的意识等。

詹姆斯-朗格情绪理论认为,情绪刺激引起身体的生理反应,而生理反应进一步导致情绪体验的产生。应当说,这一理论看到了情绪与机体变化的直接关系,强调了植物性神经系统在情绪产生中的作用,这有其合理的一面;但是,他们片面强调植物性神经系统的作用,而忽视了中枢神经系统的调节、控制作用,因而引起了很多的争议。

2. 坎农-巴德情绪理论

美国生理学家坎农对詹姆斯-朗格情绪理论提出了三点疑问:第一,机体上的生理变化,在各种情绪状态下并无多大的差异,因此根据生理变化很难分辨各种不同的情绪;第二,机体的生理变化受植物性神经系统的支配,这种变化缓慢,不足以说明情绪瞬息变化的事实;第三,机体的某些生理变化可由药物引起,但药物(如肾上腺素)只能使生理状态激活,而不能产生情绪。坎农认为情绪的中心不在外周神经系统,而在中枢神经系统的间脑并提出了自己的理论。

坎农认为,由外界刺激引起感觉器官的神经冲动,通过感觉神经,传至间脑;之后,再由间脑同时向上向下发出神经冲动,即向上传至大脑,产生情绪的主观体验,向下传至交感神经,引起机体的生理变化,包括血压升高、心跳加快、瞳孔放大、内分泌增多和肌肉紧张等,使个体生理上进入应激准备状态。例如,当某人遇到一只老虎时,由视觉感受器官引起的冲动,经感觉神经传至间脑处,在此更换神经元后,同时发出两种冲动:一是经过躯体神经系统和植物性神经系统到达骨骼肌和内脏,引起生理应激准备状态;二是传至大脑,使这个人意识到老虎的出现。此时,这个人的大脑中可能有两种意识活动:第一,认为老虎是驯养动物,并不可怕,因此,大脑立即将神经冲动传至间脑,并转而控制植物性神经系统的活动,使应激生理状态受到压抑,恢复平衡;第二,认为老虎是可怕的,会伤害到人,大脑对间脑抑制解除,使植物性神经系统活跃起来,加强身体的应激生理反应,并采取行动尽快逃避,于是产生了恐惧,随着这个人逃跑时生理变化的加剧,他们恐惧情绪体验也加强了。因此,情绪体验和生理变化是同时发生的,它们都受间脑的控制。

坎农的情绪学说得到巴德的支持和发展,故后人称坎农的情绪学说为坎农-巴德情绪理论。

（二）情绪的认知理论

1. 阿诺德的情绪理论

美国心理学家阿诺德在20世纪50年代提出了情绪的评定-兴奋学说。这种理论认为,刺激情景并不直接决定情绪的性质,从刺激出现到情绪的产生,要经过对刺激的估量和评价,情绪产生的基本过程是刺激情景—评估—情绪。同一刺激情景,由于对它的评估不同,就会产生不同的情绪反应。评估的结果可能认为对个体"有利""有害"或"无关"。如果是"有利",就会引起个体肯定的情绪体验,并企图接近刺激物;如果是"有害",就会引起个体否定的情绪体验,并企图躲避刺激物;如果是"无关",个体就予以忽视。

阿诺德认为,情绪的产生是大脑皮层和皮下组织协同活动的结果,大脑皮层的兴奋是情绪行为的最重要的条件。在阿诺德看来,情绪产生的理论模式是:作为引起情绪的外界刺激作用于感受器,产生神经冲动,通过感觉神经上送到间脑,在更换神经元后,再送到大脑皮层,在大脑皮层上刺激情景得到评估,形成一种特殊的态度(如恐惧及逃避、愤怒及攻击等)。这种态度通过运动神经将大脑皮层的冲动传至间脑的交感神经,将兴奋发送到血管和内脏,所产生的变化使其获得感觉。这种从外周来的反馈信息,在大脑皮层中被评价,使纯粹的认识经验转化为被感受到的情绪,就是评定-兴奋学说。

2. 沙克特-辛格两因素情绪理论

20世纪60年代初,美国心理学家沙克特和印度心理学家辛格提出两因素情绪理论。他们认为,对于特定的情绪来说,有两个因素是必不可少的:第一,个体必须体验到高度的生理唤醒,如心率加快、手出汗、胃收缩、呼吸急促等;第二,个体必须对生理状态的变化进行认知性的唤醒。

该情绪理论认为,个体对生理反应的认知和了解决定了最后的情绪体验,情绪状态是由认知过程(期望)、生理状态和环境因素在大脑皮层中整合的结果。环境中的刺激因素,通过感受器向大脑皮层输入外界信息;生理因素通过内部器官、骨骼肌的活动,向大脑输入生理状态变化的信息;认知过程是对过去经验的回忆和对当前情境的评估。来自这三个方面的信息经过大脑皮层的整合作用,才产生了某种情绪体验。

上述情绪理论被转化为一个工作系统(称为情绪唤醒模型),这个工作系统包括三个亚系统:一是对来自环境的输入信息的知觉分析;二是在长期生活经验中建立起来的对外部影响的内部模式,包括过去、现在和将来的期望;三是现实情景的知觉分析与基于过去经验的认知加工间的比较系统,称为认知比较器,它带有庞大的生化系统和神经系统的激活机构,并与效应器官联系。

这个情绪唤醒模型的核心部分是认知,通过认知比较器把当前的现实刺激与储存在记忆中的过去经验进行比较,当知觉分析与认知加工之间出现不匹配时,认知比较器产生信息,动员一系列的生化和神经机制,释放化学物质,改变大脑的神经激活状态,使身体适应当前情境的要求,这时情绪就被唤醒。

3. 拉扎勒斯的认知-评价情绪理论

美国心理学家拉扎勒斯是情绪认知理论的另一位代表。他认为情绪是人与环境相互作用的产物,在情绪活动中,人不仅反映环境中的刺激事件对自己的影响,同时要调节自己对于刺激的反应。也就是说,情绪活动必须有认知活动的指导,只有这样,人们才可以了解环境中刺激事件的意义,才可能选择适当的、有价值的动作组合,即动作反应。按照拉扎勒斯的观点,情绪是个体对环境事件知觉到有害的或有益的反应。因此,在情绪活动中,人们需要不断地评价刺激事件与自身的关系。具体来讲,有三个层次的评价:初评价、次评价和再评价。

(1) 初评价是指个体确认刺激事件与自己是否有利害关系,以及这种关系的程度。只要个体处在清醒的状态下,这种评价随时随地都会发生,这是人的生存适应的一个重要方面。

(2) 次评价是指个体对自己反应行为的调节和控制,它主要涉及个体能否控制刺激事件,以及控制的程度,也就是一种控制判断。当个体要对刺激事件做出行为反应时,必须根据主观条件和客观社会规范来考虑行为的后果,从而选择有效的措施和方法。例如,当个体受到侵犯、伤害时,是采取攻击行为还是采取防御行为,这取决于他对刺激事件的控制判断。在这种评价过程中,经验起着重要的作用。

(3) 再评价是指个体对自己的情绪和行为反应的有效性和适宜性的评价,实际上是一种反馈性行为。如果再评价结果表明行为是无效的或不适宜的,个体就会调整自己对刺激事件的次评价,甚至初评价,并相应地调整自己的情绪和行为反应。

(三) 动机-分化情绪理论

以汤姆金斯和伊扎德为代表的动机-分化情绪理论萌生于20世纪60年代,至今已成为很有影响力的情绪理论之一。动机-分化情绪理论是以情绪为核心,以人格结构为基础,论述情绪的性质与功能的。

该情绪理论从整个人格系统出发建立了情绪-动机体系,提出人格具有6个子系统:体内平衡系统、内驱力系统、情绪系统、知觉系统、认知系统和动作系统。人格系统的发展是这些子系统的自身发展与系统差异之间联结不断形成和发展的过程。在这些子系统中,伊扎德认为认知过程引起比较和辨别活动,是知识的学习、记忆、符号操作、思维和言语过程。情绪具有动力性,它组织并驱动认知与行为,为认知和行为提供活动线索。可见,情绪是人格系统的核心动力,这是伊扎德理论的重要观点。

该情绪理论认为情绪具有重要的动机性和适应性的功能,情绪就是动机,情绪是比内驱力更加灵活和强有力的驱动因素,它本身可以离开内驱力信号而起到动机作用。

伊扎德认为,情绪系统包含着神经生理、神经肌肉的表情行为、情感体验等三个子系统,它们相互作用、相互联结,并与情绪系统以外的认知、行为等人格子系统建立联系,实现情绪与其他系统的相互作用。

该情绪理论认为,神经化学活动通过一些内在的程序,激活脸部和躯体的活动模式,这些活动的反馈信号进入意识状态,形成情感体验。情感体验可以进入认知系统,并接受认知系统的调节。情感体验是情绪系统与人格的其他系统相互作用的主要成分,对形成系统间的稳定和特定的联结有重要作用,各种情绪体验是驱策有机体采取行动的动机力量。

对于情绪的激活与调节,该情绪理论提出了四个基本过程:生物遗传-神经内分泌激活过程、感觉反馈激活过程、情感激活过程和认知激活过程。

在对情绪性质的阐述上,该情绪理论既说明了情绪的产生根源,又说明了情绪的功能,为情绪在心理现象中确立了相对独立的地位。尤其在对人类婴儿情绪发生和功能的阐释上,具有创新性和极大的说服力。但是动机-分化情绪理论对情绪与认知的联系缺乏具体的论证和阐述,这成为其情绪理论的不足之处。

三、中学生的情绪特点及常见的情绪问题

（一）中学生的情绪特点

随着中学生身体的迅速发育,他们在心理上也经历了急剧的变化,这种急剧变化尤其反映在情绪情感方面,表现为情绪起伏波动大,情感体验深刻、丰富和复杂,容易陷入情绪困扰,表现出明显的矛盾性特点,可以用以下几个方面来概括:

1. 爆发性与冲动性

虽然中学生的情绪情感与儿童时期相比,显得更稳定,受外界情境的影响更少,但他们也有很强的爆发性和冲动性,一旦激起某种性质的情绪就如火山般猛烈爆发出来,常常表现为"一时性起""年轻气盛"。这一方面与青春期的大脑神经活动特点有很大关系,这时期的个体神经活动兴奋过程往往比抑制过程占优势,刺激在神经传导过程中易造成泛化和扩散现象。个体的肾上腺分泌的激素增加与情绪的高兴奋性、冲动性有直接关系。另一方面,这与中学生的社会需要增多、自我意识的增强密切相关。当他们认知结构中产生的预期与现实不吻合,客观事物大大超出预期时,就会产生强烈的情绪反应。

2. 不稳定性与两极性

中学生的情绪虽然强烈,但波动剧烈,两极性明显,情绪很容易从一个极端剧烈地转向另一个极端,他们对事物的看法较为片面,很容易产生偏激反应。例如,他们可能从对事物的强烈认同、肯定,忽然转向拒绝、否定;对他人强烈的爱,因某些看法矛盾或冲突而忽然转化为强烈的恨。心理学家曾把处于这个时期的情绪形象地比喻为"像一个钟摆",在寻求平衡点的过程中摇晃于两极之间,这主要与这个时期中学生的认知发展特点有关。虽然中学生观察事物较敏锐,但也比较片面,思维发展以感性概括水平为主,有待于上升为理性概括水平,他们的辩证思维、批判性思维还不成熟,因此看问题还带着明显的片面性、表面性,无法准确地把握事物的本质属性和内在规律性联系,对事物的前因后果还无法做出明确的全面估计和判断,对自己的行为尚缺乏自控能力。

3. 表露性与掩饰性

虽然中学生经常表现出强烈的情绪反应,但随着年龄的增长、认知范围的扩大、个人知识经验的积累、自我意识的逐渐成熟,他们也逐渐学会控制自己的真实感受,使情绪带有内隐性、掩饰性的特点。在不少特定情况下,他们会把自己的真实想法或情绪曲折、掩饰地表达出来。例如,对自己喜欢的人表面上无动于衷,实际上内心却狂热地爱慕、痴迷对方,关注对方的一言一行。他们也会根据场合适当表达自己的情绪,如在严肃的情境,他们可能会掩饰自己由于其他原因而导致的内心的喜悦,而表现出同样的严肃。这种情绪的掩饰并非表里不一、虚伪,而是他们对情绪的自控和调适能力不断成熟的表现。当然,与成人相比,中学生在情绪上仍不能像成人那样成熟,有的时候,他们的情绪十分直白。例如,当他们遇到让他们觉得很不公平的事情时,往往会一吐为快。

4. 深刻性与延续性

中学生随着学习、生活范围的扩大以及身心的巨变和自我意识的觉醒,情绪体验越来越丰富和深刻。同时,他们的情绪更多会以心境状态出现,表现为一种持久、微弱的心理状态。这种心理状态不但会影响他们的学习、生活,而且会影响同伴的情绪状态。

（二）中学生常见的情绪问题

情绪问题是中学生人格问题中的一大类,也称情绪障碍、内部化障碍、超控障碍或焦虑

障碍等。情绪问题在中学生中的发生率并不高。常见的有焦虑症、社会性退缩、恐怖症、强迫症、抑郁症等。

1. 焦虑症

有关焦虑症的概念、临床表现和矫正方法,详见本书第六章第二节中的"焦虑症"内容。

2. 社会性退缩

社会性退缩又称社交敏感性障碍,是指个体对新环境或陌生人产生的恐惧、焦虑情绪和回避行为,达到了异常程度。社会性退缩行为一般多见于低龄人群或性格内向人群中,其特征表现为孤僻、不合群,态度冷淡、害羞,还可能表现为语言表达障碍与莫名的忧郁等。发生社会性退缩的主要原因是个体不能向外界合理地表达自己的情感与思想,令他人无法理解,因此往往被忽视和被冷落,社会地位呈边缘化。大多数社会性退缩者的自尊水平较低,经常出现认知歪曲——放大自身的缺点。社会性退缩者容易出现脸红、出汗等情况,这些更加阻碍了他们的社会交往,进一步增加了他们的焦虑而形成了恶性循环。这种障碍限制了个体选择的机会,使他们进入狭小的行动模式中,严重干扰了个体的生活。例如,有人宁愿寻找一个远远低于自己能力的工作,做一份低收入的工作也不愿意和别人打交道。

建立和培养自信心是矫治社会性退缩的关键,因此,要鼓励有社会性退缩的学生多参加集体活动,多培养业余爱好,内心有压力的时候要学会向朋友和家人倾诉,或采取其他行之有效的减压方法。

3. 恐怖症

有关恐怖症的概念、临床表现和矫正方法,详见本书第六章第二节中的"恐怖症"内容。

4. 强迫症

有关强迫症的概念、临床表现和矫正方法,详见本书第六章第二节中的"强迫症"内容。

5. 抑郁症

有关抑郁症的概念、临床表现和矫正方法,详见本书第六章第二节中的"抑郁症"内容。

四、中学生的情绪调节

(一) 中学生良好情绪的标准

教师只有明确了良好情绪的标准,才能正确识别和把握学生的情绪状况。中学生良好的情绪有以下几条标准:

(1) 有良好情绪的中学生应能正确反映一定环境的影响,善于准确表达自己的感受。需要注意的是,教师不但应该鼓励学生表达积极的情绪,同时也应该允许学生表达消极的情绪,因为压抑消极的情绪对身心健康是有害的。但在学生表达消极的情绪后,教师还应该正确地引导他们予以克服。

(2) 有良好情绪的中学生应能对引起情绪的刺激做出适当强度的反应。当教师发现学生对某些事情表现出的情绪过度强烈或过分抑制时,就可以判断这是不正常的。

(3) 有良好情绪的中学生应具备情绪反应的转移能力。如果引起积极情绪的刺激环境消失了,但是中学生还长时间地陶醉在愉快、兴奋的情绪中,这是不适当的。同样,陷入消极情绪而不能自拔的中学生,也会影响自己的学习或活动效率。当觉察到自己拥有不良情绪时,中学生要能够保持正确、客观的理性认识,及时采用多种方式宣泄自己的不良情绪。

(4) 良好的情绪应符合中学生的年龄特点。如果一个学生表现出来的情绪特点与他所处的年龄阶段应有的情绪特点不相符合,则需引起教师的注意,并采取相应的教育措施。

(二) 中学生良好情绪的培养

良好的情绪是做一切事情的基础,是处理人际关系的关键。尤其对于中学生来说,他们面临身体和心理的巨大变化,良好的情绪对于他们正常生活和学习的意义就愈加突显。对于中学生良好情绪的培养,可从正确认识情绪、合理表达情绪以及培养良好的情绪习惯这三个方面着手。

1. 正确认识情绪

青春期的个体情绪波动大,易冲动,容易出现消极的情绪。如果教师要培养中学生的良好情绪,则必须要教会他们正确认识情绪,提高情绪的自我认识水平。正确认识情绪包括两个方面:一是正确识别自身的情绪;二是正确认识自身情绪产生的根源。正确识别自身的情绪,其目的在于对自身的情绪进行实时监控,做自己情绪的主人,最终达到对情绪的有效调节与控制。教师要通过各种途径告诉学生关于情绪的基本知识,帮助他们正确认识自己的情绪,提高理智水平。同时,作为情绪多变时期的中学生也要能认识自身情绪产生的根源,如生理上的变化、学业成就的影响、同伴交往的作用以及性心理的发展等,对自身的情绪"有备而来",理解自己情绪产生的缘由,达到对情绪的有效调控。

2. 合理表达情绪

情绪往往发生于交往活动之中,在交往活动中合理表达自己的情绪显得十分重要,这将成为人际关系质量的"指示灯"。在合理表达情绪的过程中,首先要正确认识情境中的信息,并将情境刺激与自身的需要合理结合。同时,合理表达情绪还要注意根据环境背景适时、适当地进行。

3. 培养良好的情绪习惯

个体的情绪习惯是在长期环境的作用下形成的,教师要根据学生的情绪特点,培养学生积极的情绪,消除或减少负面的情绪。例如,有的学生对自己的期望过高,看不到自己的长处,凡事都习惯性地往坏处想,遇事总是习惯性地产生消极情绪,这就影响其情绪的健康发展。此时,教师要努力营造积极和谐的教育环境,引导学生产生积极向上的情绪情感,促进身心和谐发展。

(三) 中学生不良情绪的调节

中学生正处在青春期,其情绪反应往往比较强烈、不稳定,有较大的起伏性,容易从一个极端走到另一个极端,因此对不良情绪的调节和控制就显得尤为重要。

1. 了解自己的情绪问题,纠正认知偏差

学生在进行情绪调节时,首先要弄清情境刺激以及自身的认知需要,通过调整认知需要达到情绪调控的目的。

2. 学会具体的调节不良情绪的方法

教师要教会学生具体合理的情绪调节方法,使学生在处于不良情绪状态时能运用这些方法及时进行情绪调节。调节不良情绪的方法很多,下面简要介绍几种:

(1) 宣泄法。当学生受到不良刺激产生不良情绪时,应通过合理的宣泄来减轻不良情绪,恢复心理平静。学生在宣泄时可以采用适当的方式,如运动、听音乐、看电影、找朋友倾吐、大哭一场或找心理医生诉说等。宣泄对于学生取得心理平衡是必要的,不加宣泄、过分压抑,会导致心理障碍。但宣泄必须合理,适可而止。

(2) 转移法。当学生受到不良刺激产生不良情绪时,应尽可能离开不良刺激的环境,把注意力转移到新的环境和新事物上去,避免不良情绪蔓延和加重。例如,当学生与人发生争吵,情绪高度激动时,应立即离开现场,去从事其他活动,以此来转移注意力,防止不良情绪

的极度增加。

（3）幽默法。心理学家认为，幽默能使紧张的心理放松，被压抑的情绪解脱，是避免刺激和干扰、消除不良情绪、保持心理健康的"良药"。当学生处于窘迫、尴尬的境地时，最好的办法是以幽默的态度去化解。

（4）放松法。当学生产生不良情绪时，可通过深呼吸，循序渐进、自上而下放松全身，或者是通过自我催眠、自我按摩等方法使自己进入放松的、安静的状态，然后面带微笑，回忆自己曾经经历的愉快情境，从而消除不良情绪。

知识拓展 ▼

学会调整自己的不良情绪

第三节　中学生的人格发展

21世纪综合素质的人才观对教育提出了许多新的要求，培养具有健全人格、适应时代发展的人才成为人们对未来教育的期待，许多国家的教育研究中心已从智力开发转向人格教育，人格教育已成为当前世界教育的主潮流。因此，关注中学生人格的发展，是当前教育的一项重要任务。

一、人格概述

（一）什么是人格

在日常生活中，我们常常使用"人格"这个词。心理学家对人格所下的定义并不完全一致，人格定义的多样性事实上反映了人格具有丰富的内涵。综合我国学者的观念，我们认为，人格是指构成一个人的思想、情感及行为的特有模式，这个特有模式包含了一个人区别于他人的稳定而统一的心理品质。

（二）人格的特征

一般认为，人格具有独特性和共同性、整体性、稳定性和可塑性、社会性和生物性这四个基本特征。

1. 人格的独特性和共同性

世界上没有两个人格完全相同的人。人格的独特性是指人与人之间心理和行为方面的不相同之处。人格的独特性，并不排除人与人之间在心理和行为上的共同性。同一民族、阶级和群体的社会文化影响，使个体间具有某种相似的人格特征。这种同一文化陶冶出的共同的人格特征称为群体人格或社会人格，是人格结构的核心部分，源于群体的基本和共同的经验。

2. 人格的整体性

人格的整体性是指人格虽有多种成分和特质，如能力、气质、性格、意志、需要、动机、态度、价值观、行为习惯等。但是，在一个现实的个体身上它们并不是孤立存在的，也不是多种人格特质机械拼凑或简单堆积的，而是综合成为一个有机的整体。正常人的行动并不是某一特定成分（如能力或情感）运作的结果，而是各个成分密切联系、协调一致所进行的活动。正如机器的运行，各零件必须协调一致，作为一个整体才能进行正常的运作。心理的完整性是人格健康的表征。

3. 人格的稳定性和可塑性

所谓稳定性是指跨时间的持续性和跨情境的一致性。所谓跨时间的持续性是指人格是稳定的行为特征,不会在短时间内有很大变化。只有长期观测到的特点,才能够说是一个比较稳定的人格特点。

儿童的人格还不很稳定,受环境影响较大;成人的人格比较稳定,但自我教育、自我调节在人格改变上起重要作用。人格具有稳定性并不意味着人格是一成不变的,人格还具有可塑性。人格的可塑性在一定程度上取决于个人的主观努力。人格是在主客观条件的相互作用下发展起来的,同时又在主客观条件的相互作用下发生改变。人格是稳定性和可塑性的统一。

4. 人格的社会性和生物性

人格的社会性是指社会化把人这样的动物变成社会的成员,人格是社会的人所特有的,社会性强调人格是在社会化的过程中形成的。同时,人格又是在个体的遗传和生物性基础上形成的,人格受到个体的生物性的制约。

但人的生物性需要和本能,也是受人的社会性制约的。例如,人满足食物需要的内容和方式也是受具体的社会历史条件制约的。所以,人格作为一个整体,作为一个系统主要是由社会生活条件所决定的。

（三）人格的结构

人格是一个复杂的结构系统,包括许多复杂的成分,主要有气质与性格、认知风格、自我调控系统等方面。

1. 气质与性格

气质是指表现在心理活动中的强度、速度、灵活性与指向性等方面的一种稳定的心理特征,即我们平时所说的脾气、秉性。人的气质差异是先天形成的,受神经系统活动过程的特性制约。例如,孩子刚出生时,有的孩子爱哭好动,有的孩子平稳安静,这种最先表现出来的差异就属于气质差异。气质是人的天性,并无好坏之分。

在日常生活中,一般将人的气质类型划分为四种:胆汁质、多血质、黏液质和抑郁质。每种气质类型的人都具有其典型的特征。

（1）胆汁质。这种气质类型的人精力充沛,热情积极,情绪体验强烈、外露,但脾气急躁,易冲动,难以自制。

（2）多血质。这种气质类型的人思维灵活,反应迅速,情绪体验外露、易变、活泼,充满朝气,动作敏捷,但易轻举妄动,缺乏忍耐力和毅力,注意力不稳定。

（3）黏液质。这种气质类型的人有耐性、稳重、冷静、注意力稳定,但难于转移,灵活性不够,行动缓慢,与人交往适度,考虑问题细致,能恪守生活秩序和工作制度。

（4）抑郁质。这种气质类型的人观察仔细,考虑问题细致,但易孤僻、内向、敏感、优柔寡断,反应迟缓。

性格是一种与社会相关最密切的人格特征,在性格中包含有许多社会道德含义。性格表现了人们对现实和周围世界的态度,并表现在个体的行为举止中。性格主要体现在对自己、对他人、对事物的态度和所采取的言行上,表现了一个人的品德,受人的价值观、人生观、世界观的影响。这些具有道德评价含义的人格差异,我们称为性格差异。性格是在后天社会环境中逐渐形成的,是人的最核心的人格差异。性格有好坏之分,能最直接地反映出一个人的道德风貌。

性格由以下彼此联系且相互依存的四个方面的特征构建而成。

（1）性格的态度特征是指人们对社会、集体、他人、自己以及对待学习、工作、劳动的态度中所表现出来的性格特征。

（2）性格的理智特征是指人们在感知、记忆、思维和想象等认识过程中所表现出来的个别差异。

（3）性格的情绪特征是指人们在情绪的强度、稳定性、持续性和主导心境等方面表现出来的个别差异。

（4）性格的意志特征是指人们在日常活动和工作中是否具有明确的行为目标，对自身行为自觉控制水平方面的特征，在紧急或困难条件下表现出来的特征，在经常和长期的工作中表现出来的特征。

2. 认知风格

认知风格也叫作认知方式，是指个人所偏爱使用的信息加工方式。比如，有人喜欢独立思考，有人喜欢同他人讨论。认知风格有许多种，最常见的有三种分类，场独立型与场依存型、冲动型与沉思型、继时型与同时型等。

（1）场独立型与场依存型。两者的差异主要表现在个体对外部环境（"场"）的不同依赖程度上。场独立型的人在信息加工中对内在参照没有较大的依赖倾向，他们的心理分化水平较高，在加工信息时，主要依据内在标准或内在参照，与人交往时也很少能体察入微。而场依存型的人在加工信息时，对外在参照有较大的依赖倾向，他们的心理分化水平较低，处理问题时往往依赖于"场"，与别人交往时较能考虑对方的感受。

（2）冲动型与沉思型。两者的差异主要表现在个体对问题的思考速度上。冲动型的人面对问题时总是急于求成，不能全面细致地分析问题的各种可能性，不管正确与否就急于表达出来，有时甚至没有弄清楚问题的要求，就开始解答问题。而沉思型的人总是把问题考虑周全以后再做出反应，他们着重解决问题的质量，而不是速度。

（3）继时型与同时型。加拿大心理学家达斯等人根据脑功能的研究，区分了继时型与同时型两种认知风格。他们认为，左脑有优势的个体表现出继时型的加工风格；而右脑有优势的个体表现出同时型的加工风格。两者的差异主要表现在个体解决问题的方式上。继时型的人在解决问题时，能一步一步地分析问题，每一个步骤只考虑一种假设或一种属性，提出的假设在时间上有明显的前后顺序，解决问题的过程像链条一样，一环扣一环，直到找到问题的答案为止。而同时型的人在解决问题时，采取宽视野的方式，同时考虑多种假设，并兼顾到解决问题的各种可能性，其解决问题的方式是发散式的。比如许多数学操作、空间问题的操作都要依赖于这种同时型的加工方式。

3. 自我调控系统

自我调控系统是指人格中的内控系统或自控系统，具有自我认知、自我体验、自我控制三个子系统，其作用是对人格的各种成分进行调控，保证人格的完整、统一、和谐。

（1）自我认知是指个体对自己的洞察和理解，包括自我观察和自我评价。自我观察是指对自己的感知、思想和意向等方面的觉察；自我评价是指对自己的想法、期望、行为以及人格特征的判断与评估，这是自我调节的重要条件。如果一个人不能正确地认识自我，只看到自己的不足，觉得处处不如他人，就会产生自卑心理，从而丧失信心，做事畏缩不前；同样的，如果一个人过高地估计自己，也会骄傲自大、盲目乐观，从而导致工作的失误。因此，恰当地认识自我，实事求是地评价自己，是自我调节和人格完善的重要前提。

（2）自我体验是伴随自我认知而产生的内心体验，是自我意识在情感上的表现。当一个人对自己做出积极的评价时,就会产生自信感;当做出消极的评价时,就会产生自卑感。自我体验可以使自我认知转化为信念,进而指导一个人的言行。此外,自我体验还能伴随自我评价,激励适当的行为,抑制不适当的行为。例如,一个人在认识到自己不适当的行为后果时,会产生内疚、羞愧的情绪,进而制止这种行为的再次发生。

(3)自我控制是自我意识在行为上的表现,包括自我监控、自我激励、自我教育等要素,是实现自我意识调节的最后环节。如果一个学生意识到学习对自己发展的重要意义,就会激发起自己努力学习的动机,在行为上表现出刻苦学习、不怕困难的精神。

二、人格发展理论

不同的心理学家对人格的发展有着不同的看法,其中以弗洛伊德的人格发展理论和埃里克森的社会性发展阶段理论较有代表性,下面分别介绍这两种理论。

(一)弗洛伊德的人格发展理论

弗洛伊德深受能量守恒定律的启发,把人的身心组织看成一个能量系统,在这个能量系统中,除了以肉体的生理形式表现的机械能、电能和化学能以外,还有在心理过程中起作用的心理能,并把性本能视为心理能的原动力。性本能是与个体的性欲和种族繁衍相联系的一类本能,它的生物学意义在于保持种族的延续。弗洛伊德将性本能的能量称为力比多(或欲力),并把它看成人类行为最重要的动力。弗洛伊德认为,人一出生就有力比多,在不同的年龄阶段,力比多通过身体的不同部位获得满足,这些部位被称为性感区。弗洛伊德以性感区的变化来划分人格发展的阶段,即以身体不同部位获得性冲动的满足为标准,将人格发展划分为五个时期:① 口腔期(0~1.5岁);② 肛门期(1.5~3岁);③ 性器期(3~5岁);④ 潜伏期(6~12岁);⑤ 生殖期(两性期,即从青春期到成年期)。

(二)埃里克森的社会性发展阶段理论

埃里克森认为,人格的发展是个体与不断扩大的环境交互作用的结果,不仅是心理社会性发展的过程,也是一个有阶段的发展过程。每一个阶段都存在一种危机有待解决,合理的解决有助于发展健全的人格,否则便会形成不健全的人格。危机的合理解决,有赖于社会环境的作用。埃里克森把人的一生划分为如下所述的八个发展阶段:

1. **基本的信任感对基本的不信任感(0~1.5岁)**

该阶段的发展任务是发展对周围世界,尤其是对社会环境的基本态度,培养信任感。信任是婴儿对周围世界的基本态度,也是其健康人格得以形成的基础。婴儿出生后,首先是从母亲的形象中去信任世界,如果能够从母亲那里得到生理需要上的满足,得到爱护和关怀,就会产生对世界或他人的信任感;否则,就会产生怀疑或恐惧的心理,引起不信任感,逐渐形成对人怀疑、惧怕、不信任的人格。信任或不信任是这一阶段婴儿所面临的危机。

2. **自主感对羞怯感与疑虑(2~3岁)**

形成自主感是这一阶段发展的主要任务。如果允许与鼓励儿童按自己的愿望去做力所能及的事,儿童就会觉得自己有自控的能力或影响环境的能力,就会形成自信和自主感。反之,如果儿童的自主愿望得不到满足,就会出现发展的危机,对自己的自主能力感到疑虑,对自身或自己的行为抱有羞怯感,形成一种消极人格。

3. **主动感对内疚感(4~5岁)**

处于这一阶段的儿童,由于运动能力的增强、认知水平的提高以及活动范围的扩大,对自由参加活动很感兴趣,并富有一定的想象力,能主动提出一些问题和建议。如果儿童有更多的自由和机会进行能激励其主动精神的活动,或者成人对儿童提出的问题能耐心听取和细心回答,对儿童的建议能适当鼓励和妥善处置,那么儿童的主动性就会得到加强;反之,儿童就会产生内疚感,进而发展成一种拘谨压抑与被动的人格。

4. 勤奋感对自卑感(6~11岁)

这一阶段的儿童所追求的是学习或活动的成就及其成就所得到的认可与赞许,如果儿童能够完成任务,获得成功体验,得到赞许或奖励,就会促进乐观、进取与勤奋人格的形成。反之,就会产生自卑感,形成自卑的人格。

5. 自我同一性对角色混乱(12~18岁)

这一阶段的发展目标是建立自我同一性。埃里克森认为,自我同一性是一种熟悉自身的感觉,一种知道个人未来目标的感觉,一种从他信赖的人们中获得所期待的、认可的内在自信。具有自我同一性的青少年,对自己的过去、现在和将来会产生"内在相同和连续"之感,与外界社会之间也能取得协调一致,有可能去接受成年期的生活挑战;否则就会产生角色混乱,不能正确选择生活角色。

6. 亲密感对孤独感(青年晚期至成年早期)

埃里克森认为,只有牢固地形成自我同一性的人,才乐于与他人发生亲密关系,把自己的同一性与他人的同一性融为一体,并能意识到个人对社会的义务,从而会产生亲密感。如果一个人不能与他人建立一种友爱关系,就会产生孤独感。

7. 繁殖感对停滞感(成年中期)

处于这一阶段的人,如果能够形成积极的同一性,过上幸福与充实的生活,那么他就会力图把带来这一切的环境传递给下一代。这可以通过与儿童直接地相互作用,或者通过生产或创造能提高下一代精神和物质生活水平的财富来实现。这样的人就是具有繁殖感的人。没有产生繁殖感的人,就会陷入自我专注的状态,只关心个人的需要和舒适,其结果就是人格的停滞和贫乏。

8. 完整感对失望感(晚年)

人到了晚年回顾往事时,如果感到所度过的是有创造和幸福的一生,就会产生完整感和满足感,怀着充实感准备与人世告别;如果感到经历中带有挫折,没有做出理想的事情,尚未达到生活中的某一或某些主要目标,就会产生失望感。

三、人格发展的影响因素

在人格发展问题上有两种极端的观点:一是遗传决定论,二是环境决定论。现在极端的看法已经很少了。因为遗传因素和环境因素在人格的形成和发展中不是全或无的问题,个体从受精卵到人格发展完成,这两种因素都是相互作用的。此外,有研究表明,自我与自我意识也是一个重要的影响因素。下面我们就人格发展中的影响因素做简要介绍。

(一) 遗传因素

细胞的全部奥秘至今尚未搞清楚,但已知道遗传与细胞核中的染色体有关。目前还不能确切知道遗传因素对人格发展的影响程度,但许多事实表明,个体的人格特质确与遗传因素密切相关。有研究发现,遗传因素决定大脑的结构形态、大脑皮层细胞群的配置、酶系统和生物化学变化特点以及大脑皮层神经过程的特性。心理是人脑的机能,大脑的结构和先天机能特性由遗传因素决定,不可否认遗传因素对人的心理活动的制约作用。

双生子研究法是经常用来研究人格形成中遗传因素与环境因素作用的方法。这种方法由英国心理学家高尔顿首创。比较同卵双生子和异卵双生子的人格特质就可大致看出遗传因素与环境因素的作用。通常来说，在生理、智力、气质等人格特质的形成发展中遗传较为重要，而理想、信念、世界观则明显地受环境因素的制约。

有研究表明：遗传关系越密切，测量的智力也越相似。父母与亲子智商相关约为0.50，父母与养子智商相关约为0.25，同卵双生子智商相关高达0.90左右，异卵双生子智商相关约为0.55。

林崇德教授对在类似或相同环境中长大的24对同卵双生子和24对异卵双生子进行研究，结果表明，在气质类型上的相关与人们在遗传因素上的接近程度一致。无论是同卵双生子或异卵双生子，其平均相关系数均超过0.50，属显著相关。

（二）环境因素

影响人格发展的环境因素包括自然环境和社会环境两个部分。

1. 自然环境

自然环境中又包括两个方面：一方面是胎内环境，胎内环境中的每一天对一个人的发展是很重要的。孕妇的营养、情绪、疾病、药物、放射线、烟酒等都是影响胎儿发育的环境因素，它不仅影响胎儿的生理健康，也影响胎儿今后人格的发展。此外，纽约大学托马斯·伯尼博士等人长期研究发现，胎儿不仅有感知觉、记忆和思维活动，而且还能与母亲进行情绪交流。所以母亲的心理活动对胎儿的发育有重大影响。另一方面是地理环境和气候条件。这些自然条件对人格的发展也有一定的影响。例如，在地中海沿岸生活的居民偏外向型。当然这些自然环境不是纯粹自然的，其中也渗透着社会文化的影响。

2. 社会环境

社会环境在人格的形成与发展过程中具有重要的影响，主要有以下几个方面：

（1）家庭。父母的教养方式对孩子的人格发展有着很重要的影响，父母的教养方式分为三种类型：① 宽容型父母：对孩子没有任何要求，放纵孩子的不成熟行为；② 威信型父母：具有威望但不独断，对孩子既有严格的要求，又鼓励孩子独立自主；③ 专制型父母：对孩子苛求，孩子缺乏关爱与温暖。在这三种类型中，威信型的父母教养的孩子最成熟、最自信、最有能力。

此外，出生次序和是不是独生子女也影响父母对孩子的教养态度和孩子在家庭中的地位，从而影响其人格的发展。有研究表明，体贴、温暖的家庭环境能促进儿童成熟、独立、友好、自控和自主等特征的发展。家庭气氛近乎无形，却能从各种不同角度向儿童传递信息，对儿童的人格发展起着潜移默化的作用。

（2）学校教育。学校不仅传授知识，进行政治思想教育，而且还能促进和指导学生人格的发展。学校通过各种有组织的活动使学生和教师、同学发生相互作用，从而促进学生的人格发展。其中，教师的不同管教方式（专制型、民主型、放任型）对学生的人格发展具有明显的影响作用。

（3）社会实践。学生在走进社会的各个工作岗位后，各职业的要求对其人格发展也有重要作用。在职业生涯中，人们必须进行和自己职业相应的活动，扮演相应的社会角色，从而形成不同的人格特征。

（4）社会文化。社会文化包括文化背景、社会制度、社会传媒和经济地位等都对儿童人格发展产生深刻影响。

（三）自我意识

自我意识是指人们对自己的认识，或者说对自己和周围人关系的认识，具体包含三个方面的内容：物质或生理的自我，即人对自身生理状态的认识和体验；精神或心理的自我，即人对其心理过程的知觉、理解以及由此产生的情感;社会或文化的自我,即人对自己的社会角色以及自身与客观外界关系的认识和体验。

人所特有的自我意识不是与生俱来的遗传物,是人生长发育到一定阶段,随着语言与思维的发展,并通过社会实践逐步形成和发展起来的。许多心理学家都曾论述到人自身或自我与自我意识在人格发展中的作用。归结起来,中学生自我意识在发展中的作用主要表现在以下几个方面:可主动选择学校的教育以及社会文化对其产生的影响;在受学校教育影响的同时也反过来影响教师,并在一定程度上改变教育环境;中学生可以通过自定目标、自定计划、自我教育,通过自我调节、实践等手段来达到塑造自己人格的目的。

现在人们普遍意识到,在对人格发展发生影响的时候,各种制约因素并非静止、孤立地各自平行地发挥作用。遗传、环境与自我、自我意识之间,已经成长起来的人格主体与环绕他的社会环境之间,发生着各种形式的复杂的交互作用。因此,人格发展是各种制约因素交互作用的产物。

四、中学生良好人格的塑造

(一) 中学生良好人格的标准

中学生健康人格的主要内容包括以下几点:

1. 健康正确的自我意识

人格健康的中学生能正确认识和评价自己,充满自信,善于扬长避短,在日常生活中能有效地调节自己的行为,与环境保持和谐、平衡。

2. 良好的情绪调控能力

人格健康的中学生应具有调节和控制情绪的能力,经常保持愉快、开朗、乐观的心情,并且具有幽默感。当消极情绪出现时,中学生能及时合情合理地进行宣泄、排解、转移、升华。

3. 良好的社会适应能力

人格健康的中学生能和社会保持良好的接触,以一种包容的态度主动关心他人、了解他人,观察所接触到的各种事物现象,能看到社会发展的积极面和主流并具有社会责任感。在认识社会的同时,中学生能与时俱进,使自己的思想、行为跟上时代的发展,与社会的要求相符合,表现出能适应新的环境。

4. 和谐的人际关系

人格健康的中学生乐于与他人交往,能与他人建立良好的合作关系。在与他人相处时,中学生能够主动关心他人,信任他人,接纳他人,并能够融入班集体中。

5. 乐观的生活态度

人格健康的中学生常常能看到生活中的光明面,对前途充满希望和信心,对学习抱有浓厚的兴趣,并在学习中发挥自身的智慧和能力,获得成功。即使生活中遇到困难和挫折,中学生也会勇于面对,不畏艰险,勇于拼搏。

6. 健康的审美情趣

健康的审美情趣在中学生树立审美观、人生观、科学的世界观中意义重大,对塑造其健康的人格结构具有重要作用。具有高尚、健康的审美情趣,能提高中学生自身的修养,自觉抵制各种不健康思想的侵蚀,追求更高的人生价值,实现人的自我完善。

(二) 塑造中学生良好人格的方法

塑造中学生的健康人格是一项系统工程。结合实际,我们认为在教育工作中,对中学生

健康人格培养主要应采取以下几种方法:

1. 加强中学生人生观、价值观基础上的理想教育

要遵循中学生生理发育特点和心理发展规律,从最基本的道德规范和行为准则入手,引导中学生在对道德理论理解的基础上,学会自我评价、自我调节、自我立志,逐步形成自身较为稳定的人格特点。中学生正处在人生的波动时期,正确的理想能引导其正确地走向人生旅途。中学生应将个人的价值、理想、前途与将来要进入的社会的发展结合在一起,把国家的富强、社会的进步作为自己最大的理想。

2. 不断提高教师的自身素质

学校教育对学生人格发展的影响,首先表现为教师的影响。优秀教师的人格应该是道德品质、意志作风、智慧能力三者的统一。教书育人,为人师表,教师应身体力行。心理学研究表明,教师的人格特征会影响学生人格的塑造。因此,教师本身就必须具有乐观开朗、情绪稳定、谦虚正直、宽容理智、奋发向上等良好的人格特征。所以教师应努力开拓自己的知识视野,涵养品性,砥砺意志,真正成为中学生塑造理想人格的一面明镜。

3. 大力开展中学生心理健康教育和咨询

当前,中学生的心理健康教育和咨询开设的广度和深度及水平都与中学生心理发展的需要存在一定的距离,甚至有一些学校连心理健康教育的课程都未开设,这对中学生的成长是极为不利的。因此,教师要指导中学生运用各种良好的方法培养其健康人格,以便中学生能很好地适应复杂的社会环境。另外,学校还应经常举办心理健康、人际关系等方面的讲座。普及心理健康知识,发展个性心理品质,培养心理调适能力,预防心理障碍,矫治行为偏差等都需要心理健康教育和咨询来完成,这样才有可能促使中学生的人格健康发展。

4. 优化育人环境

校风是学校的风貌,是全校师生精神状况的集中体现,对人格的发展也有较大的影响。良好的校风,能随时为中学生提供调节自己行为的信号。因此,学校应尽力创造和谐优美的成长环境,为塑造中学生健康人格创造外部条件。此外,更新教育、教学观念,采取灵活多样的方式,培养中学生的自信心和创造力,还要协调好家庭、学校、社会三方面的教育,形成中学生人格健康教育的正合力。

5. 建立健全人格健康发展的激励与约束机制

中学生的人格教育作为一种人类的社会活动,是一个多方面影响的过程,教育环境、教育者、受教育者、教育的内容和方法都在其中发挥各自的作用,要想使各种要素有机地结合起来,形成一股合力,让受教育者的人格健康发展,离不开科学完善的管理和评价机制,需要靠制度、法规来提供保障和导向。通过健全的激励和约束机制,教师鼓励和强化那些社会需要的思想行为,制约或惩罚那些超越社会规范的言行,让中学生知道什么该做,什么不该做,什么是社会倡导的,什么是社会反对的,从而明确是非,掌握行为的准则和规范,逐步形成健康高尚的人格。

总之,具有健康人格的人,有积极进取的人生观和世界观,对自己和社会有较为明确的了解,能客观地认识和评价自己,客观地分析、评价社会,正确处理与社会和他人的关系,平衡自身与环境的关系。因此,健康人格的培养会使学生具有良好健康的性格,积极向上的价值观。

第四节 中学生的身心发展

12～18岁的学生正处于青春期,是人生的第二个叛逆期,即大家最常见且熟知的"青春

叛逆期"。中学生正处于心理的过渡期,其独立意识和自我意识日益增强,迫切希望摆脱成人的监护。他们反对成人把自己当"小孩",并且以成人自居,同时为了表现自己的"非凡",对任何事物都倾向于采用批判的态度。叛逆心理对中学生日常的学习和生活产生严重的影响。中学教师在教学的过程中经常会遇到学生表现出来的各种叛逆行为,因此,教师需要有效了解中学生的生理和心理的发展特点,知道中学生为何会产生叛逆心理。

一、中学生生理发展的特点

中学阶段可分为初中阶段和高中阶段,从十一二岁开始到十七八岁结束,历时 6 年左右的时间。初中阶段的学生处于少年期,从十一二岁开始到十四五岁结束。这几年是初中生身体发展的一个加速期。高中阶段的学生处于青年初期,从十四五岁开始到十七八岁结束。经过前几个阶段的连续发展,高中生在生理发育上已基本成熟,在智力发展上也已接近成人水平,在个性及其他心理品质上表现出更加丰富和稳定的特征。

初中生正处于青春发育期,这个阶段是个体生长发育的第二个高峰期。在这一时期,初中生的身体和生理机能都发生了急剧的变化,主要表现在身体外形的变化、生理机能的增强及第二性征的出现三个方面,这是青春期生理发育的三大巨变。

(一) 身体外形的变化

初中生外形变化最明显的特征就是身高的迅速增长。人的身高增长有两个高峰期,第一个生长高峰期发生在 1 岁左右,身高一般会增加 50% 以上。第二个生长高峰期发生于初中阶段,据统计,在青春期以前,儿童平均每年长高 3~5 厘米;而在青春发育期,每年至少要长高 6~8 厘米,甚至可达 10~11 厘米。男女初中生的身高变化是有差异的。男生进入身高生长加速期的平均年龄是十三四岁,然后速度逐渐下降。女生的这一过程要先于男生近两年,大多数女生从 11 岁左右开始进入身高生长加速期,14 岁左右达到生长高峰。

(二) 生理机能的增强

从生理机能上看,大脑的内部结构和机能不断分化。美国神经系统科学家杰伊·吉德在研究健康青少年的大脑时发现:青少年在经历青春期时,大脑似乎会以出人意料的方式发生变化。最剧烈的变化大多出现在脑前部,这片区域对推理、判断和自我控制等高级的大脑功能至关重要。同时,身体的其他器官系统(如心脏、肺等)的机能也明显提高,肺活量增大,肌肉增强,血压接近成人水平,高压为 12~14.7 千帕(90~110 毫米汞柱),低压为 8~10 千帕(60~75 毫米汞柱)。体重的增长反映身体内脏的增大,而肌肉的发达和骨骼的增长变粗,也反映出营养及健康状况等。因此,体重也是身体发育的一个重要指标。

(三) 第二性征的出现

男孩和女孩的性器官开始逐步发育成熟,并出现第二性征。女孩大约在 11 岁性发育,开始是乳房发育,13 岁左右月经初潮,达到性成熟。男孩在十四五岁首次遗精,之后,阴茎、阴囊也迅速发育,最终达到性成熟。女孩的第二性征主要表现为音调变尖、乳房发育、长出阴毛、骨盆变宽、臀部变大、皮下脂肪增多,形成丰满的女性体态;男孩则是喉结突出、音调变低、上唇出现胡须、长出阴毛和腋毛、肌肉和骨骼发育坚实,体态显得魁梧。

二、中学生心理发展的特点

中学生正处于青春期,青春期是半幼稚半成熟的时期,带有一系列过渡期的特点。亚里士多德曾抱怨青少年是暴躁的,易发脾气的,易为冲动所驱而失去控制的。青春期面临着一系列的改变,这种改变使青春期呈现出与其他年龄阶段不同的特点。

(一) 过渡性

青春期是个体由儿童向成年人过渡的时期,其过渡性突出表现在以下三个方面:

1. 生理上的过渡

生理上的过渡表现为青春期是生长发育的高峰期。如前所述,个体在青春期经历了身体各方面迅速发展和性器官逐步发育成熟的阶段。这些生理上的突变使中学生在外形上像一个成年人,在身体机能方面也基本接近成年人,这为"成人感"的出现奠定了基础。

2. 认知上的过渡

认知上的过渡主要表现在认知结构的质的改变。按照皮亚杰的认知发展阶段理论,个体的认知发展经历了感知运动阶段、前运算阶段、具体运算阶段和形式运算阶段。形式运算代表个体认知发展的成熟水平。中学生就处在由具体运算阶段向形式运算阶段过渡的时期,初步获得形式运算,抽象逻辑思维占主导地位,思维已从具体的事物中解放出来,能运用假设、推理去解决问题,思维有了很强的预见性,出现了反省思维,即对思维的自我意识和监控增强。

3. 社会地位的过渡

社会地位的过渡是指随着中学生的生理成熟和认知的改变,其社会角色发生了变化。人们不再把中学生当作儿童来看待,而开始把他们当作成人来对待,对他们提出了新的、更高的要求。例如,他们的政治地位、法律地位都发生了变化。《中华人民共和国刑法》第十七条规定:已满十六周岁的人犯罪,应当负刑事责任。已满十四周岁不满十六周岁的人,犯故意杀人、故意伤害致人重伤或者死亡、强奸、抢劫、贩卖毒品、放火、爆炸、投放危险物质罪的,应当负刑事责任。

这三种过渡构成的过渡性是青春期最突出、最本质的特征。

(二) 闭锁性与开放性

闭锁性是指中学生的内心世界日趋复杂,不轻易将自己的内心活动表露出来。这种闭锁性在青春早期表现得更为明显,他们会自己保管自己的物品,自己选择交往的对象。"带锁的笔记本"就是典型的写照。中学生的这种闭锁性是面向一定对象的,即他们只对父母、教师等成人闭锁。这种闭锁也使中学生产生了强烈的孤独感,他们十分渴望与人交往,希望有人来关心、理解他们。于是,中学生就将目光投向了同龄人。他们愿意向同龄伙伴敞开心扉,愿意向对方暴露自己的真实情感。

(三) 社会性

与儿童期相比,中学生受社会环境的影响越来越大。随着社会交往范围的扩大,中学生在认识方面已不再拘泥于儿童时那种仅仅对自己或自己周围生活中的具体事物的关心,而是以极大的兴趣观察、思考和判断社会生活中的种种现象与问题,政治、历史、文化艺术、法律道德、社会风气、人际关系等都成了他们认识和思考的对象。他们也很容易受到社会现象的影响,如追逐明星,追求时尚等。

(四) 动荡性

美国心理学家霍尔对青少年"暴风骤雨"的形容形象地指出了青春期的动荡性,他认为青少年思想敏感、偏激,敢于行动,情绪不稳定,容易激动、不安。这是因为他们童年的模式被打破,成人的模式尚未建立,所以呈现出一种不平衡、不稳定的状态,这就以矛盾和动荡的心理现象表现出来。中学生面临独立需要与社会地位以及心理成熟之间的矛盾。由于"成人感"的出现和自我意识的发展,中学生的独立意向特别强烈。他们强烈要求摆脱父母的管教,希望父母和成人别再把他们当小孩,希望尊重和理解他们,希望不要干涉他们。但由于心理成熟程度还不够,经验不足,中学生常会出现过失或犯错误。由于性的成熟,他们希望像成人那样追求异性、恋爱、结婚,但他们经济不独立、社会成熟度不够、心理发展不成熟,还不善于正确认识和处理两性关系,不足以承担恋爱婚姻的责任。在这种矛盾面前,中学生容易出现心理障碍,产生行为偏差。

三、中学生性心理发展的特点及辅导

(一) 中学生性心理发展的特点

处于青春发育期的中学生一个非常重要的生理变化是:第二性征的变化和性成熟。女性第二性征的出现会使女青少年出现局促不安和羞怯心理,害怕旁人的注视;男性第二性征的影响没有女性这么明显,相应地出现"男子汉"意识。性成熟也使青少年出现性欲望、性冲动和自慰行为。这些都对青少年产生很大影响,使他们意识到两性关系,对异性产生兴趣,性心理发展起来。

1. **性意识发展**

性成熟使中学生产生了性意识,一般来说,性意识的发展经历以下四个过程:

(1) 异性意识的准备期。一般表现在学龄前期,儿童在五六岁时对游戏兴趣有了分化,出现同性联系密切的倾向,但没有明显的异性意识。

(2) 异性疏远期。一般表现在学龄初期到少年中期,这个时期,由于第一性征的变化和第二性征的出现,男女学生在生理上的差异日益明显,他们会产生一些不安和羞涩的心情,从而在接触中出现了短暂的疏远。这个时期同性结合紧密,常形成闭锁状态的小群体,躲避异性。对异性恶作剧、态度粗野多发生在这一时期。

(3) 异性亲近期。一般始于少年初中期到青年初期的中后期,即出现于整个中学阶段。这一时期,中学生开始逐渐摆脱心理上的闭锁状态,希望接近异性、了解异性,男女学生之间相互怀有好感,出现情感上的吸引与亲近。这个时期的异性效应的感情是隐秘的,与异性接触时的感情交流是隐晦的、含蓄的,异性之间常以试探的形式进行,彼此间很少能真正达到感情上的交流。事实上,这个时期对异性的需要,仅是一种"就近心理",也即渴望在与异性的交往、活动、吸引和思念中满足自己,这是"泛爱"阶段,一般没有固定的对象。从身心发展的角度看,异性亲近期是中学生性意识发展的最主要阶段,也是在青春期中占据整个中学时代时间最长的一个阶段。

(4) 两性初恋期。一般始于青年初期的中后期,即高二、高三年级,是青春期性意识发展的相对成熟期。这一时期由于身心的发展趋于成熟,男女学生已不满足于吸引式的亲近,而是开始按照各自心中的偶像寻找自己的"意中人",只有从这个阶段起,才能产生和形成真正的爱情。

2. **异性感受强烈**

性成熟使中学生异性感受强烈。这首先表现出对异性好奇,渴望获得性知识,中学生往往对有关性的故事或传闻表现出很大的兴趣,注意异性特有的生活方式等。并且,他们对异性好感、敏感,想接近异性,结交异性朋友,十分注意异性对自己的看法和态度,对异性的反应特别敏感,会做出各种举动吸引异性的注意。例如,他们会因为心仪异性的出现而手足无措,也可能会故意哗众取宠以博得异性的注意,还可能会因为对方的一个不经意的眼神而忘乎所以。

3. 性困扰频繁

伴随着性的成熟,中学生也感到性困扰频繁。这种困扰有生理方面的困扰,如早熟、晚熟、性冲动和未婚先孕等;也有心理方面的困扰,如默默地喜欢一个异性,但又害怕会影响学业,却又控制不住这种情感,不知如何是好。此时的性困扰若没有引导好,会给中学生心理造成伤害。

(二) 中学生性心理辅导

由于长期以来人们受保守观念的束缚,视"性"为洪水猛兽,难登大雅之堂,性教育一直是教育工作中的一个薄弱环节。近年来,随着社会的迫切需求、人们思想观念的改变、社会各界的呼吁,中学生的性教育问题逐步受到了重视。

1. 中学生性心理辅导的主要内容

教师对中学生在青春期性心理辅导可以围绕以下内容进行:

(1) 性心理及其卫生知识的辅导。青春期性心理知识是这一时期性心理辅导的基本构成。要让所有跨入青春期的少男少女,首先破除对性的不洁感、神秘感和负罪感,了解由于自身的成长过程而带来的一系列性心理的表现,并清楚地认识这些表现都是青春期性心理发展的正常反应。教师和家长应适时给学生(子女)讲解有关月经和遗精所带来的心理体验和可能造成的情绪反应,让学生了解青春期性意识发展的过程和表现,教育他们正确对待性意识的发展。让学生了解青春期的性兴趣、性冲动、性梦、性幻想以及手淫等的性质和特点,并使他们认识这些都是青春期常见的性心理活动,只要适度都是正常的。

(2) 性别心理角色及异性观的辅导。性别心理角色及异性观的教育目的是让中学生正确认识男性和女性的特征和关系,以养成正确对待异性的态度,从而为正确处理性和恋爱的问题铺平道路。学校教育应当引导学生不要把男女两性对立起来,教育他们要正确看待两性间的关系,充分认识性别的互补性和男女平等的客观性,养成两性间相互吸引、友爱互助、相互存在、共同发展的正确态度。

在中学生性的觉醒时期,教师要特别注意避免让他们受到不良的刺激:一方面,教师要教育男生平等地对待女性,不可把女性看作男性的"玩偶",以免歧视女性;另一方面,教师要排除女生对性的厌恶感和恐惧心理,不受诸如"性是肮脏的""男人都不是好东西"等怪论的影响,以避免其产生独身生活一辈子等极端念头。这一时期周围的成年人对异性的态度与观念会对中学生产生极大的影响。

(3) 性道德及恋爱观的辅导。在谈及中学生的性心理时,一定会涉及恋爱的问题,这是中学生青春期身心发展的必然结果。教师和家长应逐步引导中学生认识爱情的心理实质,了解爱情发生、发展的心理历程,认识恋爱成功的心理因素。对于中学生存在的"初恋"和"早恋"的现象,教师应教会他们正确地认识恋爱,并采用合适的手段引导他们将青春期的性冲动转向更加积极的方向。对于学生之间正常的异性交往,教师应该鼓励并帮助他们正确地看待异性间的正常交往。

2. 中学生性心理辅导的注意事项

(1) 教师对中学生进行性心理辅导要选择合适的时机。青春期的突然到来,会让有些中学生感到手足无措,因此青春期的性教育要"走在青春期的前面"。在青春期到来之前,教师就对中学生进行有关的青春期性教育可以达到预防他们产生青春期困惑的目的,让中学生对即将到来的青春期有充分的思想准备。

(2) 教师在对中学生进行青春期的性心理辅导时,要注意辅导的方式和方法。教师可以对不同内容采用不同的辅导方式,如教师在进行性生理、性卫生、性保健方面的知识传授时,可以采用观看录像、阅读书籍、讲座、小组讨论等方式;对于性心理和性道德知识,可以通过阅读、讨论、案例分析等方式进行。特别是,当中学生的父母和学校教师在实施性心理辅导时,应注意选择恰当的方法。

(3) 除了给中学生提供必要的性知识外,教师在进行心理辅导时还要注意帮助他们消除性心理困扰,诸如女性月经、男性遗精、手淫行为、异性吸引、性幻想、性压抑、性恐惧、性骚扰和性侵犯等困扰。

总之,对于中学生的性心理辅导,教师最终的目的是要帮助中学生建立正确的性价值观,正确看待青春期的性生理和性心理变化,抵御社会上不良性刺激的侵袭,有效控制他们的性冲动和性欲望,建立正常的异性关系,顺利度过青春期。

本章知识结构

```
                          中学生发展心理
          ┌──────────────┬──────────────┬──────────────┐
    中学生的认知发展  中学生的情绪发展  中学生的人格发展  中学生的身心发展
    ┌────┬────┬────┐  ┌────┬────┬────┐  ┌────┬────┬────┐  ┌────┬────┬────┐
   什  认  中   情  中  中   人  人  中   中  中  中
   么  知  学   绪  学  学   格  格  学   学  学  学
   是  发  生   概  生  生   概  发  生   生  生  生
   认  展  认   述  的  的   述  展  良   生  心  性
   知  理  知       情  情       理  好   理  理  心
   发  论  发       绪  绪       论  的   发  发  理
   展      展       特  调           人   展  展  发
           的       点  节           格   的  的  展
           特       及               的   特  特  的
           点       常               塑   点  点  特
           和       见               造          点
           规       的                              及
           律       情                              辅
                    绪                              导
                    问
                    题
```

本章小结

本章的内容主要涉及四个部分:中学生的认知发展、中学生的情绪发展、中学生的人格发展、中学生的身心发展。中学教师为了有效地开展教学活动和班级管理,必须了解中学生心理发展的特点和规律。因此,本章重点论述了中学生的认知发展、情绪发展、人格发展及身心发展的特点及规律,并使用经典的理论对其发展特点与规律进行具体的阐述。在此基础上,本章还针对中学生心理发展的特点及规律,探讨了中学生常见的情绪问题,对塑造中学生良好情绪、良好的人格及相应的性心理辅导进行了具体的论述。本章的主要内容包括以下几点:

(1) 中学生认知发展的特点和规律,认知发展的理论。

(2) 情绪理论,中学生的情绪特点及其常见的情绪问题,中学生良好情绪的标准及调节中学生不良情绪的方法。

(3) 人格发展的理论,人格发展的影响因素,中学生良好人格的标准及塑造中学生良好人格的方法。

(4) 中学生生理和心理的发展特点，中学生性心理的发展特点及辅导。

考试指南

本章包括四节内容，即中学生的认知发展、情绪发展、人格发展及身心发展。考试题型为选择题和简答题，本章内容在考试中所占的比重为9%。考生在学习时，要把握本章的重点内容：中学生的认知发展、情绪发展、人格发展及身心发展的特点及规律，并熟记和理解认知发展的阶段理论、情绪发展的理论及人格发展的理论。特别要注意调节中学生不良情绪的方法，塑造中学生良好人格的方法，以及中学生性心理辅导的措施。本章的难点是中学生心理发展的基本理论。因此，考生在学习过程中，可以按以下思路分别对四个小节的内容进行整理：基本概念—发展理论—发展特征—解决措施。也就是说，考生在学习和复习过程中，要牢牢抓住中学生心理发展的基本概念、发展的基本理论、发展的基本特征和规律，以及如何应对中学生心理发展过程中所出现的问题。同时，考生在学习过程中要注意结合中学生常见的心理发展的相关案例来解读具体的知识点。

自测训练

一、单项选择题

1. 根据埃里克森的理论，2~3岁的发展任务是培养（　　）。
   A. 自主性　　　B. 主动性　　　C. 勤奋感　　　D. 自我同一性
2. 前运算阶段的儿童，其思维的典型特点是（　　）。
   A. 自我中心性　B. 客体永久性　C. 守恒性　　　D. 可验证性
3. 个体倾向于利用自己身体或内部参照作为信息加工依据的学习风格属于（　　）。
   A. 场依存型　　B. 场独立型　　C. 冲动型　　　D. 深思型
4. 激情的特点不包括（　　）。
   A. 强烈性　　　B. 爆发性　　　C. 短暂性　　　D. 弥漫性
5. 性成熟使青少年产生了性意识，一般来说，性意识的发展过程表现为（　　）。
   A. 异性意识准备期、异性疏远期、异性亲近期、两性初恋期
   B. 异性意识准备期、异性亲近期、异性疏远期、两性初恋期
   C. 异性意识准备期、异性亲近期、两性初恋期、两性成熟期
   D. 异性意识准备期、异性疏远期、异性亲近期、两性成熟期
6. 发展任务是获得自主感，克服羞耻感和疑虑，此为埃里克森关于个体心理发展的（　　）。
   A. 学龄期　　　B. 学前期　　　C. 儿童早期　　D. 婴儿期
7. 既是生长发育的鼎盛时期，也是性成熟的初期阶段，这是（　　）。
   A. 青年初期　　B. 少年期　　　C. 青年中期　　D. 青年晚期
8. 皮亚杰划分儿童心理发展阶段的标准是（　　）。
   A. 生理发展　　B. 人格发展　　C. 利比多发展　D. 思维发展
9. 导致青春期烦躁的主要原因是（　　）。
   A. 体重　　　　　　　　　　　　B. 身高

C. 第二性征和性功能发展　　D. 脑重量
10. 初中生表现出的心理发展特点是（　　）。
A. 闭锁性与开放性　　B. 过渡性
C. 动荡性　　D. 以上都是

二、简答题

1. 简述中学生的情绪发展特点。
2. 简述最近发展区的概念及意义。
3. 简要说明皮亚杰的认知发展理论。

第六章　中学生心理辅导

> **考纲内容**
>
> 1. 了解心理健康的标准。
> 2. 熟悉中学生常见的心理健康问题,包括抑郁症、恐怖症、焦虑症、强迫症、网络成瘾等。
> 3. 理解心理辅导的主要方法,包括强化法、系统脱敏法、认知疗法、来访者中心疗法、理性-情绪疗法等。

> **考纲解读**
>
> 健康是人生的第一财富,健康不仅包括身体健康,而且包括心理健康。对中学生而言,心理健康是接受知识和保证学习的前提条件,直接影响学生日后能否成才。本章包括三个重要内容:中学生心理健康的标准,中学生常见的心理健康问题以及中学生心理辅导的主要方法。教师要学会判断学生的心理是否健康,要清楚地了解中学生常见的心理健康问题有哪些,并学会运用一些心理辅导方法解决学生的心理健康问题。本章的内容,除了必备的基础知识外,更重要的是介绍如何运用心理辅导的方法解决学生遇到的实际心理健康问题。在学习和考试过程中,不仅要熟记一些必要的基础知识和辅导理论,还要把辅导理论同实际的案例结合进行具体的解读。

第一节　中学生心理健康

心理健康对中学生成才有着重要的影响,如果一个人经常处于过度焦虑、郁闷、孤僻、自卑等不良心理状态,是不可能在学习生活中充分发挥个人潜能,取得成就的。

一、心理健康的概念

从广义上说,心理健康是指一种高效率、满意、持续的心理状态。从狭义上说,心理健康是指人的基本心理活动过程的协调一致、内容与现实的协调一致,即认识、情感、意志、行为以及人格的完整与稳定,能够顺应社会,与社会保持同步。

二、心理健康的标准

第三届国际心理卫生大会不仅为心理健康下了定义,并具体指明了心理健康的标准是:

① 身体、智力以及情感的协调统一;② 适应环境,能够正确处理人际关系;③ 在日常生活和工作中,能有效发挥自己的实力;④ 能够体验到幸福。

三、中学生心理健康的标准

综合国内外学者的观点,以及当代中学生的心理特征,当前中学生心理健康的标准主要有以下几个方面:

(一) 智力水平正常

智力发育正常与否是衡量中学生心理健康的重要标准之一。正常的智力是中学生学习所必需的最基本的心理条件,通常认为智商在 90 以上为正常智力水平。智力是以思维能力为核心的各种认识能力和操作能力的总和,它是个体心理健康的重要前提和基础。中学生的年龄正处于人生智力发展的关键时期,智力与认知能力发展正常,是中学生就学阶段的重要心理条件,是中学生心理健康的重要标准。衡量中学生的智力和认知能力,关键在于看其能否正常发挥出效能。智力水平正常的主要标准为:① 有强烈的求知欲,乐于学习;② 对新问题、新事物有浓厚的兴趣和探索精神,表现出能动性;③ 智力各因素在活动中能够有机结合、积极协调,以及正常地发挥作用。

(二) 自我意识正确

自我意识正确是中学生心理健康的核心标准,它提倡一种积极的自我观念,包括了解自我、接纳自我和完善自我。了解自我就是有自知之明,对自己有客观的评价。心理健康的中学生了解自己的优点和缺点,了解自己的能力、性格、爱好和情绪的特点,并据此来安排自己的生活和学习,不自傲也不自卑。另外,由于了解自我,中学生所制定的生活目标、自我期待会切合实际,不会对自己提出过高的期望。心理健康的中学生不仅了解自我,而且也接纳自我:一方面,他总是努力发展自身的潜能,肯定自己;另一方面,对于自己无法弥补的缺陷,他能安然处之,特别是在不利的条件下,还能自我调整心态。

(三) 人际关系和谐

人际关系和谐是中学生心理健康的重要标准,也是维持心理健康的重要条件之一。中学生人际关系和谐的具体表现为:① 在人际交往中,心理相容,相互接纳、尊重,而不是心理相克,相互排斥、贬低;② 对人情感真诚、善良,而不是冷漠无情、施虐、害人;③ 以集体利益为重,关心、奉献,而不是私字当头、损人利己。

(四) 学习、生活积极平衡

心理健康的中学生能享受学习和休闲给自己带来的不同的满足感,他们能过一种平衡的生活,并不只是埋头学习,也能懂得享受学习给自己带来的满足感和休闲给自己带来的放松感。在学习中,他们能把本身的智慧和能力发挥出来,以获得成就;同时,他们经常能从学习中得到满足感。因此,他们通常是乐于学习的,不会把学习看成负担或是一件痛苦的事情。

(五) 情绪乐观向上

心理健康的中学生乐观开朗,热爱生活,积极向上,在一般情况下,总能保持令其满意的良好心境。心理健康与否的区别,不在于是否产生消极情绪,而是消极情绪持续时间的长短,以及它在这个情绪生活中所占比重的大小。

(六) 意志行为健全

一名中学生的意志是否健全主要表现在意志品质上,意志品质是衡量心理健康的主要标准,其中,行动的自觉性、果断性和顽强性是中学生意志健全的重要标志。① 行动的自觉性是指中学生对自己的行动目的有正确的认识,能主动支配自己的行动,以达到预期的目标;② 行动的果断性是指中学生善于明辨是非,适时而又机立断地采取决定并执行决定;③ 行动的顽强性是指中学生在做出决定、执行决定的过程中,克服困难、排除干扰、坚持不懈。

(七) 心身特征一致

一个人的心理行为,总是随着年龄的增长而发展变化的。如果一名中学生的身心特征一致,则表现为心理特点符合年龄特征。如果一名中学生的认识、情感和言语举止等心理行为表现基本符合他的年龄特征,则是心理健康的表现;如果严重偏离相应的年龄特征,心理发展严重滞后或超前,则是行为异常、心理不健康的表现。

值得注意的是,中学生正处于人生成长阶段,容易出现一些比较突出的问题,这些问题具有阶段性和暂时性,是个体心理发展过程中的现象,有些甚至是在中学生心理发展过程中必然出现的具有一定年龄特点的心理行为特征。这种问题随着中学生心理的成长与发展,通过正确的教育和引导,是可以得到解决的。因此教师在考查学生的心理健康状况时,标准只是作为一种必要的参照,要以整体的、发展的眼光来看待学生的问题,不要轻易地给学生下"异常"的判定。

第二节 中学生常见的心理健康问题

中学生正处于人生成长的重要阶段,是心理发展的关键时期。然而,随着社会经济的快速发展,面对社会竞争的日趋激烈以及家长望子成龙、望女成凤的愿望,不少中学生存在各种心理困扰和障碍,主要表现为:① 生活消极,自我失控,心理承受能力低;② 意志薄弱、缺乏自信、难以应付挫折;③ 在行为上出现打架、说谎、骂人、厌学、逃学以及混世等现象,严重的甚至出现自伤或伤人现象。这些问题日益凸显出来,使得中学生中有心理健康问题的人数所占比例不断上升,影响了中学生心理的健康发展。本节将对中学生常见的心理健康问题,包括抑郁症、恐怖症、焦虑症、强迫症、网络成瘾等进行具体的阐述与分析。

一、抑郁症

(一) 抑郁症的概念

抑郁症是指一种以持久的心境低落为主要特征的神经症。通常病前有一定的心理社会因素作为诱因,慢性起病,轻微而不太严重的抑郁伴有神经症症状,工作、交际、生活能力受影响较轻,有求治欲望,人格完整,病程持续 2 年以上。

(二) 抑郁症的临床表现

抑郁症的临床表现为情绪低落、压抑、郁闷、沮丧,其具体临床表现包括以下几个方面:
(1) 对生活的兴趣明显减退,甚至丧失了业余爱好,不愿意参加娱乐消遣。
(2) 感到身心疲惫,精力不足,思维迟钝,反应缓慢,对学习、生活缺少信心。
(3) 自我评价降低,夸大自己的缺点,自卑、内疚,常回忆不愉快的往事,或遇事愿往坏处想,但仍有自知力,愿主动求治。
(4) 具有社会退缩倾向,不愿与他人过多交往,交往时缺乏自信。
(5) 伴头痛、背痛、肢体不适等多种躯体症状和睡眠障碍。
(6) 觉得生活无意义,对个人前途悲观失望,严重者甚至以为活着还不如死去,有自杀意念。

一般来说,中学生患有抑郁症,可能表现为以下几种症状:

(1) 经常失眠。这是抑郁症患者早期的明显症状,主要表现为入睡时翻来覆去、头脑中反复出现白天的事情,对第二天即将来临的考试、默写、背诵等事情过分紧张,总是感觉尿频、尿急。在抑郁症患者早期,由于无明显症状,也无痛苦体验,致使很多患者不愿意求医,但随着时间的推移,病情会明显暴露。

(2) 疑虑重重。很多中学生担心自己的考试成绩低、课文背不下来、默写写不出来而被众人投来鄙夷的目光,或者总是怀疑他人在谈论和嘲笑自己的不足与短处。病情严重的中学生会认为自己的同学、邻居以及父母兄弟有害他的想法,怀疑自己被他人用先进仪器控制或怀疑自己得了某种不可觉察的重病。

(3) 情绪异常。平时成绩较平稳的人,忽然之间成绩波动幅度大。情绪异常的主要表现为:① 异常浮躁、慌里慌张、注意力无法集中、感觉肌肉疼痛、坐立不安,甚至悲观厌世,觉得度日如年、破罐子破摔;② 没有食欲、体重下降、容易疲劳,稍有事情发生就觉得明显的倦怠和烦躁;③ 经常同教师和同学发生口角,觉得教师偏心,对上进心强的学生心存妒忌;④ 最后变得终日忧心忡忡,长吁短叹,没有信心,愁眉不展。

(4) 性格异变。性格异变的主要表现为:① 个性突发改变,以前热情合群的人也变得孤僻少语,对人冷淡,对周围的事物没有兴趣,时常发呆;② 喜欢独处,对人不爱搭理,甚至故意躲避亲朋好友;③ 生活懒散,衣服乱穿,学习拖拉;④ 对人讥讽无礼,甚至原本文静木讷的人也会说脏话,乱发脾气。

(5) 行为反常。在这一阶段,患者的病情逐渐由思维上的异常转变为行为上的异常,出现怪异行为:① 动作增多或迟缓;② 上课时呆站呆坐,时常发愣;③ 男孩子通过抽烟来解乏,女孩子特别爱干净,经常洗手,害怕生病;④ 严重者不能正常学习,也不能充分发挥自己的学习水平。

(6) 类似神经衰弱。这是最严重的阶段,出现头痛,用脑时精神容易兴奋。类似神经衰弱的主要表现为:① 时常对不需要思考和无用的事情不断回忆和联想,无法控制,对急需解决的问题没有思路;② 经常感到痛苦和不快;③ 严重的还会伴有四肢乏力、易烦躁、进食障碍、注意力紊乱、情绪起伏波动大、记忆力减退、学习生活能力降低以及对声音和光也会偶尔产生敏感和厌烦等。

(三) 抑郁症的矫正方法

一般而言,抑郁症多是由心理原因引起的。在对中学生抑郁症患者进行矫正时,应注意以下几个方面:

(1) 给学生以情感支持和鼓励。

(2) 以坚定而温和的态度激励学生做一些力所能及的事情。

(3) 鼓励学生积极行动起来,从活动中体验到成功与人际交往的乐趣。

(4) 采用认知行为疗法,改变学生习惯的自贬性的思维方式和不适当的成就归因模式,发展对自己、对未来更为积极的看法。

(5) 学生也可服用抗抑郁药物来缓解症状。

二、恐怖症

(一) 恐怖症的概念

恐怖症是指一种以过分和不合理地惧怕外界客体或处境为主的神经症。恐怖症通常分为场所恐怖症、社交恐怖症、特定的恐怖症三种类型。场所恐怖症是指以某些特定环境为惧怕对象的恐怖症。社交恐怖症是指以社交场合和人际接触为惧怕对象的恐怖症。特定的恐怖症是指以场所恐怖症和社交恐怖症未包括的特定物体或情境为惧怕对象的恐怖症。

（二）恐怖症的临床表现

恐怖症临床表现的中心症状是恐怖，如健康人对某些事物（如毒蛇、猛兽、暴力场面、致命疾病等）会产生惧怕心理，这种与特定情境相吻合的惧怕心理是正常的。而恐怖症患者的恐怖反应是极其强烈的，并同时伴有心慌、脸红、出汗、颤抖等植物性神经系统紊乱症状，有时还会出现晕厥现象。由于担忧恐怖刺激或情境的出现，患者常有期待性紧张不安和焦虑，能避则避，而恐怖刺激物或情境一旦出现，则极力逃避。患者在理性上搞不清楚自己惧怕的原因，往往给人留下恐惧过分、不合情理的印象。

一般来说，中学生患有恐怖症，主要表现在以下几个方面：

1. 社交恐怖症

有的学生害怕在社交场合讲话（如在会场上讲演、在公共场合进餐时交谈等），担心自己会因双手发抖、脸红、声音发颤、口吃而暴露自己的焦虑，觉得自己说话不自然，因而不敢抬头，不敢正视对方的眼睛。

2. 学校恐怖症

有的学生害怕上学，甚至完全拒绝上学，一旦父母强迫他上学，他就会产生焦虑、抑郁、躁狂等情绪，同时还会出现呕吐、发烧、肚子疼等症状。通常，此情况会在学生不去上学后自愈。

3. 特定对象恐怖症

有的学生在看到某些特定的物体或情境（如狗、宠物、蛇、广场等），会出现神情紧张、心跳过速、目光呆滞、面颊发红、口干舌燥、额头及手心冒汗、语无伦次，甚至晕厥等情况。

（三）恐怖症的矫正方法

关于恐怖症发生的原因，不同的学派有不同的看法。精神分析学派认为，恐怖症是焦虑的移置，即个人将焦虑移到不太危险的事物上面，从而避免了对焦虑来源的忧虑。行为主义学派认为，恐怖症可能是由直接经验中学习，或观察学习，或信号学习得来的。而认知学派则认为，恐怖症源于个人对某些事物或情境的危险程度做了不现实的评估。在对存在恐怖症的中学生进行矫正时，系统脱敏法是最经常使用的方法，在矫正时应注意以下几个方面：

（1）父母要有毅力和耐心，要坚决而友善地鼓励和要求孩子。
（2）教师要学会改善班级中的人际关系，营造宽松、自由的班级氛围。
（3）教师要适当减轻学生的学习压力，使学生获得成功体验。
（4）采用逐步脱敏，让学生顺利过渡恐惧对象。

三、焦虑症

（一）焦虑症的概念

焦虑症是指患者以持续性紧张、担心、恐惧或发作性惊恐为特征的情绪障碍。它伴有植物性神经系统症状和运动性不安等行为特征。患者在焦虑时，全身肌肉高度紧张、呼吸加快、血压升高、出汗、头晕、胸闷、心悸、震颤、尿急、尿频、呕吐、腹胀、腹泻等；心理上兴奋不已、思想专注集中于某事、烦躁不安以及情绪、思维方式改变等；行为上警觉水平过高，处理事务不容易集中精力，对日常生活中的事物失去兴趣等。焦虑症发作并非由实际威胁或危险所引起的,或者说,其紧张不安、惊恐程度远超出该事件给常人带来的程度。此类患者在心理、社会调节上存在严重的问题,社会功能损害严重,生活质量和生活满意度低。

焦虑症主要分为惊恐障碍和广泛性焦虑障碍两种类型。惊恐障碍是一种以反复惊恐发作为主要原发症状的焦虑症。这种发作并不局限于任何特定的情境,具有不可预测性。广泛性焦虑障碍是一种以缺乏明确对象和具体内容的提心吊胆及紧张不安为主的焦虑症,并伴有显著的植物性神经系统症状、肌肉紧张和运动性不安等行为。

(二) 焦虑症的临床表现

焦虑症的临床表现为焦虑,可归结为以下三个方面:

(1) 与环境不相称的痛苦情绪体验。典型形式为没有确定的客体对象和具体而固定的观念内容的提心吊胆和恐惧,常称作无名焦虑。

(2) 精神运动性不安。主要表现为:坐卧不安,来回走动,奔跑喊叫,以及不自主地震颤或发抖。

(3) 伴有身体不适感和植物性神经功能障碍,如出汗、口干舌燥、胸闷气短、心悸、脸面发红发白、尿频、尿急、双腿无力等。

只有焦虑的情绪体验而没有运动性和植物性神经功能的任何表现,不能视为病理症状。反之,没有不安和恐惧的内心体验,单纯的身体表现也不能视为焦虑,也就是说焦虑必须是两者兼备。

一般来说,中学生常见的焦虑反应是考试焦虑,主要表现为:① 随着考试临近,心情极度紧张;② 考试时不能集中注意力,知觉范围变窄,思维刻板,出现慌乱,无法发挥正常水平;③ 考试后又持久地不能松弛下来。

(三) 焦虑症的矫正方法

中学生焦虑症产生的原因有四个方面:① 学校的统考、升学等重大事件造成的持久的、过度的压力;② 家长对子女过高的期望;③ 学生个人过分地争强好胜;④ 学业上多次失败的体验等。

因此,在对中学生进行矫正时,主要采用肌肉放松、系统脱敏方法,运用自助性认知矫正程序,指导学生在考试中使用正向的自我对话等。

四、强迫症

(一) 强迫症的概念

强迫症是指以反复出现强迫观念和强迫动作为基本特征的一类神经功能性障碍。患者明知强迫症状的持续存在毫无意义且不合理,但又无法摆脱而愈加感到紧张和痛苦。若不及时治疗,患者多呈慢性或反复被动病程,常伴有焦虑和抑郁症状,甚至严重者会影响其社会功能。强迫症患者最大的特点是无意识的自我强迫与有意识的自我反强迫同时并存,患者对自己反复出现的强迫观念、强迫行为非常痛苦,自己无力摆脱,求治欲非常强烈。

(二) 强迫症的临床表现

强迫症的临床表现是强迫观念和强迫行为,患者可仅有强迫观念或强迫行为,或既有强迫观念又有强迫行为。患者能充分地认识到这种强迫观念和强迫行为是不必要的,但却不能以主观意志加以控制。由于强迫症状的出现,患者可伴有明显不安和烦恼,但有强烈的求治欲望、自制力保持完整。强迫观念和强迫行为的临床表现如下:

(1) 强迫观念的临床表现:① 强迫性穷思竭虑;② 强迫性怀疑;③ 强迫性对立观念;

④ 强迫性意向。

(2) 强迫行为的临床表现：① 强迫性仪式动作；② 强迫性洗涤；③ 强迫性询问；④ 强迫性计数。

总之，强迫症状有时严重，有时较轻。当患者心情不好、疲劳体弱时，强迫症状比较突出；当患者心情愉快、精力充沛时，强迫症状明显减轻。女性患者在月经期间，强迫症状有可能加重。

（三）强迫症的矫正方法

强迫症属于中学生常见的一种心理健康问题，它之所以产生，主要有以下三个方面的原因：

(1) 与人的人格特点有关，有些强迫症患者在人格上有这样一些特征：主观任意性；过分爱干净，过分谨慎，注意琐事；拘泥于细节，生活习惯刻板，往往有强烈的道德观念。

(2) 成人禁止孩子表达负面的情感。

(3) 强迫观念与强迫行为是人们无意识地防止具有威胁性的冲动进入意识的一种替代方式。

对强迫症进行矫正时，经常采用以下两种方法。

(1) 日本的森田疗法，强调当事人力图控制强迫症状的努力，以及这种努力所导致的对症状出现的专注和预期，对强迫症状起维持和增强作用。

(2) 暴露与阻止反应法，这种方法要求当事人主动暴露在令其产生不良情绪的场景足够长的时间，体验到不良情绪的自行缓解，从而认识不良情绪的场景并不产生实际的威胁，接着进行坚决阻止，让不良情绪自发下降，从而使当事人认识强迫行为其实是不必要的。

五、网络成瘾

（一）网络成瘾的概念

网络成瘾也叫网络成瘾综合征，是指由于过度地使用网络而导致的一种慢性或周期性的着迷状态，并产生难以抗拒的再度使用的欲望，同时会产生想要增加使用时间、耐受性提高、出现戒断反应等现象，对于上网所带来的快感会一直存在心理与生理上的依赖。

我国学者陶然首次从医学角度对网络成瘾现象进行了探索和诠释，即网络成瘾是由于反复使用网络不断刺激中枢神经系统，引起神经内分泌紊乱，以精神症状、躯体症状、心理障碍为主要临床表现，从而导致社会功能活动受损并产生耐受性和戒断反应的一组症候群。

在临床领域，网络成瘾也被称为病理性网络使用，通常是指以虚拟信息为成瘾媒介，在网络使用中失去自控能力，从而引发生理、心理、社会功能受损的一种过度行为。

（二）网络成瘾的临床表现

网络成瘾者的临床表现如下：

(1) 上网行为在个人生活中占据统治地位，持久(至少已有1年)和频繁反复发作的上网行为对社会、职业、财产及家庭的价值观念和义务都已造成损害。这一成瘾者会置学习、工作于不顾，为得到金钱而撒谎、违法，目的在于能持久地从事上网活动。

(2) 对上网有一种难以控制的强烈渴望，脑海中总是不断浮现上网的想法、行为以及网上的场面。在生活处于应激(压力)状态时，这种欲望和对网瘾的专注会加剧。如果得不到满足，就会产生极度的不适感，表现为情绪低落、睡眠减少、烦躁不安、焦虑等。

(3) 由于长时间的上网行为，导致其昼夜颠倒、睡眠过少、疲乏、头晕、食欲不振等症状。

严重者会出现把自己封闭起来,与社会隔离,出现孤独、懒散、思维迟缓、精力下降、社会性退缩等症状,社会功能、学习和职业功能明显受损。

(三) 网络成瘾的矫正方法

中学生网络成瘾的原因很复杂,是成瘾个体、网络环境和外部环境多方面相互作用的结果。网络成瘾既取决于中学生自身成瘾的易感性特征,又取决于网络自身能够提供什么和现实社会生活环境的影响。前者是成瘾的内部原因,后者是成瘾的外部原因。

针对中学生网络成瘾,父母或教师应注意以下几个方面:

(1) 可以采用行为疗法,通过控制网络成瘾者的上网时间和次数,让其形成良好的上网习惯。

(2) 可以采用认知疗法,针对网络成瘾问题本身及背后的问题,如学业不良、自卑心理、人际交往障碍等,与网络成瘾者进行谈话沟通,探讨如何正确使用互联网,以及网络成瘾的危害等。

(3) 家庭功能失调造成的网络成瘾,可以通过调整网络成瘾者的家庭成员间的关系,为其营造良好的家庭氛围来矫正网络成瘾。

第三节 中学生心理辅导的主要方法

心理辅导的目标是让个体学会适应、寻求发展。教师在对中学生进行心理辅导时,要根据中学生的心理发展规律和特点,帮助他们建立积极的心态、克服发展中出现的矛盾与问题,使他们更健康地发展。本节将对中学生常用的心理辅导方法,包括强化法、系统脱敏法、认知疗法、理性-情绪疗法、来访者中心疗法等进行具体的阐述与分析。

一、强化法

(一) 强化法的基本原理

强化法是行为治疗中经常使用的策略,是指系统地使用强化手段去增加某些适应性行为,以达到减弱或消除某些不适应行为的心理治疗方法。它是以操作学习理论为基础,即个体活动的结果直接影响其行为在以后发生的概率,如果行为的结果是积极的,就会形成条件反射,这种行为在以后还会发生;如果行为的结果是消极的,就会产生消退作用,这种行为在以后不会出现。所谓的强化,就是指通过呈现或施加某一特定的刺激来加强对某种行为的刺激。因此,辅导者可以通过增加或减少某一刺激物体,通过"操作"这种刺激-反应关系,来改变来访者的不良行为。使用强化疗法,可以起到三个作用:① 增加适应性行为;② 提高期望行为发生的可能性;③ 降低过剩行为。

(二) 强化的类别与强化物

根据强化过程中刺激物的呈现或减少,强化可分为两种类型:正强化和负强化。

(1) 正强化。正强化又称阳性强化,是指在某种情境或刺激下产生某种行为,接着给予一种好的刺激物,那么,这种行为反应的频率在以后类似的情境或刺激下就会提高。比如,当教师向学生提问时,学生积极举手回答,教师紧接着说:"很好,谢谢你的回答。"那么,这个学生将来会在课堂上更加积极地发言。

(2) 负强化。负强化又称阴性强化,是指在某种情境或刺激下产生某种行为后,紧接着撤销一个厌恶的刺激,那么,这种行为反应的频率在以后类似的情境或刺激下就会提高。比如,妈妈为了激励孩子学习成绩的进步,规定如果孩子的期末考试成绩提高,就可以免去其周末洗碗的任务,这种激励学习成绩提高的方法就是负强化。

值得注意的是,不管是正强化还是负强化都是行为加强的过程,即它们均会增加这种行为在将来出现的可能性。两者的区别仅仅在于:在正强化中,行为反应后伴随的是喜欢的刺激;而在负强化中,行为反应后伴随的是厌恶刺激的移去或消除。

强化物是指在强化实施的过程中,行为反应所伴随的刺激物。在中学生的强化物中包括正强化物和负强化物。前者是指各种令人喜爱的事物,后者是指各种令人讨厌的事物。随着人的年龄增长,强化物可以被一些社会性强化物所代替,如赞美、微笑、拥抱、否定的语言等。

辅导者在选择强化物时要注意以下几个方面:① 对不同的人,同样的强化物所起到的强化效果可能不一样;② 对同一个人,同样的强化物在不同的情况下所起的强化价值可能不一样;③ 社会性强化物同情感因素联系密切,和其他类型的强化物结合使用意义更大。

(三) 影响强化效果的因素

影响强化效果的因素主要有以下三个方面。

(1) 行为反应同后果产生的时间间隔。如果要想一个后果起到强化的作用,就要在反应后立即发生,否则时间间隔越长,强化的效果越差。

(2) 行为反应同后果之间的一致性。只有行为反应与后果之间的一致性越大,这种后果才更有可能强化反应。

(3) 强化物与行为人的关系。反应的后果取决于强化物的作用,因此在使用强化程序时,要选择适合中学生所需的强化物类型。

知识拓展

强化与惩罚的区别

(四) 强化法的具体治疗技术

1. 行为塑造法

行为塑造法是指通过强化手段来矫正人的行为,使之逐步接近某种适应性行为模式的强化治疗技术。在行为塑造过程中,多采用正强化的手段,即一旦所需要的行为出现,就立即给予强化。这是行为疗法中最常用的技术之一。

行为塑造法一般采用逐步加深作业难度的方式,并在来访者完成作业时按情况给予其奖励(即强化),以促使其增加出现所期望获得的良好行为的次数。值得注意的是,行为塑造既可以产生积极正向的行为,也可以产生负向的行为。因此,在对来访者进行行为塑造过程中,必须选择好相应的行为目标,具体的操作步骤如下:

(1) 确定目标行为与初始行为,并制定要塑造什么样的行为,从哪个环节开始训练等。

(2) 选择塑造的最合适的方法,例如逐级强化、讲解示范、说明提示、榜样模范等。

(3) 选择合适的步骤,通常采用小步子法,步步靠近目标行为。

(4) 选择有效的强化刺激,每当所需要的行为出现,就给予来访者适当的强化,并且每一个过程都强化,确保所制定的目标行为的出现。

(5) 整合各环节的行为,巩固和进一步强化目标行为。

行为塑造法可用于许多行为领域,例如学生学习社交行为和运动行为,尤其在用于单一行为方式的建立时,则更为有效。但在使用行为塑造法的过程中,要注意以下几个方面:

(1) 所制定的目标行为要清晰。
(2) 要改变的行为必须细化。
(3) 确定完成每一行为的契约,要选择适当的强化物。
(4) 要确定好从初始行为到目标行为要经历的阶段。
(5) 要把握好塑造的进度。
(6) 要充分利用反馈信息,给予恰当的评定。

下面的案例就是通过行为塑造法,训练学生养成吃完晚饭后不久就进入学习状态的良好习惯。

王某是初一的学生,每天做作业总是拖拖拉拉,导致他每天很晚才睡觉。结果第二天上课时,王某经常走神,注意力不集中,并且时常睡觉。班主任把相关的问题反馈给家长,并同家长合作,共同改进王某做作业的不良习惯。

目标行为:王某吃完晚饭休息10分钟后立即开始学习。

初始行为习惯:王某吃完晚饭平均休息40分钟后才开始学习。

第一步,王某吃完晚饭休息不超过40分钟后开始学习,家长给予他所期望的奖励。

第二步,王某吃完晚饭休息不超过30分钟后开始学习,家长给予他所期望的奖励。

第三步,王某吃完晚饭休息不超过20分钟后开始学习,家长给予他所期望的奖励。

第四步,王某吃完晚饭休息不超过10分钟后开始学习,家长给予他所期望的奖励。

2. 代币奖励法

代币奖励法是指在条件强化原理的基础上形成并完善起来的一种行为疗法,它通过某种奖励系统,在来访者做出预期的良好行为表现时,马上就能获得奖励,即可得到强化,从而使来访者所表现的良好行为得以形成和巩固,同时使其不良行为得以消退。代币作为正强化物,可以用不同的形式表示,如用积分卡等象征性的方式。持有代币的来访者可在规定的时间和地点按特定的兑换规则,去换取某种物品、活动或优惠待遇。

实行代币奖励法,一般做法如下:
(1) 确定目标行为。
(2) 选定所使用的代币。
(3) 确定支持代币的强化物。
(4) 制定行为评分标准和等级。
(5) 建立代币兑换规则、时间及地点。

逐渐消除代币的价值可以从两个方面入手:一是逐渐减少代币,如延长发放时间间隔,增加目标行为与代币发放的间隔,提高代币的价格等;二是逐渐削弱代币价值,如提高初级强化物的价格,加长获得代币和换取初期强化物之间的时间间隔。在整个消除的过程中,使用社会性强化物逐步取代代币强化物。

代币奖励法的实施存在以下局限:① 建立代币制度和指导实施需要花费大量的财力、物力;② 不一定能强化出所期望的行为,有可能因代币制的实施产生不关注目标行为,只关注如何获得代币,甚至有可能使用不正当手段获取代币的情况。因此,教师在使用代币奖励法时,必须仔细设计好整个代币实施的制度和实施程度,严谨有序地实施制度。

3. 渐隐技术

渐隐技术是指通过利用明显刺激(线索)改变非适应性行为,建立新的适应性行为的方法。渐隐技术的实施过程包括:① 利用明显线索,帮助形成正确的反应;② 逐渐消退这些线索,使它们达到与自然环境相同的水平;③ 让行为者利用这些自然线索,做出正确的反应。

例如,一个初学钢琴的人在琴键上写上1,2,3,4等阿拉伯数字,以帮助自己正确击键。在练习过程中,由于学习者的手指不断敲击琴键,琴键上的数字便会慢慢褪去。尽管线索已隐去,但由于学习者在练习中熟悉了琴键的位置,也就不再需要数字了,即线索隐去了,但行为却仍保留着。

4. 行为消退法

行为消退法就是通过停止对某种行为的强化从而使该行为逐渐消失的一种行为矫正方法。

实施行为消退法的具体步骤如下:

(1) 收集相关资料,识别不良行为的特定强化物。

(2) 实施消退,并增加良好的替代行为。

(3) 促进替代行为的泛化和维持。

知识拓展 ▼

行为治疗法

二、系统脱敏法

系统脱敏法又称交互抑制法,是指诱导来访者缓慢地暴露出导致神经症焦虑的情境,并且通过心理的放松状态来对抗焦虑情绪,从而达到消除神经症焦虑目的的一种方法。该疗法由美国心理学家沃尔普首创,是应用最广和研究最多的行为治疗方法之一。它主要用于治疗各种莫名的焦虑症和恐怖症,例如害怕某些动物、考试焦虑、社交恐怖、广场恐怖等。

系统脱敏法的基本原理为:人和动物的肌肉放松状态与焦虑情绪状态是一种对抗过程,一种状态的出现会对另一种状态起抑制作用。如果一个刺激所引起的焦虑或恐怖状态在来访者所能忍受的范围之内,经过多次反复的呈现,他便不再会对该刺激感到焦虑和恐怖,治疗目的也就达到了。

采用系统脱敏法进行治疗包括以下三个步骤:

(1) 建立恐怖或焦虑的等级层次。这一步骤包含两项内容:① 找出所有使来访者感到恐怖或焦虑的事件;② 将来访者报告出的恐怖或焦虑事件按等级程度由小到大的顺序排列。

(2) 放松训练。一般需要6~10次练习,每次历时半个小时,每天1~2次,全身肌肉能够迅速进入松弛状态为合格。

(3) 系统脱敏练习。可以分为三个步骤进行:进入放松状态、想象脱敏训练和现实训练。

三、认知疗法

认知疗法于20世纪六七十年代在美国产生,是一组通过改变思维和行为的方法来改变来访者的不良认知,达到消除其不良情绪和行为的短程心理治疗方法。它的基本观点是:认知过程是行为和情感的中介,以及适应不良行为和情感与适应不良认知有关。辅导者的任务就是与来访者共同找出这些适应不良性认知,并提供"学习"或训练方法矫正这些认知,使来访者的认知更接近现实和实际。随着不良认知的矫正,来访者的心理障碍亦逐步好转。其中,有代表性的是埃利斯的理性-情绪疗法,贝克和雷米的认知疗法以及梅肯鲍姆的认知行为疗法。

一般来说,认知疗法的基本原理包括以下两个方面:

1. 认知影响行为

认知理论认为人的情绪来自人对所遭遇的事情的信念、评价、解释或哲学观点,而不是来自事情本身。情绪和行为受制于认知,认知是人心理活动的决定因素,认知疗法就是通过改变人的认知过程和由这一过程中所产生的观念来纠正自己的适应不良的情绪或行为。辅导者治疗的目标不仅仅是针对行为、情绪这些外在表现,而且分析来访者的思维活动和应付现实的策略,找出错误的认知并加以纠正。

2. 治疗的关键在于重建认知

认知疗法的关键在于,来访者非功能性的认知问题上,试图通过改变来访者对自己、对他人或对事的看法与态度来改变其所呈现的心理健康问题。认知疗法常采用认知重建、心理应付、问题解决等技术进行心理辅导和治疗,其中认知重建最为关键。

认知疗法的治疗过程一般分为以下几个步骤:① 建立求助动机;② 适应不良性认知的矫正;③ 实际处理日常生活问题;④ 改变有关自我的认知。

认知疗法的基本方法有以下三类:

(1) 认知方法:① 去灾难法;② 理解特殊意义;③ 再归因法;④ 排除自我中心法;⑤ 质疑绝对化。

(2) 行为方法:① 家庭作业;② 行为实验;③ 角色扮演;④ 分级暴露;⑤ 成本-效益分析;⑥ 辩护律师练习。

(3) 情绪方法:① 书面发泄;② 意象重构;③ 情绪启动法。

认知疗法应注意的事项包括:认知疗法可以有效地解决中学生面临的一些心理健康问题,如抑郁症、焦虑恐怖症、学校恐怖症、考试前紧张焦虑等。由于中学生认知能力受到限制,因此,在具体实施的过程中,教师应有效地认识中学生的认知特点,清楚认识疗法并不是对所有的疾病和心理健康问题都有效。

四、理性-情绪疗法

理性-情绪疗法是认知疗法中最具有代表性的疗法之一,该疗法是由美国心理学家埃利斯于20世纪50年代创立的。理性-情绪疗法的基本假设是:人的认知、情绪和行为是紧紧联系在一起的,认知可以影响情绪和行为,不良的情绪和行为均由不合理的认知信念导致,人们内在的心理健康问题由他们对事物或情境的解释和评价造成,通过纠正或改变来访者的思维方式可以减轻甚至消除他们的情绪和行为困扰。埃利斯提出理性-情绪疗法的ABC理论,下面围绕ABC理论、非理性信念和理性-情绪疗法的基本步骤进行介绍。

在ABC理论中,A是指诱发事件,它可以是现实的刺激事件,也可以是预期将要出现的应激源;B是指信念,即人们对诱发事件或情境的解释、期待和信念;C是指由信念所引发的情绪和行为。ABC理论认为,情绪和行为并非由事件本身引起的,而是由人们对这一事件的信念造成的。人们之所以选择理性信念或非理性信念,主要是基于欲望的强度。辅导者可以通过改变来访者的非理性信念,进而改变其情绪和行为反应。

埃利斯将信念分为理性信念和非理性信念,引起情绪、行为失调的是非理性信念。非理性信念的三个典型特征是:绝对化要求、过分概括化和糟糕至极。

在人们的非理性信念中,往往可以找到上述三种特征。每个人或多或少都具有不合理的信念,而具有严重情绪障碍的人,这种非理性信念倾向尤为明显。情绪障碍一旦形成,往

往是难以自拔的,需要及时进行治疗,治疗实施的步骤如下:

1. 心理诊断阶段

辅导者要与来访者建立良好的治疗关系,帮助他们树立信心,尊重与关心来访者。辅导者在这个阶段的一项重要任务是指出来访者的非理性信念,并使他们掌握ABC理论的主要思想。此外,辅导者还要认真分析来访者的所有问题,并选择他们迫切需要解决的问题,以此为中心确定治疗的目标。

2. 来访者领悟阶段

来访者领悟阶段的主要任务是辅导者帮助来访者认识自己不适当的情绪和行为表现(或症状)是什么,产生这些症状的原因是自己不合理的思维造成的,并找出来访者的非理性信念。

3. 辩论干预阶段

在辩论干预阶段,辅导者使用辩论的方式动摇来访者的非理性信念,这是理性-情绪疗法的关键,其目的是让来访者放弃不合理的信念。来访者渐渐地用理性信念取代非理性信念,发生认知层面的成长。来访者要学会如何发现他们的非理性信念,并与自己的非理性信念进行激烈的争论,说服自己摆脱它们,从而使自己学会分辨非理性信念与理性信念。在治疗的过程中,辩论一直存在。

4. 再教育阶段

再教育阶段是治疗的后期阶段,目的是辅导者帮助来访者在摆脱非理性信念的基础上,进一步建立理性信念。同时,辅导者还要鼓励来访者以批判的态度来检讨个人最基本的价值观,正视一切问题,学习理智地思考,快乐地面对生活。

5. 巩固治疗效果阶段

除了对来访者在治疗中使用辩论以外,也要在生活中不断使用它。如果治疗产生了效果,那么来访者就能以合理的思维取代不合理的思考,形成新的、有效的信念系统。只有使来访者发生深刻的转变,他的问题才会真正好转。因此,治疗的真正效果是要促进来访者发生深刻的改变。

理性-情绪治疗最常用的技术是辩论、认知家庭作业和合理的情绪想象。

五、来访者中心疗法

来访者中心疗法是美国心理学家罗杰斯的自我理论在心理咨询与心理治疗中的具体应用。罗杰斯认为,咨询成功的关键在于辅导者与来访者之间的治疗关系,只要能投入治疗关系中,人们就能朝自我引导的方向成长。在此基础上,才能充分利用有利于辅导者的无条件积极关注、接纳和移情的治疗方法。来访者中心疗法在心理治疗实践中的有效性是毋庸置疑的,它对学校心理辅导工作具有深远的影响。

来访者中心疗法注重与来访者建立一种适当的关系,从而促使来访者成为一个功能完善的人。治疗的目的不仅在于解决问题,更重要的是协助来访者成长,这样来访者就能克服目前与将来要面对的问题。来访者中心疗法的步骤如下。

第一阶段:来访者前来求助,辅导者向来访者说明治疗的情况。

第二阶段:辅导者以友好、诚恳的态度鼓励来访者自由表现情感,接受、认识、澄清来访者的消极情感,接受和认同来访者的积极情感。辅导者对来访者的消极情感或积极情感既不加以赞赏,也不进行道德评价。

第三阶段:来访者成长的萌动。他们开始领悟和了解自我。

第四阶段：在良好、被人尊重、理解和接受的治疗氛围中，来访者开始接受真实的自我。

第五阶段：辅导者帮助来访者澄清可能的决定和应采取的行动。

第六阶段：治疗效果产生。来访者开始产生某种积极、尝试性的行动。

第七阶段：治疗效果的扩大。辅导者开始帮助来访者发展领悟，并扩大领悟的范围。当来访者体验到进步，得到人格的重建与行为的改变时，将进一步建立自信和找回自我。

第八阶段：来访者的全面成长。此时，来访者处于积极的成长过程中，辅导者与来访者的关系达到顶点。

第九阶段：治疗结束，治疗关系终止。但此时来访者会体验到恐惧、丧失感和暂时的不情愿独自面对生活。辅导者要鼓励并支持来访者独立生活。

来访者中心疗法的基本技术包括：

（1）重视治疗关系。

（2）无条件积极关注、移情与言行一致，具体又包括：① 无条件积极关注；② 准确的移情性的理解；③ 言行一致；④ 尊重与接纳。

（3）非指导性的治疗。

使用该疗法应注意的事项包括：

（1）咨询关系是促使来访者发生积极改变的充分必要条件。

（2）来访者中心疗法认为咨询治疗导向的首要责任在于来访者，辅导者不能把具体目标强加给来访者，应该让来访者自己选择自我价值和目标。

（3）一个潜在的局限是一些正在接受训练的辅导者倾向于接受没有挑战性的来访者。

本章知识结构

- 中学生心理辅导
  - 中学生心理健康
    - 心理健康的概念
    - 心理健康的标准
    - 中学生心理健康的标准
  - 中学生常见的心理健康问题
    - 抑郁症
    - 恐怖症
    - 焦虑症
    - 强迫症
    - 网络成瘾
  - 中学生心理辅导的主要方法
    - 强化法
    - 系统脱敏法
    - 认知疗法
    - 理性-情绪疗法
    - 来访者中心疗法

本章小结

本章的内容主要涉及三个部分：中学生心理健康、中学生常见的心理健康问题以及中学生心理辅导的主要方法。中学教师在开展教学活动和班级管理的过程中，经常会遇到学生出现各种各样的心理健康问题。因此，本章重点论述了中学生心理健康的标准，中学生日常学习和生活中经常出现的几种心理健康问题。在此基础上，本章还提供了几种中学生心理辅导的常用方法。本章主要内容有以下几点：

(1) 心理健康的概念及中学生心理健康的标准。
(2) 中学生常见的五种心理健康问题,每种心理健康问题的临床表现、产生的原因及矫正方法。
(3) 中学生心理辅导过程中常用的几种方法为:强化法、系统脱敏法、认知疗法、理性-情绪疗法、来访者中心疗法。

考试指南

中学生心理辅导的内容包括三节内容,中学生心理健康、中学生常见的心理健康问题以及中学生心理辅导的主要方法。考试题型多为选择题和简答题,也会出现材料分析题。考生在学习时,要把握几个重点内容:心理健康的概念、中学生心理健康的标准,中学生常见的五种心理健康问题的临床表现、产生的原因及矫正方法。本章的难点是中学生心理辅导的主要方法,要理解中学生心理辅导方法的理论基础及其相应的辅导步骤和技术。

在学习和考试的过程中,考生要牢牢掌握心理健康的概念和标准,掌握中学生每种心理健康问题的临床表现及相应的解决办法;要理解中学生常用的心理辅导的主要方法及每种方法的原理、辅导步骤和技术。特别要注意的是,考生能够结合中学生常见的心理健康问题,使用具体的心理辅导技术解决中学生相应的心理健康问题。

自测训练

一、单项选择题

1. 正确的健康概念是指( )。
   A. 没有疾病　　　　　　　　B. 身体壮实
   C. 不但躯体健康而且心理健康　D. 心理素质高
2. 小王总是怀疑自己家的门没有上锁,因此常常要反复检查,他的这种行为属于( )。
   A. 焦虑症　　B. 强迫行为　　C. 强迫观念　　D. 强迫恐惧
3. 在心理辅导的行为演练中,系统脱敏法的首创者是( )。
   A. 皮亚杰　　B. 雅各布森　　C. 埃利斯　　　D. 沃尔普
4. 恐怖症是对特定的无实在危害的事物与场景的( )。
   A. 理性的惧怕　　　　　　　B. 原因不明的惧怕
   C. 非理性的惧怕　　　　　　D. 持久性的惧怕
5. 通过停止对某种行为的强化从而使该行为逐渐消失的一种行为矫正方法称为( )。
   A. 行为塑造法　　　　　　　B. 代币奖励法
   C. 渐隐技术　　　　　　　　D. 行为消退法
6. 有人常常没有理由地一遍又一遍地做出某一行为或某一系列行为,这属于( )。
   A. 广泛性焦虑障碍　　　　　B. 创伤后应激症
   C. 强迫症　　　　　　　　　D. 恐慌障碍
7. 理性-情绪疗法的创始人是( )。
   A. 埃利斯　　B. 罗杰斯　　　C. 弗洛伊德　　D. 斯金纳

8. "由于我考试作弊的原因,老师再也不会喜欢我了。"这句话表达的非理性信念是( )。
   A. 概括化　　　B. 绝对化　　　C. 糟糕至极　　D. 都不是
9. 焦虑症属于( )。
   A. 行为异常　　B. 人格发展异常　C. 青春期异常　D. 情绪异常
10. 为减少或消除某种不良行为再次出现的可能性,而在此行为发生后跟随的不愉快事件是( )。
   A. 强化　　　　B. 冷处理　　　C. 奖励　　　　D. 惩罚

二、简答题
1. 简述中学生心理健康的标准。
2. 什么是代币奖励法?如何运用代币奖励法塑造学生良好的行为?
3. 理性-情绪疗法的基本步骤包括哪些?

第七章 中学德育

考纲内容

1. 了解品德的结构,理解中学生品德发展的特点。
2. 理解皮亚杰和科尔伯格的道德发展理论,理解影响品德发展的因素,掌握促进中学生形成良好品德的方法。
3. 熟悉德育的主要内容。
4. 熟悉和运用德育过程的基本规律(包括德育过程是具有多种开端的对学生知、情、意、行的培养提高过程;德育过程是组织学生的活动和交往,对学生多方面教育影响的过程;德育过程是促使学生思想内部矛盾运动的过程;德育过程是一个长期的、反复的、不断前进的过程),分析和解决中学德育实际中的问题。
5. 理解德育原则,掌握和运用德育方法,熟悉德育途径。
6. 了解生存教育、生活教育、生命教育、安全教育、升学就业指导等的意义及基本途径。

考纲解读

德育是中学生全面和谐发展的基础,在德、智、体、美、劳五育中居于首要地位。通过本章的学习,考生不仅要熟记德育的相关理论知识,如品德结构、中学生品德发展的特点、皮亚杰和科尔伯格的道德发展理论、影响品德发展的因素、德育的主要内容等知识点,更重要的是能够针对教育教学中的实践案例,灵活地运用这些理论知识,在充分理解德育过程基本规律的基础上,熟练掌握和运用德育的原则、方法和途径。

第一节 德育概述

培养学生的良好道德品质是学校的重要任务之一。学校德育是全面发展教育的重要组成部分,对学生的发展起着促进和导向的作用。

一、德育的概念和性质

(一) 德育的概念

一般来说,德育有狭义和广义之分。狭义的德育仅指道德品质教育;广义的德育则泛指教育者依据特定社会要求和德育规律,对受教育者实施有目的、有计划的影响,培养他们特定的政治思想意识和道德品质的活动。广义的德育相对于体育、智育而言,是思想教育、政治教育和道德教育的总称。德育包括家庭德育、学校德育、社会德育等形式。在我国的教育实践中,德育工作通常被理解为由道德教育、政治教育、思想教育、心理健康教育四个部分构成。

学校德育是指教育者根据一定社会或阶级的要求以及受教育者品德形成发展的规律与需要,有目的、有计划、有组织地对受教育者施加社会思想道德影响,并通过受教育者品德内部的矛盾运动,以使其形成教育者所期望的品德的活动。

（二）德育的性质

德育具有社会性、历史性、阶级性和民族性、继承性。

(1) 社会性。德育是各个社会共有的社会、教育现象,与人类社会共始终。
(2) 历史性。德育随着社会的发展变化而变化。
(3) 阶级性和民族性。在阶级和民族存在的社会里,德育具有阶级性和民族性。
(4) 继承性。在德育历史的发展过程中,其原理、原则和内容、方法等存在一定的共同性。

二、德育的意义

（一）德育是社会主义现代化建设的重要条件和保证

德育是精神文明建设的重要组成部分,同时,又贯穿于物质文明和民主政治的建设之中。社会主义学校是培养建设人才的必要场所,是进行社会主义精神文明建设的重要阵地。

从长远看,学校德育具有战略意义,把中学生培养成有社会主义思想道德的一代新人,将对我国未来的社会风气、民族精神和社会主义现代化建设产生决定性影响。

（二）德育是中学生健康成长的条件和保证

中学生的思想品德不是先天就有的,也不是在环境影响下自发形成的,而是在教育影响下,特别是在学校教育的指导下和个人实践活动中形成和发展起来的。中学生正处在长身体、长知识的阶段,处在思想道德品质形成的发展时期,他们思想单纯,爱学习,追求上进,充满幻想,富于理想,可塑性强,但知识经验少,辨别是非能力差,容易接受各种思想道德的影响。因此,教师必须运用正确的思想和方法对他们进行教育,以使他们形成良好的品德,增强抵制错误思想道德影响的能力,引导他们沿着社会主义要求的方向发展,促使他们健康成长。

（三）德育是学校全面发展教育的基本组成部分,是实现教育目的的重要保证

社会主义的教育目的是培养德、智、体、美、劳全面发展的社会主义建设者和接班人。我国《宪法》规定：国家培养青年、少年、儿童在品德、智力、体质等方面全面发展。人的德、智、体、美、劳等是相互联系、相互影响、相互制约、相互促进的辩证统一体。通过德育促进中学生的品德发展,可为他们在智力、体质方面的发展提供保证和动力。

三、德育目标

（一）德育目标的概念

德育的目标是指通过德育活动在受教育者品德形成发展上所要达到的总体规格要求,亦即德育活动所要达到的预期目的或结果的质量标准。德育的目标是德育工作的出发点,

它不仅决定德育的内容、形式和方法,而且制约德育工作的基本过程。

（二）制定德育目标的主要依据

制定德育的目标的主要依据是:① 时代与社会发展需要;② 国家的教育方针和教育目的;③ 民族文化及道德传统;④ 受教育者思想品德形成、发展的规律及心理特征。

（三）我国德育的总体目标

培养学生爱党爱国爱人民,增强国家意识和社会责任意识,教育学生理解、认同和拥护国家政治制度,了解中华优秀传统文化和革命文化、社会主义先进文化,增强中国特色社会主义道路自信、理论自信、制度自信、文化自信,引导学生准确理解和把握社会主义核心价值观的深刻内涵和实践要求,养成良好政治素质、道德品质、法治意识和行为习惯,形成积极健康的人格和良好心理品质,促进学生核心素养提升和全面发展,为学生一生成长奠定坚实的思想基础。

（四）初中阶段德育目标

教育和引导学生热爱中国共产党、热爱祖国、热爱人民,认同中华文化,继承革命传统,弘扬民族精神,理解基本的社会规范和道德规范,树立规则意识、法治观念,培养公民意识,掌握促进身心健康发展的途径和方法,养成热爱劳动、自主自立、意志坚强的生活态度,形成尊重他人、乐于助人、善于合作、勇于创新等良好品质。

（五）高中阶段德育目标

教育和引导学生热爱中国共产党、热爱祖国、热爱人民,拥护中国特色社会主义道路,弘扬民族精神,增强民族自尊心、自信心和自豪感,增强公民意识、社会责任感和民主法治观念,学习运用马克思主义基本观点和方法观察问题、分析问题和解决问题,学会正确选择人生发展道路的相关知识,具备自主、自立、自强的态度和能力,初步形成正确的世界观、人生观和价值观。

第二节 中学生的品德

德育的目的是培养人的良好品德。人的品德的形成是一个复杂的过程,它既是个体自我道德修养的结果,也是德育的结果。教师只有全面了解品德的概念及其特征、品德的形成机制和规律,才能有效地培养中学生的品德。

一、品德的概念

品德,又称道德品质,与德行或品行、操行是同义词。品德是社会道德准则和规范在个人思想和行为中的具体表现,是指个体依据一定的道德行为准则在行动时所表现出来的某些稳定的人格倾向。根据对品德的这种认识,品德的内涵主要包括以下几点:

（1）品德是人的道德人格。品德是一种个体现象,是人的道德人格表现,是道德的人格化和具体化。品德作为人的人格系统,属于人格的下位概念,是个体的一种心理自我,它具备人格所具备的一切特点。品德与人格又是不同的,人格包含人的任何行为,品德只是人的人格中一种特殊的行为,即遵守或违背道德的行为,是受一定道德价值的影响,可以进行道德评价的意识支配的行为。

（2）品德与人的行为密切相关。品德是人的道德行为的综合表现,是人的道德观念的外显化。离开了外在的道德行为,人也就无所谓品德。人的品德高低是以人的道德行为为标志的。人的道德行为成为品德评价的基本指标。

（3）品德是人表现出来的稳定的道德行为。品德是一个人长期的、稳定的、恒久的道德行为。个体的品德不是表现于某时某事，而是体现于一系列的行为中，甚至体现在他的一生行为中。一个人的品德水平与其长期道德行为水平必定完全一致。长期道德行为恶劣者，品德必定恶劣。反之，品德高尚者，长期道德行为必定高尚；品德恶劣者，长期道德行为必定恶劣。

二、品德的结构

品德的结构主要是指品德的心理结构。品德的心理结构由知、情、意、行四种心理因素构成。具体来说，品德由道德认识、道德情感、道德意志和道德行为等四种心理成分组成。

（一）道德认识

道德认识是指人对道德规范的了解和把握，对是非、好坏、善恶及其执行意义的理解，是道德行为的先导，也是道德观念、道德信念的形成基础。当人对某一道德准则有了较系统的认识时，就会形成有关的道德观点。道德认识就其基本构成来说包括以下四个部分：

（1）个体对于伦理行为事实的客观规律的认识，也就是对于所谓道德的基础的认识，如人的行为能否无私？人的本性是不是自私的？

（2）个体对道德本性的认识，如社会创造道德的目的是什么？道德对人对社会有何意义？

（3）个体对道德规范的认识，如哪些行为是道德的？哪些行为是不道德的？如何评价人的行为？

（4）对个体品德的认识，如自己的品德表现如何？如何改进？

道德认识是道德品质发展的重要条件。没有道德认识，就没有人的道德行为，也就不会有相应的道德品质。但是，有了道德认识未必就会有一定的道德行为，道德认识是道德行为的必要条件而非充分条件。道德认识又与人对整个社会生活的认识，包括社会政治、经济等方面的认识是分不开的，属于人的价值观体系。当人的道德认识经过一定形式的强化，并能指导自己的行动时，就形成了道德信念。当人具有了道德信念时，就会对道德的存在深信不疑，就使道德进入了自己的价值观系统。

> **知识拓展** ▼
>
> **道德信念的概念**

（二）道德情感

道德情感是伴随着道德观念出现的，是人运用一定的道德标准去观察一定的道德情景、实践一定的道德规范时所产生的一种内心体验。在人的心理活动中，动机、需要、情感属于人的心理和行为的内在动力系统，道德情感自然就是道德行为的动力。当一个人有了积极的道德情感，就会做出相应的道德行为，表现出相应的品德。一个人的道德情感可以分为两类：一类是人后天习得的、为人所特有的依赖于社会道德的存在而引发的做一个好人的良心感；另一类是个体自然的心理反应，包括爱人之心和自爱心以及恨人之心和自恨心。道德情感的产生与个体所采用的道德标准有关系，与个体所形成的道德价值观有关系。如果个体所采用的道德标准不同，或者个体的道德价值观不同，则道德情感表现不同。道德情感并非只是人对自己面临的道德情景的简单体验,它还可以使人的整个身心发生倾向性的变化。

（三）道德意志

道德意志是一个人自觉地调节行为、克服困难,以实现一定道德目的的心理过程,通常表现为一个人的信心、决心和恒心。道德意志与人的道德行为存在密切的关系。有了道德意志,人就能够克服各种内外的困难,做出相应的道德行为。没有道德意志,人的道德行为就是一种不完全的行为。心理学认为,道德意志包括两个心理阶段：第一个阶段是道德行为动机的确定阶段,即采取道德决定阶段；第二个阶段是道德行为动机的执行阶段,即执行道德决定阶段。人在道德意志上的努力程度与面临的道德情景和人的道德需要有关系。一个人面临的道德情景吸引力越强,人的道德需要也越强,道德意志上表现出来的努力程度也就越大；反之,道德情景吸引力越弱,人的道德需要也越弱,人的道德意志表现也就越弱。

（四）道德行为

道德行为是指符合道德目的,受利人利己意识支配,能够促进个体、他人和社会利益的行为。道德行为是实现道德动机的行为意向,是人在一定的道德原则和道德规范的指导下所做出的外部的活动表现。道德行为是一个人道德认识、道德情感、道德意志的综合体现,是一个人品德的标志。道德行为是一种社会行为,在大多数情况下,与人的其他社会行为相伴发生,相互结合。道德行为不但是一个人综合素质的反映,而且具有道德评价的价值。从一个人的道德行为中可以看出其道德水平的高低,也就是说,衡量学生思想水平高低的根本标准就是道德行为。

上述品德结构的四种心理成分相互联系、相互制约,共同完成了对人的品德的塑造。

三、中学生品德发展及其特点

了解中学生品德发展及其特点是进行道德教育和培养良好品德的依据与出发点。

（一）中学生品德发展概述

1. 中学生道德认识的发展

中学生道德认识的发展,表现在两个方面：一是表现在道德思维的水平上；二是表现在道德观念的程度上。

（1）中学生道德思维的发展。道德认识,首先表现在道德知识、道德判断和道德评价上,它实际上是道德思维水平的反映。同时,人的思维能力的强弱,也往往影响道德认识的水平。因此,中学生道德思维水平发展是有年龄特征的。就大多数中学生而言,刚进入中学处于不理解或停留在表面认识的阶段,初三下学期处于初步揭露实质的水平,高中之后则达到了能够理解行为规范的实质阶段。道德思维的发展存在着个体差异,而这种差异是随着个体的思维水平和智力水平的发展而发展的,这是年龄特征与个体差异的一种表现形式。道德思维的发展,反映了个体品德发展由一个从不知到知,从不成熟到成熟的过程,这就给教师提供了塑造和转化学生品德的可能性。

（2）中学生道德观念的发展。道德观念是人们对自身、他人和对世界所处关系的系统的认识和看法。中学阶段是学生道德观念形成的重要时期。中学生的道德观念是随年龄的增长而提高的,更是在自身的实践、交往和学习中形成和发展起来的。除了家庭和社会因素外,学生所处的学校环境（尤其是班级环境）对其道德观念的形成和发展也具有重要的作用。一个真正有着良好班风的先进集体,正确的集体舆论和集体准则能使班集体的道德要求成为绝大部分学生的行动指南,并内化到思想中去,这不仅能使有错误观念的学生数量逐渐减少,而且也能使得学生在校外的不良行为逐步得以纠正。

2. 中学生道德情感的发展

中学生道德情感的发展主要体现在道德情感的形成和道德情感的社会性两个方面。

(1) 中学生道德情感形成的发展。以道德产生的原因、道德感与认识的关系为指标,中学生道德情感的形式可以归纳为三级水平:第一级是直觉的情绪体验,它由对某种情境的感知而引起,往往对于道德准则的意识不是很明显;第二级是道德形象所引起的情绪体验;第三极是伦理道德的情绪体验,它是由道德认识所支配,清晰地意识到道德要求和道德理论。

(2) 中学生道德情感社会性的发展。以集体情感的程度为指标,中学生道德情感社会性的发展趋势可以归纳为三级水平:第一级是利己的情趣;第二级是重感情、讲义气,但没有太意识到情感的社会意义;第三级是自觉地热爱集体、集体荣誉感、社会义务感与责任心等。

在通常的教育条件下,中学生道德情感的社会水平随着年级增高而加强,初三之后逐步趋向成熟。但是,由于道德情感的复杂性,中学生道德情感的社会性存在着明显的个体差异。先进班集体是发展道德感社会因素的重要条件,如果教育不力,中学生很可能处于第一级、第二级的情感状态,这需要引起教师和家长的重视。

3. 中学生道德意识行为的发展

中学生道德意识行为的发展,表现在道德意志行动的水平和言行是否一致两个方面。

(1) 中学生道德意志行动的发展。在正常情况下,中学生的道德意志行动的目的性、自我控制的能力随年级的增高而加强,初三之后道德意志行动日趋成熟。但中学生的自我控制能力存在个体差异,其关键在于教育,在于他们所在班集体是否健全以及是否形成制度。如果教育不力,往往会影响学生自觉遵守纪律的水平与自我控制的能力。因此,学校要从初一开始,就要对学生加强道德意志的教育,这在中学阶段有着重要的意义。

(2) 中学生言行一致的发展。中学生言行一致问题是十分复杂的,对言行不一致要做具体的分析。在良好的班集体中,中学生的道德言行可以在初三之后趋于一致,并且动机与效果也可以在那时得到统一;但在教育不力的情况下,中学生说假话或欺骗的习惯也容易在初三前后形成。因此,改造说谎欺骗的行为在中学阶段显得更为重要。

4. 中学生道德行为习惯的养成

道德行为是衡量中学生是否具有健康的品德心理和高尚品德的重要标志。同时,道德行为是品德形成的重要基础,品德是由众多的道德行为集合而成的。有研究表明,60%的中学生的道德行为习惯是在初三或初三之前形成的,20%的中学生道德行为习惯是在高中形成的,还有20%的中学生至高中毕业还未形成良好的道德行为习惯。良好的道德行为习惯的形成主要靠练习。一个良好的班集体,由于加强行为习惯的练习,对每个集体成员道德行为习惯的形成起着积极的作用。品德不良的学生在良好的班集体中是能得到改造的;形成不良道德行为习惯的学生,只要学校抓紧教育,他也不一定会走上犯罪的道路;但如果学生形成不良习惯,一旦失去严格要求的环境与集体,往往会养成恶习,甚至走上犯罪的道路。

(二) 中学生品德发展的特点

中学生品德发展的特点可归纳为以下几点。

1. 中学生品德发展具有自律性和言行一致性

在整个中学阶段,学生的品德迅速发展,处于伦理形成时期。伦理是人与人之间的关系以及必须遵守的行为准则,它是道德关系的概括,伦理道德是道德发展的最高阶段。

（1）形成道德信念与道德理想。中学阶段是中学生道德信念与道德理想形成并以此指导自己行动的时期。中学生逐渐掌握伦理道德，并服从它，表现为独立、自觉地依据道德信念、价值标准等指导自己的行动，使其道德行为更有原则性、自觉性。

（2）自我意识增强。在品德发展的过程中，中学生更加关注自我道德修养，并努力加以提高。可以说，中学生对自我道德修养的反省性和监控性有明显的提高，这为产生自觉的道德行为提供了有效的前提。

（3）道德行为习惯逐步巩固。由于不断地实践、练习，加之较为稳定的道德信念的指导，中学生逐渐形成了与道德伦理相一致的、较为成熟的道德行为习惯。

（4）品德结构更为完善。中学生的道德认识、道德情感与道德行为三者相互协调，形成一个较为完善的动态结构，使他们不仅按照自己的道德准则去行动，而且也逐渐成为稳定的个性心理结构的一部分。

2. 中学生品德发展由动荡向成熟过渡

（1）初中阶段品德发展具有动荡性。从总体上看，虽然初中生的品德具有伦理道德的特性，但仍旧不成熟、不稳定，具有动荡性，表现在道德观念的原则性、概括性不断增强，但还带有一定程度的具体经验特点；道德情感表现丰富、强烈，但又好冲动；道德行为有一定的目的性，渴望独立自主行动，但愿望与行动经常有距离。此时，既是初中生人生观开始形成的时期，又是容易发生品德的两极分化的时期。品德不良、违法犯罪多发生在这个时期。根据研究，初二年级是品德发展的关键期。

（2）高中阶段品德发展趋向成熟。高中阶段学生的品德发展进入了以自律为主要形式、应用道德信念来调节道德行为的成熟时期，表现在能自觉地应用一定的道德观点、信念来调节行为，并初步形成人生观和世界观。

总体来看，初中生的伦理道德已开始形成，但具有两极分化的特点。高中生的伦理道德的发展具有成熟性，可以比较自觉地运用一定的道德观念、原则、信念来调节自己的行为。

教育者应以中学生道德与品德发展的特点为德育工作的出发点，在德育的内容、形式、评价标准等方面都应该遵循发展规律，重视发展过程中的关键期，采取合理的教育措施，有的放矢，因材施教。

四、皮亚杰与科尔伯格的道德发展理论

道德发展理论属于德育模式的范畴，德育模式实际上是在德育实施过程中道德与德育理论、德育内容、德育手段、德育方法、德育途径等的某种组合方式。当代具有影响的德育模式有认知模式、体谅模式、社会学习模式等。一般来说，认知模式重知，体谅模式重情，社会学习模式重行。在一个价值多元的社会里如何促进学生道德判断和道德敏感性发展，是当代学校德育亟待解决的难题，而道德教育的认知模式、体谅模式、社会学习模式恰好为我们解决这些难题提供了思路。

道德教育的认知模式是当代德育理论中流行最为广泛、占据主导地位的德育学说，它最早是由皮亚杰提出的，而后由美国心理学家科尔伯格对其进行进一步的深化。前者的贡献主要体现在理论建设上，后者的贡献主要体现在从实践上提出了一种可以操作的德育模式。

（一）皮亚杰的道德发展理论

皮亚杰采用对偶故事法对儿童的道德判断进行了系统研究，从儿童对特定行为的评价来分析他们的道德认知，研究道德认知发展的规律。皮亚杰用这一方法研究了儿童的道德认知发展，并且取得了重要的研究成果。

（1）在10岁及10岁以前，儿童对道德行为的判断主要是依据他人设定的外在标准，称为他律道德。在该阶段，儿童的道德判断受外部的价值标准所支配和制约，表现出对外在权威的绝对尊敬和服从的愿望。他们认为规则是必须遵守的，是不可更改的，只要服从规则就是对的。事实上，在个体达到他律道德之前，还有一个无道德规则的阶段（五六岁以前），社会规则对他们没有约束力，他们没有必须怎样做的观念、认识，在游戏中也没有合作、没有规则，只是自己独立活动，按自己的想象去执行规则。

（2）在10岁以后，儿童的判断主要是依据自己认可的内在标准，称为自律道德。他们开始认识到规则不是绝对的、一成不变的，而是可以与他人合作，共同决定或修改规则。规则只是用来维护自己与他人的关系，儿童的思维已从自我中心解脱出来，能够根据自己主观的价值标准进行道德判断，具有主体性。

皮亚杰的研究开创了现代道德认知发展学派的先河。他认为儿童道德发展阶段的顺序是固定不变的，儿童的道德认识是从他律道德向自律道德转化的过程。只有达到了自律水平，儿童才算有真正的道德。

（二）科尔伯格的道德发展理论

科尔伯格继承皮亚杰的研究传统，系统地充实和扩展了皮亚杰的理论和方法，逐渐形成了现代道德认知发展学派。

科尔伯格反对相对主义的道德价值观，主张建立普遍的道德价值。

1. 道德判断的重要假设

（1）道德判断形式反映个体道德判断水平。道德判断有内容与形式之别。所谓道德判断内容，是指对道德问题所做的"该"或"不该"、"对"或"错"的回答；所谓道德判断形式，是指判断的理由以及说明过程中所包含的推理方式。反映个体道德判断水平的是道德判断形式而不是道德判断内容，比如科尔伯格经典的道德两难问题——"海因兹两难"（海因兹的妻子身患绝症，只有一种药能救她。但海因兹尽其所能只能筹到一点药费，药剂师又不肯把药便宜卖给他。海因兹该怎么办？他应该偷药吗？），每个人都可以做出"该偷"和"不该偷"两种回答，是他们用以证明其选择的道德推理方式，也反映了个体的道德判断水平。

（2）个体的道德判断形式处于不断发展之中。在科尔伯格的模式中，一切文化中的道德发展都遵循从以自我为中心、经过全社会的观点到普遍的观点的三个水平、六个阶段的发展。

① 前习俗水平。在这个水平上，个体根据行动对身体造成的实际后果（惩罚、奖励、交换喜爱的东西）解释行为的好坏。前习俗水平分为以下两个阶段。

阶段一：惩罚与服从的道德定向阶段。个体以行为对身体所产生的后果来判定行为的好坏，对的事情就是能够避免受惩罚的事情。这个阶段上的个体对权威的服从不是出于对社会秩序的尊重，而是出于避免惩罚。

阶段二：以工具性的相对主义的道德定向阶段。此时，个体开始有了"他人"的概念，但只是基于"你帮我，我就帮你"的市场等价交换关系，而不是忠诚、感激或公平。因此，正确的行为就是那些可以满足个体需要，有时也可以满足他人需要的行为。人们之间的关系是根据像市场地位那样的关系来判断的。个体知道了公平互换和平等分配，此时的需要仅限于物质层次，满足他人是工具，自我需要才是目的。

② 习俗水平。在这个水平上，个体认为按照群体或社会的期望去行动就是有价值的，而不管它是否能产生有益于自己的后果。个体服从并竭力维护社会秩序，并且以某个群体或社会的成员自居。习俗水平分为以下两个阶段。

阶段三：人际的协调或好孩子的道德定向阶段。这个阶段的个体认为，好的行为就是符合他人的期望，能获得称赞的行为，并且经常用意图去判断行为。按照他人期望行动不仅仅是基于等价交换，还包括相互承担义务。

阶段四：遵从权威与维护社会秩序的道德定向阶段。这个阶段的个体接受了更广泛的社会法律、社会规则。好的行为就是尊重和维护既定的社会秩序本身。

③ 后习俗水平。在这个水平上，个体超越社会已经确定的规范和法律来判断道德问题，个体显然努力在摆脱掌握原则的集团或个人的权威，并不把自己和这种集团视为一体从而去确定有效的和可用的道德价值和原则。后习俗水平认为，正确的行为应该符合普遍适用的原则。后习俗水平分为以下两个阶段。

阶段五：以法定的社会契约为道德定向阶段。道德判断发展到这个阶段的个体认为法律也会出错，正确的行为往往取决于个体的权利和标准。因为个体意见和价值是相对的，所以要求制定一个取得一致意见的程序和规则，法律和秩序其实也是群体中的每个人自愿共同协定的。

阶段六：普遍伦理原则的道德定向阶段。这个阶段的个体以良心作为判断行为好坏的根据。良心做出的决定就是普遍公正的原则，是人权平等的普遍原则，是尊重人类尊严的普遍原则。

这就是科尔伯格著名的三个水平、六个阶段理论。处于不同发展阶段的人的道德推理方式和性质不同。科尔伯格还发现每个人的道德判断都会按照这三个水平、六个阶段以不变的顺序由低到高逐步发展，而且这种发展顺序在不同文化中又会具有普遍性。另外，更高层次和阶段的道德推理方式能兼容更低层次和阶段的道德推理方式；反之，则不能。

（3）冲突的交往和生活情境最适合促进个体道德判断能力的发展。科尔伯格和他的同事对道德判断发展的动因进行了研究，他们认为，由两难情境引发的道德冲突要求个体进行道德推理，从而做出一定的选择，这是发展道德判断水平的重要条件。如果个体不面临冲突情境，不进行道德判断活动，就不可能获得道德判断能力的发展。因此，对个体的道德发展可以归纳为以下三点：① 道德发展是学习的结果，这种学习不同于知识和技能的学习，它需要个体亲身参与道德活动，进行道德行为，而且需要其进行长期的努力。② 道德的发展有赖于个体的道德自主性。道德不可能从外部强加于人，而是个体内部状态与外界交互作用的产物。这就意味着要创造生活情境并促使个体使用其当前道德判断的能力和使用这些判断去指导和评价其行动。③ 冲突的交往和生活情境最适合于促进个体道德判断能力的发展。冲突的交往和生活情境最能引起个体道德认知冲突，即把个体的道德判断机构推向一种不平衡的状态，从而使个体道德判断的向上运动成为可能，产生一种新的平衡状态，这样个体道德判断能力就得到发展。

2. 道德教育论

（1）道德教育旨在促进道德判断能力的发展及其与行为的一致性。该模式强调道德教育的目的：首先，在于促进个体的道德判断能力不断向更高水平和阶段发展；其次，在于促进个体道德判断与行为的一致性。其中，道德判断能力的发展是前提和基础，因为行为要高度符合道德就需要道德推理能力的发展达到很高的阶段。所以道德教育的关键是促进个体道德判断能力的逐步提高。

（2）道德教育应该奉行发展性原则。该原则认为促进个体向更高的水平发展，提供高于某一个阶段的道德推理方式是最合适的。这就是"＋1"原则。因为低于个体水平的道德推理，会被认为是不合适的而被拒绝，所以不具备教育性，而对于过高的内容和方式，个体则不能理解和接受。因此,要根据个体已有的发展水平确定教育内容,创造机会让个体接触和思考高于某一个阶段的道德理由和推理方式,赞成个体认知失衡,引导个体在寻求新的认知平衡之中不断地提高道德判断的发展水平。

(3) 把判断道德的原则直接教给人们的做法并不可取,因为道德认知都是发自内心的,而变化又都是渐进的,因此,促进人们的道德发展要按照一定阶段和顺序来进行。

(4) 不能以教育者的权威从外面向人们灌输道德观念,道德认知的变化乃是人们遭遇到某种道德上的冲突而引起的。所以,教育者的主要任务就是帮助受教育者注意到真正的道德冲突,思考用于解决这种冲突的理由是否恰当,发现解决这种冲突的新的思想方法。

(5) 社会环境对人们的道德发展具有巨大作用,在学校中要树立良好的公正群体气氛,这是道德教育必要的条件。

3. 道德教育的方法和策略

根据发展性原则,道德认知发展模式实施道德教育的方法和策略包括以下几点。

(1) 了解个体当前的道德判断的发展水平。

(2) 运用道德两难问题引起个体的意见分歧和认知失衡。

(3) 向个体揭示比他们高一阶段的道德推理方式。

(4) 引导个体在比较中自动接受比自己原有的道德推理方式更为合理的推理方式。

(5) 鼓励个体把自己的道德判断付诸行动。

4. 科尔伯格的道德发展理论的优点与缺点

科尔伯格基于道德心理学、道德哲学和道德教育学的丰富理论背景设计的道德认知发展模式是一种较为理性和科学的德育模式,它的优点如下。

(1) 提出以公正观发展为主线的德育发展阶段理论,通过实证研究,做出了完整的理性阐述。

(2) 建构了较为科学的道德发展观,提出智力与道德判断能力关系的一般观点。

(3) 通过实验建立了崭新的学校德育模式,如新苏格拉底德育模式、新柏拉图德育模式等,提出课堂道德讨论法、公正团体法等一系列可操作性德育过程,重新确立了人的主体性和学校德育的功能。

当然,任何知识都不可能完美无缺,科尔伯格的道德发展理论的缺点主要有以下四个方面。

(1) 太过于强调认知力的作用,忽视了对道德行动的研究,而后者对德育来说才是最重要的。科尔伯格虽然提到了道德认知与道德行为的关系,认为高级的道德推理与符合道德的行为密切相关,但两者毕竟不能归而为一。因此,该理论弱化研究道德行动难免给人一种忽视重点的感觉。

(2) 强调了道德判断的形式而忽视了内容的作用。道德判断的形式确实能表明一个人的道德认知水平,但任何道德问题都有一个是非对错的判断,忽视道德内容,即不管一个人做出何种选择,只根据他的推理来判断行为好坏的理由并不充分。

(3) 阶段理论有缺陷,有人认为科尔伯格的理论代表了西方文化的偏见,并不具有普遍适用性。即使在西方文化背景下,调查也显示,达到阶段五和阶段六的人中,大多数都是男性,这难免让人怀疑该理论带有性别偏见。有调查还显示,较高阶段的人的道德判断还有可能倒退,这对发展不可逆定理提出了调整,科尔伯格的道德发展理论没有对此做出圆满解释。

(4) 在批评传统德育靠机械重复训练的做法时,却完全排斥了道德习惯的作用,同时忽视了道德情感因素。

【案例】关于道德两难问题的小组讨论

围绕道德两难问题的小组讨论可以使学生意识到不同的道德观点,并向他们出示高于他们水平一个阶段的判断,鼓励处于相邻两个阶段的学生展开讨论,从而促进学生的道德判断水平的提高。该策略包括以下三个环节。

1. 道德两难问题及其设计

所谓道德两难问题,是指同时涉及两种道德规范,两者不可兼得的情境或问题。它除了可以用于衡量学生的道德判断的发展水平以外,还具有非常特别的教育意义,具体表现为:

(1) 道德两难问题可用于促进学生的道德判断能力的发展。

(2) 道德两难问题可用于提高学生的道德敏感性,使他们更加自觉地意识到自己的道德规范在现实生活中可能存在的矛盾和冲突。

(3) 道德两难问题可用于提高学生在道德问题上的行动抉择能力。

(4) 道德两难问题可用于深化学生对各种道德规范的理解,提高学生的道德认识。

根据道德两难问题的特点及学生的实际情况,道德两难情境的设计必须遵循一定的要求:

(1) 设计的情境必须是真实的或者是可信的,尤其对学生而言,还必须是学生能够理解的。

(2) 设计的情境必须包含两条道德规范,而且只包含两条道德规范。

(3) 涉及的两条道德规范在设计的情境中必须发生不可避免的冲突。

道德两难问题的素材一般有三种来源:① 虚构的道德两难故事;② 以学科内容为基础的道德两难问题;③ 真实的或实际发生的道德两难问题。

2. 道德讨论中的引入性提问

围绕道德两难问题的小组讨论可以分为起始阶段和深入阶段,与之相应,教师的提问也可以分为引入性提问和深入性提问。引入性提问的策略,重在把师生引进对道德争端的讨论,并不断地发展学生的道德意识;深入性提问的策略,重在可能引起道德推理结构性变化的讨论因素。

教师在讨论引入阶段中作用有:① 确保学生理解所要讨论的两难或难题;② 帮助学生正视难题所固有的道德成分;③ 引导学生阐明自己所做出判断的基本理由;④ 鼓励学生相互交流各自不同的理由。

在引入性提问中,教师可采用以下几种策略。

(1) 突出道德争端。这类问题通常是对话的诱因,目的是引导学生对包含道德冲突的情境说出自己的看法。这类情境通常包含"应该""应当""对或错"的问题,有助于把学生带入两难问题。

(2) 询问"为什么"的问题。这些问题要求学生说明自己做出某种肯定回答或否定回答的理由。这让学生有机会发现:可能同学们选择的结果是一样的,但是他们给出的理由却不相同。这些推理方式上的差异会激发学生的兴趣和对话。

(3) 使情境复杂化。有两种提问可以使原来的情况更加复杂:

① 给原来的难题增加新的已知条件或情况。例如,在"海因兹两难"问题中,可以增加下面的问题:假定审理案件的法官是海因兹的好朋友,这对他的决定会有什么影响吗?这样的问题可以促进学生发散思维,从而引导他们从多个角度考虑如何解决道德冲突才是合乎道德的。

② 当学生对道德两难问题感到不安、师生回避道德争端时,提出第二种使情况复杂的问题。例如,"救生艇超载,必须有人跳海,谁该跳?"学生可能会提出用绳子把多余的人拴到船边上,从而回避道德问题。教师可以说:"假定救生艇上没有绳子,该怎么做?",从而帮助学生面对这种情境中的道德问题。

3. 道德讨论中的深入性提问

当学生阐明自己对道德两难问题的立场和理由之后,小组讨论才有可能真正开始。为了使学生深入地进行讨论,教师提问的策略应当有相应改变,促使学生努力应对各种相互竞争的主张和相对独立的理由。深入性提问的策略有四种,即升华性问题、突出相邻阶段的论点、澄清与总结、角色扮演问题与策略等。

五、影响品德发展的因素

人的品德的形成是一个复杂的过程。在人的品德的形成中,既有内部的因素,也有外部的因素;既有教育的因素,也有环境的因素。这些因素概括起来有以下四个方面:

(一) 遗传素质

遗传素质主要是指人与生俱来的解剖生理特点,如神经系统、感觉器官和运动器官的特性,其中脑的特性尤其重要。遗传素质既给品德发展设置了某种内部限制,也给品德发展提供了某种倾向性,使人虽不大可能向某个方向突出地发展其品德,但容易发展与某些遗传素质相适应的品德。例如,气质方面属于胆汁质和多血质类型的人,容易培养热情主动地关心他人和集体的好品德,属于黏液质和抑郁质的人,容易培养稳重踏实、谦虚礼让的好品质。国外的一些心理学家的研究也表明了智力与道德判断、道德行为是有关系的,尤其是在童年和少年时代,聪明的儿童在行为动机的道德判断上的得分都比智力中等的儿童高。许多心理学家还证实了智商和欺骗行为之间的相关大约在-0.50到-0.60之间。美国心理学家加德纳在"多元智力"理论中也认为,人类存在一种"道德智力"。拥有这种智力强项的人可以展示出以下特征:① 迅速地从多方面的问题中辨别出与生命的神圣性有关的问题;② 能够对道德问题进行经常性的反思;③ 具有超越传统方法、创造规范人类交往中道德内容的新形式或新过程的潜力。遗传素质不仅是品德发展的物质基础和自然前提,而且也是品德发展的潜在因素。但是,遗传素质不是品德本身,它不能决定品德的内容和发展水平,只具有品德形成与发展的一般可能性,它仅仅是品德发展的自然前提,只有在现实生活中才能影响人的品德发展。

(二) 社会环境

社会环境是人类活动的产物,反过来它又成为人类活动的制约条件。人总是生活在一定的社会环境中,人的品德形成与他所处的环境有关。人的道德品质的形成和发展必然受一定社会环境的制约。品德不是人的自然属性,而是人的社会属性,是一定社会物质生活条件下的产物,是反映一定社会关系的"社会特质"。任何一个人的道德品质,无所谓与生俱来的善恶和好坏,都是在他进入社会生活领域以后,在面对现实的社会物质生活条件时逐步形成起来的。

（三）社会实践

人的道德品质是在社会实践的基础上,经过自己积极的思想斗争和主观努力形成的。在改造客观世界和主观世界的实践中,人们对当时的各种社会关系和道德规范进行程度不同的体验。随着实践的继续,人们在深刻理解各种社会关系所具有的历史必然性的基础上,逐步形成支配和制约自身行为的道德观念、道德情感、道德意志和道德信念,有了这些道德要素,再经过长期的实践锻炼,人们就形成了各具特色的、稳定的道德品质,使自己的思想和行为符合社会实践的要求。当人的社会实践不同时,品德的稳定性和深刻性也就不同。

（四）学校德育

学校是一种特殊的社会环境。学校教育与家庭、社会等因素对学生品德的影响作用相比,具有明显的优势,在学生品德发展中起着主导作用。

(1) 学校是一个培养人的专门教育机构,能够有目的、有计划、有组织地对学生的品德发展施加影响。学校生活是一种特殊的社会生活条件和社会生活方式。它可以根据社会的要求和学校的人才培养目标对各种社会、家庭、自然等因素的影响进行选择、提炼、组织、调节和控制,按照人的品德发展的规律和特点,有目的、有计划、有组织地对学生施加影响,引导和促进其品德向着社会需要和学生品德发展需要相统一的方向发展。

(2) 学校德育有专门的德育内容和要求,能够对学生的品德发展施加全面系统的影响。学校德育与家庭德育、社区德育等德育形式不同,它一般是按照国家、地方或学校制定的德育目标和内容来进行的。学校德育的目的和内容具有全面性和系统性等特点,它要对学生的思想、政治、法纪、道德、个性等施加全面系统的影响,以培养社会所需要的符合社会思想品德要求的人才。

(3) 学校德育由经过专门培训的教师进行施教活动,能够有效地提高德育的质量和效率。教师作为专门的教育工作者,既要教书,又要育人。由于教师具有较高的文化科学知识水平、能力素养和品德修养,又具有教育科学方面的知识和教育的方法及技能,因此能够按照学生品德形成发展的规律、德育的规律来教育学生;与非专业教育工作者相比,教师一般能在培养学生品德上取得更好的效果。

(4) 学校德育,尤其是现代学校德育是社会教化的重要形式。学校是社会专门的教育机构,实施德育是学校的一项重要任务。对中学生来说,学校不仅是一种社会组织形式,同时也是一种社会生活形式,是一种社会生活条件、社会群体和社会交往活动,对学生品德的形成发展产生深刻的影响、发挥导向性的作用。所以,任何一个学生的良好品德的养成都不能离开学校德育。

当然,学校德育在人的品德发展中的主导作用是有条件的。总的来说,它受社会生活条件,特别是社会生产方式的制约,受人的身心、品德发展规律的制约。具体来说,学校及其德育的指导思想,学校领导和教师的职业素养、品德修养和教育水平,学校与家庭、社会的联系与配合程度等,会直接影响学生的品德形成与发展、学校及其德育主导作用发挥的程度和方向。因此,我们既要重视学校德育的主导作用,又不能夸大学校德育的作用。

(5) 人是有主观能动性的,人的主观能动性表现在活动的各个方面。在人的品德形成中,人的主观能动性更是显而易见的。在同一个社会环境下,由于每个人主观能动性的不同,其品德发展的水平也各不相同。主观能动性影响着人对道德的认知和理解。如果说环境、教育是人的品德发展的外部因素,那么主观能动性是人的品德发展的内部因素。有了主观能动性，人不仅能根据社会实践的需要形成一定的品德，而且能正确认识和主动地改造自己的品德，使自己的品德变得更加完美。当然，人的主观能动性的发挥不能超越个体的实际条件和社会环境。

第三节 中学德育的主要内容

一、德育内容的概念

德育内容是指实施德育工作的具体材料和主体设计，是形成受教育者品德的社会思想政治准则和道德规范的总和，它关系到用什么道德规范、政治观、人生观、世界观来教育学生的重大问题。德育目标确定了培养学生的总体规格和要求，但必须落实到德育内容上，唯有选择合适的内容并进行科学的课程设计，才能进行有效的德育活动，达到预期目标。

德育内容与德育形式必须匹配。学校的德育形式有三种：禁令、指令和倡议。运用禁令或指令的形式对学生进行规则层次德育，重在约束学生的不良行为。运用指令或倡议的形式对学生进行原则层次德育，指导学生做正确的行为。运用倡议的形式对学生进行理想层次德育，激励学生高尚的动机和情操。不同层次的学校的德育内容，德育形式各异，德育形式与德育内容错位会导致德育功能丧失。如果用道德倡议的形式进行规则教育，则不足以约束学生的不良行为。反之，如果用道德指令的形式实施理想教育，则会对学生提出不切实际的苛求，起不到激励学生高尚情操的作用。

二、选择德育内容的依据

通常选择德育内容的依据有三点：一是德育目标，它决定德育内容；二是受教育者的身心发展特征，它决定德育内容的深度和广度；三是德育所面对的时代特征和学生的思想实际，它决定德育工作的针对性和有效性。同时，选择德育内容还应考虑文化传统的作用。德育内容总是随时代的发展而变化，因不同国家社会性质、发展水平和文化传统而各显特色。

三、我国中学德育的基本内容

（一）理想信念教育

开展马列主义、毛泽东思想学习教育，加强中国特色社会主义理论体系学习教育，引导学生深入学习习近平总书记系列重要讲话精神，领会党中央治国理政新理念新思想新战略。加强中国历史特别是近现代史教育、革命文化教育、中国特色社会主义宣传教育、中国梦主题宣传教育、时事政策教育，引导学生深入了解中国革命史、中国共产党史、改革开放史和社会主义发展史，继承革命传统，传承红色基因，深刻领会实现中华民族伟大复兴是中华民族近代以来最伟大的梦想，培养学生对党的政治认同、情感认同、价值认同，不断树立为共产主义远大理想和中国特色社会主义共同理想而奋斗的信念和信心。

（二）社会主义核心价值观教育

把社会主义核心价值观融入国民教育全过程，落实到中小学教育教学和管理服务各环节，深入开展爱国主义教育、国情教育、国家安全教育、民族团结教育、法治教育、诚信教育、文明礼仪教育等，引导学生牢牢把握富强、民主、文明、和谐作为国家层面的价值目标，深刻理解自由、平等、公正、法治作为社会层面的价值取向，自觉遵守爱国、敬业、诚信、友善作为公民层面的价值准则,将社会主义核心价值观内化于心、外化于行。

（三）中华优秀传统文化教育

开展家国情怀教育、社会关爱教育和人格修养教育,传承发展中华优秀传统文化,大力弘扬核心思想理念、中华传统美德、中华人文精神,引导学生了解中华优秀传统文化的历史渊源、发展脉络、精神内涵,增强文化自觉和文化自信。

（四）生态文明教育

加强节约教育和环境保护教育,开展大气、土地、水、粮食等资源的基本国情教育,帮助学生了解祖国的大好河山和地理地貌,开展节粮节水节电教育活动,推动实行垃圾分类,倡导绿色消费,引导学生树立尊重自然、顺应自然、保护自然的发展理念,养成勤俭节约、低碳环保、自觉劳动的生活习惯,形成健康文明的生活方式。

（五）心理健康教育

开展认识自我、尊重生命、学会学习、人际交往、情绪调适、升学择业、人生规划以及适应社会生活等方面教育,引导学生增强调控心理、自主自助、应对挫折、适应环境的能力,培养学生健全的人格、积极的心态和良好的个性心理品质。

第四节 德育过程的基本规律

一、德育过程的概念及其与品德形成过程的关系

（一）德育过程的概念

德育过程是指教育者和受教育者双方借助于德育内容和方法,进行施教传道和受教修养的统一活动过程。这个过程促使受教育者道德认识、道德情感、道德意志和道德行为发展的过程,是个体社会化与社会规范个体化的统一过程。

（二）德育过程与品德形成过程的关系

德育过程引导、培养和促进学生品德的发展,因而,德育过程与品德形成过程既相互联系又相互区别。德育过程是教育者的一种施教过程,是促进受教育者思想品德形成的外因和条件。学生品德的形成过程,是在教育和环境等外部条件影响下,个体内部矛盾运动的过程。

德育过程实质上是在教育者的指导下主体间双向互动、交互作用、实现"转化"的一个统一的过程,是教育者的施教过程与受教育者的品德形成过程的有机统一。

二、德育过程的结构和矛盾

（一）德育过程的结构

德育过程的结构是指德育过程中不同质的各种要素的组合方式。它有一定数量的要素（或成分、组成部分）,各要素之间有质的区别,各要素在德育过程中的地位、作用各不相同,彼此以一定的方式相互联系、相互作用,构成有组织的系统。德育过程的结构通常由教育者、受教育者、德育内容和德育方法四个相互制约的要素构成。

（1）教育者是德育过程的组织者、领导者,是一定社会德育要求和思想道德的体现者,在德育过程中起主导作用。教育者包括直接的和间接的个体教育者、群体教育者。

（2）受教育者包括受教育者个体和群体,他们都是德育的对象。在德育过程中,受教育者既是德育的客体,也是德育的主体。当受教育者作为德育对象时,他是德育的客体;当受教育者接受德育影响、进行自我品德教育和对其他德育对象产生影响时,他成为德育的主体。

（3）德育内容是指用以形成受教育者品德的社会思想政治准则和道德规范,是受教育者学习、修养和内化的客体。学校德育的基本内容是根据学校德育目标和学生品德形成发展规律来确定的,它具有一定的范围和层次。

（4）德育方法是教育者施教传道和受教育者受教修养的相互作用的活动方式的总和,它凭借一定的手段进行。教育者借助一定的德育方法将德育内容作用于受教育者,受教育者借助一定的德育方法来学习、修养、内化德育内容并将其转化为自己的品德。

德育过程并不是教育者、受教育者、德育内容和德育方法的简单相加,而是通过教育者施教传道和受教育者受教修养而发生一定的联系和相互作用,促使受教育者的品德发生预期变化的矛盾运动过程。

（二）德育过程的矛盾

德育过程的矛盾是指德育过程中各要素、各部分之间和各要素、各部分内部各方面之间的对立统一关系,包括教育者与受教育者的矛盾,教育者与德育内容、方法的矛盾,受教育者与德育内容、方法的矛盾,受教育者自身思想品德内部诸要素之间的矛盾等。

德育过程的基本矛盾是社会通过教师向学生提出的道德要求与学生已有品德水平之间的矛盾。这是德育过程中最一般、最普遍的矛盾,也是决定德育过程本质的特殊矛盾。这个矛盾需要通过向学生传授一定的社会思想和道德规范,引导他们进行道德实践,把他们从原有的品德水平提高到教师所要求的新的品德水平上来解决。

在德育过程中,正是教育者提出的德育要求与受教育者品德发展水平之间矛盾的不断产生和解决,才能不断地将社会思想政治准则和道德规范转化为受教育者个体的品德,从而使受教育者的品德向着社会要求的方向发展,完成德育任务,达到德育目标。

三、德育过程的规律

德育过程是教育者和受教育者共同参与的教育过程,是形成受教育者某种品德或完整结构体系的过程,学生品德形成过程是外部影响和个体力量相互作用的结果。一般来说,德育过程具有以下几大规律。

（一）德育过程是一个对学生的知、情、意、行培养提高的过程

学生品德是由思想、政治、法纪、道德方面的认识、情感、意志、行为等因素构成的,这几个因素简称为知、情、意、行。因此,德育过程是对学生知、情、意、行的培养提高过程。

1. 知

知是指道德认识或道德观念,是人们对是非、善恶的认识判断及评价。道德认识包括道德知识和道德判断两个方面。道德知识是中学生对一定社会思想政治及道德规范的认识和理解,并在掌握道德知识的基础上,对某些事物的是非进行分析,形成道德判断和评价。道德认识是思想品德形成的基础,有了正确的道德认识,才能产生相应的正确的行为,人们的任何行动都是受到道德认识支配的。所以德育过程常常从道德认识开始,逐步提高学生识别是非的能力,形成正确的道德观念,以指导他们的道德行为。

2. 情

情是指道德情感,是人们对客观事物做出判断时所产生的内心体验,也是对客观事物的

爱憎、好恶的态度。它是在道德认识的基础上产生发展的,对思想品德的形成起着重要的调节作用。人们只有对事物有了深刻的认识,同时又具有强烈的情感,并且在两者之间产生共鸣时,才会转化为信念,产生相应的道德行为。在思想品德的形成过程中,道德情感是一种巨大的推动力量。在德育过程中,教师应当重视培养学生的道德情感,激发他们内心的体验,引导学生形成正确、丰富、深刻、稳定的道德情感,以推动道德认识转化为道德行为。

3. 意

意是指道德意志,是人们为实现一定道德目的所做出的自觉顽强的努力。它常表现为意志活动,即为实现个人确定的道德目的而克服内心障碍和外部困难的能力和毅力。道德意志是一种巨大的精神力量,如果一个人具有坚强的道德意志,就能排除一切阻挠,始终坚持正确的方向去实现自己的目标。尽管意志薄弱者也具有某种道德认识和道德情感,但一遇到困难便不能坚持自己所确定的道德原则。因而在德育过程中,教师要注意培养锻炼学生的坚强意志,使他们具有顽强的毅力。这有助于学生坚持道德认识,深化道德情感,调节道德行为,以形成良好的道德品质。

4. 行

行是指道德行为,即人们在一定的道德认识、道德情感和道德意志的支配与调解下所表现的行动。道德行为是人的品德的外部表现,因而也是衡量一个人的思想品德水平的重要标志。一个人的思想品德如何,不是停留在口头上,而在于他的实际行动。孔子认为"行"比"言"更重要。不能"听其言而信其行",要"听其言而观其行"。道德行为在人们的品德发展中具有极为重要的作用,只有在履行道德行为中,人们才能深化道德认识和道德情感,锻炼道德意志和增强道德信念,从而使个体的品德得到发展,道德能力得到提高。因而在德育过程中,教师要重视学生道德行为的培养,使他们成为言行一致、品德高尚的人,而品德的培养,只有达到某种行为习惯时,才能达到道德修养的较高境界。在培养学生道德行为的过程中,教师还应要求学生形成一种不需要任何意志努力和监督的自觉行为,以形成良好的习惯与作风。

在学生品德结构中,知、情、意、行四要素既相对独立,又相互联系、相互促进。其中,知是基础,行是关键。一般来说,德育过程是沿着知、情、意、行的顺序进行的,即提高认识,陶冶情感,锻炼意志,培养行为习惯。很多教师提出的"晓之以理,动之以情,导之以行,持之以恒",正是反映了思想品德形成的规律。

需要指出的是,由于在学生的思想品德的发展过程中,知、情、意、行四要素的发展往往是不平衡的,经常表现出"理通情不通"或"情通理不通"或"言行不一"等现象,从而阻碍了学生品德的发展。因此,教师要针对品德结构中诸因素发展不平衡的具体情况,在德育过程采取多种开端的方法,即不一定按知、情、意、行的一般教育顺序,而是根据品德结构中的薄弱环节,或从行开端,或从情开始,或从意开始。无论从何开端,教师都要抓一端以促进其余,最终达到学生知、情、意、行的全面和谐发展。

(二)德育过程是一个组织学生的社会活动和交往,对学生多方面教育影响的过程

学生思想品德是在接受外部影响并经过主题内化过程才形成的。但是外部影响只有与学生内部的需要发生交互作用,引起学生思想内部矛盾运动,发展自己的思想意识时,才能形成新的思想品德。社会活动(尤其是德育活动)和交往是学生思想品德发展的源泉和基础。

学生的思想品德在社会活动和交往中形成,又在社会活动中表现出来。社会活动与交往不仅是学生思想品德形成发展的源泉,而且是检验学生思想品德的标准,所以教师要指导

学生在有教育意义的社会活动和交往中接受影响。

（三）德育过程是一个促使学生思想内部矛盾运动的过程

德育过程的基本矛盾是：教师根据社会要求向学生提出的道德要求与学生已有的思想品德水平之间的矛盾。学生思想品德的形成和发展，是外部教育的思想和学生内部思想矛盾的结果。没有内部思想矛盾运动，也就不可能产生新的思想品德。学生思想内部矛盾主要表现在以下几个方面：

1. 反映在学生对外部客观世界认识的矛盾

学生思想中经常出现社会道德标准与某些人的行为之间不相符合的矛盾。如社会上的不正之风对学生的影响，就会使学生产生各种疑问。通过教育，学生提高了认识，矛盾就解决了。

2. 反映在学生认识水平之间的矛盾

由于教师不断地向学生提出新的要求，使学生已有的认识水平和教师的新要求之间不断产生新的矛盾。这种矛盾的产生、解决，促进了学生的思想认识，实现了由不知到知，由知之不多到知之较多的转变，从而使学生的品德不断得到提高。

3. 反映在学生认识内容上的矛盾

学生头脑中常有正确思想与错误思想的矛盾。中学生在他们的成长道路上，常常会有理智与情感的冲突，有时认识是正确的，有时认识是错误的。通过教育，学生认识了错误，矛盾解决了，学生的思想品德就获得了提高。因此，学生思想品德的形成过程就是知与不知、正确与错误思想不断矛盾斗争的过程。学生思想品德的积极转化包括社会需要转化为学生个体需要，道德认识转化为道德行为，消极因素转化为积极因素，道德实践转化为道德习惯等。学生思想内部矛盾运动和转化的过程是促进学生思想品德形成和发展的动力。

（四）德育过程是一个长期的、反复的、不断前进的过程

学生思想品德的形成和发展是随其成长、成熟而不断发展深化的，是一个长期的逐步提高的过程。学生思想品德形成的长期性，主要是由于学生品德的形成不仅要提高道德认识，形成正确的道德观念和道德判断能力，还要形成相应的道德情感、道德意志和道德行为。学生在这些方面的不断提高和深化，并非一朝一夕就可获得成功的，这是一个长期的由量变到质变的过程。因此，学生必然经过一个长期的培养教育或矫正训练的过程。

遵循学生思想品德形成的这一规律，教师对学生的教育一定要有长期的思想准备，有计划、有组织地对学生实施道德教育，不能"毕其功于一役"。同时，针对学生思想品德形成过程中出现的不稳定性，教师要注意抓反复和反复抓，使学生的思想品德能沿着正确的方向健康发展。

学生思想品德形成的主要规律有：学生思想品德的形成是由知、情、意、行四要素构成；学生思想内部矛盾运动是思想形成和发展的动力；活动和交往是学生思想品德形成的基础，学生思想品德形成是长期曲折的过程等。教师了解、掌握这些规律，并按这些规律进行教育，就可以获得较好的教育效果。

第五节 德育原则、德育方法和德育途径

一、德育原则

德育原则是指教育者对受教育者进行德育教育时必须遵循的基本要求和基本准则。德

育原则是根据德育的任务和学生思想品德形成的规律提出来的,也是德育工作实践经验的概括和总结。

在中外教育史上,许多教育家在总结德育的经验时,提出了不同的德育原则和要求。如我国的孔子提出了循循善诱、因材施教的原则;《礼记·学记》中提出了防患未然的原则;卢梭提出了自然后果的原则;裴斯泰洛奇提出了爱的原则;赫尔巴特提出了教学的教育性原则;美国的杜威提出了社会化活动的原则;苏联的马卡连柯提出了在集体中进行教育的原则等。

我国中学德育的原则有以下几个方面:

（一）知行统一原则

知行统一原则是指对学生进行德育教育,既要重视对学生进行系统的理论知识教育,又要重视对学生进行实际锻炼,把提高学生的思想认识和培养学生的道德行为结合起来,使他们成为言行一致的人。

教师在运用知行统一原则时要注意以下几个方面:

1. 要组织学生系统地学习社会主义理论和道德规范

使学生能对社会、对人生、对道德有一个正确的看法;使学生掌握明辨是非的标准,以指导和评价自己的行为。

2. 组织学生参加各种社会实践活动,训练道德行为,养成良好的行为习惯

此方面具体包括学习实践、生产劳动、社会公益活动、文体活动、科技活动等。使学生在这些实践活动中,深化认识,增加情感体验,磨炼意志,养成社会所需要的道德行为习惯。

3. 教师要以身作则,言行一致

教师言传身教的榜样作用对学生的影响非常大,教师以身作则,并且以自己的模范行动影响和教育学生,能比言教发挥更大的作用。教师的言行一致,对学生的知行统一具有重要的引导作用。

（二）导向性原则

导向性原则是指教师在对学生进行德育教育时要有一定的理想性和方向性,以指导学生向正确的方向发展。导向性原则是教师在对学生进行德育教育过程中的一条重要原则,因为学生正处在品德迅速发展的关键时期,一方面他们的可塑性大;另一方面,他们又年轻,缺乏社会经验与识别能力,易受外界社会的影响。如果没有正确的引导,他们的发展很可能背离德育的目标和社会发展的要求。因此,学校德育要坚持导向性原则,为学生的品德健康发展指明方向。

教师在运用导向性原则时要注意以下几个方面:

1. 要坚定正确的政治方向

坚定正确的政治方向是社会主义学校德育的根本原则。德育工作受制于社会的主流意识形态,社会主义学校的性质、任务决定了学校必须坚持四项基本原则,把坚持正确的政治方向放在首位,培养学生科学的世界观、人生观。

2. 德育目标必须符合新时期的方针政策和总任务的要求

德育工作只有根植于实际,才能落到实处,取得实效。新时期党的方针政策和总任务反映了这一时期社会发展的方向和要求。德育工作要依此制定目标,使学生具有社会发展所需要的品德,并树立建设中国特色社会主义理想。

3. 要把德育的理想性和现实性结合起来

德育工作既要用共产主义思想体系教育学生,又要从社会主义初级阶段的现实出发,同

时还要结合学生现有的思想水平,不能以对先进分子的要求作为评价一般学生道德行为的标准。把德育的思想方向性与现实可能性结合起来,使德育工作既充满理想,为社会发展指明方向,同时又切合实际,落到实处。

(三) 疏导原则

疏导包括疏通和引导两个环节。疏导原则是指教师在进行德育工作时首先要从提高学生认识入手,要循循善诱,以理服人,从而调动学生的主动性,使他们积极向上。

教师在运用疏导原则时要注意以下几个方面:

1. 要讲明道理,疏导学生的思想

中学生缺乏生活经验,辨别是非的能力差。教师要耐心向学生讲明道理,并帮助其排除障碍,启发其自觉性。只有这样,才能使学生知理、明理、讲理;只有让学生改过迁善,才能真正提高其品德认识水平。如果教师一味粗暴地压制学生的思想,只能使其口服而心不服,不能真正解决学生认识上的不足,也很难从根本上提高学生的思想道德水平。

2. 要因势利导,循循善诱

教师在帮助学生疏通思想之后要加强引导,把学生的思想引入合乎规范的道路上,启发学生自觉地分清是非、真假、善恶、美丑。教师要善于发现并结合学生品德中的优点,循循善诱,激发学生的自信心,从而引导他们朝正确的方向努力。

3. 要以表扬和激励为主,坚持正面教育

中学生思想活跃,爱发表自己的观点并展示自己,教师对此要充分表示理解和尊重。在进行教育时,教师以表扬和激励为主,肯定他们的优点,坚持正面教育。恰当的表扬可以使学生良好的行为得到强化,从而鼓励他们继续保持这种良好的行为。

(四) 尊重、信任与严格要求学生相结合原则

尊重、信任与严格要求学生相结合原则是指教师在进行德育工作时,要把对学生个人的尊重和信赖与对他们的思想和行为的严格要求结合起来,从而使教师对学生的影响与要求易于转化为学生的品德。这一原则体现了马克思主义"一分为二"的辩证认识论。

教师在运用尊重、信任与严格要求学生相结合原则时,要注意以下几个方面:

1. 教师要热情关怀每个学生,尊重每个学生的人格和自尊心

因为尊重、信任是教育学生的基础。教师作为学生的长辈、学生眼中的权威,他们的尊重、信任会使学生备受鼓舞,感到愉悦、充满自信。这种积极的情感体验会促使他们产生要求进步的内在心理动力。

2. 教师对学生提出的要求应合理正确、明确具体和适当

要求应合理正确是指教师所提要求应合乎学生身心发展的客观规律和品德发展的实际水平,既不太高,也不太低,符合社会发展要求所规定的目标;要求应明确具体是指教师所提的德育要求易于被学生掌握,便于记住和履行;要求应适当是指教师所提的要求要合理,学生会积极努力去做,但又不会感到压力太大。

3. 教师应督促学生认真执行提出的要求

在贯彻执行对学生的各项要求时,教师要督促学生完成,不能迁就、姑息、朝令夕改和放任自流,否则各种要求就会失去教育力量,教师也会失去教育威信。

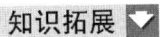

麦克劳德受罚

（五）教育的一致性和连贯性原则

教育的一致性和连贯性原则是指进行德育应当有目的、有计划地把来自各方面对学生的教育影响加以组织、调节，使其相互配合、协调一致、前后连贯地进行，以保障学生的品德能按教育目的的要求发展。

教师在运用教育的一致性和连贯性原则时，要注意以下几个方面：

1. 要统一学校内部各方面的教育力量

学生品德的形成受到多方面的影响，包括学校、社会和家庭等。其中，学校在这个过程中占主导地位。学校对学生的影响大概可分为两种：一种是有目的的、有组织的教育活动的影响，另一种是自发的校园环境影响。如果各种影响因素相互矛盾，教育作用必然被削弱，学生就会无所适从。因此，学校所有的工作人员应在学校协调一致的领导下形成统一的教育力量。

2. 要统一社会各方面的教育影响

社会也是影响学生品德发展的重大因素，如果社会影响与学校不一致，则必然削弱学校的教育作用。因此，作为专门的教育机构，学校要主动协调社会各方面的教育影响，大力发展其中的积极因素，抑制消极因素，为学生品德发展营造一个内外一致的环境。

3. 要有计划并系统地对学生进行德育教育

学生品德发展是一个长期的、连续的过程。因此，学校需要统筹规划，全盘设计，使各个阶段的德育内容、德育方法和德育目标前后衔接、平稳过渡，使整个德育工作循序渐进地进行。

（六）因材施教原则

因材施教原则是指在德育过程中，教师要从学生的思想认识和品德发展的实际出发，根据他们的年龄特征和个性差异进行有差别的教育，使每个学生的品德都能得到最好的发展。孔子提出"视其所以，观其所由，察其所安"来了解学生的有效方法，并根据学生的特点进行有区别的教育。

教师在运用因材施教原则时，要注意以下几个方面：

1. 要深入了解学生的个性特点和内心世界

中学生的身心发展具有年龄特点和个性差异，不同年级、不同班级，甚至同一班级的不同学生的品德发展状况也是参差不齐、多种多样的。教师只有客观、全面、深入地了解学生，弄清每个学生的个性特点和内心世界，才能制订出合理、有效的教育方案，才能有的放矢地进行切合学生品德发展实际水平的道德教育。

2. 要根据学生的特点有的放矢地进行教育，努力做到"一把钥匙开一把锁"

不同年龄阶段的学生的身心发展各有特点，甚至每个学生都彼此不同，都有独特的品德发展要求。同样，德育内容和德育方法对不同的学生来说影响是不一样的，甚至会产生相反的效果。因此，德育的内容、形式、方法和目标要有针对性，因人而异。唯有如此，才能切实解决学生品德发展的矛盾，做好德育工作。

3. 要根据学生的年龄特征有计划地进行教育

学生的品德心理发展具有年龄特征，并表现出阶段性。道德发展在同一年龄的学生中具有相似特点，并随年龄的增长而逐步提高要求。教师要根据学生的年龄特征有计划地进行教育。例如，与小学生相比，中学生开始关心社会问题、国内外大事。教师了解到这一变化之后，在对学生进行德育时要有意涉及这方面的内容，适时地传递给他们相关的正确知识，满足他们发展的需求。

（七）集体教育和个别教育相结合原则

集体教育和个别教育相结合原则是指在德育过程中，教师要善于组织和教育学生集体，并依靠集体教育每个学生；同时，通过对个别学生的教育来促进集体的形成和发展，从而把集体教育和个别教育有机地结合起来。一方面，学生集体既是教育的对象，也是教育的主体，具有巨大的教育力量，所以应充分地利用集体的力量来教育学生。另一方面，集体是由个体组成的，学生之间及师生之间的行为往往不是"纯粹的私人行为"，而是可能折射出些许"集体化"的影子，这种互动反过来能够对集体产生影响。因此，在加强集体教育的同时，还必须加强个别教育。

教师在运用集体教育和个别教育相结合原则时，要注意以下几个方面：

1. 要努力建立健全的学生集体

在建立集体的过程中，教师不仅要注意集体的组织和管理，更要注意面向个体，点化、润泽生命，培育其集体意识、集体积极舆论和集体精神。

2. 要充分发挥学生集体的教育作用

教师要把集体当作教育的主体，先向集体提出要求，然后通过集体教育学生个体。其中，最重要的是要发挥学生干部的作用，通过学生干部，把教师的教育意图转变成集体的要求。同时，要组织学生开展丰富多彩的集体活动并引导学生参与，在活动中培育其集体主义观念和情感。

3. 要处理好学生集体与个人的关系

教师要把集体教育与个别教育结合起来，要在集体教育的基础上，加强个别教育，优化学生个人素质，增强集体的生机和活力，使集体教育与个别教育相互促进，相互影响。

（八）发扬积极因素，克服消极因素原则

发扬积极因素，克服消极因素原则是指在德育过程中，教师要善于将学生自身的积极因素作为教育的"支点"，调动学生自我教育的积极性，克服消极因素，以达到长善救失的目的。学生素质结构中往往既存在积极因素，也存在消极因素。这两种因素动态变化，不断扭结或牵扯，在一定条件下可以相互转化。学生正确思想品德的形成过程就是积极因素不断增长、消极因素不断克服的过程，就是学生追求进步、摆脱落后思想的过程。

教师在运用发扬积极因素，克服消极因素原则时，要注意以下几个方面：

1. 正确客观地评价学生

教师要以"一分为二"的辩证思维方式，全面分析、了解并理解学生，正确客观地评价学生的优点和缺点。教师既要看到学生积极的一面，也要看到其消极的一面；无论是对优秀学生还是后进生，都要保持客观公正的态度和评价，只有这样，才能使每个学生发扬长处和克服不足，促进他们健康地发展。

2. 寻找学生的闪光点

教师要善于观察学生，寻找学生的闪光点，敏锐捕捉教育契机或有意识地创造条件，因势利导，扬长避短，促使学生思想中的消极因素转化为积极因素。特别对后进生，教师更要注意发现他们身上的闪光点，给予及时鼓励和表扬，促使他们向积极的方面转化。

3. 引导学生提高修养水平

教师要引导学生进行自我教育，提高修养水平。学生的进步离不开教师的帮助教育。因此，教师要帮助学生提高自我认识、自我评价、自我教育能力，启发他们自觉地发扬优点、克服缺点。

二、德育方法

德育方法是指为了达到德育目的和实现德育内容,在德育过程中所采用的一系列方法措施,它是教师的教育与学生的自我教育活动方式的总和。在德育实践中,教师主要是根据德育目标和内容、德育对象的实际以及德育原则来选择德育方法。中学常用的德育方法主要有以下几种:

(一) 说服教育法

说服教育法是指教师通过摆事实、讲道理,使学生明辨是非善恶,以培养学生道德认知的一种教育方法。说服教育包括讲解、谈话、报告、讨论、参观等。说服教育的方式有灌输和疏导两种。灌输是指教师通过讲解、报告等形式,系统地讲授政治、思想、道德方面的原理原则和行为规范。这种方法多用于政治课与思想品德课的讲授和德育方面的专题讲座,主要解决学生"懂不懂"的问题。疏导是指教师通过讨论、谈话形式,引导学生辨别真假、善恶和美丑,培养学生道德判断和道德评价能力,旨在解决"信不信"的问题。说服教育的关键是说理,以理服人。

教师在运用说服教育法对学生开展德育时,应注意以下几点要求:

(1) 明确目的性。教师在运用说服教育时,要从学生的实际出发,注意个别学生的特点,针对要解决的问题,有的放矢、符合需要、切中要害,启发和触动他们的心灵,切忌流于一般化、内容空洞冗长。

(2) 富有知识性、趣味性。教师在运用说服教育时,要注意给学生以知识、理论和观点,使他们受到启发、获得提高,所选的内容、表述的方式要力求生动有趣、喜闻乐见。

(3) 注意时机。说服的成效,往往不取决于教师花了多少时间,讲了多少道理,而取决于教师是否善于捕捉教育时机、拨动学生的心弦、引起他们的情感共鸣等。

(4) 以诚待人。教师的态度要诚恳、深情、语重心长、与人为善。教师只有待人以诚,才能叩开学生心灵的门户,使其讲的道理易被学生所接受。

(二) 榜样教育法

榜样教育法是指用榜样人物的高尚思想、规模行为、优秀品德和卓越成就来教育、影响学生品德的一种教育方法。榜样既包括学生身边可见的直接榜样,也包括通过文字、影视、广播等媒介传播的间接榜样。榜样是一定的社会规范和抽象的道德标准的具体化、形象化和人格化。因为中学生具有模仿性强、可塑性大的特点,所以榜样教育对学生的道德行为有着示范、引导、激励的作用。"桃李不言,下自成蹊"所体现的就是该法。

教师在运用榜样教育法对学生开展德育时,应注意以下几点要求:

(1) 要为学生选好榜样。
(2) 要善于向学生宣传榜样。
(3) 要善于指导学生学习榜样。
(4) 教师要注意以身示范。正如孔子所说:"其身正,不令而行;其身不正,虽令不从。""不能正其身,如正人何?"

(三) 陶冶教育法

陶冶教育法,也称个人修养法,是指教师自觉地创设有教育意义的情景和组织有教育意义的活动,使学生潜移默化地在思想、道德、价值观等方面受到感染、熏陶和陶冶的一种教育方法。

陶冶教育法主要包括人格感化、环境陶冶和文化熏陶三种。人格感化是教师以自身的人格威望及其对学生的真挚热爱和期望来对学生进行陶冶。环境陶冶是利用优美的校园环境、优良的校风和班风、美化的家庭环境和良好的家风等创设各种情境,对学生进行潜移默化地影响,以达到陶冶性情、培养品德、净化灵魂的目的。文化熏陶包括文学和文艺陶冶。文学艺术的形式多样、内容丰富,所塑造的艺术形象生动具体,引人入胜,因此,它能使学生在赏心悦目的文学艺术享受中受到熏陶教育。

教师在运用陶冶教育法对学生开展德育时,应注意以下几点要求:

(1) 精心选择与创设陶冶情境。
(2) 善于使学校的物质环境、精神环境和心理环境充满教育意义。
(3) 善于将各种方式结合起来。
(4) 教师应自觉、经常地用自身的人格、情感等去感化学生。
(5) 陶冶教育有长效性和渐进性的特点,需长期坚持。

(四) 自我修养法

自我修养法也称个人修养法,是指学生在教师的帮助下,主动地进行自觉学习、自我反思、自我锻炼和自我监控等来提升自己修养的一种教育方法。学生品德的提高是学生在社会环境相互作用的基础上能动的心理发展和行为养成过程,是现存自我向期望自我、理想自我的转化过程。它的成效主要取决于学生个人能否自觉主动地进行道德修养,学生的年龄愈大,道德修养在其自身品德发展中的作用也就愈大。因此,教师在对学生进行德育时,不能不重视学生的道德修养和提高他们的修养能力。自我修养的方式有自知与自反、内省、躬行和慎独等。教师引导学生选择有针对性的格言作为座右铭以自励、自警和自律,使其获得教益的德育方法就是这一方法的运用。

教师在运用自我修养法对学生开展德育时,应注意以下几点要求:

(1) 持志养气。
(2) 锻炼意志。
(3) 改过迁善。
(4) 指导学生掌握修养的标准。
(5) 引导学生积极参加社会实践。

(五) 品德评价法

品德评价法是指教师根据德育目标的要求,对学生的品德水平给予肯定或否定的评价,以促进学生发扬优点、克服缺点,逐步培养其良好品德的一种教育方法。品德评价法的功能在于使学生从肯定或否定的评价中了解、看到自身的长处与不足,明确今后的努力方向;强化学生的积极因素,矫正和克服消极因素;增强学生的是非观念和荣辱感,激发学生的上进心,对学生思想认识和行为具有一定的控制、调节作用。

品德评价法包括奖励、惩罚、评比和操行评定、成长档案袋等。奖励是教师对学生品行的肯定性评价,以激励学生继续发扬其积极因素。惩罚是教师对学生不良品行的否定性评价,旨在帮助学生克服其消极因素。评比是教师奖励先进,督促落后的措施。操行评定是在一定阶段教师对学生的思想、行为等方面所做出的全面评价,目的在于使学生全面了解自己。成长档案袋主要是通过教师记录学生评价的有关材料,包括学生的作品、获奖、成绩等,还有其他相关的材料,以此来评价和督促学生的品德发展。

教师在运用品德评价法对学生开展德育时,应注意以下几点要求:

(1) 明确目的,长善救失。评价应以学生的发展为最终目标,着眼于培养合格公民、完整的"人",本着与人为善、平等、信任和关怀的态度对待被评价的学生。教师在评价学生要有针对性,要就事论事,避免盲目性、随意性。

(2) 实事求是、公正合理。教师在行使其惩罚权力时应尊重学生的人格,能根据学生的年龄特征和个体差异灵活运用各种评价方式。既区别对待,又公平公正;既要用全面、发展的观点看待学生,又要一分为二,防止片面性。

(3) 发扬民主、激发参与。品德评价的对象是学生,教师要充分发扬民主,让学生参与品德评价,重视发挥集体舆论的作用。教师在制定惩罚的管理规则时,要遵循主体权利平等的原则,将学生视为权利主体和参与主体,鼓励与支持学生的参与。

(4) 奖惩必须得到广大同学的支持,被奖励的品德应是得到大多数学生公认的,被惩罚的不良品德应是遭到集体舆论谴责的,这样奖惩才更富有教育意义。评价要实事求是,抓住学生思想的主流,充分肯定其成绩,同时指出其主要缺点,并帮其指明努力的方向。

(5) 奖惩适量、把握时机。品德评价有肯定性评价和否定性评价,教师在教育过程中应以肯定性评价(即表扬和奖励)为主,而慎用或少用否定性评价(即批评和惩罚)。同时,奖惩在内容、方式、手段、结果等方面都应该合乎法律规范和道德规范。在出现问题时,教师应及时处理,防止时过境迁,只有及时处理才能获得强化激励功能的最佳效果,不会产生负面影响。

(六) 学校心理咨询法

学校心理咨询法是指在德育中由学校富有经验的教师对学生开展咨询工作,缓解他们的紧张心理,解决他们的心理困扰,消除他们的心理障碍,为其品德的正常发展打下基础。

学校心理咨询法包括预防和矫治。预防是指通过心理卫生与心理健康教育,引导学生正确对待挫折,帮助学生疏解心理压力,提高心理适应力的方法。矫治是帮助有不良品德心理的学生分析不良品德产生的心理原因,并为他们提出矫正措施的方法。

教师在运用学校心理咨询法对学生开展德育时,应注意以下几点要求:

(1) 要坚持保密原则。教师要为前来咨询的学生保守秘密,即对学生陈述的内容、隐私或相关的人与事都应保密。

(2) 要坚持关系平等原则。这是指在整个咨询过程中,教师与前来咨询的学生应始终处于平等地位。这种平等,是一种心理上的完全平等。

(3) 坚持价值中立和心理疏导原则。它要求遵循教师在价值判断上保持一种中立的态度,不用自己的价值标准去评论前来咨询的学生心理问题的好坏,更不能将自己的价值标准强加给学生。这就要求教师通过启发诱导并帮助学生找到问题的症结所在,然后采用心理疏导的方法进行矫治。

(七) 实际锻炼法

实际锻炼法也称锻炼法,是指教师有目的地安排学生生活,组织学生进行一定的实际活动与交往,以培养他们良好品德的一种教育方法。实际锻炼可以加深学生的道德认识,锻炼其道德意志,让学生形成道德行为习惯,使优良的思想品德日益巩固起来。孟子说:故天将降大任于是人也,必先苦其心志,劳其筋骨,饿其体肤,空乏其身,行拂乱其所为,所以动心忍性,曾益其所不能。这句话体现的德育方法就是实际锻炼法的要求。

教师在运用实际锻炼法对学生开展德育时,主要有以下三种实施方式:

(1) 执行制度。让学生按照学生守则、课堂纪律、作息制度等必要的规章制度进行锻炼。

(2) 委托任务。教师或学生集体委托某位学生完成一定的工作任务,在完成具体任务的过程中,培养学生优良的品德和行为习惯。

(3) 组织活动。组织学生参加各种实际的活动是实际锻炼的最主要的形式。

教师在运用实际锻炼法对学生开展德育时,应注意以下几点要求:

(1) 坚持严格要求。

(2) 调动学生的主动性。

(3) 注意检查和坚持。

(八) 其他德育方法

除了以上几种德育方法外,在实际德育过程中还有群体约定法、价值辨析法、实际练习法等。

群体约定法就是利用集体共同讨论决定的规则、协定,对其成员的行为进行约束,使其自觉承担执行的责任,一旦某个成员出现越轨或违反约定的行为,就会受到其他成员有形的或无形的压力,迫使其改变态度。例如,某教师与学生一起讨论"网络语言的危害",形成了"拒绝网络语言"的认识,共同提出相应的具体要求,并被全班同学所认可。

价值辨析法就是教师向学生提问或组织集体讨论,帮助其思考和辨析各种价值观念,引导其自觉地选择符合社会道德规范的价值观念。

实际练习法是教师通过委托任务和组织班级活动对学生进行思想品德教育的方法。

三、德育途径

德育途径是指德育的实施渠道或形式。德育途径是德育内容、德育方法、德育过程的承载体。总的来说,德育有学校、家庭、社会三大实施途径,其中以学校德育途径为主。我国学校德育的途径主要有思想政治课与其他各学科教学、课外活动与校外教育、劳动与社会实践、共青团活动、班主任工作等。

(一) 思想政治课与其他各学科教学

思想政治课是向学生较系统地进行思想品德教育,坚持以马克思列宁主义、毛泽东思想、邓小平理论、"三个代表"重要思想、科学发展观、习近平新时代中国特色社会主义思想为指导的一门课程,在诸途径中居特殊重要地位,对帮助学生树立正确的政治方向、正确的人生观和思想方法,培养良好品德起着导向作用。

思想政治课应不断改进和完善教学内容体系,教学方法应适应学生的年龄和心理特点,紧密联系学生思想和社会实际,避免空洞说教。考试方法要注重考查学生对所学知识的理解程度和实际接受情况。

其他各学科教学是教师在向学生传授知识的同时进行德育的最经常的途径,对提高学生的政治思想道德素质具有重要的作用。各学科教师要教书育人,为人师表,认真落实本学科的德育任务要求,结合各学科特点,寓德育于各科教学内容和教学过程之中。各学科的教材、课程标准和教学评估标准,要坚持正确的思想导向;教学主管部门和教研人员要深入教学领域,指导教学工作同德育有机结合。

(二) 课外活动与校外教育

各种科技、文娱、体育及班团队活动是促进学生身心健康发展,培养良好道德情操的重要途径。学校和班级应保证列入课程计划的各类活动的时间,并通过多种形式指导学生开展丰富多彩的科技、文娱、体育活动(包括课外兴趣小组和各种社团活动),发展学生的个性特长,培养学生的良好道德情操、意志品质和生活情趣,提高他们的审美能力。

校外教育是对学生进行政治思想道德教育,培养健康文明生活方式的一个重要阵地。学校要主动与少年宫(家)、少年儿童活动中心、儿童图书馆、文化馆、博物馆、纪念馆、科技馆等校外的文化教育单位建立联系,充分利用这些专门场所和社会文化教育设施,并积极开拓和建设校外教育的场点、营地,有计划地组织学生参加各种活动,在活动中进行教育。

(三) 劳动与社会实践

教育与生产劳动相结合是坚持社会主义教育方向的一项基本措施。学校要把生产劳动和社会实践活动作为必修课列入教学计划,根据不同的年龄层次,指导学生学会自我服务性劳动和必要的家务劳动,组织学生参加一定的生产劳动和公益劳动,在劳动中切实培养学生热爱劳动、热爱劳动人民、珍惜劳动成果的思想感情、行为习惯和艰苦奋斗的作风;要积极组织学生参观、访问、远足、进行社会调查、参加社会服务和军训等实践活动,使学生开阔眼界,认识国情,了解社会,增长才干,把理论和实践结合起来,增强辨别是非的能力。

(四) 共青团活动

共青团是学生自我教育的重要组织形式,是学校德育工作中一支最有生气的力量之一。共青团应根据自己的任务和工作特点,充分发挥组织作用,通过健康有益、生动活泼的活动,把广大学生吸引到自己周围,落实本大纲的各项任务。引导学生树立远大的理想和良好的道德风尚,继承革命传统,学会自我教育、自我管理。要通过举办业余团校、党校、马克思主义理论小组活动,培养提高学生中的优秀分子。

(五) 班主任工作

班级是学校进行德育、实施本大纲的基层单位。班主任工作是培养良好思想品德和指导学生健康成长的重要途径。班主任是本大纲的直接实施者,应根据本大纲的内容要求,结合本班学生的实际情况,有计划地开展教育活动;组织和建设好班级集体,做好个别教育工作,加强班级管理,形成良好的班风。要注意发挥学生的主观能动性,培养他们的自我教育和自我管理的能力。要协调本班、本年级各科教师的教育工作,密切联系家长,积极争取家长与社会力量的支持配合。

第六节 德育形式

培养现代合格公民是学校德育的有效形式,包括生存教育、生活教育、生命教育、安全教育、升学就业指导等教育形式。

一、生存教育

1. 生存教育的内涵及意义

(1)内涵:生存教育是指通过开展一系列与生命保护和社会生存有关的教育活动和社会实践活动,向学生系统传授生存的知识和经验,有目的、有计划地培养学生的生存意识、生存能力和生存态度,树立科学的生存价值观。

(2)意义:通过生存教育,学生可以认识生存及提高生存能力的意义,树立人与自然、社会和谐发展的正确生存观;帮助学生建立适合个体的生存追求,学会判断和选择正确的生存方式;学会应对生存危机和摆脱生存困境,正确面对生存挫折,形成一定的劳动能力;能够合法、高效和较好地解决安身立命的问题。

2. 生存教育的基本途径

生存教育是一项整体性强、关联度高的系统工程。因此,生存教育要确立下移重心、面向全体、高标准、低起点、严要求、循序渐进、由表及里、虚实结合、从低到高的工作思路,多层次、多角度、多形式、全方位地来实施。概括来说,生存教育要以家庭教育为基础,学校教育为主干,社会教育为保障,通过专题式教育和渗透式教育两大类途径来实施。专题式教育可分为组织开展以生存教育为主题的专题活动和以综合课程的思路开设此类课程。渗透式教育可分为学科课程渗透和活动课程渗透两种。

二、生活教育

1. 生活教育的内涵及意义

(1) 内涵:生活教育是指以教育家陶行知的教育思想为基石,主要包括生活即教育、社会即学校、教学做合一三个方面,主张教育同实际生活相联系,提倡珍视生活,了解生活常识,掌握生活技能,养成良好的生活习惯,关心他人和集体,树立正确的生活目标等。其教育目标是注重培养学生的创造性和独立工作的能力。

(2) 意义:通过生活教育,学生可以认识生活的意义并热爱生活;帮助学生提高生活能力,培养学生的良好品德和行为习惯,培养学生的爱心和感恩之心,培养学生的社会责任感,使其形成立足现实、着眼未来的生活追求;让学生理解生活是由物质生活和精神生活、个人生活和社会生活、职业生活和家庭生活等组成的复合体;教育学生学会正确比较和选择生活,理解生活的真谛,处理好收入与消费、学习与休闲、工作与生活的关系。

2. 生活教育的基本途径

(1) 生活教育要强调教育以生活为中心,反对传统教育脱离生活而以书本为中心,教师在进行德育认知教育时,在教材内容的选择和组织方面,要从便于学生进行探究性学习出发,引导学生从实际生活中发现并提出问题,应避免过去从知识体系出发的做法。

(2) 在教学中,教师要提供丰富的源于生活的感性材料,以理论联系实际为根本,以激发和调动学生学习的主动性、积极性为基础,以人文精神和科学精神的融合为核心,以加强实践环节、促进知行统一为关键,不断创新具体的教学方法。

(3) 积极探索课堂教学与班级活动、团活动、专题讲座、小组学习和个人自学等相结合的有效形式,着力实现课内学习与课外学习、校内教育与校外教育、学校生活与家庭生活、教师指导与学生自学、认知教育与行为事件的有机统一;要整合学校教育、家庭教育和社会教育的力量,鼓励、引导学生成为生活教育的主体,把教育的过程和学生主动积极地进行认知和行为实践的过程统一起来,培养和提高学生的自我教育、自我管理、自我服务、自我发展能力,使学生实现自身的教育利益。

三、生命教育

1. 生命教育的内涵及意义

(1) 内涵:生命教育是指帮助学生认识生命、尊重生命、珍爱生命,促进学生主动、积极、健康地发展生命,提升生命质量,实现生命的意义和价值的教育。中学生认识生命和珍惜生命成为这一活动的重中之重。生命教育既是一切教育的前提,同时还是教育的最高追求。因此,生命教育应该成为指向人的终极关怀的重要教育理念,是在充分考察人的生命本质基础上提出来的,符合人性要求,它是一种全面关照生命多层次的人本教育。

(2) 意义:通过生命教育,学生可以认识人类自然生命、精神生命和社会生命的存在和发展规律,认识个体的自我生命和他人的生命,认识生命的生老病死过程,认识自然界其他物种的生命存在和发展规律,最终树立正确的生命观,领悟生命的价值和意义;学生还可以个体的生命为着眼点,在与自我、他人、社会、自然建立和谐关系的过程中,促进生命的和谐发展。

2. 生命教育的基本途径

生命教育的实施途径通常有以下几种:① 加强行为示范教育;② 多学科渗透生命教育;③ 开展专题生命教育;④ 结合综合实践活动;⑤ 单独开设生命教育课程;⑥ 结合日常生活与管理。

四、安全教育

1. 安全教育的内涵及意义

(1)内涵:中学生的生命安全和健康成长,涉及亿万家庭的幸福和正常教育以及教学活动的开展和实施。保障中学生的安全,是家庭和教育工作者的首要职责,也是全社会的共同责任,是构建社会主义和谐社会的重要基础,责任重于泰山。学校通过开展公共安全教育,培养学生的社会安全责任感,使学生逐步形成安全意识,掌握必要的安全行为的知识和技能,了解相关的法律法规常识,养成在日常生活和突发安全事件中正确应对的习惯,最大限度地预防安全事故的发生和减少安全事故对中学生造成的伤害,保障学生健康成长。

(2)意义:加强学生安全教育意义深远,具体体现在以下几个方面:① 加强学生的安全教育,可以提高学生的自我防护能力;② 加强学生的安全教育,是向全社会普及安全知识的重要环节;③ 加强学生的安全教育,可以培养社会及专业的后备安全防范队伍。

2. 安全教育的基本途径

① 切实提高对中学生安全教育工作重要性的认识;② 充分调动各方面力量开展宣传教育活动,形成齐抓共管的局面;③ 突出重点,注意提高教育实效;④ 组织学生积极参与学校的安全管理工作;⑤ 争取相关部门协作,整治校园周边环境,优化育人环境。

综上所述,对中学生进行安全教育是一项系统工程,在外部,需要社会、学校、家庭紧密配合;在内部,需要学校的各个部门通力合作、齐抓共管,组织学生积极参与,这样才能达到对中学生进行安全教育的目的。

五、升学就业指导

1. 升学就业指导的内涵及意义

(1)内涵:升学就业指导是指教师根据社会的需要指导学生树立正确的职业观,帮助他们了解社会职业,进而引导他们按照社会需要和自己的特点为将来升学选择专业与就业选择职业,在思想上、学习上和心理上做好准备。

(2)意义:升学就业指导对于学生具有重要的意义。无论是初中毕业生还是高中毕业生,都面临着多条升学就业途径。对于大多数学生来说,他们考入什么学校,学习什么专业,决定了他们将来的职业范围和生活出路。因此,升学就是间接的职业选择。而对这种人生的第一次选择,相当多的中学生处于被动状态。

2. 升学指导的基本途径

升学指导是一个长时间的过程,在具体操作上,要注意两个问题:一是指导内容问题;二是工作阶段问题。在指导内容问题上,要注意多方协调、全面指导:① 以正确的思想为指导;② 以知识复习指导为中心,提高其水平;③ 以心理准备指导为辅佐,发挥其潜能。在工作阶段问题上,要在全面指导的前提下,适当划分工作阶段。

3. 就业指导的基本途径

（1）加强就业意识指导。就业意识是指学生对职业对象的认识，以及由此产生的对职业对象的意向和态度。

（2）加强就业准备指导。主要包括以下内容：① 督促学生扎实地抓好对基础知识与基本技能的学习以及一般职业技能的训练；② 重视对学生的职业道德教育；③ 要加强对学生的职业心理训练。

（3）加强就业具体指导。教师不仅应向学生介绍各行各业对人才的需要，而且还要通过一些心理测验（兴趣、气质、能力等）帮助学生正确认识自己。在此基础上，再有的放矢地指导学生进行择业。与此同时，教师应从教育要求出发，针对学生的具体特点，培养学生具备有关职业需要的职业兴趣、能力等。

（4）加强心理指导。一是指导学生进行自我心理调控；二是要指导学生适应考场。

本章知识结构

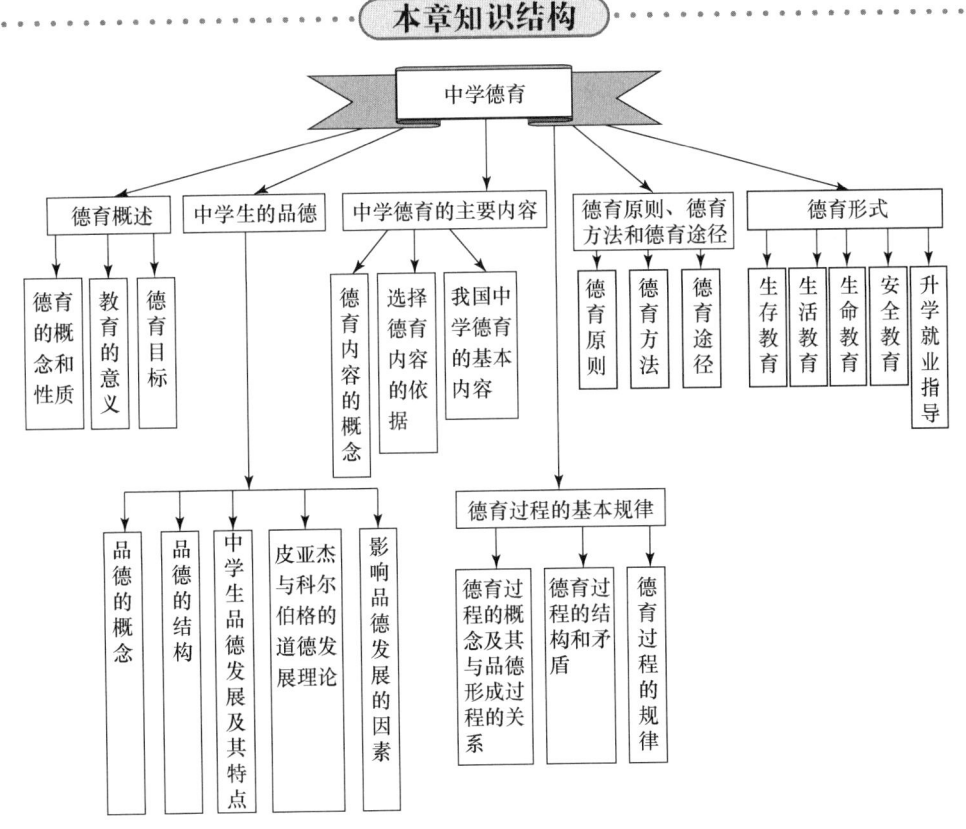

本章小结

本章内容有六个部分：一是德育概述，包括德育的概念、性质、意义和目标；二是中学生的品德，包括品德的概念、品德的结构、中学生品德发展及其特点、皮亚杰与和科尔伯格的道德发展理论、影响品德发展的因素；三是德育的主要内容，包括德育内容的概念、选择德育内容的依据、我国中学德育的基本内容；四是德育过程的基本规律，包括德育过程的概念及其与品德形成过程的关系、德育过程的结构和矛盾、德育过程的规律；五是德育的原则、方法和途径；六是德育形式，包括生存教育、生活教育、生命教育、安全教育和升学就业指导等。

考试指南

本章常出的题型有单项选择题、辨析题、简答题和材料分析题,占试卷总分值的17%,约26分。考生学习本章的知识时要理解影响品德发展的因素、中学生品德发展的特点,熟练掌握中学生形成良好品德的方法;理解皮亚杰和科尔伯格的道德发展理论;掌握德育过程的基本规律并能够分析和解决中学德育实际中的问题;了解生存教育、生活教育、生命教育、安全教育、升学就业指导等的意义及基本途径。本章重点包括:德育的概念、品德的结构、皮亚杰与科尔伯格的道德发展理论、德育的主要内容、德育过程及其规律、德育原则、德育方法、德育途径。本章难点是:德育的主要内容、德育过程的基本规律、德育途径、中学生形成良好品德的方法。

自测训练

一、单项选择题

1. 教师不得因为各种理由随意对学生进行搜查,不得对学生关禁闭,否则,就侵犯了学生的( )。
   A. 名誉权　　　B. 人身自由权　　　C. 受教育权　　　D. 人格尊严权

2. 德育过程的基本矛盾是( )。
   A. 教师与学生的矛盾
   B. 教师与德育内容和方法的矛盾
   C. 学生与德育内容和方法的矛盾
   D. 社会向学生提出的道德要求与学生已有的品德水平之间的矛盾

3. 进行德育要循循善诱,以理服人,从提高学生认识入手,调动学生的主动性,使他们积极向上。这一原则是( )。
   A. 教育的一致性原则　　　B. 导向性原则
   C. 因材施教原则　　　　　D. 疏导原则

4. "让学校的每一面墙壁都开口说话""让学校的一草一木、一砖一石都发挥教育影响",这些体现的德育方法是( )。
   A. 说服法　　　B. 锻炼法　　　C. 榜样法　　　D. 陶冶法

5. 德育过程要"反复抓,抓反复"所依据的德育规律是( )。
   A. 知情意行诸因素统一发展规律　　　B. 长期性和反复性规律
   C. 学生思想内部矛盾转化规律　　　　D. 在交往中形成品德规律

6. 学生能相信并接受他人的观点,从而改变自己的态度与行为,同时将这些观点纳入自己的价值体系,说明其品德发展达到( )。
   A. 服从阶段　　　B. 依从阶段　　　C. 认同阶段　　　D. 内化阶段

7. "桃李不言,下自成蹊"所体现的德育方法是( )。
   A. 榜样示范法　　　B. 说服教育法　　　C. 品德评价法　　　D. 情感陶冶法

8. 通过( )向学生进行教育,是开展思想品德教育最经常、最基本的途径。
   A. 思想品德课　　　　　B. 政治课与其他学科教学
   C. 校会和班会　　　　　D. 少先队活动

9. 德育过程的构成要素是（　　）。
   A. 教师、学生
   B. 教师、学生、德育内容
   C. 教师、学生、德育内容、德育方法
   D. 教师、学生、德育环境
10. 道德教育的认知模式理论的提出者是（　　）。
    A. 科尔伯格　　B. 皮亚杰　　C. 麦克费尔　　D. 班杜拉

二、辨析题
1. 促进学生品德发展就在于使学生做到言行一致、知行统一。
2. 对于中学生的品德教育，说服教育法最为有效。
3. 学生品德形成发展的基础是活动与交往。
4. 中小学德育最基本、最有效的途径是团队活动和集体活动。
5. 学校德育工作最基本、最经常、最有效的途径是班主任工作。

三、简答题
1. 简述德育过程的多端性。
2. 简述德育的主要途径。
3. 简述德育认知模式中"道德两难"问题的教育意义。
4. 简述常用的德育方法。

四、材料分析题
中学生正处于青春发育期，学校中男女同学恋爱也是不少中学都会面临的问题。教师应当如何处理学生的恋爱问题？这不仅反映出教师的个人修养和处事能力，而且也反映出教师对德育过程规律和德育原则的理解，考验着教师将上述规律和原则运用到具体的教育教学和管理活动中的能力。试以你所学的德育规律和德育原则的知识分析下列现象：

高二某班，某女同学在上课时收到了一个男生写来的表示爱慕之情的字条，该女同学将字条交给了班主任。班主任觉得班上同学恋爱之风有蔓延的趋势，决定要狠杀此风，杀一儆百。于是，班主任当着全班同学的面，宣读了这份情书。其结果是写情书的男同学不得不休学在家。

第八章　中学班级管理与教师心理

> **考纲内容**
>
> 1. 熟悉班集体的发展阶段。
> 2. 了解课堂管理的原则,理解影响课堂管理的因素;了解课堂气氛的类型,理解影响课堂气氛的因素,掌握创设良好课堂气氛的条件。
> 3. 了解课堂纪律的类型,理解课堂结构,能有效管理课堂;了解课堂问题行为的性质、类型,分析课堂问题行为产生的主要原因,掌握处置与矫正课堂问题行为的方法。
> 4. 了解班主任工作的内容和方法,掌握培养班集体的方法。
> 5. 了解课外活动组织和管理的有关知识,包括课外活动的意义、主要内容、特点、组织形式以及课外活动组织和管理的要求。
> 6. 理解协调学校与家庭联系的基本内容和方式,了解协调学校与社会教育机构联系的方式等。
> 7. 了解教师角色心理和教师心理特征。
> 8. 理解教师成长心理,掌握促进教师心理健康的理论与方法。

> **考纲解读**
>
> 本章主要涉及五个方面的内容:班集体的建设与管理、中学课堂管理、课外活动的组织与管理、中学班主任和教师心理。从考试大纲所涉及的考点罗列和内容篇幅上看,对中学课堂管理这部分的内容要求较为细致,涵盖课堂管理的原则、课堂管理的影响因素、课堂气氛、课堂问题行为、课堂结构、有效管理课堂、课堂纪律、处置与矫正课堂问题行为的方法等内容,这部分内容在本章中所占比重较大,需要考生重点关注。

第一节　班集体的建设与管理

一、班集体的含义与结构

班集体是指在学校教学班基础上,在教师教育指导和集体主义价值的引导下,学生在共同活动中形成的社会组织和文化心理共同体。同时,它也是一种特殊的学生主体形式。

(一) 班集体是规范化的社会组织

从社会组织学的视角来看,班集体是以教学班(班级)为基础建立起来的规范化的社会组织。班集体一旦形成,其成员遵循共同的价值观念和公认的行为规范,具有高度的凝聚力,其学习与活动也具有较高效率,这就保证集体能圆满地完成学校和社会规定的学习任务。

(二) 班集体是学生的文化心理共同体

从社会心理学视角来看,班集体是一个由几十个学生组成的社会心理共同体。班级成员虽然不能相互选择,彼此原本也不一定相互认识,但加入同一班级后,在班级的共同活动和交往中逐渐形成了一种直接的人际关系,这种关系不仅是一种工作关系,更是一种情感的、认知的、道德的关系;班级内会产生各种群体舆论、非正式群体和非正式规范,产生各种冲突、合作、依从、压力、气氛等。这些都是群体的社会心理现象。

(三) 班集体是特殊的学生主体

班集体是在教师引领下形成的特殊的学生主体。班集体一旦形成,就会产生一种巨大的教育力量,对每一个成员产生持续的教育影响。同时,班集体在教师的影响下,具有自我规划、自我教育、自我管理和自我纠错的能力,是一个发展中的具有自我教育能力的集体主体。

通过对班集体三个层面结构的分析,我们可以发现:班集体的组织目标、规范、机构,是班集体存在和发展的基础;班集体的社会心理特性是把集体成员在心理上相互融为一体,形成集体主体性的关键;班集体所具有的主体特性,能够真正地揭示班集体作为活生生的青少年学生集体的本质所在。

知识拓展 ▼

魏书生谈班级和班集体

二、班集体的发展阶段

班级是学校为实现一定的教育目的,将年龄相同、文化程度大体相同的学生按一定的人数规模建立起来的教育组织。班级是学校实施教育教学的基本单位。班集体建设是一个充满各种矛盾和不断解决集体发展问题的过程。尽管每个班集体的形成和发展过程都不尽相同,但对于一个新组建的班级而言,班集体建设过程一般需要经历以下几个基本阶段:

(一) 集体组织规范的认同阶段

班集体是一个规范化的社会组织,建立相应的组织规范既是班集体发展的基础,也是班集体建设的基本内容。班集体的组织规范包括两类:一类是由学校组织所规定的班级规范,这是不以学生意志为转移的客观存在,如作息制度、课堂纪律要求、班委会(少先队、共青团)组织及规范等;另一类是根据班级情况所制定的具体化的规范,这些规定是可以创新和调整的。

(二) 集体心理的优化阶段

优化集体心理是一个班集体形成的关键。班集体心理主要反映在集体成员的人际关系(包括师生关系,生生关系上)、集体的情绪气氛,集体凝聚力和集体舆论等方面。健康和谐的集体心理,表现为人际关系的平等、融洽和真诚。在集体活动中具有良好的心理气氛和凝聚力,班级内具有积极向上的风气,形成了积极价值导向的集体内在规范,班级内没有被孤立的人,学生在班级生活中有愉悦感和自豪感。

（三）集体主体性发展阶段

班集体建设过程本质上是集体主体性逐步发挥、发展的过程。班集体的主体性是指集体成员在班级生活中表现出的自主性、能动性和创造性。这一阶段是从以班主任为主的管理逐步让位于集体自主管理的过程。因此，当集体心理优化到一定阶段，班主任应适时采用"滚雪球"的方式，逐步在集体活动、班级管理、评价、班集体规范的制定乃至班级重大问题的决策和处理上，尊重和发挥集体的主体性，使集体逐步在解决面临的各种集体问题中获得成功和自信的体验。

（四）集体成员个性发展阶段

促进集体成员个性的发展是班集体建设的最终目标。在班集体基本形成、集体主体性得到发展的一定阶段，应把发展每一个成员的个性和价值作为班集体建设的共同责任和努力目标。这一阶段是以促进集体成员的个性为导向，丰富集体和个体的精神生活，建设一个高水平和富有特色的班集体的过程。

上述班集体建设的四个阶段是按阶段的主导性目标为特征来区分的。但在班集体建设的实践中，这四个阶段往往没有十分明显的界限，而且常常会呈现交叉和相互联系的状态。例如，在组织规范认同阶段，也应有相应的优化集体心理的工作；在集体主体性发展阶段，也应尽可能关注每一个学生个性的发展；在优化集体心理阶段，有时也需要通过调整组织机制和角色关系以促进人际关系的优化等。因而，这四个阶段反映了班集体建设过程的一种趋势。实际上每个班集体在建设中都是一个独特和复杂的过程，有时还会发生波折，甚至出现危机，如果教师能引导得法，集体危机又会成为班集体成长的重要契机。

三、培养班集体的方法

培养班集体不仅需要理解班集体的含义、结构和发展阶段，更需要掌握培养班集体的基本方法。培养班集体的方法可概括为以下几点：

（一）建立班级共同愿景和努力目标

具有集体共同愿景和努力目标，是良好班集体的重要特征，也是唤起集体内在发展动力和达成共识的重要手段。建立集体目标，要从班级实际出发，注重唤起集体成员的积极需要和愿望，让学生参与目标的形成过程。目标要考虑集体的潜力和现有水平，是集体成员通过努力可以实现的。目标实施过程应成为凝聚集体力量、发挥集体主体性的过程。

（二）开展班级共同活动

开展班级共同活动是培养班集体的基本途径，具体来说，可从以下几个方面进行：

1. 通过教学活动培养班集体

教学活动是班集体最主要的共同活动方式。课堂教学不仅是学生的认知过程，集体成员的社会性合作、互动分享的过程，也是集体成员情感、态度、价值观的建构过程。这就需要在教学活动中关注班级学习共同体的建设。

2. 通过班级管理活动培养班集体

（1）教师应确立以学生集体与个体的和谐发展为本的理念，把管理作为发展的手段，强调管理方式应随着学生集体与个体发展的需要而不断变革。

（2）强调教师对班级的管理方式应有利于发展集体的自我管理与自我教育。

（3）在班集体不同发展水平和阶段中应有与之相适应的集体管理目标、规范和方式，不能一成不变。

（4）教师应尊重集体意愿，运用对话、合约及集体决议等方式形成集体目标与管理规范，让集体逐步成为班级管理的主体，让每一位学生拥有在集体管理中"自我满意"的角色。

3．通过班本化教育活动培养班集体

班本化教育活动是指在班级教学活动、班级管理活动之外的根据班级特点和需要开展的集体活动。例如，主题班队会、班级特色活动、社会实践活动、集体心理辅导活动以及课外集体体育游戏活动等。

（1）班本化教育活动应从本班级的特点和发展需要出发，形成有机的活动体系，确保能有效地促进班集体和个体的整体发展。

（2）班本化教育活动应关注针对班集体和个体发展中的关键性的主题。

（3）要精心设计集体教育活动，不仅要考虑活动的教育内容，而且还要考虑活动结构、过程、情境和角色的设计，分析活动对集体心理和不同个体心理的影响。

（4）实施中要让学生真正成为班集体活动的主体，教师在活动中要随机引导、组织集体性的自我评价，使集体活动过程成为学生的自我教育过程。当然，班本化教育活动也不是开展得越多越热闹越好，而应当选择班集体发展中必需和关键性的活动，注重集体活动的教育内涵。

知识拓展

如何通过班级主题教育活动培养班集体

（三）变革班级管理机制和调整角色结构

在班集体建设中，当已有的管理机制和角色结构不能适应班集体及其成员发展时，教师应考虑加以变革和调整：① 要在深入了解本班情况的基础上，对现有班集体管理机制、角色结构与集体中存在的问题做出相关分析，再确立变革的目标；② 要对班集体管理机制和角色结构进行科学合理的设计。在设计时，要从实际出发，一般不宜进行太大的变革和调整，以免造成集体的不适应。变革可以从以下几方面考虑：一是完善现有组织机构和制度，以提高管理效能及学生参与度；二是改变班级职能部门的权限，使集体成员拥有更大的权利和责任；三是创新班级管理机制，激活集体成员的内动力；四是改变集体成员的角色，调整集体的角色结构，使每一个成员都能发挥更大的作用，增加成员之间的良性互动。同时，教师在实施变革时应努力使集体成员都参与进来并达成共识，真正把变革落到每一个成员的发展上。

（四）协调班级人际关系

班级人际关系包括班级成员之间、个体与集体、小组与小组、教师与学生、正式组织和非正式组织之间的关系。和谐丰富的人际关系既是班集体建设的重要内容，也是集体与个体相互促进的条件。调整班级人际关系是一项十分细致和复杂的工作：① 应通过各种方式了解班级人际关系水平及存在的问题，找到影响班级人际关系的因素；② 要及时调整教师和班集体之间的关系，使这种关系与学生集体发展水平相适应；③ 建立集体成员之间真诚交流、合作互助的活动平台，并创设良好的集体心理氛围；④ 要及时解决集体人际关系中的矛盾，以积极的价值引领和规范班级人际关系。对个别不适应集体的学生，应加强人际关系辅导，使之能积极融入集体人际关系系统。

（五）强化集体问题解决过程

由于各种主客观因素，班集体在发展中总会面临各种问题，并在集体行为上暴露出来，如人际关系冲突、学生学习积极性不高、班级规范失控等。班集体总是在各种集体问题解决过程中得以成长和发展的。因此,班集体建设应把集体问题的诊断解决过程作为基本策略。解决集体问题可以激发集体的反思意识,提高集体解决问题的能力,实现集体的自我教育和发展。在解决集体问题时,教师可以考虑以下策略:① 教师应以积极客观的态度看待集体问题,把集体问题视作集体教育和发展的重要契机。② 教师要深入了解和分析集体问题,透过现象看本质,切忌简单地把问题归因为学生的问题。③ 在解决集体问题时,教师应唤起集体的内在需求,在集体成员之间展开真诚和富有建设性的对话,在相互理解的基础上形成新的集体共识,使问题解决成为集体(包括教师)成长的过程。在运用集体问题解决策略时,有时教师需要抓住时机,适时组织集体来解决问题;有时教师需要创造有利时机,使潜在的集体问题显性化,进而引发集体解决问题的内在需求。

（六）注重集体性评价策略

集体性评价是指引导集体成员对班级内部发生的事件或集体自身进行评价的过程。集体性评价可以唤起集体的反思意识,发挥集体自我教育的潜力,形成集体积极的舆论和价值共识。因而,集体性评价是班集体建设的重要策略:① 在组织集体性评价中,应注意在班级生活中创造各种集体性评价的机会,使集体性评价经常化,并成为集体生活的一种重要方式。② 在组织集体性评价中应创造一种平等、坦诚的气氛。教师应尊重集体,不要把自己的意愿凌驾于集体之上,而要因势利导。集体性评价包括班级常规性的集体评价(如班级卫生、纪律等的评价)和各种即时性的集体性评价。总之,通过集体性评价,教师可以引导学生关心集体,参与集体生活,创造有意义的集体生活。

第二节　中学课堂管理

一、课堂管理的原则与影响因素

课堂管理是指教师在课堂教学的过程中,通过协调课堂中的各种关系以建立一个有效的学习环境,促进学生积极地参与课堂活动,从而实现预定的教学目标的过程。

课堂管理贯穿于教学过程的始终,是教学活动开展的基石,对保证教学和评价工作的有效进行有着重要的作用。课堂管理的内容主要包括课堂物质环境的安排,课堂秩序的建立和维护,对学生课堂行为的引导、监控和奖惩等。

（一）课堂管理的原则

1. 目标原则

课堂管理应当有正确而明晰的目标,它为教学目标的实现提供保证,最终指向教学目标。为了有效地贯彻目标原则,教师在课堂上应当运用恰当的方式,使全体学生明了每堂课的教学目标,让师生双方都能明确共同努力和前进的方向。

2. 激励原则

在进行课堂管理时,教师可以通过各种有效手段,最大限度地激起学生内在的学习积极性和求知热情。激励原则要求教师在课堂上要努力创设和谐愉悦的教学气氛,创造有利于学生思维、教师顺利教学的民主氛围。此外,还要求教师在课堂管理中发扬教学民主,鼓励学生主动发问、质询和讨论等。

3. 反馈原则

反馈原则是指教师对课堂管理进行主动而自觉的调节和修正,不断运用即时信息来调整管理活动，不断分析和把握教学目标与课堂管理现状之间存在的偏差，运用自己的教育机智，因势利导，确定课堂管理的各种新指令，善于在变化的教学过程中寻求优化的管理对策。

（二）课堂管理的影响因素

1．学校的管理水平和管理质量

学校的管理水平和管理质量对课堂管理有着重要的影响，并在很大程度上决定着课堂管理的水平和质量。这也就是人们通常所说的：有什么样的学校管理就有什么样的课堂。

2．教师的管理能力和风格

教师是课堂管理的核心组织者，对课堂管理工作有着直接的影响。教师的专业水平、综合素质、性格特征、管理经验、工作态度与能力等直接影响课堂管理的方式和水平，并由此形成不同的班级管理风格。

3．班级的规模与性质

课堂管理的效果很大程度上取决于班级的状况，而班级的状况又包括班级规模的大小和班级的性质这两个方面。一般而言，班级规模过大，学生与学生之间以及学生与教师之间的情感纽带力量会减弱，课堂中的冲突和小团体现象会加重，不利于课堂管理。班级规模偏小有利于课堂管理。班级的性质也影响课堂管理。不同的班级往往有不同的群体规范和不同的凝聚力，教师不能用固定不变的课堂管理模式对待不同性质的班级。

4．学生的行为与习惯

学生既是课堂管理的对象，也是课堂活动的主体。学生的行为与习惯也是课堂管理的影响因素之一。学生的学习目的明确、态度端正、学习能力强、善于自律，课堂管理工作就顺利；反之，则容易产生课堂问题，课堂管理工作就难以顺畅。

二、课堂气氛的概念、类型、影响因素与创设条件

（一）课堂气氛的概念

课堂教学的效果不但取决于教师如何教、学生如何学，还取决于一定的教学环境。这里的教学环境包括教学的物质环境和精神环境。其中，精神环境就是指课堂气氛。

课堂气氛是指课堂里某种占优势的态度与情感的综合表现，它以群体的心理状态表现出来。它是教学活动赖以进行的综合心理背景，课堂气氛具有认知和情感的特征，它不仅具有稳定性，而且具有可变性。在一定条件下，课堂气氛会形成某种占优势的稳定状态。

（二）课堂气氛的类型

课堂气氛可以用一定的心理、行为指标来衡量。以秩序、参与和交流三个指标为依据，可以将课堂气氛划分为三种主要类型：积极的课堂气氛、消极的课堂气氛和对抗的课堂气氛。

1．积极的课堂气氛

积极的课堂气氛是一种理想状态的课堂气氛，它具有为以下明显特征：师生双方有饱满的热情，教与学的态度端正、目标明确；课堂活动井然有序；学生求知欲强烈、注意力集中、思维活跃；师生间的情感交流充分，学生参与面广，双方处于互动积极的状态；师生共同洋溢着教学目标获得成功后的喜悦与满足感。积极的课堂气氛，其主要标志是严肃认真、宽与严、热与冷、张与弛的有机统一。这种课堂气氛使教师教的主导作用和学生学的主体作用发挥得到了和谐的统一。

2. 消极的课堂气氛

消极的课堂气氛常常以学生的紧张拘谨、心不在焉、反应迟钝为基本特征。在课堂学习过程中,学生情绪压抑、无精打采、注意力分散、小动作多,有的甚至打瞌睡。对教师的要求,学生一般采取应付态度,很少主动发言。有时,学生害怕上课或提心吊胆地上课。

3. 对抗的课堂气氛

对抗的课堂气氛是一种失控、混乱的课堂气氛。这种课堂气氛主要表现为:师生之间关系紧张,大部分学生不信任教师;教师驾驭课堂态式和调动学生积极性的能力较差;相当一部分学生讨厌上课,注意力分散,各行其是,课堂秩序一片混乱;正常的教学活动难以开展,教与学的任务常常不能完成;师生均把教与学视为一种精神负担。

(三) 影响课堂气氛的因素

课堂气氛主要受教师、学生、课堂物理环境等三个方面因素的影响。

1. 教师因素

教师是课堂活动中的主导者,教师的领导方式、教师的情绪情感、教师的期望、教师的焦虑、教师的教学能力等便成为影响课堂气氛的决定因素。

(1) 教师的领导方式。教师的领导方式是教师用来行使权力与发扬其领导作用的行为方式,它直接影响课堂气氛的形成。教师的领导方式分为权威式、民主式和放任式。一般而言,采用民主式领导方式的教师注重和集体成员共同制订计划和做出决定,给学生以参与课堂决策和管理的机会,是一种更容易形成良好课堂气氛的教学领导方式。

知识拓展 ▼

教师的三种领导方式

(2) 教师的情绪情感。教师的情绪情感也会直接影响课堂气氛,教师的情绪情感具有迁移功能。教师积极的情绪情感和学生解决复杂问题的能力以及学生对自我及学校的态度呈正相关,教师消极的情绪情感与学生的学业成绩呈负相关。精神饱满、满面春风地走进教室的教师会给学生一种亲切的感觉,有利于营造和谐的课堂气氛,提高教学效率。

(3) 教师的期望。教师的期望是影响课堂气氛的一个重要因素。教师对学生的期望是指教师基于过去经验和当前的刺激而形成的对学生未来发展的预料或预想。当教师对学生所要达到的心理、智力、知识、能力、行为状况和变化有着某种预先设定时,教师的这种内在主观倾向往往反映在其外在行为上,从而给学生造成某种特定的心理环境,影响学生的自我概念和学业成绩。教师期望效应的实现过程包括教师形成期望、教师传递期望、学生内化教师期望以及教师维持或调整期望等四个基本环节,各个环节是紧密联系在一起的,并最终形成一个循环往复的环状结构,从而不断地对学生造成影响。教师期望效应具有暗示性、层次性、情感性、激励性等特点。

知识拓展 ▼

罗森塔尔实验

知识拓展 ▼

教师的期望影响课堂气氛的四种途径

(4) 教师的焦虑。教师对教学能力和知识水平的自我评估,常常让自己产生焦虑。教师的焦虑水平是不同的。只有当教师焦虑适中时,才有利于教师能力和水平的充分发挥,才会激起教师的教育创造能力和教育机智,从而推动教师不断努力以谋求最佳课堂气氛的出现。

(5) 教师的教学能力。课堂气氛与教师的教学能力密切相关。学生的学习兴趣和学习热情往往是通过教师调动起来的。教师的教学能力包括课堂教学的思维能力、表达能力与组织管理能力。教师的言语表达能力也在很大程度上影响教学效果,进而制约课堂气氛。

2. 学生因素

课堂气氛是师生共同营造的,学生是课堂活动的主体。因此,学生的一些特点也是影响课堂气氛的重要因素。影响课堂气氛的学生因素主要包括学生的心理因素、班集体的凝聚力、学生的情感、师生关系等。

3. 课堂物理环境因素

课堂物理环境又称作教学的时空环境或课堂物环境,主要是指教学时间和空间因素构成的特定的教学环境,包括教学时间的安排、班级规模、教室内的设备、教具、声音、光线、空气清新度、温度、座位编排方式等。

(四) 创设良好课堂气氛的条件

良好课堂气氛的营造,不仅需要教师能够有效调控和机智应对影响课堂气氛形成的因素,而且还需要教师掌握基本的营造策略。

课堂气氛影响学生的学习和发展。良好的课堂气氛,对于提高教与学的质量具有重要的意义。良好课堂气氛的营造,需要教师的精心组织和主动创设,教师是良好课堂气氛的创设者和维护者。如果教师要创设良好的课堂气氛,则需要满足以下几个条件:

1. 准确鉴定、分析并营造课堂气氛

鉴定课堂气氛是创设良好课堂气氛的前提和基础。学生在课堂学习中的心理状态是直接影响其学习效率和课堂气氛的重要条件。因此,在课堂教学中,教师要善于观察了解学生的心理状态,自觉激发学生良好心理状态,有意识消除不良心理状态。首先,教师应从学生非言语行为中了解学生的心理状态,即从学生在课堂学习时的表情、目光、动作、姿势等方面,观察和了解其心理状态。其次,教师应满腔热情地激发学生产生和保持良好的心理状态。最后,在课堂教学中,教师要不断消除和克服学生在学习中出现的不良心理状态。

2. 保持积极情感和教学热情

师生的情感共鸣是课堂气氛的重要变量。教师本身的情感状态,可以让学生产生共鸣,使学生受到潜移默化的影响,从而影响课堂气氛。这就要求教师在教学过程中倾注积极的情感和真诚的爱心,用情感和爱心感染和打动学生,让学生伴随着丰富而快乐的情感体验参与教学过程。诸多优秀教师的经验说明,教师的积极情感有助于良好课堂气氛的形成。它还要求教师能够深入到学生内心,体验学生的情感,把自己的情感倾注到学生身上,重视与学生的情感交流,缩短因教师的权威、地位、角色而产生的与学生间的心理距离,增强与学生在心理上的合作,以让学生能够"亲其师,信其道"。教师的积极情感和教学热情是调控课堂气氛的不竭动力。

3. 公正评价并合理期望学生

教育心理学的大量研究表明,教师期望的自我实现性预言效应是确实存在的。教师对学生的高期望会使学生向好的方向发展,教师对学生的低期望则会使学生越来越差。教师在课堂教学中往往是通过一些特定的行为来向学生传达他们的期望信息,只有当教师采取恰当的方式,准确把握、合理评价每位学生,形成适度的高期望,才可能形成良好的课堂心理气氛。

4. 提升教学能力和人格魅力

教师的教学能力对课堂气氛有着重要的影响,这意味着教师对课堂气氛的把控,需要在提升自己的教学能力方面狠下功夫。同时,作为课堂教学的组织者和领导者,教师的人格魅力也是一种巨大的精神力量,具有很强的教育作用,是影响学生情感体验和课堂气氛的重要因素。教师在课堂活动中,不应把自己看成发指令、提要求、检查执行结果的监督者,而应看作教学活动中平等的一员。在学生成长过程中,教师应学会做民主型的老师,以平等的态度对待学生,以民主的方式指导和组织教学,以适应学生日益增强的成人感和独立性的需要,促进学生自我定向和自律能力的发展。

5. 建立良好的师生、生生关系

课堂中师生、生生之间对课堂气氛的造就有着十分重要的作用。师生关系融洽,教师热爱、信任学生,学生尊重、敬仰教师,可以导致积极、健康、愉快、活跃的课堂气氛;不和谐、僵化、紧张的师生关系则容易酿成消极、沉闷,甚至一触即发的紧张课堂气氛。从生生关系来看,也有类似的情况。同学之间团结友爱容易使课堂上形成互相尊重、体谅、友好的学习风气;如果同学之间不和睦、矛盾重重、勾心斗角,课堂上就容易出现嘲讽、攻击、紧张、压抑等不健康气氛。营造良好的课堂气氛需要教师建立良好的师生、生生关系。

三、课堂问题行为的概念、类型和产生的主要原因

(一)课堂问题行为的概念

课堂问题行为是指学生不能遵守公认的行为规范和道德标准,不能正常与人交往并参与学习的行为。具体来讲,课堂问题行为是指那些直接指向环境和他人的不良行为,直接妨碍教学或学习过程的行为,以及某些适应不良的行为。中学生在课堂问题行为上主要表现为:漫不经心、情感淡漠、逃避班级活动、与教师和同学之间的关系紧张、容易冲动、上课插嘴、坐立不安、活动过度等。

(二)课堂问题行为的类型

中外学者从不同角度对课堂问题行为进行了分类。奎伊等人在其研究的基础上,把课堂问题行为分为以下三种:

(1)人格型问题行为带有神经质特征,常常表现为退缩行为。例如,有的学生在课堂上忧心忡忡,不信任教师,害怕教师提问和批评;有的学生不信任自己的能力,缺乏信心和兴趣;有的学生在教室里焦虑不安、心神不定,常常手足无措,答非所问。

(2)行为型问题行为主要具有对抗性、攻击性或破坏性等特征。例如,有的学生缺少耐心,容易冲动,不能安静;有的学生多嘴多舌,交头接耳。

(3)情绪型问题行为主要是由于学生过度焦虑、紧张和情绪多变而导致社会障碍的问题行为。例如,有的学生漫不经心、冷淡漠视、态度忸怩;有的学生过分依赖教师和同学,不敢自作决定,不能独立完成作业。

我国也有学者将课堂问题行为分为行为不足、行为过度和行为不适三种类型。行为不足主要是指人们期望的行为很少发生和从不发生,如沉默寡言等;行为过度主要是某一类行为发生太多,如经常侵犯他人;行为不适是指人们期望的行为在不适宜的情境下发生,但在适宜的情境下却不发生,如上课时放声大笑等。

(三) 课堂问题行为产生的主要原因

课堂问题行为不单是学生自身的问题行为,而是各种问题的综合反映。综合起来,课堂问题行为产生的主要原因有以下三个方面。

1. 教师因素

课堂问题行为的产生与教师有直接或间接的关系,教师的教育失策会导致学生产生问题行为。教师的教育失策主要表现为以下三种:

(1) 观念不当。有的教师把追求升学率作为教学的指导方向,把分数作为唯一的目标,这样教师会重智轻德,对学生进行超负荷的灌输,造成学生丧失主动性,对学习产生厌倦和厌烦心理,严重者会对学习产生对抗性行为。有的教师视学生为无情感、无个性的接受知识的容器,忽略学生的情感,这会使学生产生被忽视的心理。还有的教师不能正确看待师生关系,觉得自己高高在上,对学生耳提面命,这样容易挫伤学生的自尊心,致使他们产生问题行为。

(2) 管理失范。教师在课堂上的管理失范表现为两种极端行为。一是放弃管教的责任,采取不闻不问的态度,放弃学生,不能使课堂形成良好的气氛和教学环境,学生也因缺乏被指正的机会而出现违反课堂规则的行为。二是教师对学生的问题行为做出过度敏感的反应,动辄对学生大加训斥,甚至滥用惩罚,学生很容易与教师发生摩擦,从而导致教师行为失范。

(3) 教学水平低下。教师自身的教学水平低下,容易导致教师在学生心目中威信的降低,进而引起课堂问题行为。比如,教师不认真备课或根本不备课;教学方法呆板,千篇一律,枯燥乏味,不善于激发学生的积极性;对学生缺乏了解,教学内容过难或过易,讲课速度过快或过慢;表达能力较差,言语含糊不清;教师缺乏活力,经常出现精神不振和懒散等现象。这些教学上的偏差很容易导致教师在学生心目中的威信降低,引起课堂问题行为。

2. 学生因素

学生因素主要表现为以下几种:

(1) 适应不良。适应不良也称个体人格适应不良,是指个体不能很好地根据环境的要求改变自己,或个体不能积极作用于环境并改造环境,由此产生的各种情绪上的干扰。学校中常见的学生人格适应不良的症状是注意广度低、多动、寻衅闹事、学习无目标和人格不成熟等。

(2) 厌烦。教学内容不适合学生的程度和水平,太难或太易都会使学生对学习失去信心或兴趣,感到索然无味;而教师的教学方法过于单调或语言平淡,也会使学生感到厌烦,失去学习的积极性。

(3) 挫折与紧张。在课堂教学中,教师提出的学习和行为上的要求,不可能适合每个学生的情况,这就不可避免地会使有些学生面临失败或挫折的威胁。而挫折容易使学生感到紧张,积累到一定程度就会寻衅闹事。也有些学生采取逃避的方式,表现出回避批评、嘲笑及被人抛弃的不利情境的退缩性问题行为。

(4) 寻求注意与地位。有些学习成绩差的学生知道自己在学习方面不可能得到教师和其他同学的注意和认可,但他发现,教师为维持课堂教学秩序对问题行为比较注意,于是他就会故意出现某些问题行为,以引起教师或同学的注意,并获得自己在班级中的地位。

(5) 过度活动。过度活动的学生,有些是由于情绪冲突,有些是由于脑功能失调,使他们对于刺激过于敏感或有过度反应的倾向,因而在课堂上对一些无关刺激也易做出反应从而造成问题行为。学生的过度活动主要表现为:注意力无法集中在课堂上,行为冲动,容易扰乱课堂秩序等。对于生理原因造成问题行为的学生,教师要热情交往,帮助他们学会控制自己的冲动,而不要滥用药物。

(6)性别差异。一般来说,男生的问题行为比女生的问题行为要多一些。这可能是由于男生的语言技能发展较慢,从而导致其社交学习较晚。

3. 环境因素

环境因素主要表现为以下三种:

(1)家庭。单亲家庭的孩子可能自制力差,易冲动,容易产生对抗性逆反行为。生活在父母不和、经常打闹的家庭的孩子,在课堂上会表现出孤僻退缩、烦躁不安。有的家长对孩子过于溺爱,容易造成孩子以自我为中心、放荡不羁,促使孩子产生问题行为。

(2)大众媒体。现在正处于信息时代,有的大众媒体对学生产生了消极的影响。一些暴力、色情等低级庸俗的内容激发学生去效仿,这些行为可能延伸到课堂上。

(3)课堂内部环境。诸如课堂内的温度、色彩、气氛、座位编排方式等都会对学生的课堂行为产生十分明显的影响。

四、课堂结构及有效的课堂管理

(一) 课堂结构的含义

课堂结构即课堂教学结构,也称课的结构。课堂结构是指在一定的教育思想的指导下为完成一定的教学目标,对构成教学的诸因素在时间、空间方面所设计的比较稳定的、简化的组合方式及其活动程序。

简单来说,课堂结构就是课的基本组成部分(或称环节、阶段、步骤等)的展开顺序和时间分配。例如,从时间设计程序上看,在我国中小学,新授课程的结构通常按基本训练→导入新课→学习教材中的新内容→巩固练习→归纳小结→课堂独立作业这样的流程组织。这五个基本环节运行的顺序和过程就表现为一般课的结构(时间序列上)。

课堂结构是否优化直接关系一节课的教学目标能否完成以及能否调动学生的学习积极性。课堂结构不是固定不变的,而是随教学目标、教学策略、学习评价的不同而变化的。

(二) 课堂结构的特点

从上述对课堂结构的含义分析中可以看出,作为一个课堂教学系统,课堂结构具有整体性、有序转化性和自控调节性等特点。

1. 整体性

任何一种课堂结构都是一个整体,其含义是:在课堂结构各环节组成的时间流程和每一个环节中,教师、学生、教材、教学方法等教学因素的组合方式是相对独立的整体,而且这两个相对独立的整体又组成课堂结构这个大系统,它也是一个有机的整体。各教学环节组成的时间流程和教师、学生、教材、教学方法等教学因素的组合方式的有机统一,使得教学诸因素的组合方式从一种形态向另一种形态转化、运动,即形成立体的、动态的、整体的课堂结构。课堂教学结构中的诸要素是统一的、协调的、合理的,因而课堂结构是整体统一的。同时,整体的课堂结构又决定了它的整体功能,各因素相互联系、有机统一,共同为实现教学目标服务。

2. 有序转化性

课堂教学结构不是静止的,而是运动的。它不仅在时间上表现为各个教学环节之间的有序转化,而且教师、学生、教材、教学方法等教学因素的组合方式也会随着教学环节的进行而有规律地变化。这两种运动变化又是相互依存的,教学诸因素组合方式的变化是在课堂教学时间制约下进行的;同时,一个教学环节向另一个教学环节的过渡转化,又是通过教学诸因素组合方式的有规律运动来实现的。而且,不管是教学环节之间的过渡,还是教师、学生、教材、教学方法等教学因素组合方式的变化,都必须遵循学生的身心发展规律和认识(学习)规律有序列、有规律地进行。因此,教师、学生、教材、教学方法等教学因素组合方式的有序运动,促成了课堂教学结构各个教学环节间的有序转化,从而形成了课堂教学结构的有序运动。

3. 自控调节性

课堂结构在做有序运动时,具有自我控制、自我调节的特点,这主要是通过信息反馈实现的。课堂教学总是要在一定时间内达到一定的教学目的,但是否达到教学目的,教师需要随时了解教学的现状,找出实际教学效果与预期教学目标之间的差距,从而改进教学。为了实现课堂结构的预期教学目标,教师就要借助反馈原理,通过反馈和评价,及时调节教与学,实现实际教学效果与预期教学目标的统一。课堂结构正是通过信息反馈实现其自我控制、自我调节的。课堂结构的自控调节特征,是其整体结构功能充分实现的根本原因。

(三) 有效的课堂管理

课堂管理是学校教育管理的重要组成部分,贯穿于整个课堂教学过程中。有效的课堂管理对实现教育教学目标十分重要。教师在对课堂实施有效管理时,必须注意以下几个方面的工作。

1. 了解学生的需要

课堂管理不是简单的监督和控制就可以达到目的的。了解学生的各方面特别是心理需要,是课堂管理的重要依据。教师只有了解学生的各种需要特别是心理需要,才能根据学生的需求调动学生的积极性,激发学生学习的自觉性,积极参与教学活动,从而保证教学任务的完成。教学的目标、内容和方法也只有与学生的需求相适应,才能更好地启发学生学习的主观能动性,学生才能有效地完成学习任务。

2. 建立积极的师生关系和同伴关系

课堂教学的过程是师生情感交流、思想共鸣的过程。课堂气氛对学生的学习效率有很大的影响。愉快、和谐的课堂气氛,良好的师生关系和理性的教师权威,不仅有助于教师传授知识,而且有助于学生的学习。学生群体,不论是正式的班集体,还是非正式的友伴群体,对每个学生的学习动机、态度及价值观都有很大的影响。良好的学生群体,可以为教与学创造一种积极向上的群体气氛,对于促进学生的学习效率及形成良好品德都有很大的促进作用。

3. 实施有效的教学策略

有效的课堂管理需把学生的行为引导到教学活动中来,充分发挥学生学习的积极性。一般来说,在既定时间内,学生在课堂上的学习行为越多,其问题行为就会越少,反之亦然。为此,教师应当使用难度适当的教材和教学方法,使学生对学习内容本身产生兴趣,并对学生的学习结果进行评价,以鼓励学生不断提高学业成绩,增强他们学习的兴趣和积极主动性。

4. 建立课堂教学常规

规则是维持课堂秩序的准则,也是课堂管理的依据。有效的课堂管理需要教学常规来进行保障,教学常规正是保证教学能够顺利进行的行为准则。例如,上课铃停止以后,学生必须准备好文具和书本,安静地坐在自己的位置上准备上课;如果学生在上课时有问题要问,则发言之前要先举手,等教师同意后,才可以发言等。从学生入学开始,就应当建立教学常规,使全体学生认识并予以遵守,以确保课堂管理的有效性。

5. 控制班级的规模

班级的规模,对课堂管理也有非常重要的影响。一般来说,班级规模过大,彼此之间的情感纽带弱,师生之间、同学之间交往的频率低,相互了解少,建立集体规范就比较困难,容易形成各种非正式的小群体,增加管理的难度。班级的规模不宜过大,在条件许可的情况下,应该向小班化发展。

6. 养成学生良好的学习习惯

学习习惯是学生的基本素养。良好的学习习惯为学生的学习活动奠定了良好的基础,会大大提高课堂教学的效率。很多时候,教师教育学生养成良好的学习习惯要比知识的传授更加重要。学生良好的学习习惯包括预习习惯、认真听讲、积极思考、参与教学活动的习惯。此外,学生自主、合作、探究学习习惯的养成在我国当前显得尤为重要。学生养成了良好的学习习惯,教学秩序自然就很顺畅和谐,教师们会将更多的精力和时间投入到教学中。

五、课堂纪律的含义、特征与类型

(一) 课堂纪律的含义与特征

课堂纪律是指为了维持正常的教学秩序、协调学生行为,以及保证课堂目标的实现而制定的要求学生共同遵守的课堂行为规范。就个体而言,课堂纪律是学生行为所施加的外部准则与控制。当它们逐渐被学生接受或内化时,就可以称之为纪律,学生能自觉地自我指导和自我监督。课堂纪律具有如下特征。

1. 约束性

课堂纪律要求学生必须共同遵守课堂行为准则、规范,对维持课堂秩序,协调学生的课堂行为是必须的。

2. 标准性

课堂纪律本身作为一种行为准则、标准,是衡量课堂行为是与非的重要依据。

3. 自律性

课堂纪律对学生课堂行为的监督、调控功能的发挥,有待于学生对其内化,逐渐形成自觉的纪律。

(二) 课堂纪律的类型

根据课堂学习纪律形成的原因,可以将课堂纪律分为教师促成纪律、集体促成纪律、任务促成纪律和自我促成纪律。

1. 教师促成纪律

教师为学生的学习和工作设置一个有结构的情境,即组织一个良好的集体结构,并对这个结构进行监督和指导,这样的结构就是教师促成纪律。学龄初段的学生尤其需要教师给予较多的监督和指导,随着年龄的增长,自我意识的加强,他们会反对过多的限制,但是他们还是希望教师能为他们的行为提供指导,希望教师能够在背后以咨询和情感支持的形式给予帮助。

教师促成纪律具体包括结构创设和体贴。其中,结构创设包括指导、监督、惩罚、限制、奖励学生,安排日程和维护标准等。体贴包括同情、理解、调解、协助、支持学生,征求和采纳学生的意见等。教师可根据班级的特点确定两者的适当比例。

2. 集体促成纪律

同辈人集体在学生社会化方面起着越来越大的作用，他们开始对同学察言观色，以便决定应该如何思考、如何信仰和如何行事等。学生常常以"别人也都这么干"为理由，从事某件事情，他们的见解、偏见、信奉、爱好与憎恶往往都视集体而定。

3. 任务促成纪律

学生为完成某项任务而投入高度注意，对其他诱人的活动置之不理。任务促成纪律是以个人对活动任务的充分理解为前提的。学生对任务理解得越深刻，就越能自觉地遵守纪律，即使遭受挫折也不轻易放弃。任务促成纪律是建立在学生积极动机的基础上，个人只有觉察、理解了任务的重要性，才能积极地从事这种活动。

4. 自我促成纪律

自我促成纪律实际上是学生自律的形成过程。当学生认识到学习对于自己和社会的意义时，将课堂纪律内化为自我意识之中，成为约束自我的行动准则。这种内化与学生意识之中的纪律与客观的纪律可能会存在一定的不同，从而产生新的纪律。维持纪律的最终目的是促进学生的自律。当外部的纪律控制被个体内化之后成为个体自觉的行为准则时，自律便出现了。自律表现为能够正确评价自己和集体的行为准则，并在此基础上发展新的、更好的集体准则。

六、处置与矫正课堂问题行为的方法

教师对课堂问题行为的管理应以预防为主，引导和促进学生端正的学习态度，帮助学生适应学习环境，逐渐减少问题行为的产生。但是，当学生的问题行为已经发生时，教师应对行为主体进行行为矫正和心理辅导。因此，不管是对于个体的问题行为还是对于团体的问题行为，教师都可以尝试用以下方式对课堂问题行为进行管理。

1. 制订合适的教学计划

教学计划中的教学目标、教学内容和教学方法要适合学生的程度和水平，使学生通过学习能够获得成就感，缓解学生的焦虑情绪，提高其学习的自信心，使其更快地适应课堂环境。

2. 帮助学生调整学习的认知结构

教师在教授新知识、新内容时，应交代清楚其来龙去脉，把新知识整合到学生已有的知识结构中，使其具备学习新知识的认知基础，从而减轻因学习新知识而产生的焦虑感。

3. 对于课业给予精确的指导

学生对于学习的盲目性容易导致问题行为的产生，而教师通过给予学生清晰的学习指导，使其了解要做什么、怎么做，如何得到帮助，从而减轻或消除学生因不确定性而产生的急躁、厌烦、焦虑等情绪，减少问题行为的发生。

4. 建立良好的教学秩序

良好的教学秩序能够营造愉快、和谐的课堂气氛，使学生情绪平静、思维活跃，从而减少问题行为的产生。

5. 帮助学生协调同伴间的人际关系

教师帮助学生建立良好的同伴关系，同时注意制止学生中存在的彼此伤害的行为，如讽刺、挖苦、嘲笑等。

6. 建立家校联系

家庭环境是导致学生课堂问题行为产生的重要因素。在对学生课堂问题行为管理的过程中，教师应主动与家长联系并相互配合，采取有效措施来纠正学生的问题行为。

7. 行为矫正与心理辅导

行为矫正是强化学生的良好行为、排除不良行为的一种行为疗法,需要师生密切配合。心理辅导主要是通过改变学生的认知、信念、价值观念、道德观念来改变学生的外部行为。行为矫正与心理辅导对于复杂问题行为,尤其是由内在刺激引起的问题行为效果比较显著。

第三节 课外活动的组织与管理

课外活动是指在课堂教学之外,由学校组织指导或由校外教育机构组织指导的,用以补充课堂教学,实现教育方针要求的一种教育活动。它是根据学生的需要和自己的努力以及教育教学的需要,在教师的直接指导或间接指导下来实现教育目的的一种活动。

一、课外活动的类别、意义和主要内容

(一) 课外活动的类别

课外活动可分为校内活动和校外活动,两者的区别在于组织指导的不同。校内活动是由学校领导、教师组织指导的活动,而校外活动是由校外教育机构组织指导的活动。这里需要注意的是,校内活动并不仅仅限于学校范围之内,也可以是在校外组织活动,它与校外活动的区别只是在组织和领导方式的不同。一般来说,校内活动和校外活动统称为课外活动。

(二) 课外活动的意义

1. 课外活动有利于学生扩大知识面、开阔视野

课外活动不受课程、教材的束缚,它可以运用报刊、广播、电视、电影、网络、课外书籍等传播信息的工具,通过各种灵活多样的活动形式,帮助学生吸收新的知识,获得课外的"即时信息"。它对于扩大学生知识面、增加信息量,对于缩短课堂传授的"昔时信息"和科技迅猛发展之间的距离、了解世界新的动向和趋势、跟上时代脉搏,以及对于培养学生主动获取信息、处理信息的能力,都是十分重要的。

2. 课外活动能够适应学生多种需要和个性差异,有利于培养和选拔各种人才

中学生除了要求学习求知外,还要求友谊、社交,要求独立自由活动和从事创造活动,要求对美的享受和各种文化娱乐,等等。学校在搞好课堂教学的同时,开展丰富多彩的课外活动,可满足学生的上述需要。同时,不同的学生在身心发展方面存在差异,有的富于艺术素养,有的长于逻辑思维和数理运算,有的善于阅读欣赏,有的好于科技活动和实验,等等,课外活动可为学生各种才能的发展提供有利条件。

3. 课外活动有利于发展学生的实践能力,培养学生的独立性、创造性

和课堂教学相比,课外活动的实践性较强,如搞科技制作与实验、制作标本或模型、种植和养殖试验等,这些都有助于培养学生的实践能力。在课外活动中,阅读、观察、收集资料、记录、实验、设计、制作、表演等都是由学生独立进行的,这有助于培养学生的独立性,提高他们的独立工作的能力。此外,课外活动中的小发明、小制作、小改革、小论文、小建议等活动也有利于培养学生勇于探索和创造的精神。

4. 课外活动可以有效地培养学生优良的思想道德品质

学校在课余时间为学生组织丰富多彩的课外活动,不仅可以使他们避免不良影响,抵制社会上各种不良风气的侵袭和污染,而且能够把他们旺盛的精力、浓厚的兴趣爱好,引导到健康发展的轨道上来。在课外活动中,学校通过时政学习、形势报告、演讲和课外阅读等活

动,可以满足学生关心国内外大事、思索人生价值的精神需要,帮助他们树立正确的人生观、世界观,提高他们分辨是非、真伪、善恶、美丑的能力。

(三) 课外活动的主要内容

由于不受教学计划、教学大纲和教育形式的限制,因此课外活动的范围十分广泛,内容也十分丰富,具体包括班会、科技活动、文体活动、课外阅读活动、节日或纪念日活动、社会公益活动等。

1. 班会

班会是比较固定的班级活动形式,一般都在课程表中,每周一次。由班主任、班委会成员或者其他同学来主持。根据是否有明确的教育主题,班会可分为主题班会和常规班会两种形式:主题班会是班主任依据教育目标,指导学生围绕一定的主题,由学生自己主持、组织的班会活动,它是班级活动的主要形式,通常进行主题教育;常规班会,又称班务会,是班主任按照固定的日程组织的班会活动,主要是布置班级计划、讨论集体建设情况等。

2. 科技活动

科技活动强调动手过程,让学生在动手实践中综合利用已有知识,全面地认识事物和解决问题,增长学生在某一领域的知识经验,提高学生的动手能力。班级的科技活动可以通过科技班会、科技参观、科技兴趣小组三种形式来进行。

3. 文体活动

学校的文体活动包括文学、艺术、娱乐、体育训练与体育竞赛等内容。

4. 课外阅读活动

学校组织的课外阅读活动,不限于与学生所学科目相关的范围,有助于扩大学生的知识面和对新知识、新见解的敏感性。

5. 节日或纪念日活动

学校可以利用清明节、端午节、中秋节、国庆节等传统节日或纪念日开展歌咏比赛、感念亲情等活动,进行爱国、感恩等相关主题教育。

6. 社会公益活动

社会活动是培养学生相互关系、合作和社会责任感等素质的重要途径。学校组织的社会活动一般以社会公益活动为主,如进行环保宣传、交通安全宣传、拥军小组活动、义务活动等。

社会公益活动仅是社会活动的一个方面,实际上学校社会活动的范围十分广泛,各种专题性社会调查、社会热点问题的讨论等对培养学生的认识问题和分析问题的能力具有重要价值,都有助于培养学生的社会责任感。

二、课外活动的特点和组织形式

(一) 课外活动的特点

1. 自愿性

在课外活动中,学生可以根据自己的兴趣爱好和现有的知识水平选择参加不同的活动。教师的职责是尽可能地为学生创造条件,组织多种多样的活动,并对不同的学生给予启发引导,指导他们参加适宜的活动。

2. 灵活性

课外活动的具体内容是根据课外活动的目的,从现有设备条件、辅导教师的特点和能力以及学生的不同需要出发确定的。活动的组织形式也是多种多样的,包括小组活动、群众性的调查参观、竞赛讲演、个人活动等。无论是课外活动的内容,还是课外活动的形式,都体现了灵活性。

3. 实践性

课外教育活动注重学生的实践环节。在活动中,有些知识和技能是通过学生亲自参与获得的,而有些知识和技能是经由辅导教师获得的,学生可将其运用到实践当中验证它的科学性,这样也就培养了学生的实践能力。

（二）课外活动的组织形式

与课堂教学组织形式相比,课外活动的组织形式具有更大的灵活性和机动性,其主要形式有以下三类:

1. 集体性活动

集体性活动的特点是参加的人数较多,学生或是作为观众和听众,或是作为集体劳动、演出、竞赛、游戏和娱乐活动的参与者,可以在较短时间内使较多学生受到教育,并能形成一定的气氛和声势,收到较好的活动效果。集体性活动有校际的、全校的、年级的和班级的活动。学校开展的集体性科技报告会、文学讲座、文艺联欢、科技竞赛、体育竞赛、夏令营等都属于集体性的活动。

2. 小组活动

小组活动是课外活动常用的形式。小组活动的特点是自愿组合、小型分散、灵活机动。小组成员一般以共同的兴趣爱好和要求为基础结合而成,其人数的多少依据活动的性质、内容以及条件而定,由他们自己或在辅导员的指导下进行有目的、有计划的小组活动。

3. 个别活动

个别活动是一种由学生独立进行活动的形式。个别活动能充分发展学生自己的兴趣爱好,丰富和充实学生的精神生活,培养学生自己安排生活,自己独立从事各种学习、艺术、体育等活动的能力。例如,学生独立进行课外阅读、图画写生、摄影,采集各种实物,制作模型、标本,等等。

上述三种课外活动的组织形式在实际的课外活动中往往是相互联系的。某些集体性活动,常常会引起对该活动感兴趣的学生作更深入的研究,这就为小组活动或个人活动提供了动力。在进行小组活动时,小组为其成员规定个别的、独立的工作,这又是个别活动的一种表现形式。而个别活动或小组活动的成果,常常以展览会、晚会、运动会等形式展示,吸引众多的学生前来欣赏和参观,这又和群众性活动联系在一起。这三种活动形式可以相互配合、相互交叉、相互促进,以组合成灵活多样的课外活动的组织形式。

三、课外活动的组织与管理的要求

课外活动的组织与管理要有明确的目的性和计划性、知识性和趣味性,坚持多样性和灵活性,坚持自愿性和自主性,要因地制宜、因时制宜,坚持实践性。教师在对课外活动的组织与管理时,要遵循以下原则:

（一）目标原则

课外活动必须有明确的目标,并有教育意义和价值。课外活动的组织与管理包括活动内容的设计、活动的实施和检查监督等,它们必须坚持正确的价值导向,必须对学生的身心健康发展具有积极作用。

（二）趣味原则

课外活动要具有趣味性，才能有助于学生参与并达到良好的效果。这就要求课外活动的组织与管理不仅能够适合学生的年龄特征，而且能够激发学生的兴趣，以吸引学生参加活动。

（三）实践原则

实践性是课外活动的重要特性。实践是学生获得知识和发展能力的重要方式，坚持实践原则，意味着教师应放手让学生进行实践活动，提供学生进行实践活动必要的物质条件，并进行指导和监督，以保障学生的健康及安全。

（四）自愿原则

课外活动是为满足学生个人的爱好和培养学生的特长而开展的，不具有法定强制性，应允许学生具有选择权，可选择符合自己爱好、切合本人实际的课外活动项目。课外活动的组织者应尊重学生的选择，妥当加以组织。

（五）适应原则

课外活动的组织与管理，首先应面向全体学生，组织学生都可参与的课外活动。同时，在活动过程中，教师应当善于发现和鉴别学生的不同兴趣、爱好与特长，分类组织、分层管理，最大限度地满足学生志趣和个性发展的需要。

第四节 中学班主任

班主任是全面负责一个班学生的思想、学习和生活等工作的教师，是学校办学思想的贯彻人，是联系班级任课教师和学生团队组织的纽带。在班级管理中，班主任扮演着多重角色，担负着多种责任，发挥着特殊的作用，班主任工作的优劣直接影响学生的成长。

一、班主任的角色定位与素质要求

（一）班主任的角色定位

1. 班主任是班级的组织者、领导者

作为全面负责具体班级学生工作的直接责任人，班主任在班级管理中的责任十分重大，是班集体的组织者和领导者，班级的管理状况与班主任能否发挥自己这一角色职能具有重要的关联，很大程度上决定了班级管理的水平和质量。

2. 班主任是学生全面发展的引导者

相对于其他各科教师以传授学科知识为主要任务而言，班主任更加关心学生身心的整体发展，给予学生更多的人文关怀。这就要求班主任必须了解和熟悉每一个学生的发展状况和身心特点，富有针对性地解决学生的问题。

3. 班主任是班级教育教学活动的组织协调者

班主任是学校教育工作的最基层组织者，也是班级的管理者和组织者，对班级负有全面责任。无论是学生的全面发展还是良好班集体的形成，都需要班主任的不懈努力。同时，班级教育教学活动的展开、社会活动的组织等，都离不开班主任在各任课教师间进行协调工作。

4. 班主任是沟通学校与家长、社区的桥梁

学校与家长、社区的联系主要是通过班主任来进行的，对学校、家庭和社会教育资源的

有效整合和利用也少不了班主任"穿针引线"的工作。班主任与家长保持着经常性的沟通,是家校配合,取得更好教育效果的重要途径。同时,班主任与社区进行协调、沟通,积极争取社会的教育资源,也是班主任的重要工作之一。

知识拓展 ▼

如何选择教师角色

(二)班主任的素质要求

班主任的素质要求主要包括:思想道德素质、专业素质和身心素质三个方面。

1. 思想道德素质

班主任要有坚定、正确的政治方向,忠于人民的教育事业,关爱学生,品德高尚、作风正派、为人师表。

2. 专业素质

班主任要爱岗敬业,具有符合素质教育要求的教育观以及较强的教育教学能力、组织管理能力、教育科研能力。班主任要具有较强的团队协作能力和人际沟通能力,善于与学生、学生家长以及各任课教师进行沟通、协作。

3. 身心素质

班主任要身体健康,勤于锻炼身体,能够胜任班主任的辛苦工作。班主任要勤于思考、勇于探索,具有自信、乐观向上的人格品质,并且善于进行自我调节,保持心理健康。

二、班主任工作的内容与方法

根据《教育部关于进一步加强中小学班主任工作的意见》的相关内容,中学班主任的基本职责主要包括:做好中学生的教育引导工作,做好班级的管理工作,组织好班集体活动,关注每一位学生的全面发展,做好学校基层的组织与协调工作,等等。由此,班主任工作的基本内容可以归纳为以下几个方面:

(一)班主任工作的内容

1. 建立健全班级组织

班主任建立健全班级组织的工作内容主要包括学生班集体的建设、学生团队组织、班级教室集体的组织、校外教育资源的整合等。由于学生集体既是班主任培养教育的对象,也是班主任进行教育工作的依靠力量,因此,组织和培养班集体,是班主任工作的中心环节。班主任在这方面的工作包括:① 要帮助学生确立共同的奋斗目标;② 要培养班干部和积极分子;③ 要形成正确的集体舆论;④ 做好个别教育工作;⑤ 同任课教师、家长和社会教育密切配合,形成统一的教育力量;⑥ 全面、明确、具体地评定学生;⑦ 言传身教,用自己的言行影响和教育学生;⑧ 做好班主任工作的计划和总结。

2. 学生的教育引导工作

做好学生的教育引导工作,认真贯彻素质教育的方针,履行班主任的育人职责是班主任工作的根本性内容。为此,班主任要明确认识学生的特点与发展要求,并根据学生各自的特点,因势利导,促进其全面发展。

(1)充分了解和研究学生。班主任在了解学生时,不仅要了解学生的自身情况,包括学生的一般表现、学习情况、学习潜能、兴趣特长、成长经历等,而且还要了解学生的家庭情况和社会生活环境,包括经济状况和家庭成员的思想面貌、文化素养等。

(2) 全面教育引导学生。班主任要认真落实学校德育工作的要求,积极主动地与其他任课教师一起,利用各种机会开展思想道德教育,引导学生明辨是非、善恶、美丑,从身边的小事做起,逐步树立社会主义荣辱观。班主任要帮助学生确立远大志向、增强爱国情感、明确学习目的、端正生活态度,养成良好的行为习惯。

(3) 做好个别教育工作,包括做好先进生和后进生的教育工作。班主任在对先进生进行教育时,应注意:严格要求,防止自满;不断激励,战胜挫折;消除嫉妒,公平竞争;发挥优势,全班进步。班主任在对后进生进行教育时,应注意:关心爱护,尊重人格;培养和激发他们的学习动机;提供范例,增加是非观念;依据个别差异,采取不同的教育措施。

知识拓展 ▼

如何充分了解和研究学生

3. 班级日常管理工作

班级管理是班主任的日常工作内容,是班级工作的基础,有利于学生良好行为习惯的养成。班级日常管理包括班级常规管理和班级非常规管理两个方面。

(1) 班级常规管理,包括班级教学管理、课外活动管理和班级制度管理。其中,班级制度管理包括班主任工作计划与总结、班级档案制度、班务日志、班级体育卫生制度、劳动制度、学生评优和操行评定等。

(2) 班级非常规管理,主要是指班主任对班中偶发事件的应对处理。班主任在处理偶发事件时,应注意以下几点:控制情绪,沉着冷静;了解情况,掌握分寸;依靠集体,教育学生。除了处理班中偶发事件外,班主任日常对待学生的态度和方式也十分重要,其对学生的影响是潜在的和渗透式的。

4. 组织指导班级活动的开展

班主任指导班委会、团支部开展工作,组织开展丰富多彩的团队活动;积极组织开展班集体的社会实践活动、课外兴趣小组、社团活动和各种文体活动,充分发挥学生的积极性和主动性,培养学生的组织纪律观念和集体荣誉感。

(二) 班主任工作的方法

班主任工作的方法是指班主任为了完成班级的教育管理任务所采用的方式和手段。班主任工作的方法具有多样性和多变性的特点,这是由中学生身心发展的阶段性和个别差异性、班主任工作的复杂性和影响班主任工作因素的多样性决定的。班主任工作的方法应当具有针对性,不存在"包治百病""永远有效"的万能方法,如对高年级学生采用的方法不一定适用于低年级;过多地表扬自负的学生,会使其产生趾高气扬的心理;经常批评自卑的学生,会使他失去自尊心和自信心等。因此,班主任工作的方法必须根据班主任工作的具体任务、内容和学生实际情况,对多样的方法灵活加以选择和运用。此处,只简单介绍班主任工作的几种方法,具体内容可参见第七章第五节。

1. 说服教育法

说服教育法是班主任最经常采用的工作方法。说服教育法的特点在于:一要强调正面教育;二要注意启发学生的自觉性。说服教育法的具体方式是多种多样的。班主任在运用说服教育法时应注意以下几点:① 明确目的性;② 富有知识性、趣味性;③ 注意时机;④ 以诚待人。

2. 心理咨询法

心理咨询法是指运用心理科学知识和方法,在心理方面给学生辅导,以实现学生健康发展的方法。心理咨询法的特点在于班主任能根据中学生的心理特点,使其在信任与放松的心境中获得教益,从而淡化教育痕迹,提高班主任的工作效率。

3. 陶冶教育法

陶冶教育法是指班主任自觉地利用环境和自身的教育因素,对学生进行潜移默化的熏陶和感染,促进其身心发展的方法。陶冶教育法的特点在于,寓丰富的教育因素于各种有益的活动情境之中,从而使学生在不知不觉中受到深远的影响。

4. 榜样教育法

榜样教育法是指以他人的优良品德和模范言行影响学生的思想、情感和行为的一种教育方法。班主任在使用这一方法时,需要注意以下几点:① 要为学生选好榜样;② 要善于向学生宣传榜样;③ 要善于指导学生学习榜样;④ 要注意以身示范。

知识拓展

榜样的主要类别

5. 实际锻炼法

实际锻炼法是指班主任指导学生参加实际活动,在实践中进行修养锻炼,以提高学生思想认识和实际动手能力,形成良好的行为习惯的方法。班主任在运用实际锻炼法时,要注意的问题包括:① 坚持严格要求;② 调动学生的主动性;③ 注意检查和坚持。

6. 自我修养法

自我修养法是指班主任指导学生在自我认识的基础上,自觉进行思想转化和行为控制的方法。其特点在于充分发挥学生的主体作用,激发学生高度的自觉性和自我意识,培养和发展学生的自我教育能力,使他们从他律逐步过渡到自律。班主任指导学生进行自我修养的方式有两类,即集体自我修养和个体自我修养。集体自我修养的形式有集体讨论、参观调查、民主生活会、向先进典型学习、开展竞赛等。个体自我修养的形式有读书、写日记、自我总结、自我鉴定、自我批评等。这些具体形式之间是相互联系、相互补充的,班主任要灵活加以使用。

7. 品德评价法

品德评价法是指班主任通过对学生品德进行肯定或否定的评价,以促进学生良好品德的形成和巩固,预防和克服不良品德,从而促进学生的全面发展的方法。品德评价法的功能在于:① 使学生从肯定或否定的评价中了解、看到自身的长处与不足,明确今后努力的方向;② 强化学生的积极因素,矫正和克服消极因素;③ 增强学生的是非观念和荣誉感,激发学生的上进心,对学生思想认识和行为具有一定的控制、调节作用。品德评价法的方式很多,主要有奖励与惩罚、评比、操行评定等。

三、协调学校与家庭联系的基本内容和主要方式

(一) 协调学校与家庭联系的基本内容

家庭和社会是学生成长的重要环境,学校应积极争取家庭、社会对自己教育工作的支持,让学校、家庭、社会形成合力,共同促进学生的成长。班主任应在这方面充分发挥自己的角色职能,具体可做好以下工作:

1. 通过多种方式与家长交流沟通

这项工作包括定期对学生进行家访,举行家长座谈会,接待家长来访等。家庭是学生除学校之外的另一个重要的活动场所,教师对学生进行家访、举行家长座谈会、接待家长来访,可以更加全面地了解学生的学习情况和生活情况,从而对其进行有针对性的帮助和指导,和家庭一起共同促进学生的学习和发展。

2. 充分发挥家长的教育作用

家庭作为孩子成长的第一环境,其教育具有学校教育和社会教育所不可替代的作用。严谨的班风、学风的形成以及学生优异成绩的取得在很大程度上都与家庭教育有着密切的联系。如果教师能调动起家长的积极性,使他们参与到学生管理工作中,班级管理工作就会事半功倍。因此,班主任要善于利用家长的教育资源,善于将家长的各种教育条件转化为共同搞好班级工作的教育力量。

3. 充分利用广泛的社会资源

广泛利用社会资源是现代学校办学的重要方向之一。虽然学校是学生正规学习的主要场所,但它也有自身的局限性,如与生活世界隔离、缺少实践知识等。为了弥补学校教育的不足,班主任应该充分争取和利用校外的一切教育资源为学校服务,具体可通过"走出去、请进来"的方式,保持与社会的密切联系。同时,可依托社区的教育委员会以及建立校外教育基地等方式实现教育资源的整合与利用。

(二) 协调学校与家庭联系的主要方式

班主任与家长合作是指班主任与家长之间双向互动、相互信任,以协调家长和学校的关系,使家庭教育与学校教育协调同步,形成教育合力,彼此协作配合,促进孩子的健康成长。一般而言,协调学校与家庭联系的主要方式包括家长委员会、班级家长会、家访、家长学校和班级网络等。

1. 家长委员会

家长委员会是一种常设的家校联络机构,通常在中学校务委员会的领导下开展工作,其委员会成员应由学校聘请,大多数由关心学校、热心教育事业、在教育子女方面有经验的家长(包括专家、社会知名人士等)组成。其职责是加强家校联系,对学校工作有监督权,直接参与学校规划、学校日常工作的讨论和决策。

班主任要做好以下工作,确保家长委员会能有效地进行工作:① 负责组织建立家长委员会;② 定期召集家长委员会会议;③ 向家长委员会报告年段或班级工作计划和阶段性的教育要求;④ 听取家长委员会的教育意见和要求;⑤ 请求家长委员会协助对学生的校外教育;⑥ 了解学生在校外和家庭中有倾向性的表现;⑦ 向家长委员会成员宣传有关学校教育工作的方针政策、教育改革的新动向,以及个人对年段、班级工作的思考。

2. 班级家长会

班级家长会是学校指导和协调家庭教育必需的一种形式和活动,其主要目的是使家长与班主任及学科教师直接面对面地集中沟通,交流意见或建议,增进互信理解与支持,共同为学生进一步发展协调配合。班主任通过家长会:一是向家长通报学校工作要求、年段班级工作计划、班级工作成绩以及学生的各方面表现;二是广泛听取家长意见,专题听取家长意见,听取家长对学校、班级工作的批评和建议;三是向家长提出要求,提出协调家庭教育的意见和组织家长交流教育孩子的经验;四是引导家长转变教育观念,树立正确的人才观、质量观、价值观,改进家庭教育方法,提高家庭教育效果。

3. 家访

家访是沟通、协调家校关系的传统形式,也是班主任的一项常规工作。班主任家访的目的在于向家长了解情况和寻求共识以及解决问题。班主任在家访中,要讲究一定的表达和沟通、交流的艺术。对先进生,既要充分肯定,又要指出不足,并提出更高的要求;对后进生,要避免过多地谈缺点,切忌"告状",可多提一些积极性的建议,让家长对孩子的成长、发展充满希望和信心。同时,对后进生的点滴进步、闪光点和转化趋向,班主任在家访时都要肯定和赞扬,使家长和学生感到老师是公正的、真诚的。

4. 家长学校

家长学校是组织学生家长学习和进修的教育机构,主要职责是请校长、教导主任、教师和有关专家讲解有关心理学和教育学方面的知识,以及教育子女的方法,有时也请家长们互相交流有关教育子女的经验和体会。家长学校最主要的特点是,能从教育理论方面给予家长指导,从而为今后学校教育与家庭教育的协调一致打好基础。由此,家长能更好地配合班主任教育孩子,使学校教育取得事半功倍的教育效果。

5. 班级网络

教育技术现代化是当今教育的一个世界性趋势,是推进学习型家庭建设的合作互动策略。网络技术的普及推动了班级网络成为家庭与学校沟通的新载体。新的社会形势下,成人的竞争压力日趋激烈,缺乏足够的时间与学校教师进行交流,班级网络的出现为家长提供了一个非常有利的平台。此外,QQ、微信等都是班主任与家长及学生沟通的技术工具。

第五节　教　师　心　理

一、教师角色心理

(一) 教师角色的含义

教师角色是指教师按照其特定的社会地位承担起相应的社会角色,并表现出符合社会期望的行为模式。教师角色代表教师个体在社会团体中的地位和身份,同时包含着许多社会期望教师个体应表现出的行为模式。

(二) 教师角色的构成

1. 传道者角色

教师负有传递社会传统道德、价值观念的使命。进入现代社会后,虽然道德观、价值观呈现出多元化的特点,但学校、教师的道德观、价值观总是代表居社会主导地位的道德观、价值观,并且用这种观念引导年轻一代。

2. 授业解惑者角色

我国唐代的韩愈在《师说》里讲道:"师者,所以传道受业解惑也。"教师是各行各业建设人才的培养者,他们在掌握了人类经过长期的社会实践所获得的知识经验、技能的基础上,对其进行精心加工整理,帮助学生在很短的时间内掌握人类几百年、几千年积累的知识,形成自己的知识结构和技能技巧。在学生遇到困惑时,教师能帮助他们解除困惑。

3. 管理者角色

教师不仅是传道者和授业解惑者,还是教育教学活动的管理者。教师对教育教学活动的管理,包括确定目标、建立班集体、制定和贯彻规章制度、维持班级纪律、组织班级活动、协调人际关系等,并对教育教学活动进行控制、检查和评价。

4. 示范者角色

教师的言行是学生学习和模仿的榜样,教师的职务是用自己的言行教育学生。学生具有向师性的特点,教师的言论、行动、为人处世的态度等均对学生具有耳濡目染、潜移默化的作用。

5. 父母与朋友角色

教师往往被学生视为自己的父母或朋友。低年级的学生倾向于把教师看作父母的化身,对教师的态度类似于对父母的态度;高年级的学生则往往视教师为朋友,希望得到教师在学习、生活、人生等多方面的指导,同时又希望教师是分担自己的快乐与痛苦、幸福与忧愁的朋友。

6. 研究者角色

教师工作的对象是充满生命力的、千差万别的、活的个体,传授的内容是不断发展变化的科学知识和人文知识,这就决定了教师不能以千篇一律的态度对待自己的工作,而要以一种变化发展的观点、研究的态度对待自己的工作对象、工作内容和各种教育活动。例如,教师不断学习新知识、新理论,不断反思自己的实践,不断发现新的特点和问题,以使自己的工作适应不断变化的形势,并且有所创新。

教师职业的这些角色特点决定了教师职业的重要意义和重大责任。

(三) 教师角色的形成阶段

教师角色的形成可分为以下三个阶段:

1. 角色认知阶段

角色认知是指角色扮演者对某一角色行为规范的认识和了解,知道哪些行为是合适的,哪些行为是不合适的。对教师职业角色的认知,就是教师对教育事业的深刻理解过程,包括教育工作是怎样的职业,它所承担的社会职责是什么,它在历史、现实中处于怎样的地位等。

2. 角色认同阶段

教师角色的认同是指教师亲身体验、接受教师角色所承担的社会职责,并用来控制和衡量自己的行为。教师对教师角色的认同不仅在认识上了解教师角色的行为规范、社会价值和评价,并经常用优秀教师的标准来衡量自己的心理和言行,自觉地评价与调节自己的行为。而且教师在情感上也有了体验,表现出较强的职业情感,如热爱教育事业、热爱学生等。

3. 角色信念阶段

信念是个体确信并愿意以之作为自己行为指南的认识。信念表现在教师职业中就是为教育事业献身的精神。在此阶段中,教师角色中的社会要求转化为个体需要,形成了教师职业特有的自尊心和荣誉感。教师意识和教师特有的情感,使他们自觉地奉献出毕生的精力。

(四) 教师角色意识

教师角色意识的心理结构包括以下三个方面的内容:

1. 角色认知

角色认知是指角色扮演者对角色的社会定位、作用及行为规范的认识和对与社会的其他角色的关系的认识。

角色认识是角色扮演的先决条件,一个人能否成功地扮演某种角色,取决于他对这一角色的认知程度。作为一个认识过程,角色认知贯穿于角色行为的整个过程中。教师只有清晰的角色认知,才能在各种社会情境中恰当地行事,达到良好的社会适应。教师角色认知的实现是教师通过学习、职业训练、社会交往等,了解社会对教师角色的期望和要求。

2. 角色体验

角色体验是指个体在扮演一定角色的过程中,由于受到各方面的评价与期待而产生的情绪体验。一般来说,这种体验因主体行为是否符合角色规范并因此受到不同评价而有积极与消极之分。例如,责任感、自尊感或自卑感都是教师在角色扮演过程中产生的情绪体验。

3. 角色期待

角色期待是指角色扮演者对自己和对他人应表现出什么样的行为的看法和期望。它是因具体人和情境的不同而变化的。

教师的角色期待是教师自己和他人对其行为的期望。角色期待包括两个方面:一是自我形象,即个体对自己的行为期望;二是公众形象,即他人对某一特殊角色的期望。这两者是相互作用和相互影响的。教师只有对教师角色的社会期待不断地认同与内化才能尽快地把社会期望转化为自我期待,从而减少角色混淆与角色冲突。

知识拓展 ▼

教师建立威信的途径

二、教师的心理特征

教师的心理特征是指教师在长期的教育教学实践活动中,由于扮演各种不同的角色而逐渐形成的教师职业特有的心理品质,是从事教师职业者所共有的、典型的特征。教师的职业特点、社会角色决定了教师应具备一系列特定的心理品质,主要包括教师的认知特征和人格特征等。

(一) 教师的认知特征

教师的认知特征主要包括:观察力特征、思维特征和注意力特征三个方面。

1. 观察力特征

教师的观察力是了解学生个性特征、发挥教育机智、因材施教的前提,因此,善于观察学生是教师教育能力结构的基本要素。

教师的观察力应具有以下三个特点:① 客观性,教师在对学生的表现进行观察时,应尽量排除主观因素的干扰,全面、实事求是地看待学生的行为;② 敏锐性,要求教师从人们司空见惯的现象中洞察学生的思维,从转瞬即逝的变化中判断学生的情绪,从而发现问题、解决问题;③ 精细性,要求教师能够明察秋毫、见微知著,能从笼统的事物特征中区分细微特征,及时了解学生的变化。

2. 思维特征

教师从观察中获得的材料,必须经过思维的加工才能形成教育决策,因此思维能力是教师职业素养的重要标志。

教师的思维能力应具有以下两个特点:

(1) 逻辑性。这要求教师在考查问题时要遵循严格的逻辑顺序,有充分的逻辑依据,从而得出更准确的结论,并培养学生的逻辑思维能力。

(2) 创造性。这要求教师在解决问题时,能将已有的知识和信息加以发散思考,得出新知识。教师思维的创造性表现在对已有知识的再创造,对传统思维模式的改变,促进学生创造性思维的发展和创造教育教学的艺术等方面。

3. 注意力特征

注意力对于教师的教育教学活动具有增强清晰度和调控的功能,可以使教师在教育教学活动中进行细致的观察,提高感受性、准确记忆能力和思维敏锐性,从而提高教育教学效果。

教师注意力的特点集中表现在注意分配能力上。注意分配能力是指教师在同一时间内能够把自己的意识集中在主要对象,又能分散注意到其他对象的能力。教学是一项复杂的活动,它要求教师拥有较强的注意分配能力。教师可以通过熟练掌握教科书中的内容、充分做好课前准备、保持良好情绪以及加强注意分配练习等方法来提高注意分配能力。

教师的认知特征与职业成就之间存在一定的关系。在智力与知识达到一定水平之后,教师的表达能力、组织能力、诊断学生学习困难的能力以及思维的条理性、系统性、合理性与教学效果有较高的相关。也就是说,教师专业需要某些特殊能力,其中较为重要的是思维的条理性、逻辑性,以及口头表达能力和组织教学活动的能力。

(二) 教师的人格特征

教师的一切工作都建立在教师人格的基础上,教师的人格是教师职业最重要的本质特征。教师的人格特征主要体现在情感特征、意志特征和领导方式等方面。

1. 情感特征

教育过程是情感交流的过程,对教师的情感有较高的要求。教师对学生的热爱不仅是进行教育工作的强大动力,也会直接感染学生的情绪,激起其学习的兴趣和活动的积极性、创造性,从而影响教育教学的效果。

优秀教师的情感特征一般表现为以下四个方面:爱岗敬业,积极进取;热爱学生,关心每一个学生的成长;情绪稳定,充满自信;品德高尚,具有强烈的道德感和责任意识。

2. 意志特征

教师良好的意志品质是决定教育工作成功的重要的主观因素,是教师运用自己的全部力量克服工作困难的内部条件,也会直接影响学生意志品质的形成。

教师良好的意志品质主要表现在以下四个方面:目标明确,执着追求;明辨是非,坚定果断;处事沉稳,自制力强;充沛的精力和顽强的毅力。

3. 领导方式

教师的领导方式对班风的形成有决定性影响,此外还对课堂教学气氛、学生的社会学习、价值观、个性发展以及师生关系有不同程度的影响。教师的领导方式可分为专断型、放任型和民主型。其中,民主型的领导方式对学生发展的促进作用最大,是比较理想的领导方式。

教师的人格特征与其职业成就之间也存在一定的联系。在教师的人格特征中,有两个重要特征对教学效果有显著影响:一是教师的热心和同情心;二是教师富于激励和想象的倾向性。这意味着,有激励作用、生动活泼、富于想象并热心于自己学科的教师,他们的教学工作较为成功。

三、教师成长心理

(一) 教师成长的历程

1. 富勒的教师关注阶段理论

富勒依据教师的需要和不同时期所关注的焦点问题,将教师成长分为关注生存、关注情境和关注学生三个阶段：

（1）关注生存阶段。这是教师成长的起始阶段，处于这个阶段的一般是新手型教师，他们非常关注自己的生存适应性，把大量的时间用于处理人际关系或者管理学生。

（2）关注情境阶段。当教师认为自己在新的教学岗位上已经站稳了脚以后，会将注意力转移到提高教学工作的质量上，如关注学生学习成绩的提高，关心班集体的建设，关注自己备课是否充分等。

（3）关注学生阶段。能否自觉关注学生是衡量一个教师是否成熟的重要标志。在这个阶段，教师能考虑学生的个别差异，认识到不同年龄阶段的学生有不同的发展水平，以及具有不同的情感和社会需求等。

富勒的教师关注阶段理论主要是针对教师的职前培养提出的，从关注自身，到关注教学，再到关注学生，道出了教师成长的普遍历程，对以后教师发展阶段理论的发展起到了奠基作用。

2. 卡茨的教师发展时期论

卡茨采用访谈和问卷法研究职前教师的培训和发展，提出了教师发展时期论，并把教师的发展分为四个阶段：求生存时期、巩固时期、更新时期和成熟时期。

3. 伯顿的教师生涯循环发展理论

伯顿等人通过大样本访谈研究，提出了教师生涯循环发展理论，认为教师的成长要经历求生存、调整和成熟三个阶段。

4. 费斯勒的教师生涯循环论

费斯勒从生命的自然老化过程及生命周期的角度，对不同生涯发展阶段的教师进行研究，将教师的发展分为八个阶段，即职前教育阶段、引导阶段、能力形成阶段、热心成长阶段、职业挫折阶段、稳定和停滞阶段、生涯低落阶段、生涯退出阶段。

5. 司特菲的教师生涯发展模式

司特菲根据人文心理学派的自我实现理论，将教师生涯发展划分为预备生涯、专家生涯、退缩生涯、更新生涯、退出生涯五个阶段。

6. 休伯曼的教师职业生活周期论

休伯曼等人通过对瑞士教师的调查研究，结合教育心理学和社会心理学的研究方法，将教师生涯发展分为七个阶段，即入职期、稳定期、实验和歧变期、重新估价期、平静和关系疏远期、保守和抱怨期、退休期。

（二）教师成长与发展的基本途径

教师成长与发展的基本途径主要有两个：一方面是通过师范教育培养新教师作为教师队伍的补充；另一方面是通过实践训练提高在职教师的素养。

1. 观摩和分析优秀教师的教学活动

课堂教学观摩可分为组织化观摩和非组织化观摩。组织化观摩是指有计划、有目的的观摩。一般来说，为了培养和提高新教师和教学经验欠缺的年轻教师宜进行组织化观摩，可以现场观摩（如组织听课），也可以观看优秀教师的教学录像。非组织化观摩要求观摩者具有相当完备的理论知识和洞察力，否则难以达到观摩学习的目的。通过观摩和分析，新教师和年轻教师可以学习优秀教师驾驭专业知识、进行教学管理，以及调动学生积极性等方面的教育机智和教学能力。

2. 开展微格教学

微格教学是指以少数学生为对象，教师在较短的时间内（5～20分钟）尝试做小型的课堂教学,可以把这种教学过程摄制成录像,课后再进行分析。这是训练和提高教师教学水平的一条重要途径。微格教学使教师分析自己的教学行为更加直接和深入,因而往往比正规课堂教学的经验更有效。

3. 进行专门训练

在组织专门训练时,专家可以将"有效的教学策略"教给教师,其中的关键程序有:① 每天进行回顾;② 有意义地呈现新材料;③ 有效地指导课堂作业;④ 布置家庭作业;⑤ 每周、每月都进行回顾。专家型教师所具有的教学常规和教学策略是可以教给新教师的,但仅靠短期训练来缩小专家与新手的差别是不够的。

4. 反思教学经验

对教学经验的反思,又称反思性实践或反思性教学,这是一种思考教育问题的方式,它是在对教学的道德责任以及技术性教学的实际效果的分析基础上发展起来的,要求教师具有做出理性选择并对这些选择承担责任的能力。

知识拓展

教师教学能力的结构

四、促进教师心理健康的理论与方法

(一)教师心理健康的标准

教师心理健康的标准至少应包括以下几点:

(1)教师要对教师角色认同,勤于教育工作,热爱教育工作,能积极投入到工作中,将自身的才能在教育工作中表现出来并由此获得成就感和满足感,免除不必要的忧虑。

(2)教师要有良好和谐的人际关系,具体表现在以下几个方面:① 了解彼此的权利和义务,将关系建立在互惠的基础上,其个人思想、目标、行为能力与社会要求相互协调;② 能客观地了解和评价他人,不以貌取人,也不以偏概全;③ 与人相处时,尊重、信任、赞美、喜悦等正面态度多于仇恨、疑惧、妒忌、厌恶等反面态度;④ 积极与他人做真诚的沟通。教师良好的人际关系在师生互动中则表现为师生关系融洽,教师能建立自己的威信,善于领导学生,能够理解并乐于帮助学生,不满、惩戒行为较少。

(3)教师能正确地了解自我、体验自我和控制自我,对现实环境有正确的感知,能平衡自我与现实、理想与现实的关系。在教育活动中,教师的主要表现如下:① 能根据自身的实际情况确定工作目标和个人抱负;② 具有较高的个人教育效能感;③ 能在教学活动中进行自我监控,并据此调整自己的教育观念,完善自己的知识结构,做出更适当的教学行为;④ 能通过他人认识自己,并且学生、同事的评价与自我评价较为一致;⑤ 具有自我控制、自我调适的能力。

(4)教师要具有教育独创性。在教学活动中不断学习,不断进步,不断创造。教师能根据学生的生理、心理和社会性特点富有创造性地理解教材,选择教学方法,设计教学环节,使用语言,布置作业等。

(5)在教育活动和日常生活中,教师能真实地感受情绪并恰如其分地控制情绪。由于教师劳动和服务的对象是人,因此情绪健康对于教师而言尤为重要,具体表现在:① 保持乐观积极的心态;② 不将生活中不愉快的情绪带入课堂,不迁怒于学生;③ 能冷静地处理课堂情境中的不良事件;④ 克制偏爱情绪,一视同仁地对待学生;⑤ 不将工作中的不良情绪带入家庭。

（二）教师常见的心理冲突

1. 负担过重，过分疲劳

教师的工作是艰苦的脑力劳动和体力劳动，教师除了上课以外，还要批改作业，出各种练习题或考试题，如果是班主任还需要处理班务，进行个别教育，组织各种活动以及家访等。有一部分新教师一工作就当班主任，由于年轻再加上经验不足，在工作中往往疲于奔命，这样会导致其产生心理冲突。

2. 现实与理想之间反差巨大

新教师刚刚走出大学校园，对未来充满了憧憬。但客观现实往往让他们感到迷茫，社会现实和社会理想之间存在明显的反差，即应该做的做不到，不应该做的有时还必须去做。也就是说，新教师普遍感到，应该坚持社会理想，用理想模式来塑造自己，但难免在现实中处处碰壁；他们力求避免与现实中的不良因素同流合污，但有时又难免随波逐流；他们主观上想驾驭现实，但实际上又力不从心。例如，学校本来不应片面追求升学率，但又不得不为之。领导的要求、家长的愿望、社会的议论等压得许多教师喘不过气来。老教师如此，新教师可想而知。理想的自我与现实的自我之间存在某种不一致，这种不一致对个体的成长和发展具有两面性。一定程度的不一致可以促进个体的发展，但如果对理想自我要求太高，反而容易使个体丧失信心，出现各种各样的问题。罗杰斯的很多研究结果都表明，理想的自我与现实的自我的过分失调往往是产生神经症等心理障碍的主要原因。这种理想与现实的冲突在新教师身上表现得尤为突出，会使他们感到困惑、紧张、焦虑、抑郁、孤独。

3. 个人的需要、理想等主观需求与这些需求难以实现之间存在矛盾

新教师刚踏入社会，认识问题和解决问题的能力还不是特别强，面对个人主观需要与客观上难以满足个人主观需要的矛盾，往往无所适从。比如，想有所成就，但又不知从何下手；"天之骄子"回归平凡，但又不甘于平庸；想崭露头角，但又事与愿违；还有不知如何处理好继续学习与工作、个人与领导、个人与同事、个人与学生、个人与家长等多方面的关系。这些矛盾和困惑长期压抑在新教师的心中，使其难以主宰自我。在心理冲突困扰下，一些新教师从心里感到烦恼、紧张、不安、焦虑、压抑、痛苦，最后发展为各种不同程度、不同性质的心理障碍。当一些人无力解决心理冲突时，很容易消沉下去，感到什么都无所谓，情绪低落、抑郁，甚至可能导致严重的心理障碍。

4. 自我认知出现偏差

新教师的自我认知偏差主要表现为两种类型：一是自我扩张型，其特点是过于悦纳自己，自我评价偏高，形成虚假的理想的自我，常表现为过于看高自己而导致自负，自吹自擂，盲目自尊；二是自我否定型，其特点是对自我认识和评价过低，常表现为安于现状，不思进取，由自卑最终走向自我否定。

（三）影响教师心理健康的因素

教师心理不健康是在外界压力和自身心理素质的互动下形成的。个体对压力的应对与外界压力状况和自身的人格特性密切相关。若教师无法对来自社会、职业的压力做出有效的应对，就容易出现心理健康问题。影响教师心理健康的因素包括社会因素、职业因素和个人因素。

1. 社会因素

（1）现代信息技术的普及和大众传媒的飞速发展，使知识、信息的普及化程度大大提高，教师已不是学生获得知识的唯一信息源，这使得教师的权威、社会地位和社会作用受到

了严峻的挑战。尤其是当前我国素质教育的全面推行更是对教师素质提出了全新的要求，冲击着教师的心理。

(2) 教师劳动的复杂度、繁重度、紧张度比一般职业劳动者大，但教师的待遇没有得到应有的提高。如住房、医疗保险和其他方面的福利（如解决夫妻分居等）并未提高。

(3) 教师的社会地位不高。社会对教师的看法与教师的神圣职责是不成比例的，尽管《中华人民共和国教师法》已颁布并实施多年，但教师被侮辱、被殴打事件仍不断发生，时有耳闻。凡此种种，都有可能成为教师心理压力的来源。

2. 职业因素

(1) 教师劳动的特殊性造成的角色模糊、角色冲突、角色过度负荷是很多教师感到压力和紧张的根源。

(2) 与其他劳动者相比，教师属于一个比较孤立、比较封闭的群体，与社会的联系较少，参与种种决策的机会也很少。大部分教师生活在以学生为主的世界里，教师绝大部分的工作时间是专门与学生在一起的，他们与亲朋好友交流的时间较少。因此，教师的合群需要和获得支持的需要经常得不到满足。

(3) 其他因素。目前，教师普遍认为自己的自主权太小，教科书、教学进度，甚至教学方法都不能由教师决定，学校的组织管理在一定程度上只重工作任务的完成而不顾教师的个人需要，管理手段简单机械。此外，师范教育与教学实践的脱节也是普遍存在的问题。

3. 个人因素

在相同的压力下，有些教师可能会出现心理问题，有些教师则能维持健康的心理状态。造成这些差别的个人因素主要有以下两点：

(1) 人格因素。研究发现，不能客观认识自我和现实，目标不切实际，理想和现实差距太大的教师或有过于强烈的自我实现和自尊需要的教师更容易出现心理问题。此外，教师中的外在控制源者，即认为事情的结果不是决定于自己的努力，而是由外界控制的教师比内在控制源者更难应付外界的压力情境或事件，因而心理健康水平也较差。

(2) 个人生活的变化。在人的一生中，经常会有生活的变化，无论这些改变是积极的（如结婚、升迁等）或是消极的（如亲人去世、离婚等），都需要个体做出种种心理调整以适应新的生活模式。在这种调整时期，教师很容易出现心理问题。尤其是教师从一个人生阶段到另一个人生阶段的过渡时期，如埃里克森等人提出的"中年危机时期"，个体需要对自己、家庭及职业生活做出再评价，这些很可能会显著地影响个体的自尊、婚姻关系以及对工作的忠诚和投入。

（四）教师心理健康的诊断

心理健康诊断是根据对心理健康的理解，采用心理行为综合指标，全面检测和评估个体心理健康水平的一种诊断方法。诊断的过程包括资料的收集、分析以及根据一定的标准做出解释和判断并提出合理建议的方法。

(1) 资料的收集可从两个角度入手，一是通过教师的自我报告获得资料；二是通过观察教师平时的工作表现以及学生、领导、家人和朋友对教师的评价间接获取教师心理状态方面的资料。目前，诊断资料主要取自第一种方法，但是要获得教师心理健康状况的较全面、较客观的诊断资料，最好将两种方法结合起来。

(2) 对资料进行分析、解释时应注意将统计学标准、经验标准、社会适应标准相结合的原则。教师心理健康诊断包括对教师心理过程（认知、情感、意志）、个性（个性倾向性、性格、能力）和职业特征心理的诊断。

（3）具体方法主要有心理测量（量表）法、社会适应判定法、临床症状判定法、访谈法和调查法等。其中，心理测量（量表）法是较普遍使用的方法。教师心理健康量表的内容应包括教学、自我认识、人际关系、生活和社会适应等维度。目前，研究中常用的诊断量表有《心理健康临床症状自评量表》《康乃尔健康问卷》《汉密尔顿抑郁、焦虑评定量表》《状态-特质焦虑问题》《十六种人格因素问卷》等。

（五）教师心理健康的维护

要想提高教师的心理健康水平，相关部门除了在宏观的社会体制层面上对教师的工作提供支持和保障外，还需要在社会体制、社区、学校和个人层面综合各种措施减轻教师的心理压力，提高其应对能力。

1. 社会体制层面

社会体制层面的工作主要是通过各种政策的制定来提高教师的社会地位、促进教师群体职业化的进程，形成尊师重教的社会风气。如政府应加大执法力度，维护教师的合法权益，增加教育投入，改善教师的工资收入、住房、医疗等物质待遇；深化教育改革，减轻教师的升学压力和心理负荷，减少教师为追求升学率而做出的违背教育教学规律的行为；促进教师群体职业化，在教师的筛选、培训和资格认定方面形成一整套的标准。此外，政府部门还可以有组织、有计划地通过各种传媒，宣传教师在社会主义现代化建设中的巨大作用，推动尊师重教社会风气的形成。同时，我们还应呼吁全社会来关心、支持、配合教师，提高教师的工作积极性，减少并杜绝教师的消极心理。

2. 社区层面

社区层面主要从社会支持系统入手来提高教师的心理健康水平。教师是一个相对封闭、缺少社会支持的群体，因此，在学校内部乃至整个社区、学区内形成教师社会支持系统，能有效地维护和促进教师的心理健康。

3. 学校层面

教师心理问题的成因很复杂，但问题的直接原因往往是学校情境和教学活动。因此，社会层面的改革和支持只是为促进教师心理健康提供了必要的前提，要切实而有效地帮助教师提高心理健康水平，还必须从学校和个人层面入手。学校层面的措施强调工作环境的结构性改变，缩短工作时间，提高群体支持，给予教师更多的工作灵活度和自主权，提供更多职前训练和职中训练等。值得注意的是，要从根本上减少教师的心理压力源，必须调整学校系统运行过程中最本质的成分，即把教师的需要和学生的需要放到同等重要的位置上，形成两者的双主体地位。达到这一目标的具体的措施主要包括以下几个方面：① 增加教师和学生交流的机会，使教师得到更多直接来自教学过程的内在奖励；② 给予教师更多自主权，如建立由教师领导的学校管理队伍；③ 学校的组织管理要做到使教师有获得社会支持的心理感受。

4. 个人层面

以个人层面为切入点，促进教师心理健康的主要措施是提高教师的压力应对技术。常用方法有放松训练、时间管理技巧、认知重建策略和反思等。

（1）放松训练。放松训练是降低教师心理压力最常用的方法，它既包括心理治疗技术，也包括通过各种身体的锻炼、户外活动、培养业余爱好等来舒缓紧张的神经，使教师的身心得到调节。

（2）时间管理技巧。教师掌握时间管理技巧以后，可使生活、工作更有效率，避免过度负荷。时间管理技巧具体包括对时间进行组织和预算、将目标按优先次序进行区分、限定目标、建立一个现实可行的时间表、每天给自己留出一定的时间等。

（3）认知重建策略。认知重建策略包括：对压力源的认识和态度做出心理调整,如学会避免某些自挫性的认知（如"我必须公平地爱每个学生并且使每个学生都成功"）,经常进行自我表扬（如"至少部分学生学到了很多东西"）;学会制定现实可行的、具有灵活性的课堂目标并为取得的部分成功表扬自己。

（4）反思。反思也是一个促进教师心理健康的有效方法。它是指通过对教学经验的反思来提高教学能力,调整自己的情绪和教学行为,从而促进教师心理健康的过程。波斯纳曾提出教师成长的公式,即教师成长＝经验＋反思。如果一个教师仅满足于获得经验而不对经验进行深入的反思,那么他将永远停留在新手型教师的水平。善于反思是心理健康水平较高的专家型教师的核心特征。具体来说,反思训练包括：① 每天记录自己在教学工作中获得的经验、心得,并与指导教师共同分析;② 与专家型教师相互观摩彼此的课,随后与对方交换看法;③ 对课堂上遇到的问题进行调查研究等。

最后,需要指出的是,教师的信念和职业理想是教师在压力下维持心理健康的重要保证。

本章知识结构

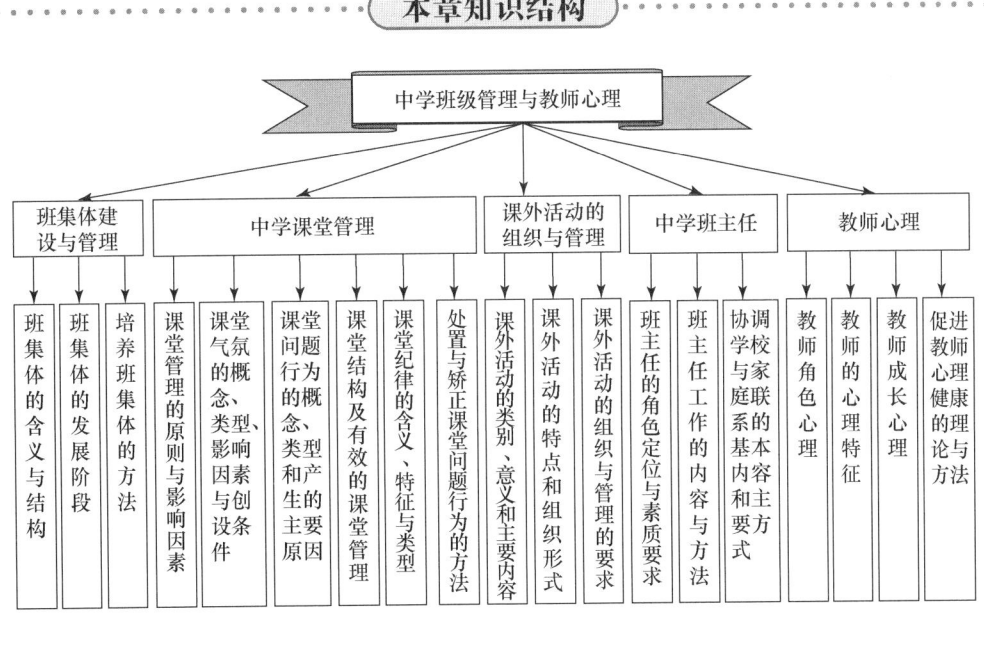

本章小结

中学教师除了必须教好所任的学科之外,还必须能够做好班级管理工作。本章着重论述了班集体的建设与管理问题,对如何理解班集体和如何培养班集体都进行了具体的阐述。在此基础上,本章探讨了中学课堂管理和课外活动的组织与管理问题。对中学班主任的角色、工作内容和方法以及协调学校与家庭联系的基本内容和方式进行了细致的探讨。教师心理问题,主要从教师角色心理、心理特征、成长心理以及心理健康四个方面展开论述,为中学教师理解职业中的自我形象和实现专业发展提供理论诠释。

考试指南

本章内容占考试总分值的10%,即15分。考试题型包括单项选择题与简答题,偶尔也会出现辨析题。考生在学习时首先要熟悉班集体的发展,了解课堂管理、课堂纪律、班主任工作和课外活动的组织与管理等,并能够根据相关理论分析解决教学中的问题。还要了解教师角色心理和教师心理特征,理解教师成长心理,掌握促进教师心理健康的理论与方法。在中学的班级管理中,重点和难点主要包括培养班集体的方法、创设良好课堂气氛的条件、课堂问题行为产生的原因、处置与矫正课堂问题行为的方法以及课外活动的组织与管理等。在"教师心理"这节中,重点和难点主要包括教师心理特征、教师成长与发展的基本途径以及促进教师心理健康的理论与方法等。

自测训练

一、单项选择题

1. 学校对学生进行教育管理的具体执行者是(　　)。
   A. 任课教师　　　B. 班主任　　　C. 教导处　　　D. 校长
2. 教师善于快速准确地抓住学生的重要特征,准确判断学生的情绪和愿望,这说明教师的观察力具有(　　)。
   A. 客观性　　　B. 全面性　　　C. 精密性　　　D. 敏锐性
3. 衡量教师是否成熟的主要标志是(　　)。
   A. 能否充分考虑教学情境
   B. 能否更多地考虑课堂的管理
   C. 能否自觉地关注学生
   D. 能否关注自身的生存适应性
4. (　　)提出了教师成长公式:经验+反思=教师成长。
   A. 布鲁纳　　　B. 波斯纳　　　C. 布鲁巴奇　　　D. 科顿
5. 班集体形成的主要标志之一是(　　)。
   A. 成立了班委会　　　　　　　B. 开展了班级工作
   C. 形成了正确的集体舆论　　　D. 确定了班级工作计划

二、简答题

1. 简述班集体的含义与结构。
2. 简述如何有效管理课堂。